U0898611

Studies on the Landscape Ecology along Yangtze River in Three Gorges Reservoir Area (Chongqing Section), China

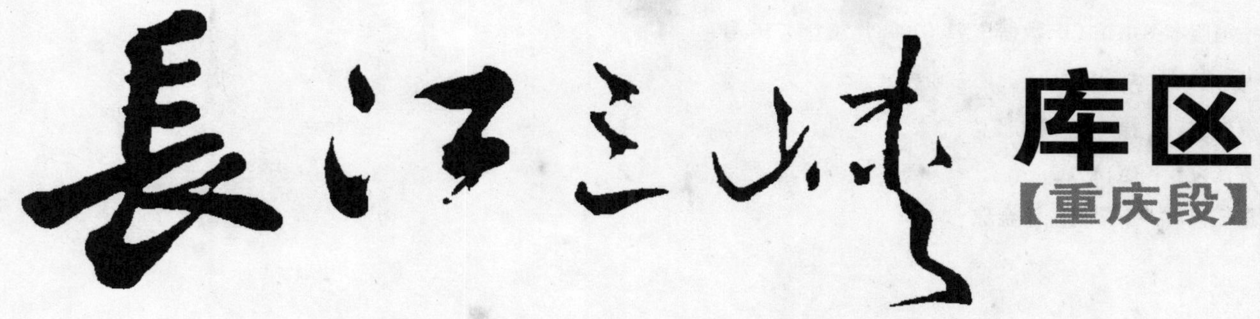

沿江景观生态研究

王祥荣 蒋勇 等著

中国建筑工业出版社

图书在版编目（CIP）数据

长江三峡库区（重庆段）沿江景观生态研究/王祥荣，蒋勇等著．—北京：中国建筑工业出版社，2006

ISBN 7-112-08385-0

Ⅰ．长… Ⅱ．①王…②蒋… Ⅲ．三峡—景观学：生态学—研究 Ⅳ．Q149

中国版本图书馆CIP数据核字（2006）第054316号

责任编辑：徐 纺 邓 卫
责任设计：赵 力
责任校对：王雪竹 王金珠

长江三峡库区（重庆段）沿江景观生态研究

王祥荣 蒋勇 等著

*

中国建筑工业出版社出版、发行（北京西郊百万庄）
新 华 书 店 经 销
北京永峥印刷有限责任公司制版
北京中科印刷有限公司印刷

*

开本：880mm×1230mm 1/16 印张：16¼ 插页：32 字数：610千字
2006年7月第一版 2006年7月第一次印刷
印数：1—1500册 定价：69.00元
ISBN 7-112-08385-0
（15049）

本社网址：http：//www. cabp. com. cn
网上书店：http：//www. china-building. com. cn

重 庆 市 规 划 局 重 点 科 研 项 目 基 金
教育部“211 工程”重点建设项目“生物多样性与区域生态安全” 联合资助

课题负责人:

王祥荣 蒋 勇

课题组成员:

张 浩 王寿兵 樊正球 汤晓敏

梁晓琦 苏自立 余 颖 林立勇

李娟娟 黄磊昌 郑晓兴 郭 林

张湮帆 李 丽 何 康 张 静

王新军 邵 田 母锐敏 刘 懿

序

纵观人类历史进程，对江河的探索、利用和研究是一个永恒的话题。江河提供的水资源及其独特的环境和景观为流域文明的发生发展提供了物质基础。四大文明古国的诞生和发展即源自于江河流域的哺育。江河不仅给人类带来大自然的馈赠，激发、延续着文化与生命，同时又在自然条件和人类活动的影响下，不断变化和发展。当人类的活动符合大自然的规律或其干扰的程度不超过其承受的阈值范围，江河能增进人类的福祉，当自然界发生剧烈变化或人类的活动违反自然规律时又会给人类的生产和生活带来损失甚至灾难。

我国自古以来在水资源的管理方面积累了丰富的经验并为人类留下了宝贵的文化遗产。从尧舜时代的大禹治水，到举世闻名的都江堰和坎儿井地下水利工程，我们的祖先以其勤劳和智慧，在充分利用自然资源的基础上，避免自然灾害的不利影响，在世界上创造了奇迹。然而由于我国人口众多，人均水资源数量少，时空分布不均，资源利用效率低下和水质污染，以及迅速的经济增长所带来的潜在需求，使得我国水资源和流域环境状况的总体恶化趋势并没有得到有效遏制。长江流域由于历史上的不合理开发和毁林开荒等人为干扰，导致水土流失严重，长江流域的水污染和大气污染在继续加剧，这种生态环境恶化对人类生存发展带来深远的影响。因此，江河流域的管理不仅仅是简单的技术问题，更是关系到环境保护、生态建设、经济发展以及国计民生的大事。

人类对江河系统的管理在认识上存在着一些不同的观点，特别是在大江大河上建坝一直是国内外具有争议性的论题。尤其是像三峡工程这样的巨型水利工程，一方面人们希望借助三峡工程的正面效益，如防洪、发电、航运作用，以及对南水北调的保证，合理开发长江流域资源环境，提高人民生活水平。另一方面，由于技术经济保障、泥沙淤积、地震滑坡、战时安全、百万移民、文物古迹以及生态环境等问题，也引起人们的忧虑。这也是为什么早在三峡工程开工之前就进行过长期的调查与争论的原因。

从三峡工程开工到现在，十多年过去了，三峡库区发生了历史性转变，国内外学者对此始终抱有一种持续的关注。三峡工程究竟对库区景观生态环境产生了怎样的影响？我们能否将三峡工程作为生态治理的良机，将人与自然的种种矛盾关系转化为和谐的平衡？

复旦大学城市生态规划与设计研究中心的师生们，受重庆市规划局委托，在王祥荣教授的带领下，以对三峡库区的热切关注，经过走访调研、实地考察、勘察测试和深入的分析研究，将三峡库区（重庆段）二期蓄水后对长江干流及其重要支流所流经的22个区、县、市的“山—水—城—绿—田”景观要素构成和特征进行了系统的评价，对景观生态功能区划和景观生态格局、山水绿地景观生态系统、消落带和生态系统服务功能建设进行了系统的研究，尤其是针对三峡工程蓄水后145m、175m水位线的景观演变和环境影响进行了分析和模拟，是将景观生态学原理与环境保护原理相结合的一个典型的案例。

本书是这项研究的总结。在详细分析了长江三峡库区（重庆段）自然生态特征、社会经济状况、土地资源利用以及生态环境状况的基础上，总结了当地沿江景观生态系统的总体生态形象及其特色，并进一步提出了沿江景观生态功能区划和景观生态格局构建方案，为保护三峡库区生态环境和景观、旅游资源以及库区各区县生态建设提供了科学依据。

本书研究系统深入，既有理论方法的探索，也有一定的可操性。作者在研究中融汇了景观生态学、城市规划、循环经济和产业生态学和生态服务功能原理，并采用了遥感（RS）、地理信息系统（GIS）等先进的技术手段，同时运用了生态经济分析方法，可为同类研究提供借鉴。书中提出的由山系、水系、城镇系、绿系（包括农田）景观组成的沿江景观生态体系、消落带生态建设及控引措施等，对研究区域大尺度景观生态建设具有一定的指导意义。

由于三峡工程对环境的影响具有长期性、复杂性和不确定性的特点，因此很难要求作者们能在这样短的时间中对此做出具有权威性的结论。希望本书的出版能为广大读者和从事这方面的研究者们提供第一手资料，激发使命感，让更多的人继续关注三峡这个举世瞩目的工程及给库区和周围环境带来的影响，及时把握景观生态与环境变化的规律，因势利导、促进人与自然的协调发展。同时，也为正在襁褓中的水库生态学的发展积累资料，奠定坚实基础。

李文华

中国工程院院士

中国生态学会名誉理事长

2006年6月

前言

长江三峡是著名的世界级风景名胜区，地貌奇特，风光旖旎，自然与人文名胜驰名古今，由于三峡工程的建设使其更成为世人瞩目的焦点。为了有效保护三峡库区生态环境和景观、旅游资源，促进库区城市化进程健康发展，为编制《长江三峡库区（重庆段）沿江景观规划》和库区生态建设提供科学依据，重庆市规划局于2004年8月正式委托复旦大学城市生态规划与设计研究中心承担了《长江三峡库区（重庆段）沿江景观生态研究》项目，本书即是本项研究成果的总结。

本书是集体劳动的成果，项目组从2004年8月至2005年12月的时间里，组织了200余人次，分陆路和水路开展了大量的现场调研和勘测，走访了三峡库区（重庆段）沿江22个区、县、市（包括江津、永川、开县、万州、涪陵、长寿、丰都、忠县、云阳、奉节、巫山、巫溪、石柱和重庆市都市9区（渝中区、大渡口区、江北区、沙坪坝区、九龙坡区、南岸区、北碚区、渝北区和巴南区），涉及研究区域面积36 923.5 km^2；对沿长江主干（重庆段）永川以下至巫山区段长679.3 km、两岸纵深各5 km所涉及的城镇行政辖区范围开展了重点研究，面积约11 051.7km^2。在研究中，项目组以景观生态学原理为基础，综合运用景观生态评价、循环经济、产业生态学、生态服务功能、可持续发展的思想和原理，对三峡库区（重庆段）的“山—水—城—绿—田”景观要素构成、景观生态功能区划、景观生态格局、山水绿地景观生态系统、消落带生态建设及景观生态系统服务功能进行了系统而深入的研究。主要研究成果如下：

1. 从规划建设世界一流景观生态廊道和滨水风光带的高度，对比研究了长江三峡库区与莱茵河、密西西比河、泰晤士河以及湘江之间在景观生态方面的共性和差异，提出了可供参考和借鉴的主要经验。

2. 通过对三峡库区（重庆段）景观生态基础特征的分析，详细总结了库区自然生态和社会经济特征；对研究区域进行了生态功能区划，并进一步将一级区划分成11个二级生态亚区和34个三级生态小区；构建了“一带、三区、三核、七点、多廊”的景观生态格局。

3. 对山系概况、沿江山系景观类型、特色空间展现、景观游赏、景观生态特征、景观环境视觉质量等方面进行了分析与评价；基于视觉环境质量评价，对沿江山系景观保护分级进行了区划，并提出了规划建设控引措施；以瞿塘峡、巫峡为例进行了山系景观典型区段的分析与评价，并着重提出了规划建设控引措施；从水系概况、沿江水系景观总体特征、水系景观规划与建设控引等3个方面对沿江水系景观生态现状和建设对策进行了系统研究；从植被资源概况、森林植被类型、植被资源特征、绿色景观生态特征、三峡工程对库区植被的影响以及沿江绿色景观可持续发展对策等6个方面对研究区域内的沿江绿色景观生态现状和建设对策进行了系统研究；从沿江城镇组成类型、景观特征等方面，对三峡库区的沿江城镇景观类型进行分类，并提出了景观建设对策和控引措施。

4. 从消落带形成的时空分布、消落带地质、地貌、土壤类型与分布、景观生态结构类型与分布以及消落带存在的景观生态问题等6个方面进行了景观生态结构分析；以水资源、水安全、水景观和生态服务功能为理论依据，提出了消落带景观生态建设与优化的对策。

在项目研究过程中，项目组对研究技术路线、理论框架结构、研究内容、研究重点和研究方法体系进行了多次论证和精心设计，对库区景观空间结构、功能及山系、水系、城镇系、绿系、农田系等主要元素的视觉和生态环境特征及其分布关系进行了深入分析，在缓解资源瓶颈制约，拓展区域发展空间，提升景观生态功能，构建区域生态安全格局，优化产业结构和布局，促进库区经济跨越式发展的理论框架与规划控引措施方面进行了积极探索，应用了遥感（RS）、地理信息系统（GIS）等先进的技术手段与实地调查相结合，将理论与实践相结合，为有效保护三峡库区生态环境和景观、旅游资源和编制《长江三峡库区（重庆段）沿江景观规划》及库区各区县生态建设提供了科学依据，为努力建设世界一流的长江三峡景观生态廊道，构建重庆大都市圈生态安全格局提出了既有理论指导，又有实践可操作性的战略措施，以期在当今可持续发展和生态保护成为人类共识的背景下，为国家及地方主管部门提供区域大尺度景观生态建设与管理的理论参照和方法借鉴。

本项目研究得到了重庆市规划局、重庆市规划设计研究院以及沿江22区县市的规划、城建、环保、水务、园林、农林、地质、国土资源、旅游等相关部门的大力支持和协作，本书的出版得到了重庆市规划局重大科研基金及教育部“211工程”重点建设项目“生物多样性与区域生态安全”基金的资助和众多学者的关心，特此表示衷心的谢意！

限于时间和水平，书中不足之处在所难免，本书出版的目的是希望能提供一个与读者交流的平台，继续听取社会各界的意见和建议，敬请专家、学者和广大读者斧正，为我们共同关注和倾心的长江三峡及库区社会、经济和环境的可持续发展尽微薄之力。

《长江三峡库区（重庆段）沿江景观生态研究》项目组

2006年6月

目　录

第一篇　总　论

第二篇　国内外大江大河流域景观生态建设的启示

第三篇　长江三峡库区（重庆段）景观生态基础特征评析

第四篇　长江三峡库区（重庆段）沿江生态功能区划与景观生态格局构建

第五篇　长江三峡库区（重庆段）沿江景观要素评价

第六篇　长江三峡库区（重庆段）消落带景观生态研究

第七篇　主要研究结论与对策建议

第一篇　总　论

1. 目的意义

长江三峡是世界著名的风景区，地貌奇特，风光旖旎，人文名胜驰名古今。同时，长江三峡库区是举世无双的世界最大水库，具有独特的自然景观，地处长江三峡国家重点风景名胜区，也是地质状况复杂、生态敏感性强、生态环境脆弱、水土流失较为严重的区域。

三峡工程的建设，将极大地改变三峡库区及长江中下游水生生态系统的结构和功能。其中不利影响主要在库区，将淹没耕地 27 820hm^2，动迁人口 113 万，势将加剧三峡库区本来就已十分突出的人地矛盾；部分文物古迹和三峡自然景观将被淹没。特别是随着三峡水库于 2003 年 6 月开始蓄水后，三峡库区的生态环境表现出明显的脆弱性和不稳定性，森林植被减少、水土流失日趋严重、土地资源不断退化、水污染问题日趋突出，如不采取有效的生态环境保护与管理措施，将对库区城市化进程和生态环境保护形成巨大的压力，不利于西部地区的经济发展与生态危机的解决。长江三峡库区（重庆段）不仅是长江上游经济带的重要组成部分，更是长江中下游地区的生态环境屏障和西部生态环境建设的重点。因此，长江三峡库区（重庆段）沿江景观生态研究工作十分重要。其目的是为有效保护三峡库区生态环境和景观、旅游资源，为编制《长江三峡库区（重庆段）沿江景观规划》和库区各区县生态建设提供科学依据，为努力建成世界一流的长江三峡景观生态廊道、构建重庆大都市圈生态安全格局做出积极的贡献。

本研究中的景观生态概念是指：长江三峡库区（重庆段）空间异质地表的景观生态系统结构、功能和机制，以及山系、水系、绿系（含农田）、城镇系等主要景观元素的视觉特征、发展规律与分布关系。开展长江三峡库区（重庆段）景观生态研究的主要目的与意义在于：

（1）缓解资源瓶颈制约，拓展区域发展空间

长江三峡库区（重庆段）进行景观规划和建设的瓶颈因素较多，地质灾害频

繁、分布广泛，生态破坏严重，环境容量和生态承载力有限，山、水、土地、植被、城镇、农田和岸线资源的视觉效果和美学价值的发挥受到很大限制，与世界同类型大江大河相比，景观规划与建设的方向还不十分明确。通过本项目的研究，可以进一步理清思路，集约化利用山、水、土地、植被等资源，拓展区域发展空间。

(2) 提升景观生态功能，构建区域生态安全格局

长江三峡库区（重庆段）景观规划建设虽存在一定的制约，但山、水、城、田、绿组合的潜在生态优势仍十分明显，自然生态与人文生态空间镶嵌、交相辉映。通过本项目的研究，可以优化利用和保护长江三峡库区（重庆段）生态环境和景观、旅游资源，提升景观生态功能，为编制《长江三峡库区（重庆段）沿江景观规划》和库区生态建设提供科学依据。

(3) 优化产业结构和布局，促进库区经济跨越式发展

长江三峡库区横跨重庆市的都市经济发达区和三峡生态经济区，呈现大城市与大农村并存的特点。区内经济发展水平差异大，人口密集、经济基础薄弱、产业结构和布局不尽合理，经济社会发展长期落后于全国平均水平。库区经济以农业为主，农业中又以种植业为主。工业基础薄弱，设备陈旧，基础设施落后，环境污染较重，陆上交通条件差，商品经济不发达。人均国民生产总值和人均收入均低于川、鄂两省平均水平和全国平均水平，属我国经济发展水平低的连片贫困地区之一。通过本项目的研究，以期为调整库区产业结构、优化布局，控制环境污染与生态破坏，促进生产与生态要素的利用方式从粗放型向集约型转变提供科学依据，引导工业企业向园区集中、民居向城镇集中。

2. 指导思想

体现建成世界级长江三峡景观生态廊道的发展战略目标，体现一流的环境保护与生态建设、景观规划建设和管理水平。既应有前瞻性，又应突破当前各种有限条件的限制，充分发挥本研究工作在长江三峡库区（重庆段）沿江景观生态规划与建设方面的宏观控制性和引导性。

以景观生态学原理为基础，综合运用景观生态评价、循环经济、产业生态学、战略环境评价与管理、生态服务功能、可持续发展的思想和原理，系统地评价“山—水—绿—城—田”景观要素，依托合理的景观生态功能区划和景观生态安全格局、山水绿地景观美化净化系统和生态系统服务功能建设，通过技术创新、知识创新、观念创新和制度创新，促进和谐的“山—水—绿—城—田”景观安全格局的构建，逐步将长江三峡库区（重庆段）建设成为世界一流的自然山水与人文特色并重、风景秀丽的景观生态带，将重庆市建设成为社会经济快速发展、人与自然和谐相处、人居环境优美、生态系统健康发展的长江三峡库区上的一颗璀璨明珠。

3. 指导原则

3.1 科学发展

坚持科学发展观和建设节约型社会的理念，以人与自然和谐为本，以景观建设为手段，全面推进经济发展和社会进步，促进山系、水系、绿系、城镇系景观和农业景观建设的协调和可持续发展。

3.2 复合生态

将长江三峡库区（重庆段）与城镇作为一个复合生态系统进行研究，从全局出发，对系统的结构与功能进行综合分析和宏观调控，以良好的生态环境为依托，促进景观生态、经济和社会效益的统一。

3.3 整体优化

从景观生态系统分析的原理和方法出发，强调长江三峡库区（重庆段）沿江景观生态研究及规划的目标与区域和城市总体规划目标的一致，追求社会、经济和生态环境的整体最佳效益。

3.4 协调共生

保持长江三峡库区与都市发达经济圈和广大农村区域景观以及周围环境之间相互关系的协调、有序和动态平衡，正确利用不同景观要素之间协调共生的关系，搞好景观生态环境建设。

3.5 因地制宜

将景观生态研究和规划工作与当地的自然环境、经济条件、社会情况相结合，解决当前及未来可预见的问题，使提出的景观生态规划与建设目标、政策和措施具有可达性、可操作性和现实意义。

4. 研究重点

1）确定长江三峡库区（重庆段）沿江景观生态研究、规划与建设的指导思想。

2）初步明确长江三峡库区（重庆段）沿江景观生态系统的总体生态形象及其特色主题。

3）初步提出长江三峡库区（重庆段）沿江景观生态功能区划、景观生态格局构建方案。

4）初步明确长江三峡库区（重庆段）沿江景观生态系统中主要景观元素山、水、绿、农业景观和主要城镇的空间结构、功能、分布、视觉特征和生态环境特征。

5）初步提出长江三峡库区（重庆段）消落带生态整治对策。

6）为优化利用和保护库区生态环境和景观、旅游资源，提升景观生态功能，为制订长江三峡库区（重庆段）沿江景观生态规划、建设与管理对策提供科学依据。

5. 研究目标

根据长江三峡库区（重庆段）沿江社会、经济、生态环境现状和未来发展趋势，适当参照国内外大江大河景观生态研究、规划及建设的经验与教训，确定其可持续发展的生态环境保护和景观生态建设的战略目标，即：通过15年左右的努力奋斗，初步将长江三峡库区（重庆段）沿江区域建设成为布局合理、基础设施完善、产业先进、经济高效、景观优美、生态环境优良、社会文明安定的世界级景观生态风光带和滨水型生态城市群。

6. 研究依据

1）《中华人民共和国环境保护法》（1989）

2）《中华人民共和国环境影响评价法》（2002）

3）《中华人民共和国清洁生产促进法》（2002）

4）《中华人民共和国水法》（2002）

5）《中华人民共和国土地管理法》（1998）

6）《中华人民共和国森林法》（1998）

7）《中华人民共和国农业法》（1993）

8）《中华人民共和国矿产资源法》（1996）

9）《中华人民共和国野生动物保护法》（1988）

10）《中华人民共和国城市规划法》（1989）

11）《中华人民共和国文物保护法》（2002）

12）《中华人民共和国防洪法》（1997）

13）《中华人民共和国大气污染防治法》（2000）

14）《中华人民共和国水污染防治法》（1996）

15）《中华人民共和国固体废物污染环境防治法》（2005）

16）《中华人民共和国环境噪声污染防治法》（1996）

17）《中华人民共和国自然保护区条例》（1994）

18）《城市绿化条例》（1992）

19）《全国生态环境建设规划》（1998）

20）《全国生态环境保护纲要》（2000）

21）《生态功能保护区规划编制大纲》（2002）

22）《国家级自然保护区总体规划大纲》（2002）

23）《国家风景名胜区规划规范》（2004）

24）《风景名胜区管理暂行条例》（1985）

25）《风景名胜区管理暂行条例实施办法》（2003）

26）《森林公园管理办法》（原国家林业部，1994）

27）《旅游资源分类、调查与评价》（GB/T 18972—2003）

28）《旅游区（点）质量等级的划分与评定》（修订）（GB/T 17775—2003）

29）《重庆市城市总体规划（1996—2020）》（1998）

30）《重庆市域城镇体系规划（2003—2020）》（2004）

31）《重庆市城镇发展战略研究总报告》（2003）

32）《重庆直辖市城镇空间发展战略规划研究》（2004）

33）《重庆市旅游发展总体规划（1999—2020）》（2001）

34）《重庆市林业发展规划（2003—2020）》（2003）

35）《重庆市矿产资源总体规划（2001—2010》（2002）

36）《重庆市地质灾害防治规划（2004—2015）》（2004）

7. 研究范围

根据生态系统在时空分布上的连续性、完整性、共轭性等特点，本研究区域涉

图 1-1　研究区域范围 Landsat ETM 遥感影像图

及长江干流及其重要支流所流经的三峡库区江津、永川、开县、万州、涪陵、长寿、丰都、忠县、云阳、奉节、巫山、巫溪、石柱和重庆市都市9区（包括渝中区、大渡口区、江北区、沙坪坝区、九龙坡区、南岸区、北碚区、渝北区和巴南区），共计22个区、市、县，面积约36 923.5km²（根据遥感影像图量测）。由于重庆市境内长江干流沿江城镇区域是人类活动与环境响应最强烈的界面区，因此本项目重点研究区域为沿长江干流永川以下至巫山区段长679.3km、两岸纵深各5km所涉及的城市（城镇）行政辖区范围（部分区县研究范围略有扩展，见图1-1），面积约11 051.7km²。

8. 技术路线

本项目研究的技术路线如图1-2所示。

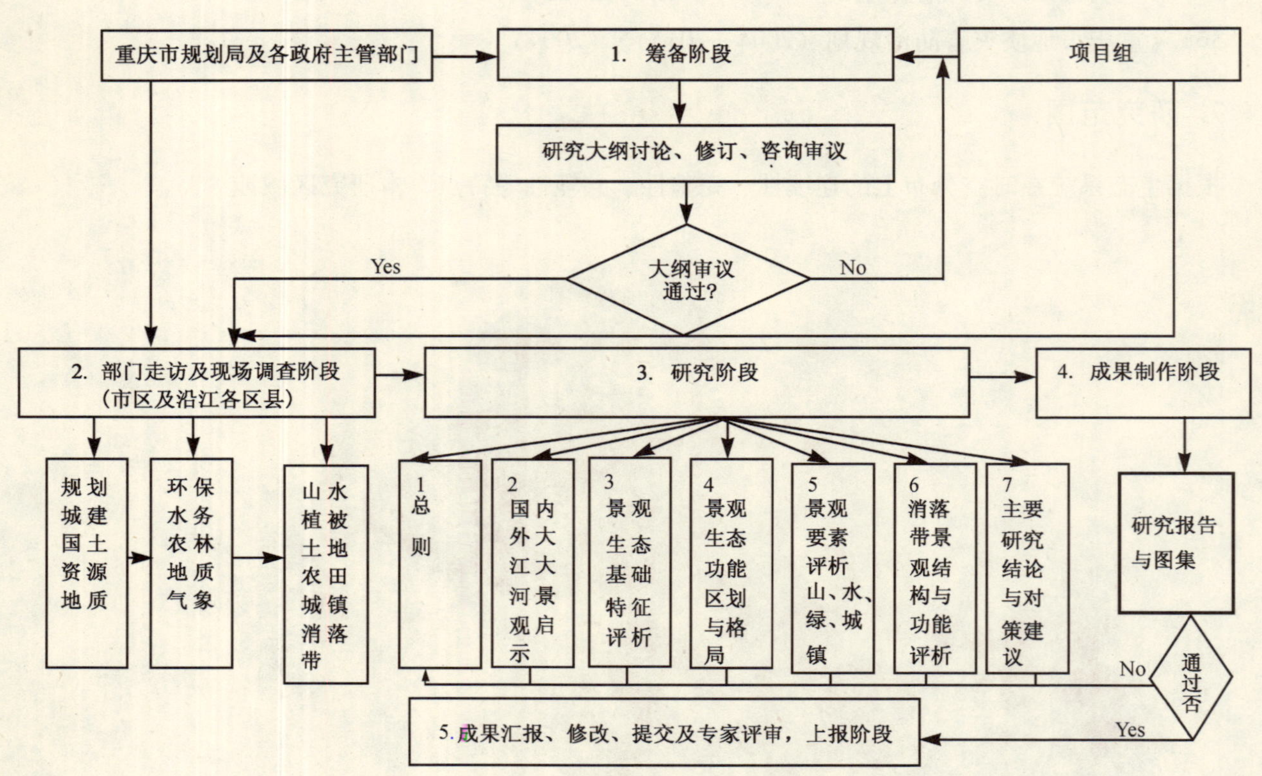

图1-2 本项目研究的技术路线

第二篇　国内外大江大河流域景观生态建设的启示

沿江（河）景观生态的建设在许多国家和地区都有成功的案例。国外案例主要有莱茵河、密西西比河、泰晤士河等，国内案例主要有湘江、黄河、辽河等。

沿江景观生态建设不仅要考虑河流的防洪、发电、灌溉、供水、航运、渔业、旅游、水土保持、环境保护等，而且还要考虑流域内的资源开发、城市布局、工业布局、产业结构布局、交通运输、文化及人才开发。因此具有明显的社会性、流域性和系统性，它受到特定的地理区位、环境变化和水文、气象因素的影响。

不同国家和地区的沿江（河）景观生态规划与建设管理等方面，既有共性，也有各自的特点和差异。对这些共性、特点和差异进行比较分析，对于三峡库区（重庆段）的沿江景观生态规划、建设与管理具有十分重要的借鉴意义。

1. 国外沿江（河）景观生态建设的经验和启示

1.1　莱茵河（Rhine）与长江三峡（重庆段）的比较

研究中分别从河流的发源地、分布、重要性及两岸的地形特征、景观特征、特色区段等基本概况对莱茵河与长江三峡（重庆段）的异同进行了比较，总结出莱茵河在景观生态建设与管理中可供长江三峡（重庆段）借鉴的对策。

1.1.1　基本概况比较

参见图02-01-01和表2-1-1。

莱茵河与长江三峡（重庆段）的概况比较　　表2-1-1

名　称	莱　茵　河	长江三峡（重庆段）
发源地	瑞士南境圣哥达山	中国青藏高原
规　模	全长1 320余km，流域面积25.2万km^2	全长6 300km，重庆境内江段长679.3km，约占长江总长的11%

续表

名　称	莱　茵　河	长江三峡（重庆段）
分　布	发源于瑞士南境圣哥达山，向西流入德国、法国、荷兰，最终汇入北海	长江发源于青藏高原，流经中国11个省、自治区、直辖市，在上海汇入太平洋。长江三峡位于长江的上游
重要性	欧洲第三大河，德国人称其为“父亲河”。是欧洲重要的水运航道，也是流域内工业、生活用水的重要水源。是世界著名的水运河、工业河、景观河、旅游河和文化河	中国第一大江，世界第三大河流。长江流域养育着4亿人口，被称作中华民族的“母亲河”
地形特征	低山丘陵地形，河谷阶地发育，坡地地貌发育；水位变化基本能够控制，水位稳定，因此近水环境的可利用性大大增加	西部多为低山丘陵地貌，往东逐渐变为低、中山地貌；河谷地貌形态为宽谷段和峡谷段两种，以宽谷段为主，最宽达1 400m，最窄处在瞿塘峡内，仅100m
景观特征	中等尺度的河流，景观以秀丽、充满生命力为特征	长江三峡两岸陡崖对峙，具有深切的河谷，雄伟的峡姿，是世界上大江大河中行船观看大峡谷的最长峡谷，也是“峡感”最好的河段。山峻峰秀、峡幽壁峭
特色区段	中游的莱茵河谷段，从德国的美因茨（Mainz）到科布伦茨（Koblenz）之间，两岸悬崖耸立，山谷陡峭，沿途有壮观的葡萄园，高耸入云的岩峰，点缀着无数罗马时代的古堡。其人文景观独具特色，与众不同，文物保护专家们认为它应该在联合国教科文组织的特殊保护之下得到维护和发展	瞿塘峡——西起奉节县的白帝城，东至巫山县的大（黛）溪镇，全长8km，是长江三峡中最短、最狭，而景色、气势最为雄奇壮观的峡； 巫峡——整个峡谷以幽深秀丽著称，两岸青山不断，群峰如屏，时而大山当前，石塞疑无路，忽而峰回路转，云开别有天

1.1.2　莱茵河与长江三峡（重庆段）的共性（见表2-1-2）

莱茵河与长江三峡（重庆段）的共性　　**表2-1-2**

名　称	莱　茵　河	长江三峡（重庆段）
共　性	1）悠久的历史文化传统	
	2）远近闻名	
	3）文化古迹众多	
	4）中游都有峡景	
	5）遭受过近代工业化、城市化带来的环境压力	

1.1.3　长江三峡（重庆段）与莱茵河比较中的借鉴

（1）加强环境整治和建设，营造两岸良好的生态环境（加强环境立法、提升改造传统污染产业、创造优美的生态环境）；

（2）延续当地文脉，建立生态性区域，强化城市形象特征（市区段）；

（3）严格保护历史文化遗产及优美的自然风景区（景观条例——立法）；

（4）培育高质量的滨江区域（万州、涪陵、都市区）；

（5）利用文化和传统特色产业发展旅游业（基础文化设施）。

1.2 密西西比河（Mississippi）与长江三峡（重庆段）的比较

研究中分别从河流的发源地、分布、重要性及两岸的地形特征、景观特征、特色区段等基本概况对密西西比河与长江三峡（重庆段）的异同进行了比较，总结出密西西比河在景观生态建设与管理中可供长江三峡（重庆段）借鉴的对策。

1.2.1 基本概况比较

参见图 02-01-02 和表 2-1-3。

密西西比河与长江三峡（重庆段）的概况比较　　表 2-1-3

名　称	密西西比河		长江三峡（重庆段）
发源地	发源于世界上面积最大的淡水湖——苏必利尔湖的西侧，源头在海拔 501m 处的艾塔斯卡湖		中国青藏高原
规　模	全长 3 950km，流域面积 322 万 km^2，约占北美洲面积的 1/8，汇集了共约 250 多条支流		全长 6 300km，重庆境内江段长 679.3km，约占长江总长的 11%
分　布	密西西比河逶迤千里，曲折蜿蜒，由北向南纵贯美国大平原，把美国分为东西两半，最后注入墨西哥湾		长江发源于青藏高原，流经中国 11 个省、自治区、直辖市，在上海汇入太平洋。长江三峡位于长江的上游
重要性	美国第一大河，美国人民将密西西比河尊称为“老人河”。世界第四长河，也是北美洲流程最长、流域面积最广、水量最大的河流。美国南北航运的大动脉，国家文化和娱乐休闲的宝库		中国第一大江，世界上第三大河流。长江流域养育着 4 亿人口，被称作中华民族的“母亲河”
地形特征	上游河流两侧多冰川湖与沼泽		西部多为低山丘陵地貌，往东逐渐变为低、中山地貌；河谷地貌形态为宽谷段和峡谷段两种，以宽谷段为主，最宽达 1 400m，最窄处在瞿塘峡内，仅 100m
景观特征	上游	源头艾塔斯卡湖至明尼阿波利斯和圣保罗为上游，长 1 010km，地势低平，水流缓慢，河流两侧多冰川湖与沼泽，湖水多形成急流瀑布后注入干流。在明尼阿波利斯附近，河流流经 1.2km 长的峡谷急流带，落差 19.5m，形成著名的圣安东尼瀑布。沿途有明尼苏达河等支流汇入	长江三峡两岸陡崖对峙，具有深切的河谷，雄伟的峡姿，是世界上大江大河中行船观看大峡谷的最长峡谷，也是“峡感”最好的河段。山峻峰秀、峡幽壁峭

续表

<table>
<tr><th>名　称</th><th colspan="2">密西西比河</th><th>长江三峡（重庆段）</th></tr>
<tr><td rowspan="2">景观特征</td><td>中游</td><td>中游从明尼阿波利斯和圣保罗至俄亥俄河口的开罗，长 1 373km，河床坡度大，多急流险滩；圣路易斯附近及其以南地段，河床比降减小，河谷渐宽。自开普吉拉多角以下，河流弯曲度明显增大，河谷开阔，俄亥俄河口处河面宽达 24km</td><td rowspan="2">长江三峡两岸陡崖对峙，具有深切的河谷，雄伟的峡姿，是世界上大江大河中行船观看大峡谷的最长峡谷，也是“峡感”最好的河段。山峻峰秀、峡幽壁峭</td></tr>
<tr><td>下游</td><td>开罗以下为下游，长约 1 567km。河床比降小，迂回曲折，水流缓慢，多牛轭湖和沙洲</td></tr>
<tr><td>特色区段</td><td colspan="2">在明尼阿波利斯附近，河流流经 1.2km 长的峡谷急流带，落差 19.5m，形成著名的圣安东尼瀑布</td><td>瞿塘峡——西起奉节县的白帝城，东至巫山县的大（黛）溪镇，全长 8km，是长江三峡中最短、最狭，而景色、气势最为雄奇壮观的峡；巫峡——整个峡谷以幽深秀丽著称，两岸青山不断，群峰如屏，时而大山当前，石塞疑无路，忽而峰回路转，云开别有天</td></tr>
</table>

1.2.2 密西西比河与长江三峡（重庆段）的共性

密西西比河与长江三峡（重庆段）的共性　　表 2-1-4

<table>
<tr><th>名　称</th><th>密西西比河</th><th>长江三峡（重庆段）</th></tr>
<tr><td rowspan="6">共　性</td><td colspan="2">1）航运的大动脉</td></tr>
<tr><td colspan="2">2）远近闻名</td></tr>
<tr><td colspan="2">3）国家文化和娱乐休闲的宝库</td></tr>
<tr><td colspan="2">4）两岸建燃煤发电厂</td></tr>
<tr><td colspan="2">5）防洪堤坝、水利工程</td></tr>
<tr><td colspan="2">6）以防洪与航运为主要目的的治理工作对生态环境的影响</td></tr>
</table>

1.2.3 长江三峡（重庆段）与密西西比河比较中的借鉴

（1）提倡绿色航运；

（2）构建景观蓝脉；

（3）制定相关的法律法规，凡排放达不到标准的企业被课以重罚，罚金应比新购除尘、水处理等一整套设备还要贵；

（4）必须吸取的教训：河道治理应积极顺应河流自然过程，积极保护并借鉴利用河流自然形成的各种地貌结构。

采用“多自然型河流治理法”即“多种生物可以共存、繁殖的治理法”，以

“保护、创造生物良好的生存环境与自然景观”为建设前提，它不是单纯的环境生态保护，而是在再生生物群落的同时，建设具有相应抗洪强度的河流水利工程。比如在落差大的断面（如水坝）为鱼类洄游专门设置了各种鱼道，使生态环境得以良好恢复。

三峡工程的建设，方便干流、特别是支流的航运能力，但要提倡绿色航运。

密西西比河的航运开发有许多值得借鉴的经验：a）健全的法律保障；b）权威的规划指导；c）强调水资源的综合开发利用；d）综合的运输管理体制；e）超前的环保意识。

1.3 泰晤士河（Thames）与长江三峡（重庆段）的比较

研究中分别从河流的发源地、分布、重要性及两岸的地形特征、景观特征、特色区段等基本概况对泰晤士河与长江三峡（重庆段）的异同进行了比较，总结出泰晤士河在景观生态建设与管理中可供长江三峡（重庆段）借鉴的对策。

1.3.1 基本概况比较

参见图02-01-03和表2-1-5。

泰晤士河与长江三峡（重庆段）的概况比较　　表2-1-5

名　称	泰晤士河	长江三峡（重庆段）
发源地	英格兰西南部科茨沃尔德山附近，海拔113m	中国青藏高原
规　模	全长338km	全长6 300km，重庆境内江段长679.3km，约占长江总长的11%
分　布	自英格兰西南部科茨沃尔德山附近，经伦敦东流，注入北海。流经英国南部6个郡，流域大部分在伦敦盆地内	长江发源于青藏高原，流经中国11个省、自治区、直辖市，在上海汇入太平洋。长江三峡位于长江的上游
重要性	伦敦市及其西部郊区和牛津等地的主要水源，繁忙而兼具多种功能的城市河流，英国境内最长也是最重要的水路。在英国历史上泰晤士河流域占有举足轻重的地位。英国的政治家约翰·伯恩斯曾说：泰晤士河是世界上最优美的河流，“因为它是一部流动的历史”	中国第一大江，世界上第三大河流。长江流域养育着4亿人口，被称作中华民族的“母亲河”
地形特征	盆地	西部多为低山丘陵地貌，往东逐渐变为低、中山地貌；河谷地貌形态为宽谷段和峡谷段两种，以宽谷段为主，最宽达1 400m，最窄处在瞿塘峡内，仅100m
景观特征	泰晤士河的入海口充满了英国的繁忙商船，然而其上游的河道则以其静态之美而著称于世	长江三峡两岸陡崖对峙，具有深切的河谷，雄伟的峡姿，是世界上大江大河中行船观看大峡谷的最长峡谷，也是“峡感”最好的河段。山峻峰秀、峡幽壁峭

续表

名　称	泰晤士河	长江三峡（重庆段）
特色区段	伦敦游船观光的最佳去处，特别是晚间于河桥边欣赏绚烂夜景，与一般大城市的高楼灯景相较，更有沉静祥和之美	瞿塘峡——西起奉节县的白帝城，东至巫山县的大（黛）溪镇，全长8km，是长江三峡中最短、最狭，而景色、气势最为雄奇壮观的峡谷； 巫峡——整个峡谷以幽深秀丽著称，两岸青山不断，群峰如屏，时而大山当前，石塞疑无路，忽而峰回路转，云开别有天

1.3.2　泰晤士河与长江三峡（重庆段）的共性（见表2-1-6）

泰晤士河与长江三峡（重庆段）的共性　　**表2-1-6**

名　称	泰晤士河	长江三峡（重庆段）
共　性	（1）长江从重庆市穿越而过，有着与泰晤士河在伦敦市同样的区位条件	
	（2）产业革命带来严重环境污染（经历三次污染，最终治理成功——泰晤士河的治理成功，关键并不是采用了最先进的技术与工艺，而是开展了大胆的体制改革和科学管理，被欧洲称为“水工业管理体制上的一次重大革命”）	
	（3）防洪堤坝、水利工程的修建——分洪干渠	

1.3.3　长江三峡（重庆段）与泰晤士河比较中的借鉴

长江三峡在景观生态建设中，应借鉴泰晤士河的经验，发挥河流在城市生态系统结构优化和功能发挥中的作用，注重河流在城市景观生态系统中的骨架作用。

（1）功能定位思想的借鉴——将长江三峡（重庆段）的功能定位作为重庆市城市总体规划的有机组成部分，体现与整个城市规划的和谐性；

（2）功能定位方法的借鉴——泰晤士河的功能定位以考察河流的自然特征为起点，结合河流所在地的各种功能及其功能之间的关系，以及这些功能与城市功能的关系，然后落实到具体的管理之中。长江三峡（重庆段）应借鉴泰晤士河的功能定位，综合协调各类功能，提高定位的科学性；

（3）功能保证方法的借鉴——将河流进行整体、协调、科学合理的规划与管理，严格控制污染的排放，对恶意污染环境者处以重罚；建议成立专门的流域污染治理与生态建设管理部门，并通过区域之间的合作，严格执行有关法规，排除干扰因素；借助现代科学技术手段实现污染治理过程的最优化，确保全流域水质的整体改善和河流功能特别是生态功能的正常发挥。

2. 国内沿江（河）景观生态建设的经验和启示 ——湘江与长江三峡（重庆段）的比较

研究中分别从河流的发源地、分布、重要性及两岸的地形特征、景观特征、特色区段等基本概况对湘江与长江三峡（重庆段）的异同进行了比较，总结出湘江在景观生态建设与管理中可供长江三峡（重庆段）借鉴的对策。

2.1 基本概况比较

参见图 02-02-04 和表 2-2-1。

湘江与长江三峡（重庆段）的概况比较　　表 2-2-1

<table>
<tr><th>名　称</th><th colspan="2">湘　江</th><th>长江三峡（重庆段）</th></tr>
<tr><td>发源地</td><td colspan="2">广西壮族自治区灵川县海洋山西麓的海洋坪，同桂江上源间有灵渠（湘桂运河）相通</td><td>中国青藏高原</td></tr>
<tr><td>规　模</td><td colspan="2">自西南向东北，斜贯湖南省东部，经衡阳市、湘潭市、长沙市等，到湘阴县芦林潭入洞庭湖</td><td>全长 6 300km，重庆境内江段长 679. 3km，约占长江总长的 11%</td></tr>
<tr><td>分　布</td><td colspan="2">全长 856km。干流长 827km，流域面积 9. 46 万 km²</td><td>长江发源于青藏高原，流经中国 11 个省、自治区、直辖市，在上海汇入太平洋。长江三峡位于长江的上游</td></tr>
<tr><td>重要性</td><td colspan="2">是长沙、株洲、湘潭等城市经济带的重要河流</td><td>中国第一大江，世界上第三大河流。长江流域养育着 4 亿人口，被称作是中华民族的“母亲河”</td></tr>
<tr><td>地形特征</td><td colspan="2">中游段沿江丘陵盆地和峡谷交替出现；下游段沿江有宽阔的河漫滩地和低缓的红土低地</td><td>西部多为低山丘陵地貌，往东逐渐变为低、中山地貌；河谷地貌形态为宽谷段和峡谷段两种，以宽谷段为主，最宽达 1 400m，最窄处在瞿塘峡内，仅 100m</td></tr>
<tr><td rowspan="3">景观特征</td><td>上游</td><td>自河源至零陵为上游段，两岸层峦叠嶂，其中广西全州至零陵段为湖口岭峡谷，两岸石灰岩峭壁和溶洞错落相陈，风景秀丽</td><td rowspan="3">长江三峡两岸陡崖对峙，具有深切的河谷，雄伟的峡姿，是世界上大江大河中行船观看大峡谷的最长峡谷，也是“峡感”最好的河段。山峻峰秀、峡幽壁峭</td></tr>
<tr><td>中游</td><td>零陵至衡山为中游段，沿江丘陵盆地和峡谷交替出现，河道蜿蜒曲折，由于两岸有舂陵水等较大支流汇入，水量大增</td></tr>
<tr><td>下游</td><td>衡山以下为下游段，河谷展宽，沿江有宽阔的河漫滩地和低缓的红土低地。望城县靖港以下属尾闾，进入了洞庭湖平原，这里港汊纵横，平畴万顷</td></tr>
<tr><td>特色区段</td><td colspan="2">广西全州至零陵段为湖口岭峡谷，两岸石灰岩峭壁和溶洞错落相陈，风景秀丽</td><td>瞿塘峡——西起奉节县的白帝城，东至巫山县的大（黛）溪镇，全长 8km，是长江三峡中最短、最狭，而景色、气势最为雄奇壮观的峡；
巫峡——整个峡谷以幽深秀丽著称，两岸青山不断，群峰如屏，时而大山当前，石塞疑无路，忽而峰回路转，云开别有天</td></tr>
</table>

2.2　湘江与长江三峡（重庆段）的共性（见表 2-2-2）

湘江与长江三峡（重庆段）的共性　　表 2-2-2

名　称	湘　江	长江三峡（重庆段）
共　性	（1）中上游段有着相似的自然环境，两岸层峦叠嶂，石灰岩峭壁和溶洞错落相陈，风景秀丽	
	（2）分别是重庆和湖南经济最发达的地区（沿湘江的长株潭号称湖南的金三角）	
	（3）重要的内陆航道	
	（4）悠久的历史文化传统，远近闻名的大河，沿岸经济发达，文化遗迹众多	
	（5）遭受过近代工业化、城市化带来的环境压力	

2.3　长江三峡（重庆段）与湘江比较中的借鉴

（1）构筑区域的自然生态网络构架，最大限度地发挥生态环境功能，保护、改善长江三峡沿江区域的生态环境；

（2）维护自然生态格局，保护长江及其支流水体、湖泊、山体、丘岗、林地和农田；

（3）尊重历史文化，保护有特色的历史文化遗存及特色地域文化；

（4）充分应用景观生态思想进行生态经济带和城市建设。

第三篇　长江三峡库区（重庆段）景观生态基础特征评析

第一章　自然生态特征

1. 地理位置

本研究所定义的三峡库区东起巫山，西至江津，位于东经105°49′～110°12′之间，涉及江津、永川、万州、涪陵、长寿、丰都、忠县、开县、云阳、奉节、巫山、巫溪、石柱和重庆市都市9区（渝中区、大渡口区、江北区、沙坪坝区、九龙坡区、南岸区、北碚区、渝北区和巴南区）等22个区、市、县。三峡库区是长江上游经济带的重要组成部分，是长江中下游地区的生态环境屏障和西部生态环境建设的重点，是我国重要的电力供应基地和内河航运干线地区，在促进长江地区经济发展、东西部地区经济交流和西部大开发中具有十分重要的战略地位（见图3-1-1，图3-1-2）。

2. 地质地貌

在地质构造上，三峡库区地处大巴山褶皱带、川鄂湘黔褶皱带、川东褶皱带和黄陵背斜交汇处，跨越川、鄂中低山峡谷和川东平行峡谷低山丘陵区，北靠大巴山，南依云贵高原，处于我国地势第二阶梯东缘。大巴山断褶带自西向东蜿蜒于库区北部。北部主要出露震旦系及下古生界石灰岩，南部由震旦系、二叠系和三叠系的石灰岩、板页岩组成。褶皱北紧南松，呈明显层状结构，由北而南层层下降。库区断层不发育，未发现范围较大的构造破碎带岸坡。库区新构造运动不强烈，以大面积缓慢抬升为主，构造环境相对稳定。

三峡库区地貌复杂，其北部的边界为分水岭，在大巴山东端与神农架林区南侧，

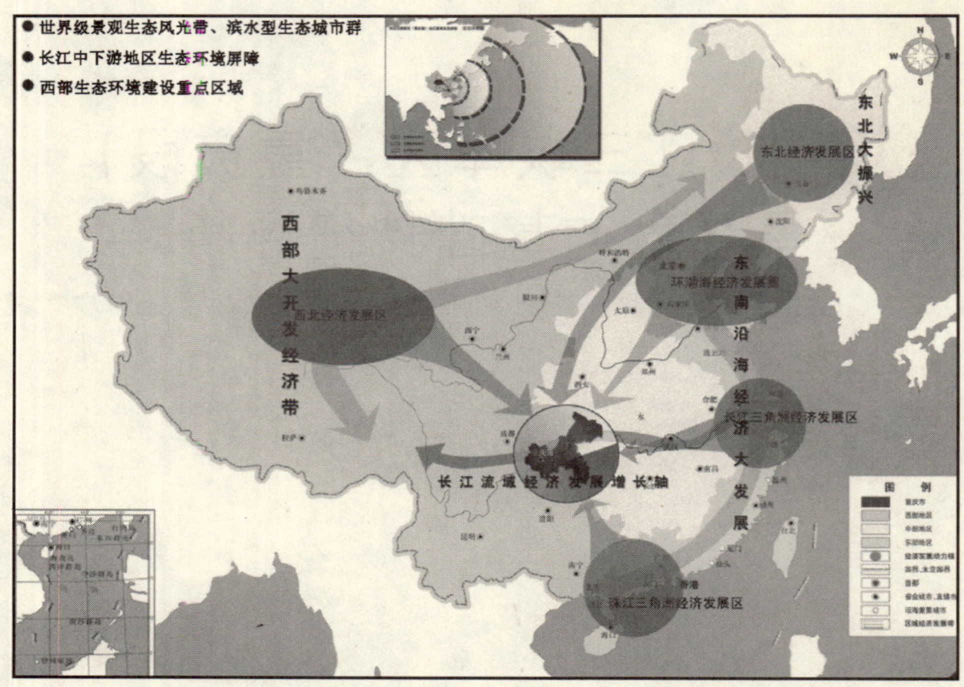

图3-1-1　长江三峡库区（重庆段）区位示意图

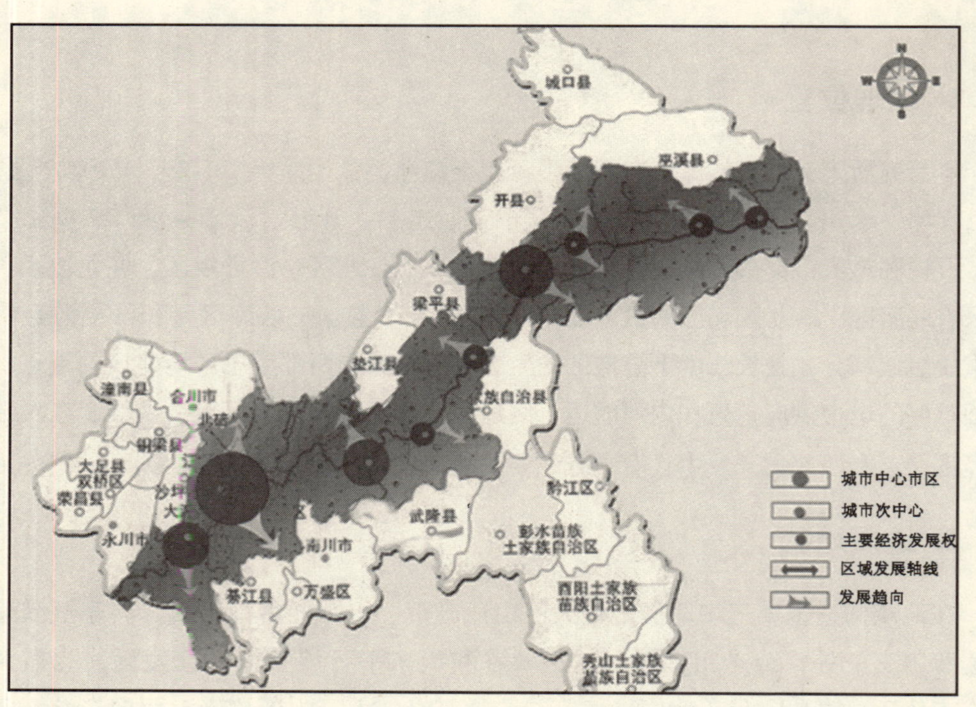

图3-1-2　长江三峡库区（重庆段）地理位置

最高山峰为大神农架（海拔3 105m），与老君山（海拔2 936m）等组成一个山系，平均海拔高度为1 800～2 200m。长江南侧，巫山、方斗山、七耀山是条海拔高度偏低的分水岭，平均海拔1 400～1 800m。库区地貌区划为板内隆升蚀余中低山，总体地势西高东低。沿江以奉节为界，两端地貌特征迥然不同，西段主要为侏罗系碎屑岩组成的低山丘陵宽谷地形，山脉从奉节一带高程近1 000m，至长寿附近逐渐降至300～500m；东段主要为震旦系至三叠系碳酸盐岩组成的川鄂山地，一般高程300～500m。长江由西向东横切巫山，两岸山峰耸立，山高坡陡，河谷深切，形成举世闻名的长江三峡。库区地势沿河流、山脉起伏，南北高、中间低，从南北向长江河谷倾斜，形成复杂的地貌类型，其中山地面积占71.3%，丘陵台地占22.8%，平原、岗地、坝地仅占5.9%。

3. 气象

三峡库区地处中纬度中亚热带湿润地区，属于湿润亚热带季风气候，具有冬暖春旱、夏热伏旱、秋雨多、四季分明、湿度大以及云雾多等特征。三峡库区气候异常，多灾并发、重复受灾现象时有发生，主要有雪灾冻害、干旱、大风、冰雹、暴雨、特大暴雨及其他灾害等。

4. 水文

三峡库区江河纵横、河网密布，主要河流有长江、嘉陵江、乌江、涪江、綦江、御临河、龙溪河、赖溪河、芙蓉江、安居河、大宁河、小江、任河等。按流域划分，大部分属长江干流水系、嘉陵江（包括涪江、渠江）水系和乌江水系。其中长江干流从重庆市域的中部自西向东贯穿整个库区，流程达679.3km，并以长江为轴线汇集起包括嘉陵江、乌江、涪江、渠江、大宁河等上百条大小支流，构成向心状的复合水系，为三峡库区的工农业生产和人民生活提供充足的水源保障。由于域内自然条件复杂，受地质岩性影响，除西北部为树枝状水系外，其余广大地区均属网格状水系（见图3-1-3）。

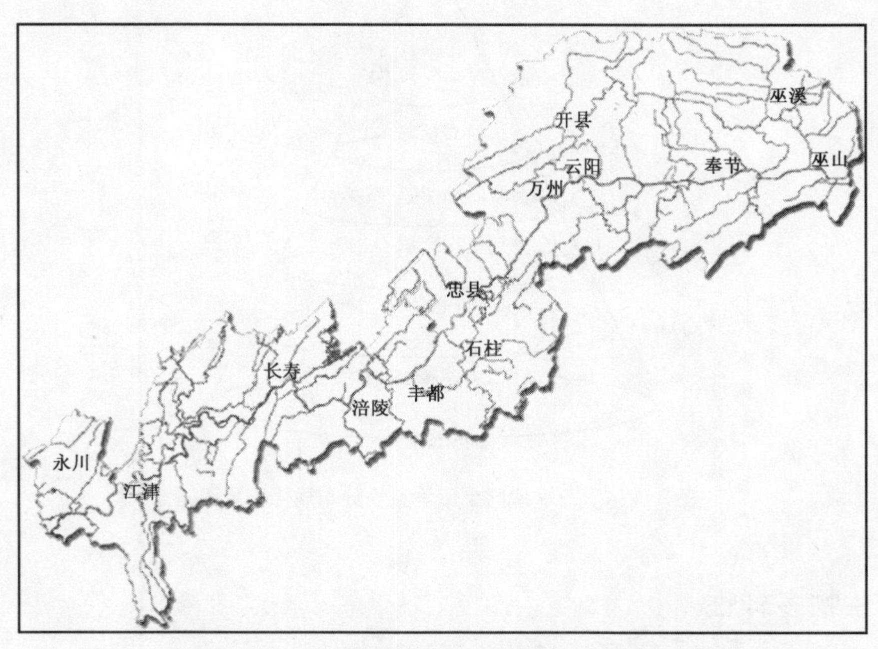

图3-1-3　长江三峡库区（重庆段）水系分布图

库区内水资源十分丰富，年均超过5 000亿m^3，可分为地表水和地下水两大类，其中地表水占水资源总量的绝大部分。在地表水中，由大气降水而形成的约占380亿m^3，由长江、嘉陵江、乌江等流经库区的入境水形成的地表水约4 600亿m^3。三峡库区的地下水，受地质构造、岩性和地貌等因素制约。水文地质环境十分复杂，按其含水层的岩性、结构和水力特征，主要分为碳酸盐岩喀斯特水、碎屑岩孔隙裂隙水、基岩裂隙水三个类型，年储量为132亿m^3，可开采量为45亿m^3，其中1/3通过排泄转化为地表水。喀斯特水占地下水总量的78%，主要分布于大巴山、武陵山地；基岩裂隙水仅占6%，分布于西部红层丘陵区。

库区河流众多，水源充足，落差较大，水能资源丰富。除长江以外，库区内流域面积大于50km^2的河流有550多条，总长度近1.6万km。河流全程落差大于2 000m。长江三峡多年平均流量可达到13 820m^3/s，其他中小河流平均流量也多在30m^3/s以上。三峡库区的水能理论蕴藏总量为1 438万kW，其中长江占80%以上，嘉陵江占9.9%，其他河流约占10%。可开发水能资源750万kW，占理论蕴藏量的52%，但目前发电量开发不足3%。

5. 土壤

三峡库区由于地质构造复杂、水热条件充沛，形成了多种土壤类型。库区成土母岩有花岗岩、石灰岩、泥质沙质页岩、石英砂岩、紫色砂页岩、硅质页岩和河流冲积土，由此发育而来的库区土壤可分为水稻土、新积土、紫色土、黄壤、黄棕壤、石灰（岩）土、山地草甸土等七个土类16个亚类（见图3-1-4）。

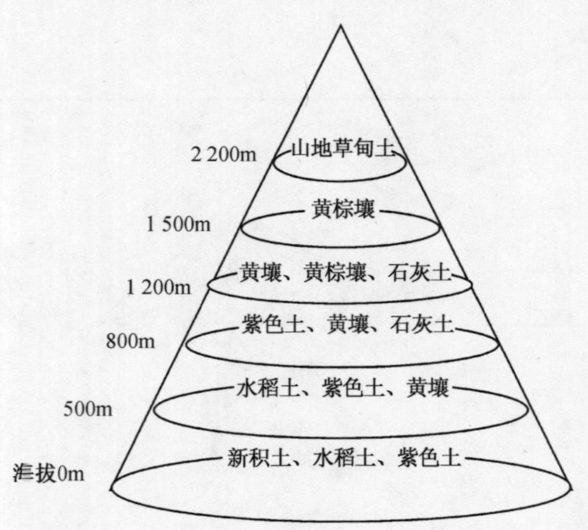

图3-1-4 三峡库区土壤垂直性分布规律示意图

6. 生物多样性

三峡库区地质构造、地貌类型和气候条件复杂多样，许多著名孑遗植物在这里得以保存，具有物种多样性和生态系统多样性的优势。库区森林覆盖率约为23.1%，但沿江两岸不足5%，森林植被分布不均，在很大程度上降低了生物多样性水平。

三峡库区植物种类汇总分析表明，库区高等植物有208科，1 428属，6 088种（其中，蕨类植物400种，裸子植物88种，被子植物5 600种）（引自国家环境保护总局2005年公布的《长江三峡工程生态与环境监测公报》），约为全国高等植物总数的21%，其中列入《中国珍稀濒危保护植物名称》的有47种，属国家一级保护的4种，属国家二级保护的21种，属国家三级保护的22种，特产于库区的36种，共83种（见附表1）。其中，属国家一级保护的有桫椤、水杉、秃杉、银杉、珙桐等，水杉（万州盐井溪）、银杉（南川金佛山）均为我国最早发现地区，曾轰动了世界；属国家二级保护的有银杏、鹅掌楸、金佛山兰、香果树、木瓜红、连香树、台湾杉、钟萼木等；属国家三级保护的有黄杉、穗花杉、白桂木等。号称“川东小峨嵋”的缙云山，亚热带树木就达1 700多种，至今还保留着1.6亿年以前的“活化石”水杉及伯乐树、飞蛾树等世界罕见的珍稀植物。目前，库区现有百年以上古树4 150株，共135种，珍稀濒危植物51种，占全国总数388种的13.1%。

三峡库区拥有丰富的陆生动物资源（见图3-1-5），其中不少为濒危保护动物物种。

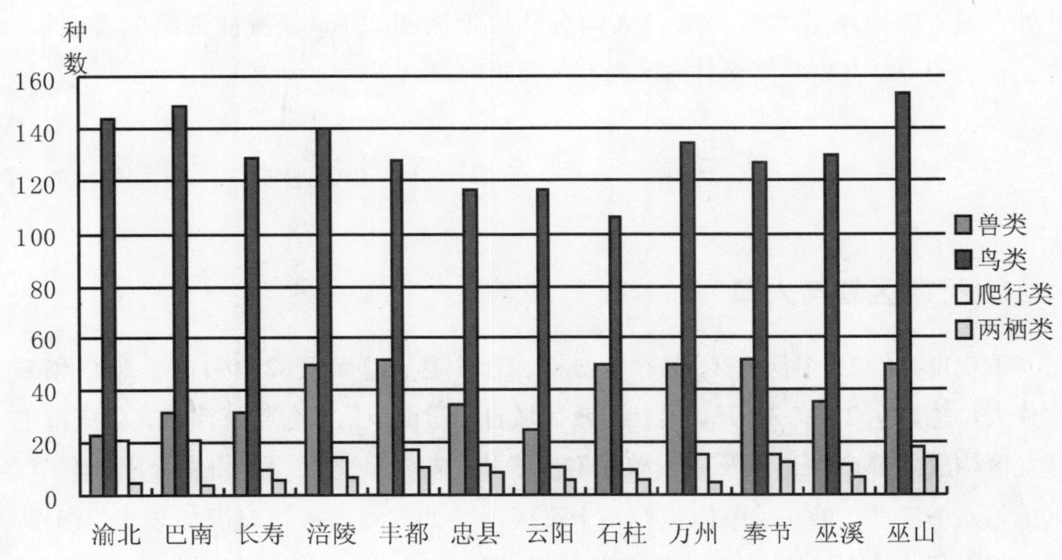

图3-1-5　三峡库区研究范围内陆生动物种类分布

根据肖长发等（1999）的调查，三峡库区兽类共101种，分属8目29科，其中国家Ⅰ级保护动物4种，国家Ⅱ级保护动物16种。以目为分类阶元，啮齿目种类最多，占28.72%，其次是翼手目，占25.74%，鳞甲目种类最少，仅占0.99%。三峡库区兽类中属于我国特有种的有16种，占我国特有兽类物种21.92%，是三峡库区兽类物种多样性方面的鲜明特征。

鸟类共331种，分属17目48科，鸟类中国家Ⅰ级保护动物3种，国家二级保护动物35种，省级保护动物58种，属于我国特产的种类有普通竹鸡、白冠长尾雉、白腹锦鸡、红腹锦鸡、绿鹦嘴鹎（领雀嘴鹎）、白头鹎、金胸歌鸲等。由于库区特殊的地理位置，成为候鸟、旅鸟南北迁徙的中转站。在331种鸟类中，留鸟148种，冬候鸟57种，夏候鸟83种，旅鸟43种。三峡库区繁殖鸟类包括夏候鸟和留鸟，计225种。在我国的9种物种地理分布型中，三峡库区鸟类占7种，且种类也均占有一定比例，表明了库区作为鸟类迁徙通道在物种多样性构成方面的突出作用。

两栖类共32种，分属2目9科。爬行类35种，分属2目11科。其中仅两栖类中的大鲵为国家Ⅱ级保护物种，且为我国特有种。总体上，三峡库区两栖爬行类物种非常贫乏。

三峡库区生物多样性面临的危机主要是由于土地资源开发利用不合理所致，城镇建设、农业开发和长江成库等人为破坏较为严重，在很大程度上降低了生物多样性水平。库区现共有林地约170万hm^2，其中天然林面积较小，约占森林总面积的30%，疏林和幼林约占森林总面积的40%。库区的森林分布分散，其中比较集中成片的大巴山南坡、神农架林区、川鄂边境的巫山，尚保存有较好的原始林地；其次是川东平行岭谷区背斜低山脊部也有较集中的林地。拥有6.67万hm^2以上森林资源的有江津、开县、云阳、奉节、巫山、巫溪、丰都、石柱等区、县（自治县）。此外，城市绿地覆盖率为23%，人均公共绿地面积2.1m^2，树种资源主要有松、栎、杉、柏等，其中马尾松林占区内有林面积的50.6%。

第二章　社会经济概况

1. 行政区划与人口

重庆市共辖15个行政区、4个县级市、21个县，总面积82 403km^2，2003年末常住人口总数达2 777.47万。沿江行政区域自上游而下依次包括江津市，重庆市主城九区构成的都市区，以及中下游长寿、涪陵、丰都、忠县、万州、云阳、奉节、巫山等八个区县。沿江城镇体系涉及十个区市县的区划与人口概况如表3-2-1所示，其面积共计32 250km^2，占全市总面积的39.1%；2003年末人口为1 451万人，占全市的52.3%。

重庆市沿江区县面积及人口概况　　表3-2-1

区　县	面积（km^2）	常住人口（万）	人口密度（人/km^2）	户籍人口（万）	非农业人口（万）	农业人口（万）	自然增长率（‰）
江津市	3 200	126.68	396	145.82	37.27	108.55	0.17
都市区	5 473	617.83	1 129	559.58	331.04	228.54	1.38
长寿区	1 415	74.49	526	87.49	16.81	70.68	4.08
涪陵区	2 946	100.88	342	111.50	28.77	82.73	2.08

续表

区县	面积（km^2）	常住人口（万）	人口密度（人/km^2）	户籍人口（万）	非农业人口（万）	农业人口（万）	自然增长率（‰）
丰都县	2 896	65.10	225	77.78	10.84	66.94	7.84
忠　县	2 184	74.97	343	96.47	12.73	83.74	3.04
万州区	3 457	151.49	438	169.71	43.95	125.76	5.65
云阳县	3 634	102.30	282	127.13	13.89	113.24	5.99
奉节县	4 087	86.79	212	98.99	9.29	89.70	8.68
巫山县	2 958	50.49	171	58.83	6.24	52.59	5.25

2. 研究区城镇体系概况

沿江城镇体系按其等级结构和规模大小可划分为五级，分别为市域中心城市、区域中心城市、次区域中心城市、中心镇和一般镇（见表3-2-2）。

沿江城镇规模等级结构　　表3-2-2

序号	城市等级	规模等级	城镇数	城镇名称
一	市域中心城市	特大城市	1	都市区
二	区域中心城市	中等城市	2	万州、涪陵
三	次区域中心城市	小城市	7	江津、长寿、云阳、忠县、丰都、奉节、巫山
四	中心镇	小城镇	15	朱沱，石蟆，白沙，油溪，珞璜、木洞、洛碛、珍溪、十直，高家、乌杨、西沱、武陵、凤鸣、故陵
五	一般镇	小城镇	22	（略）

（1）市域中心城市：即都市区，是由渝中区、大渡口区、江北区、九龙坡区、沙坪坝区、南岸区（主城六区）和北碚区、渝北区、巴南区（都市区外围三区）等九个行政区构成的特大型城市，是长江上游和西南地区商贸流通中心、金融中心、科技文化中心、综合交通枢纽和通信枢纽，是以高新技术产业为基础的现代产业基地。

都市区是城乡一体化高度发育的地区。空间层次上由里及外可划分为三个圈层：核心区、外围组团、近郊卫星城镇。呈“多中心、组团式”城市空间结构，形成有机松散、分片集中的开放、生长型城市结构形态。

（2）区域中心城市：包括涪陵、万州。它们是各区县政治、经济、文化中心，属中等城市规模，人口20～50万。

万州：重庆东北部区域性中心城市，三峡库区重要的交通枢纽，新兴移民城市。涪陵：重庆东部区域性中心城市，乌江流域交通枢纽，新兴工业城市。

（3）次区域中心城市：包括江津、长寿、丰都、忠县、云阳、奉节和巫山等7个城区，属小城市规模，人口5～20万。

（4）中心镇：沿江区县的沿江小城镇的镇级行政机关所在地，人口0.5～5万。

（5）一般镇：沿江区县的沿江小城镇的镇级行政机关所在地，人口5 000以下。

3. 经济概况

3.1　产业结构与布局

2003 年沿江区县生产总值为 1 400 亿元人民币，占全市总量的 60%，人均国内生产总值 9 650 元，三次产业比例为 10.7∶47.2∶42.1。各区县各产业生产总值及人均生产总值参见表 3-2-3。

沿江区县产业结构与经济状况　　表 3-2-3

区县	地区生产总值（万元）	第一产业（万元）	第二产业（万元）	第三产业（万元）	三产比例	人均生产总值（元）
都市区	8 870 100	455 800	4 416 200	3 998 100	5:50:45	14 397
江津市	1 138 256	245 492	447 795	444 969	22:39:39	8 923
万州区	925 530	126 700	453 557	345 273	14:49:37	6 077
涪陵区	978 185	121 774	517 895	338 516	12:53:35	9 613
长寿区	668 778	108 344	329 685	230 749	16:49:35	8 966
丰都县	299 356	78 205	111 859	109 292	26:37:37	4 573
忠县	319 693	97 637	90 704	131 352	31:28:41	4 257
云阳县	315 542	104 174	125 590	85 778	33:40:27	3 060
奉节县	301 870	99 987	78 039	123 844	33:26:41	3 479
巫山县	173 814	53 543	43 249	77 022	31:25:44	3 437

沿江地区产业布局依托城市和城镇，沿“点轴”布局，经过不断调整，基本形成了以重庆主城为中心的城区型经济、近郊区县的郊区型经济、库区下游区县的库区型经济共同组成的特色层次分明的布局结构体系。重庆主城区是全市的金融中心、商贸中心、科技信息中心、交通枢纽、通讯枢纽和重要的工业基地。万州、涪陵两市是重庆库区经济、文化中心，是重庆主城区和库区经济联系的结合点。

受城市和城镇分布格局的影响，产业布局主要在以重庆主城区、万州、涪陵等主要城市为“点”，以长江主航道、103 国道、沿江高速公路等主要交通干线为“轴”所共同构成的区域上展开。该区域是目前重庆市人口、资源和其他生产要素较为集中的地区，是目前长江上游及整个重庆地区人口、产业、资源最密集的区域，集中了全市加工工业主体，三大支柱产业及玻陶、日化、纺织、包装等优势轻工行业也主要分布在该区域。

重庆主城区是重庆产业开发和布局的核心和依托。长江三峡库区东南向主轴地带，横贯三峡库区，资源丰富，农业和农村经济占主导地位，二、三产业发展已具有一定的基础。全市农业布局以粮食种植和林牧业发展为主。二、三产业布局以丰富的自然资源加工为基础，以较发达的长江水运为依托，主要发展了化工、建材、食品、医药、造纸等行业。丰都、巫山、巫溪等县旅游资源丰富，旅游业比较发达。随着三峡工程的建设和国家长江产业带发展战略的规划实施，三峡库区产业布局面临重大的结构调整和发展机遇，今后将成为重庆市产业布局拓展的重点区域。

重庆主城区在产业布局上已基本完成“退二进三”，工业布局主要在主城外围和周边卫星城镇展开，乡镇企业开始向中小城镇集中。城市外围农村地区重点发展城郊型农业，三峡库区重点发展生态型农业和旅游业，边远山区依托丰富的山地资源发展养殖和特产加工的山区型经济。

3.2　经济发展

三峡库区横跨重庆市的都市经济发达区和三峡生态经济区。区内的经济发展水平表现出较大的差异，具有人口密集、经济基础薄弱、生态环境脆弱等突出特点，经济社会发展长期落后于全国平均水平。库区经济以农业为主，农业中又以种植业为主。工业基础薄弱，设备陈旧，基础设施落后，陆上交通条件差，商品经济不发达。由于生产水平不高，经济比较单一，综合管理水平低，人均国民生产总值和人均收入均低于川、鄂两省平均水平和全国平均水平，属我国经济发展水平低的连片贫困地区之一。

三峡库区的经济发展呈现大城市与大农村并存的特点，区内农村经济的发展相对滞后，农业生产基础条件差，生产水平不高。由于库区丘陵山区分布广，平地面积小，可作为耕地开发的土地资源极为有限。库区农业以种植业为主，人均耕地少，农业基本建设差，粮食生产水平低。

三峡库区工业以食品、轻纺等为主，约占工业总产值的60%，其次是农机、化学、煤炭、建材等。工业主要集中在沿江城镇，尤其以万州区和涪陵区最为集中。

三峡库区交通运输条件仍较落后。建国以来，库区已初步建成以公路为骨干、内河航运为基础、航空为补充的交通运输网络。但同邻近其他地区相比，交通运输的矛盾仍相当突出，对区内自然资源开发和经济发展影响很大。

三峡库区的旅游资源丰富，如举世瞩目的长江三峡、丰都鬼城、忠县石宝寨、云阳张飞庙、奉节白帝城等，但随着库区水位的升高，旅游业受到了较大的冲击。

4. 移民工程概况

三峡水库的正常蓄水位175m方案，将淹没重庆库区面积862km^2，其中陆域面积471km^2。淹没涉及18个区县（市），各项淹没实物综合指标占全库区的80%以上。静态移民72万人，动态移民103.97万人，占全库区移民总数的85%。淹没涉及10个县城，101个集镇，直接淹没区涉及人口722 488人，淹没房屋2 942.92hm^2，淹没耕园地2.22hm^2，淹没工矿企业1 378个（见表3-2-4）。

三峡工程库区重庆市主要淹没实物指标汇总　　表 3-2-4

水位项目		Ⅰ线以下	Ⅰ线—Ⅱ线	Ⅱ线—Ⅲ线	Ⅲ线—Ⅳ线	合计
合计	人口（人）	15 074	175 003	138 726	393 685	722 488
	房屋（hm^2）	68.86	764.8	554.51	1 554.75	2 942.92
农村	耕园地（万 hm^2）	0.11	0.38	0.34	1.40	2.22
	人口（人）	3 188	37 016	59 596	193 156	292 956
	房屋（hm^2）	10.51	104.92	173.4	591.52	880.35
城镇	人口（人）	7 701	118 195	69 119	177 428	372 443
	房屋（hm^2）	22.5	403.24	259.35	694.73	1 379.82
工矿企业	数量（个）	85	395	233	665	1 378
	人口（人）	4 185	19 792	10 011	23 101	57 089
	房屋（hm^2）	35.85	256.64	121.76	268.5	682.75

资料来源：《三峡工程库区重庆市移民迁建进度及分年投资规划专题报告》。

第三章　土地资源与利用

1. 土地利用及存在的问题

据2005年《重庆市统计年鉴》资料表明，重庆市土地面积为82 268km^2，农用地69 440km^2，占土地总面积的84.41%，其中耕地面积23 476km^2，占27.81%，林地面积31 902km^2，占39.52%，园、草地4 590km^2，占5.33%，其他农用地9 669km^2，占11.88%；建设用地5 500km^2，占土地总面积的6.79%；未利用地7 239km^2，占土地总面积的8.80%（如图3-3-1所示）。

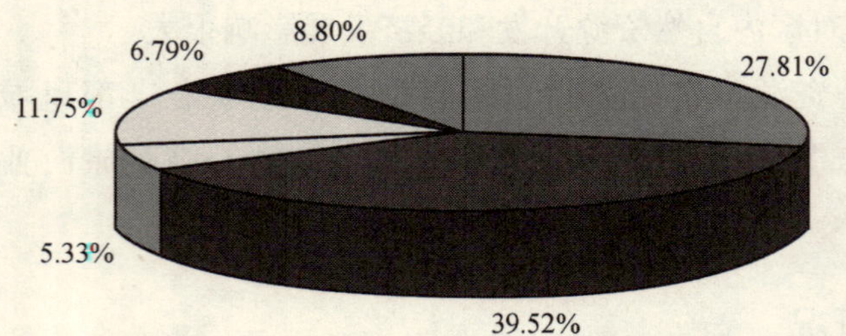

图 3-3-1　重庆市土地利用结构

1.1　土地利用现状

从三峡库区沿江典型区土地利用结构（见表3-3-1和图3-3-2）可以看出：林

地比重最大，耕地次之；居民点用地多而且分散，工业、交通用地少；未利用地相对比较多。本项目研究区域为沿江两岸纵深5km所涉及的范围，由于有其自身的特殊性，通过现场实地调研，发现土地利用现状为：以农林用地为主，建设用地较少，而未利用地则很少。

长江三峡库区（重庆段）沿江典型区土地利用现状（土地面积单位：km²，其他单位:%）

表3-3-1

区　县	江津	丰都	石柱	万州	云阳	奉节	全市
土地面积	3 218.93	2 913.37	3 009.51	3 441.86	3 647.96	4 098.37	82 403
耕地	34.74	29.66	17.85	30.74	23.87	19.99	31.05
园地	4.75	1.70	1.1	1.77	1.36	1.32	1.98
林地	28.57	44.14	59.56	22.95	29.48	51.13	36.53
牧草地	0	0.24	0	5.94	0.30	7.02	2.5
水域	4.2	3.38	2.26	4.71	4.09	2.3	2.79
居民点及工矿	8.13	2.82	2.23	7.14	4.64	3.5	5.49
交通用地	1.19	1.50	1.6	2.44	0.53	0.42	0.93
未利用地	18.42	16.56	15.4	24.31	35.73	14.32	18.73

注：数据来源于重庆市区县土地利用总体规划（1997）；江津为2002年数据。

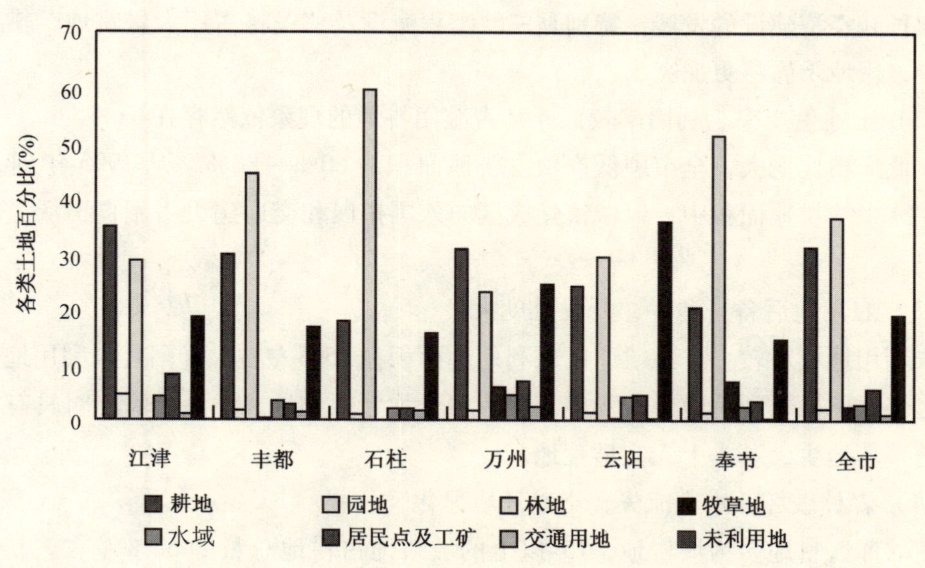

图3-3-2　长江三峡库区（重庆段）沿江典型区土地利用现状

1.2　城镇土地利用

三峡工程在给库区城镇发展带来机遇的同时，也给库区土地资源带来了巨大压力。三峡库区正处于快速城镇化的关键时期（如表3-3-2所示），城镇规模急剧膨胀，城镇建设势必占用大量土地，重庆市建设用地面积从1996年到2003年增加了

114km²，并且多以耕地面积减少为代价（如表3-3-3所示），土地资源短缺与人们生存需要的矛盾日益突出。

长江三峡库区（重庆段）沿江区县城镇化水平变化（单位:%） 表3-3-2

区县	江津	都市区	长寿	涪陵	丰都	忠县	万州	云阳	奉节	巫山	全市
1997年	20.6	—	16.7	21.2	11	9.8	20.1	7.7	7.4	7.4	26.5
2003年	45.3	84.4	40.3	46.2	20.9	21.6	43.5	21.3	21.1	18.5	38.1

2002～2003年长江三峡库区（重庆段）沿江区县耕地减少率（单位:%）表3-3-3

区县	江津	都市区	长寿	涪陵	丰都	忠县	万州	云阳	奉节	巫山	全市
减少率	1.09	0	7.59	0.02	1.81	3.34	0.11	1.73	0	5.27	4.79

同时，库区城镇土地利用结构不尽合理，与城镇性质明显存在差异，表现在工业用地比重过大，公共设施用地尤其是旅游服务用地、绿化用地和道路广场用地比重偏小，公共服务设施配套不完善等方面。

1.3 土地利用现存问题

（1）人均耕地数量少，人地关系紧张

2003年末重庆市人均耕地0.043hm²，远低于全国平均水平0.082hm²。随着人口的增长和经济建设的发展，特别是三峡工程淹没及移民将占用大量耕地，耕地急剧减少，用地矛盾将更加突出。

（2）土地生产率、利用率较低，乱占滥用耕地的现象依然存在

中低产田比例大，全市中低产田占耕地面积的60%～80%。从1995年到2000年，在减少的耕地面积中，以城镇建成区向外围拓展和交通建设占用良田沃土现象较突出。

（3）农用地后备资源少，开发难度大

未利用地相对较多，三峡库区未利用地面积在15%左右，云阳县未利用地达到30%之多。但是未利用地分布零星，多为田土坎、裸土地、滩涂，而相对具有开发价值的荒草地少，基本上无宜垦荒地。

（4）森林破坏，水土流失，土地环境恶化

三峡库区耕地多为坡耕地，15°以上的坡耕地占耕地总量的60%左右。其中万州区、丰都县坡耕地十分突出，仅25°以上的坡耕地所占比重分别高达40.96%、35.4%。多数坡耕地缺乏必要的水利措施，坡面水系紊乱，并且在耕作方式上多顺坡耕作，致使水土流失严重。

2. 土地人口承载力分析

三峡库区2003年土地、人口、粮食现状见表3-3-4。土地资源分布的差异性，

导致了人口分布的不均衡。耕地资源丰富的地区，人口密度高，万州区、涪陵区、长寿区、江津市耕地资源丰富，人口密度也高；反之，耕地资源少的地区，人口密度低，巫山县、石柱县耕地资源少，人口密度也低。

2003 年长江三峡库区（重庆段）土地、人口、粮食现状　　表 3-3-4

区县	土地面积（km^2）	人口（万）	人均土地（hm^2）	常用耕地面积（hm^2）	人均常用耕地（hm^2）	粮食产量（t）	人均粮食产量（kg）
主城区	5 496.55	559.58	0.098 2	120 479	0.021 5	941 931	168.34
江津市	3 219	145.82	0.220 8	68 962	0.047 3	654 648	448.94
万州区	3 442	169.71	0.202 8	58 373	0.034 4	486 548	286.69
涪陵区	2 941	111.50	0.263 8	65 635	0.058 9	420 718	377.33
长寿区	1 415	87.49	0.161 7	38 982	0.044 6	348 265	398.06
丰都县	2 905	77.78	0.373 5	34 383	0.044 2	308 840	397.07
忠县	2 176	96.47	0.225 6	51 102	0.053 0	405 405	420.24
云阳县	3 649	127.13	0.287 0	46 185	0.036 30	423 466	333.10
奉节县	4 099	98.99	0.414 1	46 229	0.046 70	405 153	409.29
巫山县	2 957	58.83	0.502 6	35 812	0.060 9	211 800	360.02
重庆市	8.24 万	3 115	0.264 5	134 万	0.043	1 087.2	349.02
全国	960 万	129 227	0.742 9	10 600 万	0.082	43 070	333.29

从空间分布上看，库区土地的可持续利用潜力，与其地形格局、区位分布具有较好的一致性。重庆都市发达经济区、万州区、涪陵区及江津市等，地势平坦，低丘平坝地居多，经济基础较好，城镇化水平较高，因而具有较强的土地可持续利用潜力；而地处山区、人多地少且土地质量较差的云阳、奉节、巫山等县面临的问题较多，特别是人地矛盾、经济贫困和生态恶化等问题严重制约着土地资源的可持续利用，景观建设的空间受到较大程度限制。

根据三峡库区 1997 ~ 2003 年土地、人口、粮食变化情况（见表 3-3-5），选择 2010 年作为预测目标，对库区土地人口承载力进行初步预测分析。

长江三峡库区（重庆段）1997 ~ 2003 年土地、人口、粮食变化　　表 3-3-5

年　　份	人口（万）	耕地面积（万 hm^2）	粮食（万 t）
1997	1 497.09	66.85	508.04
1998	1 502.54	66.10	506.56
1999	1 508.78	66.05	499.01
2000	1 515.13	65.57	498.08
2001	1 515.76	64.48	434.88
2002	1 521.07	57.54	478.27
2003	1 533.30	56.61	460.68

（1）人口预测

1997～2003年，库区人口从1 497万增长到1 533万，年均人口增长率为4‰。根据表3-3-6，综合应用三种预测方法，2010年库区人口约为1 560万。

长江三峡库区（重庆段）人口预测 **表3-3-6**

	模型方程	2010年人口（万）	相关系数
线性回归法	$Y=5.4525(t-1996)+1491.6$	1 568	$R=0.9789$
自然增长法	$Y=1533.30e^{0.003(t-2003)}$	1 566	—
GM（1，1）模型	$Y=415097.6e^{0.00361(t-1996)}-413600.5$	1 569	—

（2）耕地预测

1997～2003年重庆市耕地减少10.24万hm^2，2001年以来减少尤甚。根据表3-3-7，综合三种预测方法，2010年库区耕地面积约为47万hm^2。

长江三峡库区（重庆段）耕地预测 **表3-3-7**

	模型方程	2010年耕地（万hm^2）	相关系数
线性回归法	$Y=-1.7648t+70.373$	45.67	$R=0.8806$
指数增长法	$Y=70.834e^{-0.0286(t-1996)}$	47.46	$R=0.8762$
GM（1，1）模型	$Y=-2089.2e^{-0.0331(t-1996)}-2156.05$	45.73	—

（3）粮食预测

1997年库区的粮食单产为7 599kg/hm^2，而2003年已达到8 137kg/hm^2，年增长率1.18%。据预测，在适当增加投入和优良管理的前提下，2003～2010年粮食单产年均增长率应能达到1.5%。但目前库区粮食生产实际水平还比较低，受水库蓄水淹没耕地（淹没的大部分都是平坝优良耕地）和移民安置的影响，年增长率将会降低，假设为1.3%，据此推算库区在2010年的粮食总产量约为450万t。

（4）人口——耕地——粮食承载能力预测

根据对三峡库区人口、耕地、粮食的计算和预测，按照2010年以后以人均400kg（温饱型消费标准）计算，库区2010年的土地人口承载力约为1 100万人，不能满足当时的1 560万人口的粮食需要，由于预测人口中包括重庆主城区600万人，形势虽没有这样严峻，但仍不容乐观。粮食、土地、人口之间的矛盾在今后相当长的时期还将存在，在坚持坡度25°以上的部分耕地坚决退耕还林、还草、还果的同时，必须增加农业投入和科技兴农以提高耕地生产力。

3. 土地利用优化对策

三峡库区是典型的山地区，山地和丘陵面积合占97.1%，属于典型的脆弱生态系统区，现状的土地利用处于“弱可持续发展”的状态。针对三峡库区城镇化进程中出现的土地利用问题，城镇建设不能再走外延扩张的老路，而应以优化城镇土地利用结构来解决土地的供求矛盾。库区城镇应以环境保护塑形象，以自然人文景观建设添后劲，以旅游服务业为龙头，优化产业结构，大力发展第三产业，促进城镇土地利用结构的调整优化和土地的集约利用。

三峡库区土地资源可持续利用的社会目标——移民安置，是三峡工程成败的关键，关系到库区社会的长治久安。经济目标——脱贫致富，库区90%的人口依靠土地谋生，提高土地生产力和经济效益，增加农民收入，是库区土地利用的首要目标。生态目标——控制水土流失，是库区土地资源可持续利用的基础，实现库区土地资源可持续利用，必须以改善生态环境为前提来发展经济。未来库区土地利用优化要立足于库区山地资源的特点和优势，把生态环境建设放在优先重要的地位，正确处理生态建设、移民安置和经济协调发展的关系；抓住国家投入、对口支援和库区优惠政策机遇，科学规划和优化用地布局，通过植树造林、坡地退耕、优化结构和产业突破四个方面，逐步实现库区社会和经济可持续发展。

第四章　生态环境状况

1. 水环境

1.1　水质总体状况

国家环境保护总局公布的《长江三峡工程生态与环境监测公报》（2005）表明，2004年三峡库区长江干流水质表现良好，各断面均达到或优于Ⅲ类标准，与上年相比，干流水质无明显变化，仍以Ⅲ类水质为主，但Ⅱ类水质断面比例下降了13.7%。2000年以来，长江干流水质总体趋于改善（见图3-4-1），但是Ⅰ、

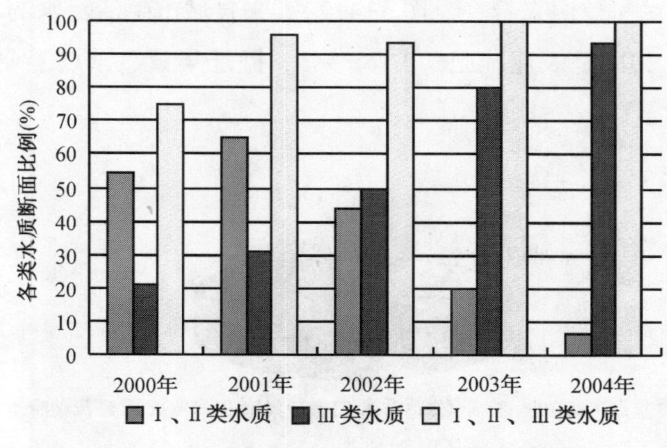

图3-4-1　长江三峡库区（重庆段）干流水质年际变化

Ⅱ类水质断面的比例却是逐年下降。

库区支流水质较差，粪大肠菌群、总磷和石油类等指标都不同程度地超Ⅲ类水质指标。另外，城区江段岸边水质出现较为严重的污染带，万州、涪陵、忠县、云阳城区江段都存在明显的岸边污染带。

1.2　水污染时空分析

根据污染物对环境的影响，将进入三峡库区水体的污染物分为富营养化和水生生态毒性两大类，其中导致富营养化的环境负荷仅考虑COD_{cr}、氨氮（或总氮）和总磷三项指标；水生生态毒性仅考虑六价铬、镉、铅、砷、汞以及挥发酚等六项指标。

（1）富营养化污染负荷

根据污染负荷计量方法，2003 年三峡库区直排长江的富营养化污染负荷总量为 2.73 万 $t-PO_4^{3-}$ 当量（见表 3-4-1），其中总磷占 45.8%，总氮（包括氨氮）占 33.9%，COD_{cr}占 15.3%。

长江三峡库区（重庆段）干流富营养化污染负荷来源及排放量（单位：$t-PO_4^{3-}$ 当量）

表 3-4-1

	COD_{cr}	氨氮	总氮	总磷	合计
重点工业企业	529.9	297.1	297.1	0	827
城市生活污水	3 336.3	3 266.2	5 879.3	7 139.1	16 354.7
搬迁集镇	558.8	770	770	1 377	2 705.8
农业施肥	0	0	3 360	3 978	7 338
流动源	8	18.2	18.2	8	34.2
合　计	4 433	4 351.5	9 239.3	12 502.1	27 259.7

从富营养化的排放源来看（见图 3-4-2），来自城市生活污水的污染负荷最大，占总量的 60%，其次是农业施肥，占 26.9%，搬迁集镇、重点工业企业和流动源三者仅占 13.1%。

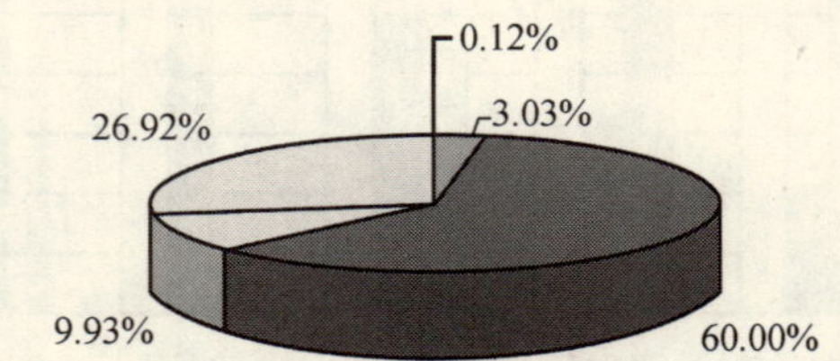

图 3-4-2　长江三峡库区(重庆段)干流富营养化污染负荷来源分布

在城市生活污水中，总磷污染负荷占43.7%，总氮占35.95%，COD_{cr}占20.4%。从地区分布看，重庆市主城区占67.71%，万州区占11.16%，涪陵和长寿则较低（表3-4-2）。

长江三峡库区（重庆段）城市污水富营养化污染负荷排放量分布（单位：t－PO_4^{3-}当量）

表3-4-2

	COD_{cr}	氨氮	总氮	总磷	合计	比例（%）
江津	31.7	31	55.8	67.7	155.2	0.95
主城区	2 259	2 211.6	3 980.9	4 833.9	11 073.8	67.71
长寿	147.1	144	259.3	314.8	721.2	4.41
涪陵	242.8	237.7	427.9	519.6	1 190.3	7.27
丰都	58.6	57.4	103.2	125.4	287.2	1.76
忠县	80	78.3	141	171.2	392.2	2.4
万州	372.3	364.5	656.1	796.7	1 825.1	11.16
石柱	7.2	7	12.7	15.4	35.3	0.22
云阳	47.9	46.9	84.3	102.4	234.6	1.43
奉节	89.7	87.8	158.1	192	439.8	2.69
总计	3 336.3	3 266.2	5 879.3	7 139.1	16 354.7	100

（2）淡水水生生态毒性污染负荷

淡水水生污染负荷来源仅考虑重点工业企业和城市生活污水两个方面，生态毒性污染负荷排放总量为7612.6t－1，4－二氯苯当量，其中来自重点工业企业的占23.5%，来自城市生活污水的占76.5%。从各污染物质贡献看，贡献量最大的是挥发酚，占总量的78.0%，其次是汞，占21.2%，其余六价铬、砷、镉、铅等污染物质所占比例均小于0.5%（见表3-4-3）。

长江三峡库区（重庆段）干流生态毒性污染负荷来源及排放量（单位：t－1，4－二氯苯当量）

表3-4-3

污染物	重点工业企业	城市生活污水	合计	比例（%）
六价铬	26.59	0.00	26.59	0.35
挥发酚	112.08	5 824.80	5 936.88	77.99
铅	4.48	0.00	4.48	0.06
汞	1 614.32	0.00	1 614.32	21.21
镉	14.40	0.00	14.40	0.19
砷	15.92	0.00	15.92	0.21
合　计	1 787.79	5 824.80	7 612.59	100
比例（%）	23.48	76.52	100	—

（3）污染负荷发展动态

2001～2003年，各污染源富营养化污染负荷排放总量呈递增趋势（见图3-4-3），2003年比2001年猛增13.9%。从各污染源的污染负荷动态看，农业施肥污染负荷排放量呈下降趋势，其余各污染源的排放量均呈递增趋势。

对淡水水生生态毒性污染负荷（见表3-4-4），重点工业企业六价铬排放量呈快速增加势头，铅有大幅度上升趋势，挥发酚变化幅度不大；而城市污水中挥发酚排放量显著增加。

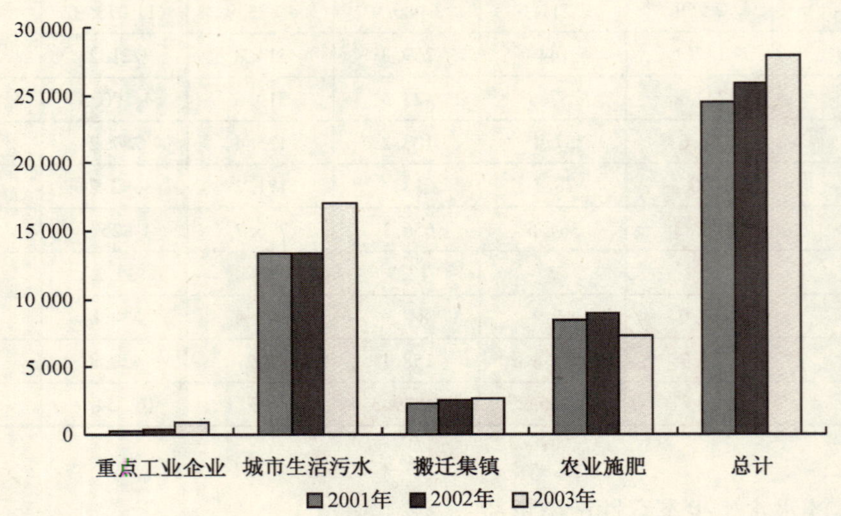

图3-4-3　2001～2003年长江三峡库区（重庆段）干流水体富营养化污染负荷量（t－PO_4^{3-}当量）

长江三峡库区（重庆段）干流生态毒性部分污染负荷来源及排放量（t-1，4－二氯苯当量）

表3-4-4

污染源	污染物	2001年	2002年	2003年
重点工业企业	挥发酚	115.4	104.8	112.1
	铅	1.0	0.9	4.5
	六价铬	8.7	18.3	26.6
城市污水口	挥发酚	4 572.0	4 588.8	5 824.8

（4）结论

三峡库区干流水体富营养化污染负荷主要来自沿江城市生活污水的直排和农业耕地施用的化肥，主要污染物质是总磷和总氮。淡水水生生态毒性污染负荷主要来自沿江城市生活污水的直排和重点工业企业，主要污染物质是挥发酚和汞。

未来治理的重点污染物是城市生活污水排放的总磷、总氮和挥发酚，重点工业企业排放的汞、挥发酚以及六价铬。重点工业企业治理的区域是长寿区和九龙坡区，城市生活污水治理的重点区域是重庆市主城区、万州区、涪陵区和长寿区。

2. 大气环境

重庆市是我国典型的高硫煤地区，大气环境受煤烟型污染影响显著。2003 年全市工业废气排放量 2 276. 94 亿标 m^3，比 2002 年增长了 15. 06%。从工业废气排放总量的年际变化中（见图 3-4-4）可知，近几年工业废气的排放量逐年增加。

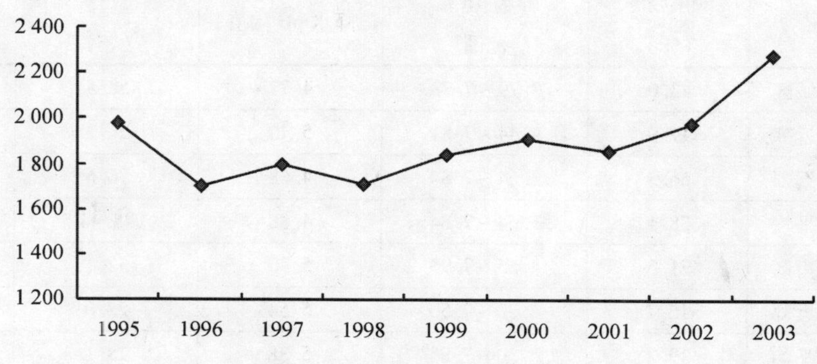

图 3-4-4　工业废气排放总量年际变化（亿标 m^3）

从主要污染物的排放量来看，自 1995 年以来，全市的 SO_2、烟尘、工业粉尘三种污染物的排放量均有不同程度的降低（见图 3-4-5）。与 1995 年相比，2003 年 SO_2 的排放量降低了 22. 81%，烟尘、工业粉尘的排放量分别降低了 41. 2%、19. 5%。

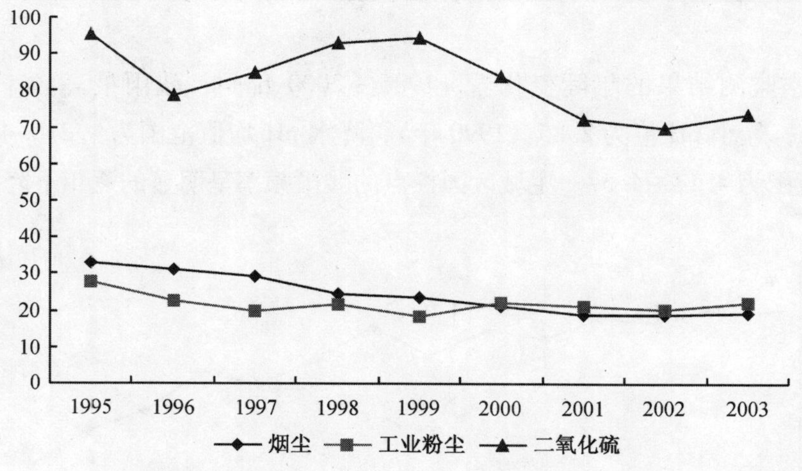

图 3-4-5　废气主要污染物排放量年际变化（t）

3. 酸沉降

1999 年全市所有 41 个降水监测点的酸雨 pH 均值为 4. 63，酸雨频率为 41. 1%，酸雨量占降雨量的45.6%。其中，主城区酸雨pH均值为4.55，酸雨频率为38.1%，酸雨量占降雨量46.5%；万州、涪陵、黔江城区酸雨pH均值分别为5.05、5.00、4.86，酸雨频率分别为12.9%、13.9%和19.2%；其余31个区县（自治县、市）的降雨pH均值为4.94，酸雨pH均值为4.64，酸雨频率为46.9%。因此，从区域分布上看，城区降水和酸雨酸度及酸雨频率大于近郊，小于远郊，属于组团式的区域性污染（见表3-4-5）。

1999年重庆市酸雨降水监测结果 **表3-4-5**

指标		酸雨频率（%）	降水pH值范围	降水pH均值	酸雨量占降雨量（%）	酸雨pH均值
主城区国控点	城区	43.0	3.79~7.38	4.77	58.5	4.54
	近郊	17.9	4.44~7.81	5.40	21.7	4.77
	远郊	66.3	3.64~7.84	4.58	76.6	4.47
	平均	38.1	3.64~7.84	4.88	48.44	4.55
涪陵区	市区	21.5	4.35~7.95	5.30	32.1	4.83
	近郊	15.7	4.30~7.50	5.54	22.0	4.94
	平均	19.2	4.30~7.95	5.38	28.1	4.86
万州区	市区	6.1	5.34~6.99	6.14	9.3	5.40
	近郊	28.6	4.47~6.90	5.19	54.8	4.96
	平均	12.9	4.47~6.99	5.61	22.9	5.05
黔江区		13.9	4.53~7.65	5.71	16.4	5.00
其他区县		46.9	3.44~7.86	4.94	48.6	4.64
全市平均		41.1	3.44~7.95	4.97	45.6	4.63

从降水监测结果的年际变化看，1986~2000年间，酸雨最高频率是93.7%（1986年），最小pH值为2.85（1990年），降水pH均值范围为4.21~4.88，酸雨pH均值范围为4.14~4.57。主城区国控点的酸雨频率呈明显的逐年下降趋势（见

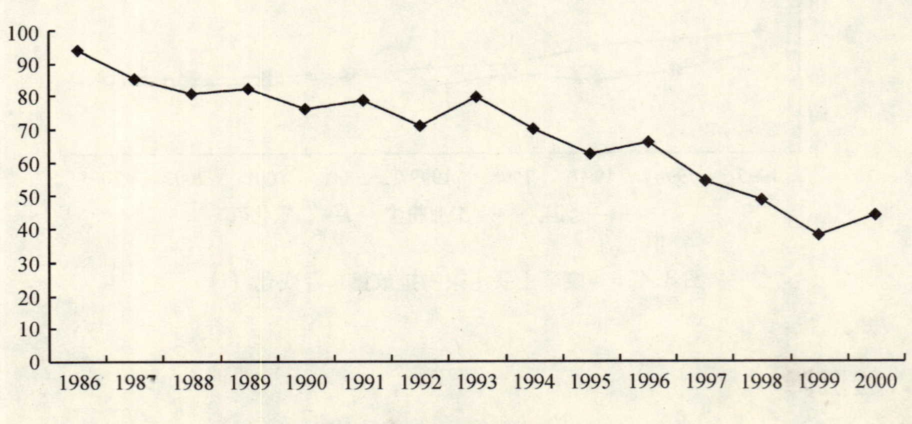

图3-4-6 酸雨频率年际变化（%）

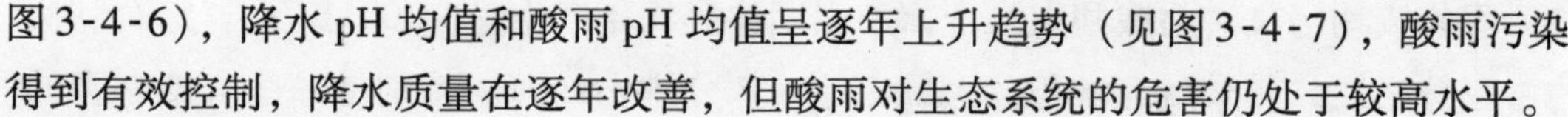

图3-4-6)，降水pH均值和酸雨pH均值呈逐年上升趋势（见图3-4-7)，酸雨污染得到有效控制，降水质量在逐年改善，但酸雨对生态系统的危害仍处于较高水平。

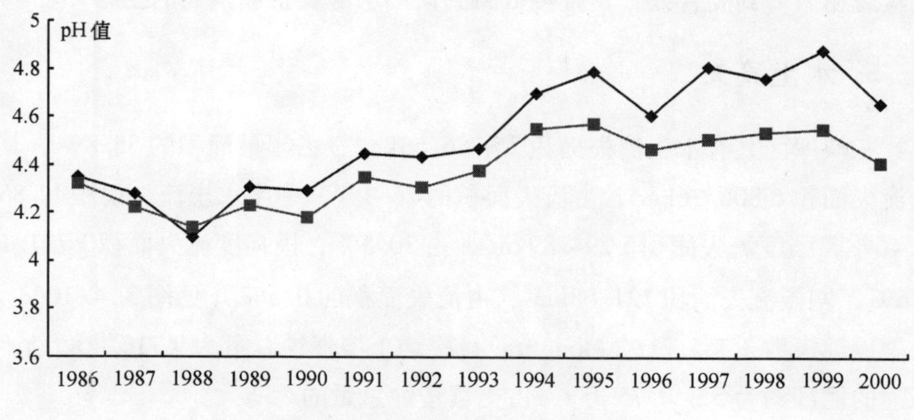

图3-4-7　降水、酸雨pH值年际变化

4. 固体废物

2003年，全市工业固体废物产生量为1 336万t，综合利用量968万t，综合利用率为72.46%。工业固体废物产生量、综合利用率年际变化情况如图3-4-8、3-4-9所示,工业固体废物产生量在1999年以前，是明显的上升趋势，1999年后有一定程度回落；而工业固体废物综合利用率呈上升趋势。

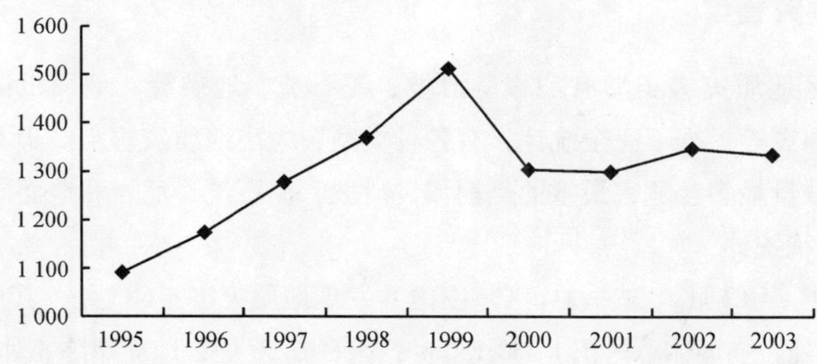

图3-4-8　工业固体废物产生量年际变化（万t）

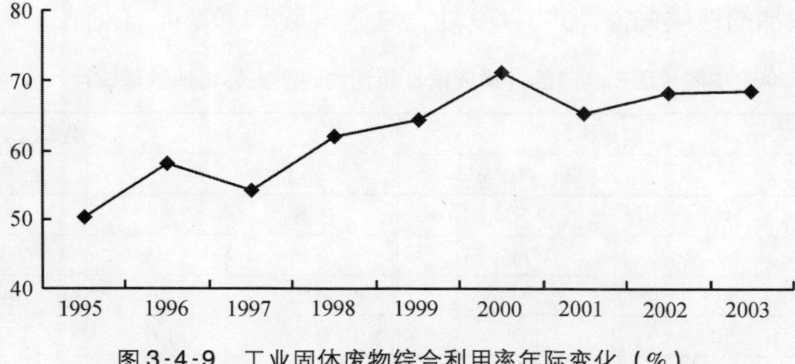

图3-4-9　工业固体废物综合利用率年际变化（%）

固体废物污染潜在威胁大。全市工业固体废物年产生量1 300多万t，综合利用约占三分之二，其余就地堆积，大量占地，部分排入江河。特别是一些有毒有害的危险废物未得到妥善处置，直接威胁到饮用水源安全和人们的生存环境。

5. 水土流失

三峡库区共有水土流失面积25 786.53km²，占幅员面积的55.8%，其中轻度水土流失面积6 806.36km²，占流失面积的26.4%，中度水土流失面积11 851.47km²，占46%，强度流失面积5 294.89km²，占20.5%，极强度流失面积1 711.13km²，占6.6%，剧烈流失面积121.68km²，占流失面积的0.5%（见图3-4-10）。全区平均土壤侵蚀模数3 765.71t/（km²·a），平均土壤侵蚀总量为9 710.46万t，直接进入江河的泥沙约为5 340.75万t，占土壤侵蚀总量的55%。

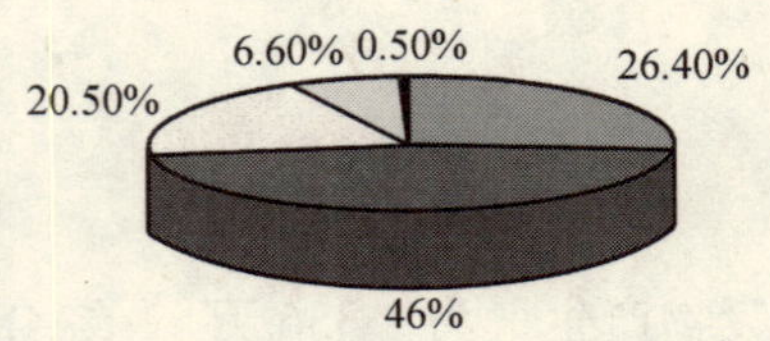

图3-4-10　长江三峡库区（重庆段）各水土流失类型所占比例

6. 地质灾害

三峡库区地质灾害类型有崩塌、滑坡、泥石流、地裂缝、地面沉陷、岩溶塌陷、浸没和地震等。据不完全统计，有各种类型、大小地质灾害点2万余处，其中分布最广、数量最多、危害最重的是崩塌、滑坡、泥石流、危岩和地面塌陷5种。

6.1　现状统计

截止2003年12月，在三峡库区范围内共发现地质灾害4 683处，其中崩塌（危岩体）4 640处，崩塌体总体积1 330 130m³，泥石流36处，地面塌陷4处，地裂缝3处。其中，2001～2003年三年间三峡库区范围内新发现地质灾害1 731处，崩塌滑坡为主要的新增加的地质灾害，共1 470处，总体积898 146.5m³（见表3-4-6）。

2001～2003年间长江三峡库区（重庆段）范围内地质灾害增加数量统计　　表3-4-6

区　县	崩塌滑坡		区　县	崩塌滑坡	
	处	体积（10^4m^3）		处	体积（10^4m^3）
主城区	318	39 324	忠县	48	10 864.6
江津	69	1 745	万州	319	194 873
长寿	50	2 930	云阳	76	49 516.4
涪陵	150	7 630	奉节	197	26 074
丰都	104	15 592.5	巫山	139	549 597

6.2　成因与特点

长江干流横跨三峡库区，其中重庆—奉节江段发育在四川盆地南部，以宽谷为主，间有窄谷或峡谷；两岸低山丘陵起伏，广泛分布中新生代碎屑岩和泥岩，背斜核部出露三叠系碳酸盐岩；褶皱断裂走向以北东向为主。奉节—宜昌江段为著名的三峡江段，发育在川东、鄂西高中山区，以峡谷为主，间有宽谷或窄谷；两岸山势险陡，广泛分布震旦—三叠系碳酸盐岩和砂岩、页岩，其中庙河—莲沱江段两岸出露前震旦系变质岩和花岗闪长岩岩基体，林归一带分布侏罗系碎屑岩、泥岩，褶皱、断裂较发育，以北北东至北东向为主，向东逐渐变为北东东向。同时库区内降雨充沛，多暴雨。以上都为地质灾害提供了良好的环境条件。

库区地质灾害类型和数量多，致灾体规模以中、小型为主。单点灾害的危害范围较小，但破坏性大，呈“星点状”灾害。除岩溶塌陷造成地表水漏失和地面沉陷影响面大以外，崩滑体造成的受灾体破坏范围多数都在 $1km^2$ 以下，属漫布的“星点状”灾害。库区地质灾害具有空间和时间分布规律上的特点。在空间分布规律方面，库区的地质灾害表现为条带性、垂直分带性和相对集中性。时间分布规律主要表现为同发性和不规则的周期性，每年雨季库区同时会发生大量的地质灾害，并且随库区人类活动和社会经济发展灾情有日益严重的趋势。

第五章　长江三峡库区（重庆段）景观生态总体特征分析

1. 景观结构分析

1.1　景观构成

根据2002年三峡库区卫星遥感影像解译成果，沿江区域景观结构主要由自然景观、人工景观两大类组成，根据各种景观要素的特征进一步将其划分为十类，如表3-5-1所示。

沿江区域景观要素构成　　表3-5-1

景观类型		组成
自然景观	河流	长江干流及其沿江支流
	湖泊	池塘、湖泊等水体
	滩地	河、湖水域平水期水位与洪水期水位之间的土地
	森林景观	包括天然林和人工林，高度在2m以下的矮林地和灌丛林地，郁闭度10%以上
	草地景观	包括天然草地和改良草地，覆盖度20%以上
	农田景观	包括地势较低平的旱地耕地和坡度 > 25°的坡耕地

续表

景观类型	组	成
人工景观	城镇景观	乡镇以上的建成区用地
	工矿景观	工矿企业集中区、货运码头、采石场、矿坑
	水利设施	防护堤及护坡、堤坝等
	农居景观	包括较为集中的村落以及零散的农村住宅

进一步在 ArcGIS 环境下对上述景观类型进行了统计分析，结果如表 3-5-2 所示。

沿江区域生态景观要素统计表（面积单位：hm^2） **表 3-5-2**

景观类型	斑块数	最大斑块面积	平均斑块面积	总面积	面积构成（%）
农田景观	2 149	231 162	298.6	641 774	58.07%
森林景观	1 890	50 124	138.9	262 526	23.75%
草地景观	958	16 993	116.5	111 644	10.10%
河　流	8	42 926	5 430.5	43 444	3.93%
湖　泊	13	25	6.5	85	0.01%
滩　地	120	586	56.9	6 830	0.62%
城镇景观	107	6 391	225.9	24 172	2.19%
工矿景观	122	182	28.6	3 487	0.32%
水利设施	139	79	9.7	1 349	0.12%
农居景观	401	1 251	24.6	9 863	0.89%
总　计	5 907	231 162	187.1	1 105 174	100.00%

统计结果显示，库区沿江区域主要以农田为主，占所有景观类型面积总和的58%；森林、草地次之，分别占24%和10%。这三者构成了沿江景观的主体部分，无论在斑块数量还是在斑块面积方面都明显高于其他景观类型，斑块数量之和占所有景观要素的85%，其面积更是占到了三峡库区沿江研究区域总体景观构成的92%，因而在中等尺度或更大尺度上可视为研究区域主要的景观基质。

另外从斑块大小来看，可划分为三个层次。第一层次为河流景观，由于长江这一特大河流的存在，平均斑块面积在$54km^2$以上；第二层次包括农田、森林、草地和城镇景观，平均斑块面积在$1 \sim 10km^2$之间；其余的景观要素则属第三层次，平均面积在$1km^2$以下。

1.2 景观评价指数计算

为了进一步分析沿江区域景观格局，特应用景观生态学中常用的多样性、均匀度和优势度三种指数对该区域进行计算。各指数的计算方法，意义以及计算结果如下：

（1）景观多样性指数

景观多样性指数用于描述景观元素类型的丰富程度和景观异质性的高低。计算公式如下：

$$H = -\sum_{i=1}^{n} P_i \log_2 P_i$$

式中，H 为景观多样性指数，n 为景观类型的数量，P_i 为第 i 类景观类型所占的面积比例，H 值的大小反映景观类型的多少和各类型所占比例的变化，即景观多样性指数同时反映了类型的丰富程度和异质性信息。

经计算，沿江区域景观多样性指数为 1.73。

（2）景观均匀度指数

如果某景观有 n 种类型，那么在不同类型面积比例相等的情况下得到的多样性指数被称为最大多样性指数，用公式表示为：$H_{max} = \log_2 S$。

景观实际多样性指数与最大多样性指数的比值被称为均匀度指数，即 $E = H/H_{max}$，表征了景观中不同景观类型分配的均匀程度。

经计算，沿江区域景观均匀度指数为 0.52。

（3）景观优势度指数

优势度与均匀度呈负相关，它描述景观由少数几个主要景观要素控制的程度，计算公式为：

$$D = H_{max} + \sum_{i=1}^{n} P_i \log_2 P_i$$

式中，P_i 为景观组分类型 i 占总面积之比例，n 为景观组分类型总数。

经计算，沿江区域景观优势度指数为 1.59。

1.3　结论

（1）从整个沿江区域景观系统来看，该区域自然属性较强，以自然景观为主；森林和耕地面积较大，因而系统的生产力较高，生物多样性较好，生态流较为活跃，自维持能力强，具有较强的抗干扰能力。

（2）研究区域内，农田景观和森林景观占显著优势，构成了沿江区域景观生态系统的基质；其他类型景观除森林、草地、城镇和长江干流特大水体构成河流景观外，面积均在研究区域的 1% 以下，与优势景观的差距十分明显。具体反映在景观格局指数上，导致区域多样性、均匀度指数均较低，而景观优势度指数偏高。

（3）从景观多样性角度考虑，沿江区域景观结构尚不够合理，农田景观类型所占面积过大，森林景观面积仅为其 1/2。从生态系统服务功能角度而言，森林的生态服务价值远高于其他景观类型。因而从库区水源涵养，防治水土流失的目的出发，沿江地区仍需进一步开展生态林的营建工作，改善目前现存的人工林地中林种单一、部分生长欠佳的状况，提高森林景观的多样性和系统稳定性，达到为整个流域提供更为有效的生态服务功能的目的。

2. 沿江景观生态总体特征分析

三峡库区是世界著名的风景区，自然条件独特、景观优美、人文荟萃、历史悠久，生态系统与景观类型呈多元化；同时也是生态敏感性强、生态环境脆弱、水土流失较为严重的区域。本研究从“山、水、绿（含农田景观）、城”四种景观元素出发，对研究区的自然景观和人工景观（包括湖泊、滩地、森林景观、草地景观、农田景观、城镇景观、工矿景观、水利设施和农居景观等）进行重点评价和研究。

山系：三峡库区沿岸地形地貌主要有中山、低山、丘陵、缓丘平坝及台地，以山地为主。由于地质构造、地层分布及岩性的控制，以及受水文作用的影响而复杂多样，山峦起伏，沟壑纵横。总的地势呈现南北高、中部低，东部高、中西部低，且具有高差悬殊大，区域差异大的特点。研究区山系景观的丰富多样，具体体现在山型种类（峡谷、坡垅、岩崖、峰峦）、山系结构（包括峡谷、坡垅、岩崖、峰峦等）、山系空间类型（夹景空间、敞景空间、对景空间、框景空间）等方面。

水系：三峡库区境内江河纵横、河网密布、水资源丰富、水系景观特色鲜明。长江干流从重庆市域的中部江津自西向东贯穿整个库区，并以长江为轴线汇集起包括嘉陵江、乌江、涪江、渠江、大宁河等上百条大小支流，构成一个向心状的复合水系。大部分河流具有流域范围内降水丰沛，集雨面积大，河谷切割深，谷坡陡峻，天然落差大，滩多水急，陡涨陡落等山区河流的特点。

绿系：三峡库区地质构造、地貌类型和气候条件复杂多样，具有物种多样性和生态系统多样性的优势。库区森林覆盖率约为23.1%，但沿江两岸不足5%，森林植被分布不均，在很大程度上降低了生物多样性水平。近年来由于土地资源开发利用不合理、城镇建设、农业开发和长江成库等人为破坏较为严重，生物多样性水平显著降低。三峡库区沿江绿色景观由西至东，层次分明，分别为库区西部平行岭谷低山丘陵偏湿性常绿阔叶林绿色景观区、库区中部平行岭谷低山丘陵常绿针阔混交林绿色景观区和库区东部低山中山峡谷暖湿常绿阔叶林绿色景观区。

城镇：三峡库区的沿江城镇景观类型包括重点城镇、小城镇、农村居民点、工矿企业和基础设施等类型，其中10个重点城镇景观单元包括都市区、万州、涪陵、江津、长寿、丰都、忠县、云阳、奉节和巫山等是三峡库区内长江两岸最重要的景观节点。三峡库区城镇大都具有悠久的历史和传统，是因袭历史上军事、政治、交通、商贸、旅游文化等多种地域环境因素发展起来的，并形成独具特色的山地城镇形态（布局形态上可分为带型、“L”型、组团型和带状组团型等4种）。从秦到宋，城镇得到不断发展，逐步表现出“西密东疏”的分布特点。随着社会经济进一步发展，三峡库区的城镇体系进一步发展和完善，并形成了现在的沿长江主干呈“串珠状”分布的格局。

总的说来，近年来随着我国西部大开发战略的实施、重庆直辖市的成立以及三峡工程建设等宏观发展环境的好转，三峡库区的社会经济发展日益快速，进入了一个相对较快的发展期，沿江两岸景观尤其是人工景观发生了很大的变化，充分体现出三峡库区欣欣向荣的新面貌。但由于三峡库区人类高强度的开发建设，库区沿江两岸原有的自然景观遭到了较大的破坏，取而代之以大量的人工建筑。尤其是近年来，因建设用地紧张，大小城镇、农村居民点和一些基础设施向山顶、河谷、江边等生态敏感区扩张，吞噬库区有限的绿色空间，原有的树林、草坡、果园、粮田、菜地将被消除，对自然生态破坏严重。沿江两岸分布的不少工矿企业和基础设施如码头、滨江路、堤坝护岸和桥梁等也带来较大的生态破坏、环境和视觉景观污染等问题。同时，三峡水库水位的变化也给原有的山系、水系、绿系和城镇景观带来较大的影响。此外，三峡库区城镇缺乏在总体城市风貌和建筑层次上的规划调控，盲目追求高层建筑，忽视了库区优越的山水资源景观特色，形成的城镇建筑景观单一拥挤，缺乏对传统三峡库区文化的继承，在建筑的尺度、线形、色彩等方面与库区自然的山水景观不相协调，正面临特色丧失的危险。

第四篇　长江三峡库区（重庆段）沿江生态功能区划与景观生态格局构建

第一章　长江三峡库区（重庆段）生态功能区划

生态功能区划是根据区域生态环境要素、生态环境敏感性与生态服务功能空间分异规律，将区域划分成不同生态功能区的过程。其目的是为制订区域生态环境保护与建设规划、维护区域生态安全、资源合理利用与工农业生产布局以及保育区域生态环境提供科学依据，并为环境管理部门和决策部门提供管理信息与管理手段。

1. 生态功能分区原则

根据生态功能区划的目的、区域生态服务功能与生态环境问题形成机制与规律，生态功能区划应遵循以下原则：

1.1　区域分异

在充分研究三峡库区（重庆段）沿江区域生态环境要素、功能现状、问题及发展趋势的基础上，综合考虑其现状布局和资源环境背景值，搞好生态环境功能分区，以利于社会经济的发展和居民生活，促进景观环境容量的充分利用，实现社会、经济和环境效益的统一。

1.2　协调优化

强调三峡库区（重庆段）沿江区域景观生态规划的目标与区域城镇体系规划、城市总体规划目标的一致性，保持区域都市区与市域组团城市群、广大农村区域景观以及周围环境之间相互关系的协调、有序和动态平衡，保持景观生态规划与城镇体系规划和城市总体规划近、中、远期目标的协调一致，追求社会、经济和生态环境的整体最佳效益，努力创造和实现“社会文明、经济高效、生态和谐、环境洁净、景观优美”的规划发展目标。

1.3　生态安全

积极协调与整合社会发展中多目标的价值观，建立科学、文明的发展观，重点加强以清洁生产、污染控制、生态恢复和生物多样性保护为主要内容的景观生态建设，营造健康、安全、舒适的人居环境，全面促进经济与环境的协调发展。

1.4　趋适开拓

以生态系统服务功能、环境容量、自然资源承载能力和生态适宜度为依据，积极布局环境保护与生态建设工程，改善城市生态环境质量，强化生态调控能力、促进景观生态建设，拓展生态承载力。

1.5　生态整合

把握生态系统的开放性、连续性和生态整合性，以行政区域、自然环境的特征性、相似性和连续性为基础，提高物流、能流和信息流的整合生态效益。

1.6　特色传承

尊重地域历史文化、民俗民风，弘扬区域特色，以综合分析社会经济发展和生态保护与建设的主导因素为基础，保障生态文化、生态经济和生态安全的持续性建设。

2. 区域生态敏感度、区域发展与景观建设综合生态适宜度评价

以1:5万和1:25万的研究区域土地利用电子底图和Landsat ETM+遥感影像图为基础，在ArcGIS9.0软件的支持下，建立研究区域坡度、地形起伏度、土壤侵蚀敏感度、各景观要素生态功能重要度、流域集水量等评价要素的空间属性数据库，然后将所有图层通过矢栅转换，根据研究目的对各要素在某种特定意义上的生态敏感度进行相应的重分类并赋以正向的半定量属性值，得分越高则表示敏感度越高，从而确定区域生态敏感度的评价指数，例如对于研究区域坡度进行分级（见表4-1-1），其他各评价要素取值类似于坡度分级取值。

根据坡度确定的水土流失生态敏感度分级　　表4-1-1

坡　　度	等　级　值
0°～6°	1
6°～15°	2
15°～25°	3
25°～45°	4
45°～90°	5

在上述分项评价基础上运用GIS的迭置分析模块对区域生态敏感度（Regional Ecological Sensitivity Index/RESI）进行了综合评价，其计算公式为 $RESI = \Sigma S_i W_j$，其中 S 和 W 分别为各评价要素的半定量属性值与权重值。经计算，各景观斑块综合

评价值范围在7~29之间，根据数据的自然断点分布特征，将研究区域生态敏感度划分为五级（见表4-1-2）。

研究区域生态敏感度分级 表4-1-2

综合评价值	等 级	比 例
7~12	低敏感	1.48%
12~15	较低敏感	8.53%
15~18	中度敏感	27.34%
18~21	较高敏感	38.84%
21~29	高敏感	23.80%

同理，建立基于GIS的研究区域地形起伏度、坡度、土壤侵蚀敏感度、各景观要素生态功能重要度、流域集水量、交通及区位优势度、区域地质灾害发生程度及工程地质等级等评价因子的空间属性数据库，然后将所有图层通过矢栅转换，根据研究目的对各要素在某种特定意义上的生态适宜度进行相应的重分类并赋以半定量属性值，从而确定基于各分项数据的区域生态适宜度评价指数，在上述分项评价基础上运用GIS迭置分析模块对区域发展与景观建设综合生态适宜度（Regional Comprehensive Ecological Suitability Index for Development and Landscape Construction/RCESI）进行了评价，其计算公式为 $RCESI = \sum S_i W_j$，其中 S 和 W 分别为各评价要素的半定量属性值与权重值。经计算，各斑块综合评价值范围在5~27之间，根据数据的自然断点分布特征，将研究区域生态适宜度划分为五级（见表4-1-3）。

研究区域生态适宜度分级 表4-1-3

综合评价值	等 级	比 例
5~11	低	9.01%
11~15	较 低	33.15%
15~18	中	23.41%
18~21	较 高	18.79%
21~27	高	15.65%

图4-1-1和4-1-2表明，由于自然生态条件及人为干扰综合作用的影响，三峡库区沿江各区均存在着不同程度的生态敏感单元，总体而言重庆都市圈和涪陵至万州市区沿江丘陵低山区的生态敏感度较低，库区下游万州部分至云阳、奉节和巫山区段生态敏感度相对较高，更易受城镇开发、自然灾害的影响；库区上游则因部分地

图 4-1-1　区域生态敏感度示意图

图 例
高
较 高
中
较 低
低

图 4-1-2　区域发展与景观建设综合生态适宜度评价示意图

区垦殖过高易发生水土流失。因而区域总体景观建设宜着重于城镇发展与三峡旅游风光带开发的协调，在尊重三峡库区自然环境演变过程的基础上尽可能维持沿江山系、水系的原有景观风貌，合理布局沿江城镇及产业带体系，尽可能限制和改变库区中下游沿江就地移民设置城镇、开山修路、采矿建厂等破坏山体及沿岸工程地质结构的不合理活动；重点加强忠县至奉节段沿江岸线煤码头、水泥厂等与三峡沿江总体景观不协调的人工景观的改造与治理；对于奉节以下至巫山三峡库区最关键的沿江景观风貌带，由于其本身较高的生态脆弱性而不适宜于大规模的城镇建设及无序的农业开发，宜适度发展小城镇并重点加强移民迁建城镇的总体规划与城镇建设，切实完善市政及环保基础设施建设，重点加强沿江陡坡耕地和荒草地的生态复绿工程建设。

3. 沿江生态功能分区方案

根据区域自然特征、生态环境问题及社会经济发展情况，并综合运用 GIS 分析方法和统计学方法，将研究区域划分为 3 个一级类型生态亚区，分别为库区西部平行岭谷低山丘陵生态区、库区中部平行岭谷丘陵低山生态区、库区东部中山峡谷生态区，并针对各亚区的景观结构特征、城镇社会经济发展现状及发展趋势，进一步将一级区划分成 11 个二级生态亚区和 34 个三级生态小区（见表 4-1-4）。

Ⅰ库区西部平行岭谷丘陵低山生态区

Ⅰ1 农业生态亚区

Ⅰ1-1 江津西部中度水土流失治理区

Ⅰ1-2 朱沱—石蟆—滩盘低丘陵生态农业区

Ⅰ1-3 江津中部低丘陵生态农业区

Ⅰ2 森林与农业生态亚区

Ⅰ2-1 长中—享堂水土保持涵养区

Ⅰ2-2 江津—九龙坡水土保持涵养区

Ⅰ2-3 巴南—长寿水土保持与农业复合经营区

Ⅰ2-4 涪陵水土保持与农业复合经营区

Ⅰ2-5 长寿涪陵中度水土流失治理区

Ⅰ3 城镇发展亚区

Ⅰ3-1 江津城市生态建设区

Ⅰ3-2 重庆主城生态建设区

Ⅰ3-3 长寿城市生态建设区

Ⅰ3-4 涪陵城市生态建设区

Ⅰ4 生态退化与重建区

Ⅰ4-1 石沱—但渡中度水土流失治理区

Ⅰ4-2 珍溪—百胜中度水土流失治理区

Ⅱ库区中部平行岭谷丘陵低山生态区

Ⅱ1 生态退化及重建区

Ⅱ1-1 丰都—忠县沿江重度水土流失治理区

Ⅱ1-2 万州—云阳农林复合经营与重度水土流失控制区

Ⅱ1-3 双路—高家农业中度水土流失治理区

Ⅱ2 农业生态亚区

Ⅱ2-1 丰都—忠县低丘陵生态农业区

Ⅱ2-2 忠县—万州中度水土流失控制区

Ⅱ3 森林生态亚区

Ⅱ3-1 双路—高家水土涵养区

Ⅱ3-2 忠县—万州农林复合经营与中度水土流失治理区

Ⅱ3-3 丰都水土涵养区

Ⅱ4 移民城镇发展亚区

Ⅱ4-1 丰都移民城镇生态建设区

Ⅱ4-2 忠县移民城镇生态建设区

Ⅱ4-3 万州移民城市生态建设区

Ⅱ4-4 云阳移民城镇生态建设区

Ⅲ库区东部低山中山峡谷生态区

Ⅲ1 生态退化及重建区

Ⅲ1-1 云阳沿江南岸森林生态恢复与重度水土流失治理区

Ⅲ1-2 云阳沿江北岸森林生态恢复与重度水土流失治理区

Ⅲ2 森林生态亚区

Ⅲ2-1 云阳—奉节水土涵养与森林生态恢复区

Ⅲ2-2 巫山巫峡水土涵养生态区

Ⅲ2-3 巫山巫峡中度及重度水土流失治理区

Ⅲ2-4 奉节—巫山水土涵养与森林生态恢复区

Ⅲ3 农业与移民城镇发展亚区

Ⅲ3-1 奉节移民城镇生态建设区

Ⅲ3-2 巫山移民城镇生态建设区

长江三峡库区（重庆段）沿江生态功能分区方案（三级分类方案） **表 4-1-4**

一级生态区	二级生态区	三级生态区	范围及基本特征描述	主要功能及建设目标
Ⅰ库区西部平行岭谷丘陵低山生态区	Ⅰ1农业生态亚区	Ⅰ1-1江津西部中度水土流失治理区	永川西南部与江津西部沿江低丘陵区。包括松溉镇、石门镇、稿子镇和望乡场、金钢镇以及油溪镇部分区域，森林覆盖率较低，地形起伏较小，农田占较大比例	主要功能：库区上游沿岸重要的农业生产区域 建设目标：宜加强生态林业建设，控制水土流失和农业面源污染，并重点加强壁南河流域整治
		Ⅰ1-2朱沱—石蟆—滩盘低丘陵生态农业区	永川西南部与江津西部沿江低丘陵区，包括朱沱镇、石沱镇和滩盘 森林覆盖率较低，地形起伏较小，农田占较大比例	主要功能：库区上游沿岸的城镇群和重要的农业生产区域 建设目标：宜依托长江上游沿岸历史名镇，积极发展旅游农业和生态果林业，重点加强塘河流域整治，控制农业面源污染
		Ⅰ1-3江津中部低丘陵生态农业区	江津市先锋镇、慈云镇、罗坝镇等沿江区域，森林覆盖率较低，地形起伏较小，农田占较大比例	主要功能：库区上游沿岸的城镇群和重要的农业生产区域 建设目标：宜依托长江上游沿岸历史名镇，积极发展旅游农业和生态果林业，重点加强塘河流域整治，控制农业面源污染
	Ⅰ2森林与农业生态亚区	Ⅰ2-1长冲—享堂水土保持涵养区	江津市长冲镇、享堂镇以及德感街道部分以农田和林地为主的高丘陵地带	主要功能：江津重要的沿江水源涵养林地及生物多样性保护地 建设目标：宜严格控制平行岭谷地区改变山体的各种经济活动，并重点加强林分改造
		Ⅰ2-2江津—九龙坡水土保持涵养区	江津市珞璜镇、马宗镇、仁沱镇，九龙坡区陶家镇、华岩镇及大渡口区跳磴镇部分沿江丘陵地带，植被覆盖率较高	主要功能：江津珞璜—九龙坡重要的沿江水源涵养林地及生物多样性保护地 建设目标：宜严格控制平行岭谷地区改变山体的各种经济活动，重点加强林分改造，并重点加强綦江和笋溪河流域整治
		Ⅰ2-3巴南—长寿水土保持与农业复合经营区	巴南区大部分至长寿区包括江北区和涪陵区部分乡镇在内的平行岭谷丘陵低山地带，植被覆盖度较高	主要功能：库区沿岸重要的水土保持与农业复合经营区 建设目标：宜适度进行农业开发，对于沿江坡度 > 25°以上的坡耕地和荒草地，结合退耕还草和退耕还林，实施坡改梯改造工程，积极发展以经济林建设、无公害蔬菜基地建设和优质果品基地建设为主的农林复合经营模式，有效遏止水土流失
		Ⅰ2-4涪陵水土保持与农业复合经营区	涪陵区义和镇、镇安镇、龙桥镇及石沱镇部分	主要功能：库区沿岸重要的水土保持与农业复合经营区 建设目标：宜适度进行农业开发，对于沿江坡度 > 25°以上的坡耕地和荒草地，结合退耕还草和退耕还林，实施坡改梯改造工程，积极发展以经济林建设、无公害蔬菜基地建设和优质果品基地建设为主的农林复合经营模式，有效遏止水土流失

续表

一级生态区	二级生态区	三级生态区	范围及基本特征描述	主要功能及建设目标
Ⅰ库区西部平行岭谷丘陵低山生态区	Ⅰ2森林与农业生态亚区	Ⅰ2-5长寿—涪陵中度水土流失治理区	涪陵区石沱镇部分、长寿区但渡	主要功能：急需进行重点整治的水土流失发生地区 建设目标：宜重点改善农业开发条件，对于沿江坡度>25°以上的坡耕地和荒草地，结合退耕还草和退耕还林，实施坡改梯改造工程，积极发展以经济林建设、无公害蔬菜基地建设和优质果品基地建设为主的农林复合经营模式，并重点对城镇基础建设对水土流失的不利影响进行预防和控制，有效遏止水土流失
	Ⅰ3城镇发展亚区	Ⅰ3-1江津城市生态建设区	以江津市区为主的滨江地带	主要功能：渝西南地区区域中心城市之一，渝西经济走廊的重要节点城市 建设目标：以绿色制造业、滨水旅游业、航运业、生态农业和物流业为主导产业的市域次级综合型城市，宜逐渐搬迁和限制污染型产业发展；并重点加强城市水系和城市绿系的生态恢复，通过滨江路城市设计和重要节点城市设计等系列规划及建设工程来丰富都市生态景观，创建健康、舒适、适宜人居的山水园林城市
		Ⅰ3-2重庆主城生态建设区	市域政治、经济和文化中心，也是市域经济辐射能力最强的特大型城市，城市基础设施完善、交通发达	主要功能：市域政治和经济中心、现代制造业基地、长江上游特大型城市、历史文化名城；长江上游经济中心的核心区域 建设目标：以绿色制造业、滨水旅游业、航运业、金融业、物流业为主导产业的市域综合型城市，宜逐渐搬迁城区主要污染排放企业并限制嘉陵江沿岸污染型产业发展；并重点加强城市水系和城市绿系的生态恢复，平衡人居环境与经济发展，丰富都市生态景观、弘扬城市生态文化，创建健康、舒适、适宜人居的市域中心城市
		Ⅰ3-3长寿城市生态建设区	以长寿城区为主的滨江地带	主要功能：长寿区重要的综合服务型城区 建设目标：重点发展天然气化工业、滨水旅游业、生态农业及农副产品加工业和水陆交通为主的物流业，加强城市基础设施建设，强化城市集聚及经济辐射功能。在区域整体环境建设方面宜重点保护长寿湖至城区水系综合保护，严格控制不合理的农、渔业生产，严格限制污染型企业布局

续表

一级生态区	二级生态区	三级生态区	范围及基本特征描述	主要功能及建设目标
Ⅰ库区西部平行岭谷丘陵低山生态区	Ⅰ3城镇发展亚区	Ⅰ3-4涪陵城市生态建设区	以涪陵中心城区为主的滨江地带	主要功能：地处三峡库区交通枢纽位置，乌江流域的物资集散地，是渝东南地区的区域中心城市和市域重要的中等城市、历史文化名城；长江上游经济中心的核心区域之一 建设目标：以绿色制造业、滨水旅游业、航运业及物流业为主导产业的市域综合型城市，宜逐渐搬迁和限制污染型产业发展，积极培育高新科技产业、提升产业结构，并重点加强城市水系和城市绿系的生态恢复，加强乌江流域保护，平衡人居环境与经济发展；通过李渡重点地段城市设计、迎宾大道城市设计等系列规划与建设工程丰富都市生态景观、弘扬城市生态文化，创建健康、舒适、适宜人居的市域副中心城市
	Ⅰ4生态退化与重建区	Ⅰ4-1石沱—但渡中度水土流失治理区	涪陵区石沱镇部分、长寿区但渡	主要功能：急需进行重点整治的水土流失发生地区 建设目标：宜重点改善农业开发条件，对于沿江坡度>25°以上的坡耕地和荒草地，结合退耕还草和退耕还林，实施坡改梯改造工程，积极发展以经济林建设、无公害蔬菜基地建设和优质果品基地建设为主的农林复合经营模式，并重点对城镇基础建设对水土流失的不利影响进行预防和控制，有效遏止水土流失
		Ⅰ4-2珍溪—百胜中度水土流失治理区	涪陵区珍溪镇、百胜镇部分	主要功能：急需进行重点整治的水土流失发生地区 建设目标：宜重点改善农业开发条件，对于沿江坡度>25°以上的坡耕地和荒草地，结合退耕还草和退耕还林，实施坡改梯改造工程，积极发展以经济林建设、无公害蔬菜基地建设和优质果品基地建设为主的农林复合经营模式，并重点对城镇基础建设对水土流失的不利影响进行预防和控制，有效遏止水土流失
Ⅱ库区中部平行岭谷丘陵低山生态区	Ⅱ1生态退化及重建区	Ⅱ1-1丰都—忠县沿江重度水土流失治理区	丰都县虎威镇部分、名山镇、十直镇部分及忠县任家镇、新生镇、巴营乡部分农林开发区	主要功能：因自然生态条件脆弱及人为农林开发导致的急需治理的水土流失发生区 建设目标：对于沿江坡度>25°以上的坡耕地和荒草地，结合退耕还草和退耕还林，实施坡改梯改造工程，积极发展以经济林建设、无公害蔬菜基地建设和优质果品基地建设为主的农林复合经营模式，有效遏止水土流失

续表

一级生态区	二级生态区	三级生态区	范围及基本特征描述	主要功能及建设目标
Ⅱ库区中部平行岭谷丘陵低山生态区	Ⅱ1生态退化及重建区	Ⅱ1-2万州—云阳农林复合经营与重度水土流失控制区	万州区天城镇、熊家镇、新田镇部分及太龙镇部分、小周镇以及云阳县双江镇、人和镇等区域	主要功能：因自然生态条件脆弱及人为农林开发导致的急需治理的水土流失发生区 建设目标：对于沿江坡度>25°以上的坡耕地和荒草地，结合退耕还草和退耕还林，实施坡改梯改造工程，积极发展以经济林建设、无公害蔬菜基地建设和优质果品基地建设为主的农林复合经营模式，有效遏止水土流失
		Ⅱ1-3双路—高家农业中度水土流失治理区	丰都县双路镇—高家镇农业开发区	主要功能：因自然生态条件脆弱及人为农林开发导致的急需治理的水土流失发生区 建设目标：对于沿江坡度>25°以上的坡耕地和荒草地，结合退耕还草和退耕还林，实施坡改梯改造工程，积极发展以经济林建设、无公害蔬菜基地建设和优质果品基地建设为主的农林复合经营模式，有效遏止水土流失
	Ⅱ2农业生态亚区	Ⅱ2-1丰都—忠县低丘陵生态农业区	丰都县洋渡镇、兴义镇部分，忠县东溪镇、乌扬镇、复兴镇及石柱县西沱镇等沿江丘陵地带	主要功能：长江上游沿岸的城镇群和重要的农业生产区域 建设目标：宜依托长江上游沿岸历史名镇，积极发展旅游农业和生态果林业，控制农业面源污染
		Ⅱ2-2忠县—万州中度水土流失控制区	万州区新乡镇、燕山乡及新田镇部分农林区	主要功能：因自然生态条件脆弱及人为农林开发导致的急需治理的水土流失发生区 建设目标：对于沿江坡度>25°以上的坡耕地和荒草地，结合退耕还草和退耕还林，实施坡改梯改造工程，积极发展以经济林建设、无公害蔬菜基地建设和优质果品基地建设为主的农林复合经营模式，有效遏止水土流失
	Ⅱ3森林生态亚区	Ⅱ3-1双路—高家水土涵养区	丰都县双路镇、兴义镇及高家镇三个镇的林区	主要功能：丰都沿江区域重要的水源涵养与生物多样性保护地 建设目标：宜严格控制平行岭谷地区改变山体的各种经济活动，并重点加强林分改造
		Ⅱ3-2忠县—万州农林复合经营与中度水土流失治理区	忠县干井镇、石宝镇部分、大岭乡、涂井乡及万州区鹿井乡、石桥乡、武陵镇	主要功能：因不合理农业开发而导致的中度水土流失发生区 建设目标：对于沿江坡度>25°以上的坡耕地和荒草地，结合退耕还草和退耕还林，实施坡改梯改造工程，积极发展以经济林建设、无公害蔬菜基地建设和优质果品基地建设为主的农林复合经营模式，有效遏止水土流失
		Ⅱ3-3丰都水土涵养区	丰都县树人镇部分、十直镇部分及忠县任家镇部分、望水乡	主要功能：因不合理农业开发而导致的中度水土流失发生区 建设目标：对于沿江坡度>25°以上的坡耕地和荒草地，结合退耕还草和退耕还林，实施坡改梯改造工程，积极发展以经济林建设、无公害蔬菜基地建设和优质果品基地建设为主的农林复合经营模式，有效遏止水土流失

续表

一级生态区	二级生态区	三级生态区	范围及基本特征描述	主要功能及建设目标
Ⅱ库区中部平行岭谷丘陵低山生态区	Ⅱ4中部移民城镇发展亚区	Ⅱ4-1丰都移民城镇生态建设区	以丰都县城为主的滨江地带	主要功能：丰都县域政治、经济与文化中心，移民迁建城市 建设目标：以旅游业、园区特色工业、加工业为主，依托长江三峡画廊特色景点旅游资源优势，以山水园林城市为目标，建设国家级特色旅游城市。在区域整体生态环境建设方面宜加强沿江山系生态恢复，特别是加强周围山丘、河流两岸的绿化，将山坡绿地、林地、果园、沿河防护绿化带组织成为立体化、多层次的城镇外围生态绿化圈，重塑名城自然山水与人文景观
		Ⅱ4-2忠县移民城镇生态建设区	以忠县县城为中心，包括石宝镇、涂井、大岭、黄金、巴营、新生、望水、任家等城镇部分区域	主要功能：县域政治、经济和文化中心，长江干流主要港口型城市之一 建设目标：依托长江黄金水道和港口优势，发展以物流、旅游、食品、轻纺、医药等为主导行业的交通港口型综合城市。在区域整体生态环境建设方面宜加强沿江山系生态恢复、加强江岸库坡的治理，防止库容增大对两岸的冲刷侵蚀和诱发地质灾害。在城市整体景观建设方面宜结合南滨路城市设计、石宝镇仿古一条街城市设计等系列工程加强沿江山丘、河流两岸的绿化，营建立体化、多层次的城镇外围生态绿化圈，并通过重塑新型移民城市景观
		Ⅱ4-3万州移民城市生态建设区	万州市区（中心城区及近郊熊家组团、高粱组团、高峰组团、长岭组团、新田组团）	主要功能：地处三峡库区交通枢纽位置，是渝东北地区的区域中心城市、市域综合实力仅次于都市区的中等城市、历史文化名城；长江上游经济中心的核心区域之一 建设目标：以万州城区为中心，连接武陵、新山、小周等城镇，依托长江水道、沿江公路和万涪铁路，建成特色突出、城郊结合的城镇经济带。以绿色制造业、滨水旅游业、航运业、金融业、物流业为主导产业的市域综合型城市，宜逐渐搬迁和限制污染型产业发展；并重点加强城市水系和城市绿系的生态恢复，平衡人居环境与经济发展，丰富都市生态景观、弘扬城市生态文化，创建健康、舒适、适宜人居的市域副中心城市
		Ⅱ4-4云阳移民城镇生态建设区	以云阳县城为中心，包括黄石、关市、养鹿、高阳、栖霞等乡镇	主要功能：云阳县域政治、经济和文化中心，长江干流主要港口型城市之一 建设目标：以商贸、旅游、种植、养殖和高效特色农业等为主的沿江港口型城市，在区域整体生态环境建设方面宜加强沿江山系生态恢复、加强江岸库坡的治理，加强小江流域农业面源污染控制及城市生活污水处理。在城市形象建设方面宜结合新县城重点地段城市设计、滨江小区城市设计和万步梯地区城市设计等系列工程重点加强沿江山丘、河流两岸的绿化，营建立体化、多层次的城镇外围生态绿化圈，重塑新型移民城市景观

续表

一级生态区	二级生态区	三级生态区	范围及基本特征描述	主要功能及建设目标
Ⅲ库区东部低山中山峡谷生态区	Ⅲ1生态退化及重建区	Ⅲ1-1云阳沿江南岸森林生态恢复与重度水土流失治理区	云阳县红狮镇、云阳镇、宝塔乡、栖霞乡等沿江低山区，植被覆盖度较低	主要功能：世界闻名的长江三峡自然景观带主要区段、重要的水土涵养林区 建设目标：宜尽可能保持自然原貌，合理开发旅游资源，禁止任何与自然景观不协调的开发活动
		Ⅲ1-2云阳沿江北岸森林生态恢复与重度水土流失治理区	云阳县凤鸣镇、故陵镇、宝坪镇、红狮镇及奉节县万胜乡、长凼乡等沿江低山区，植被覆盖度较低	主要功能：自然生态条件脆弱、易发生地质灾害及水土流失而需要进行生态恢复的区域 建设目标：宜根据区域自然条件适度发展城镇，重点加强长滩河流域、磨刀溪流域和汤溪河流域的保护，尽可能减轻人为导致的生态破坏，因地制宜，积极发展以商贸、种植、文化旅游、农副产品加工为主的山水园林城镇
	Ⅲ2森林生态亚区	Ⅲ2-1云阳—奉节水土涵养与森林生态恢复区	奉节县甲高镇、新治乡、九树乡及江南乡部分低山至中山，植被覆盖较高区域	主要功能：世界闻名的长江三峡自然景观带主要区段、重要的水土涵养林区 建设目标：宜尽可能保持自然原貌，合理开发旅游资源，禁止任何与自然景观不协调的开发活动
		Ⅲ2-2巫山巫峡水土涵养生态区	巫山县铜鼓镇、南陵乡、建坪乡、望霞乡及田家乡，山峰林立，层峦叠嶂，坡度陡峻，植被覆盖度较高	主要功能：世界闻名的长江三峡自然景观带主要区段、重要的水土涵养林区 建设目标：宜尽可能保持自然原貌，合理开发旅游资源，并重点加强林分改造，增加森林覆盖率
		Ⅲ2-3巫山巫峡中度及重度水土流失治理区	巫山县抱龙镇、路石乡及石碑乡部分，山峰林立，层峦叠嶂，坡度陡峻，植被覆盖度较低	主要功能：世界闻名的长江三峡自然景观带主要区段、重要的水土涵养林区 建设目标：宜尽可能保持自然原貌，禁止任何可能加剧山体结构破坏的开发活动
		Ⅲ2-4奉节—巫山水土涵养与森林生态恢复区	坡度陡峻，山峰林立，层峦叠嶂，植被覆盖度较低	主要功能：世界闻名的长江三峡自然景观带主要区段、重要的水土涵养林区 建设目标：宜尽可能保持自然原貌，禁止任何可能加剧山体结构破坏的开发活动
	Ⅲ3农业与移民城镇发展亚区	Ⅲ3-1奉节移民城镇生态建设区	以奉节县城为主的滨江地带	主要功能：奉节县域经济中心，历史文化名城 建设目标：建设库区东部中等城市，并以长江黄金水道为支撑发展现代生态工业园区、库区及渝鄂陕湘区的交通枢纽及物资信息集散中心，特色农业及农副产品生产加工基地，三峡风景名胜区旅游服务中心，滨水旅游型城市。在城市景观及生态建设方面宜结合长江南、北两岸滨江路景观城市设计、长江大桥南北桥头景观设计等系列工程加强沿江山丘、河流两岸的绿化，营建立体化、多层次的城镇外围生态绿化圈，共同塑造历史名城新景观
		Ⅲ3-2巫山移民城镇生态建设区	以巫山县城为主的滨江地带	主要功能：巫山县域政治、经济与文化中心，三峡库区的重要港口与旅游服务基地，长江三峡风景区中的重要旅游城市 建设目标：依托三峡库区的重要港口及丰富的旅游资源，建设以山水园林城市为目标的移民搬迁城市

4. 沿江区县生态保护及建设控引

4.1　江津

●以江津市区为主的滨江地带，功能定位于以绿色制造业、滨水旅游业、航运业、生态农业和物流业为主导产业的市域次级综合型城市，宜逐渐搬迁和限制污染型产业发展；并重点加强城市水系和城市绿系的生态恢复，通过滨江路城市设计和重要节点城市设计等系列规划及建设工程来丰富都市生态景观，创建健康、舒适、适宜人居的山水园林城市。

●先锋镇、慈云镇、罗坝镇等沿江区域，森林覆盖率较低，地形起伏较小，农田占较大比例。宜依托长江上游沿岸历史名镇，积极发展旅游农业和生态果林业，重点加强塘河流域整治，控制农业面源污染。珞璜镇、马宗镇、仁沱镇、长冲镇、享堂镇以及德感街道部分以农田和林地为主的高丘陵地带是沿江水源涵养林地及生物多样性保护地，宜严格控制平行岭谷地区改变山体的各种经济活动，并重点加强林分改造。

4.2　重庆都市区

●市域政治中心和经济中心、现代制造业基地、长江上游特大型城市、历史文化名城，长江上游经济中心的核心区域，定位于以绿色制造业、滨水旅游业、航运业、金融业、物流业为主导产业的市域综合型城市，宜逐渐搬迁城区主要污染排放企业并限制嘉陵江沿岸污染型产业发展；并重点加强城市水系和城市绿系的生态恢复，平衡人居环境与经济发展，丰富都市生态景观、弘扬城市生态文化，创建健康、舒适、适宜人居的市域中心城市。

●突显山地城市风貌，优化都市区景观视廊控制。在重庆市主城区沿江范围，尤其是长江、嘉陵江的上游地区应尽可能减少与滨水景观不相宜的工业项目布局，长江干流滨水空间应尽可能结合休闲滨江绿化带、滩涂湿地、滨江公园提供生态共享空间。此外，对城市的不同区域实行建设强度分区控制，根据地形变化合理分配建筑物高度与密度，并严格控制建成区扩张对山地植被的破坏，通过大型植被与小型绿地的连接，形成山水交融、簇群式城市整体轮廓形态。

4.3　长寿

●以凤城镇、渡舟镇全部，晏家镇、朱家镇、但渡镇、八颗镇、江南镇、扇沱乡部分范围在内的滨江地带宜重点发展天然气化工业、滨水旅游业、生态农业及农副产品加工业和水陆交通为主的物流业，加强城市基础设施建设，强化城市集聚及经济辐射功能。在区域整体环境建设方面宜重点保护长寿湖至城区水系综合保护，严格控制不合理的农、渔业生产，严格限制污染型企业布局。

●沿江城镇化水平较低的区域宜重点改善农业开发条件，对于沿江坡度 $>25°$ 以上的坡耕地和荒草地，结合退耕还草和退耕还林，实施坡改梯改造工程，积极发展以经济林建设、无公害蔬菜基地建设和优质果品基地建设为主的农林复合经营模式，并重点对城镇基础建设对水土流失的不利影响进行预防和控制，有效遏止水土流失。

4.4 涪陵

● 以涪陵中心城区为主的滨江地带是现阶段城镇化进程重点发展区域，充分发挥中心城市龙头作用，加强珍溪、蔺市、百胜等镇的建设和城镇之间的协调发展，实现高度融合的城乡一体化发展。在发展以绿色制造业、滨水旅游业、航运业、物流业为主导产业的市域综合型城市的定位前提下，宜逐渐搬迁和限制污染型产业发展，积极培育高新科技产业，提升产业结构，并重点加强城市水系和城市绿系的生态恢复，加强乌江流域保护，平衡人居环境与经济发展；通过李渡重点地段城市设计、迎宾大道城市设计等系列规划与建设工程丰富都市生态景观、弘扬城市生态文化，创建健康、舒适、适宜人居的市域副中心城市。

● 沿江珍溪镇、百胜镇部分宜重点改善农业开发条件，对于沿江坡度 >25°以上的坡耕地和荒草地，结合退耕还草和退耕还林，实施坡改梯改造工程，积极发展以经济林建设、无公害蔬菜基地建设和优质果品基地建设为主的农林复合经营模式，并重点对城镇基础建设对水土流失的不利影响进行预防和控制，有效遏止水土流失。

4.5 忠县

● 加强城区周围西山、州屏山、大面山等半岛和独珠岛以及滨江空间、山际轮廓线和景观视线走廊等的控制，重点建设以甘井沟风景名胜区为主的外围生态绿色屏障，以长江、鸣玉溪、甘井河、东溪、神溪及其沿岸滨水绿地等楔形绿地为绿轴，塑造人、建筑、环境相互协调的，体现山城、江城特色的岛型山水城市新景观。

● 加强县城库岸防护及滨江路工程建设，加强甘井口、鸣玉溪、东溪、神溪等河口库岸整治工程，并结合库岸环境综合整治，逐步撤销沿岸众多的小型煤码头。

● 加强沿江水土流失防治，以坡耕地和裸露陡坡地段为重点，通过营建各类优质经济林和生态林来逐步恢复和保护库岸植被。

4.6 丰都

● 重点建设长江沿岸区域、公路沿线区域中心城镇，重点发展以名山镇、三合镇为中心的县城区域经济区，并全面建设高家镇、十直镇、龙河镇等中心城镇，完善沿江主要城镇环保基础设施，禁绝垃圾沿江堆放和污水直接外排现象。

● 加强三峡库岸区域及河谷丘陵地带的生态营林工作，对于沿江坡度 >25°的坡地及地质不稳定区域应杜绝乱采乱挖及农耕活动，通过营建各类优质经济林和生态林来逐步恢复和保护库岸植被；并以小流域治理为重点，结合生态农业和防护林工程，对龙河、渠溪河流域有重点地开展水土保持建设。

4.7 万州

●沿长江发展主轴城镇密集区以万州主城为主，以武陵、新乡、瀼渡、新田、小周等城镇为辅，城镇周围要加强对山丘、河流的绿化，构筑以林地、果园、沿江护岸林、沿河防护绿带为主体的城镇外围生态绿化圈。在城市主导产业方面应调整产业结构，培育新型产业群，加强对长江、支流两岸重污染型工业的控制；在环保设施建设方面应重点加强生活污水和工业废水的处理，实现生活污水和工业废水达标排放，城镇生活垃圾处理要逐步实现无害化、资源化、减量化，实现生活垃圾无害化处理和工业危险废物安全处理。

●加强地质灾害防治，重点整治长江及其支流沿岸崩塌、滑坡等地质灾害易发生区，并尽可能避免在沿江第一重山视线所及范围内进行重大工程建设。

●沿江河谷农果桑生产区生态环境建设工作应以生态环境保护和恢复为中心，以水污染防治为重点，以移民安置中的环境保护为突破口，以坡改梯为重点，以经济林建设为重点推广手段，加强农林复合经营开发效益，推广生态农业，合理调整农业生产结构，减少生态破坏和水土流失；并加强工业结构调整和污染源头控制，减轻对库区的环境污染。

4.8 云阳

●将旅游业的发展作为云阳重要的经济增长点，并与生态环境保护、传统文化遗产保护有机地结合起来，充分体现云阳的地域文化特色。

●抓住移民城镇建设新机遇，合理组织县域城镇空间发展格局，增强中心城镇发展规模，完善城镇环保基础设施，沿岸各城镇需规划修建污水处理设施，生活污水达标外排；加强沿岸城集镇垃圾处置处理，严禁岸边堆存和向水域倾倒。提倡生活垃圾分类袋装收集和回收利用，禁绝沿河道堆放生活垃圾现象。县城生活垃圾统一运至垃圾处理场处理；江口、高阳、南溪、凤鸣、故陵等乡镇建设共用垃圾处理场，进行卫生填埋处理。

●根据地质灾害发育及分布情况，加强长江沿线的地质灾害重点防范工作，应重点加强对汤溪、彭溪、磨刀溪流域两岸深切谷区的灾害防治工作，严格限制这些地质不稳定区域的城镇开发及重大交通工程建设。

●加强长江干流沿岸及小江、磨刀溪、长滩河、汤溪河流域综合整治，重点加强云阳县汤溪河流域工矿企业及沿岸城镇的工业污水和生活废水处理；对沿江生态脆弱地区，实施退耕还林（草）、封山育林、坡耕地改造等生态重建工程。实施长江干流生态林工程、彭溪河景观生态林工程、汤溪河农田防护林生态工程、磨刀溪流域经济生态林工程、长滩河流域生态林工程，重点推进栖霞、宝塔等乡镇的坡改梯农田建设工程。

4.9 奉节

●加强沿江退耕还林及防护林建设，沿江凡位于25°以上的坡耕地必须结合生态林和经济林建设实现退耕还林以及农林复合经营。在规划区范围内，大力实施封山育林工程，禁止在25°以上的山坡开耕种植。

• 加强沿江城镇环保基础设施建设，完善城镇污水处理及生活垃圾处理设施，禁绝垃圾沿江堆放和污水直接外排现象。

• 加强地质灾害防治工作。根据奉节县地质灾害发育情况，结合社会经济发展状况，重点加强新县城和库区范围的沿江地质灾害易发区如新县城区（三马山至宝塔坪一带）、移民迁建工程、集镇（汾河、朱衣、明水、公平等），长江北岸寂静、九盘、白帝、新城四乡镇交界部位的重点防治工作，并重点加强以奉节县煤矿为中心半径5km范围内和前进、汾河、天池、岩湾、梅子、寂静、龙池、青龙等乡镇的主要产煤区的开采活动；对于长江南岸从梅魁、马驿、范家、上庄、青龙、尖角到新民镇的新民河一线两侧1km范围及五马乡、杨坪乡范围，应尽可能避免重点建设工程和重点交通干线的施工。

4.10　巫山

• 加强新县城城市规划区内主要旅游景点和生态与景观林地建设，南陵山北坡、文峰山、江东嘴、白羊溪沟上游、施家坡、龙门峡、大峰包和曹家包要全面实现退耕还林，现有村庄人口应逐步迁入城区。沿江凡位于25°以上的坡地的农田必须结合生态林和经济林建设实现退耕还林以及农林复合经营。在规划区范围内，大力实施封山育林工程，禁止在25°以上的山坡开耕种植。对于没有宜耕地或不宜居住的村庄，应实施“生态移民”、“异地扶贫”，减轻城郊生态环境的压力。

• 严格控制大宁河上游的城镇规模，完善城镇污水处理及生活垃圾处理设施，加强河段清漂，保护好县城的生活水源。水厂取水口上游1 000m、下游100m范围作为水源地保护区，禁止一切污水排入河道。

第二章　长江三峡库区（重庆段）景观生态格局构建

1. 沿江现状景观格局

根据2002年LandsatETM+和2004年SPOT卫星遥感影像解译图，并运用景观生态学分析方法进行分析，结果表明，三峡库区沿江区县整体景观表现为以大片林地（包括有林地和疏林地）和农田为基质，以长江干流和支流以及主要交通干道为廊道，以城市和市镇为典型斑块，其现状总体景观格局以“一带、三区、三核、七点、多廊”为骨架，呈现出“山水相映、田林相嵌、城缀其间”的特征。

就库区范围基质的生态重要性和系统完备性而言，在沿江区县长江干流及主要支流流经区域目前有北碚缙云山、江津四面山、巴南圣灯山、城口青龙峡和龙潭河共5个以森林生态系统为主要保护对象的自然保护区，总面积为18 992hm^2，占全市自然保护区总面积的65.17%，占自然保护区总数的62.5%；有南川金佛山和石柱黄水2个以濒危珍稀野生植物为主要保护对象的自然保护区，总面积为6 150hm^2，占全市自然保护区总面积的21.1%，占全市自然保护区总数的25%。

库区范围内的众多廊道主要为由长江干流及乌江、嘉陵江等14条重要支流水系及其次级支流水系、沿江高速公路和铁路构成的城镇人文景观与自然山水景观走廊，是联系西部平行岭谷丘陵低山生态区、中部平行岭谷丘陵低山生态区与东部低山中山峡谷生态区的重要纽带。

库区范围内以“三核七点”为表征的众多城市（城镇）斑块在空间分布上呈东疏西密的特点，三核具体指库区沿岸的一座特大城市（重庆主城区）和两座中等城市（涪陵、万州）；七点指七个小城市（江津、长寿、丰都、忠县、云阳、奉节、巫山），它们聚集了重庆市域现状52.24%的常住人口（据2004年重庆市统计年鉴），是推动库区乃市域社会、经济与生态环境和谐发展的驱动核。

2. 沿江总体景观安全格局构建

在前述区域生态敏感度评价、区域城镇建设综合生态适宜度评价及现状总体景观格局基础上，结合库区沿江未来城镇化发展趋势及可能产生的生态学影响，建议将长江干流沿江区县的十个城市和大宁河流域的巫溪共同纳入沿江总体景观安全格局框架，为此进一步构思了以“一带、三区、三核为骨架，生物多样性保护源与生态廊道、生态屏障带相嵌”为特色的库区沿江总体景观安全格局框架，即“1条沿江景观生态带、3个景观生态功能区、3个都市发展核、7个中小节点城市、10个城市（镇）影响控制区、13个生物多样性保护源（斑块）、16条流域生态廊道、多条生态屏障带”构成的区域景观安全结构体系，引导区域形成“山水相映、田林相嵌、城缀其间，传统人文底蕴与自然山水景观相融”的沿江总体景观安全格局。

1条沿江景观生态带：指由长江干流及乌江、嘉陵江等14条重要支流水系及其次级支流水系、沿江高速公路和铁路构成的城镇人文景观与自然山水景观走廊。

3个景观生态功能区：指西部平行岭谷丘陵低山生态区、中部平行岭谷丘陵低山生态区与东部低山中山峡谷生态区。

3个都市发展核：指库区沿岸未来规划的1座特大城市（包括重庆主城区和江津）和2座大城市（涪陵、万州）。

7个中小节点城市：指长寿、丰都、忠县、云阳、奉节和巫山、巫溪，这7座中小城市配合上述三核，将进一步形成城市集聚、产业布局优化与提升，进而推动库区乃至市域社会、经济与生态环境的和谐发展。

10个城市（镇）影响控制区：指在上述3个都市发展核与7个中小城市构成的沿江城市带周围根据自然地形、城镇规模、景观风貌特征及面临的生态环境问题而划定的条带状环境影响缓冲区域，其中城镇生活及生产排放的污染影响、城镇建设过程中的水土流失是最值得关注和宜加强控制的内容（见表4-2-1）。

10个城市（镇）影响缓冲区　　　　表4-2-1

城市（镇）影响缓冲区	范　围	控制重点
重庆都市圈	重庆都市圈（含江津）沿江各区	促进城市主导产业升级转型，加强长江航线码头基础设施建设，重点加强城区及沿江城镇环保基础设施建设
长　寿	长寿城区	加强长江航线码头基础设施建设，加强城区及沿江城镇环保基础设施建设
涪　陵	涪陵城区至珍溪镇	
丰　都	丰都县城至名山镇	加强新县城及沿江城镇环保基础设施建设，加强南北两岸大堤及北岸厂区工程建设及沿江山坡复绿工程建设，注重鬼城文化与城镇景观的和谐
忠　县	忠县县城至石宝镇	加强新县城及沿江城镇环保基础设施建设，加强旧城改造，重点加强忠洲镇城区地质灾害防治工作，加强对县城至石宝镇沿江布设的煤运码头、堆场等设施的规范管理
万　州	万州市区	加快完成长江沿岸煤码头、水泥厂、热电厂等搬迁与改造，加强旧城改造，完善城市环保基础设施，重点加强天城区、龙宝区和五桥区地质灾害防治工作
云　阳	云阳县城	重点加强双江镇城区地质灾害防治工作，加强边坡治理、构建立体化的沿江绿化防护体系，加强城镇环保基础设施建设，强化小江流域环境综合整治
奉　节	奉节县城至瞿塘峡区段	重点加强永安镇城区地质灾害防治工作，加强沿江主要城镇边坡治理、构建立体化的沿江绿化防护体系；完善市政环卫及环保基础设施；通过退耕还林（草）措施、适度人工改造措施，尽可能加快陡坡植被的进展演替；并严格控制任何可能严重破坏自然景观风貌的不合理开发活动
巫　山	巫山县城及巫峡、大宁河流域	重点加强巫峡镇城区地质灾害防治工作；加强沿江主要城镇边坡治理、构建立体化的沿江绿化防护体系；完善市政环卫及环保基础设施；通过退耕还林（草）措施、适度人工改造措施，尽可能加快陡坡植被的进展演替；并严格控制任何可能严重破坏自然景观风貌的不合理开发活动
巫　溪	巫溪县城及大宁河流域	重点加强城厢镇城区地质灾害防治工作；加强沿江主要城镇边坡治理、构建立体化的沿江绿化防护体系；完善市政环卫及环保基础设施；通过退耕还林（草）措施、适度人工改造措施，尽可能加快陡坡植被的进展演替；并严格控制任何可能严重破坏自然景观风貌的不合理开发活动

13个生物多样性保护源（斑块）：指长江干流沿江区县或不在沿江区县范围但与长江主要支流水系相邻的大型森林公园、有重要价值的各级自然保护地，具体指永川市箕山竹海、北碚区缙云山、渝北区华蓥山、江津市四面山、巴南区圣灯山、南川市金佛山、长寿区长寿湖、武隆县白马山、石柱县黄水、奉节县天坑地缝、巫山县刘家垭、巫溪县红池坝、城口县大巴山（已整合了青龙峡和龙潭河区域）。

16条流域生态廊道：指与长江干流相通，包括乌江、嘉陵江等重要支流水系以及其他次级水系流经城镇、农田、丘陵山地等不同生态系统的流域影响片区，是保障沿江水安全以及提供生物迁移及庇难场的重要景观区域（见表4-2-2）。

多条生态屏障带：指依托沿江山系、农田、道路红线、高压线走廊、城镇绿化带、河流沿岸防护林等构成的条状生态缓冲林带。

16条流域生态廊道 **表4-2-2**

<table>
<tr><th>流域名</th><th>控制重点</th></tr>
<tr><td>嘉陵江流域</td><td>加强嘉陵江两岸污染型企业搬迁、技改力度，加强城市污水处理</td></tr>
<tr><td>笋溪河—綦江流域</td><td rowspan="2">加强流域生态农业及生态林业建设，遏止水土流失及农业面源污染</td></tr>
<tr><td>塘河流域</td></tr>
<tr><td>乌江流域</td><td>加强流域生态农业及生态林业建设，重点加强乌江两岸裸地的生态恢复整治，遏止水土流失及农业面源污染</td></tr>
<tr><td>璧南河流域</td><td rowspan="3">加强流域生态农业及生态林业建设，遏止水土流失及农业面源污染</td></tr>
<tr><td>木洞河流域</td></tr>
<tr><td>御临河—东河流域</td></tr>
<tr><td>龙溪河（长寿湖）流域</td><td>加强流域生态农业及生态林业建设，合理化流域产业布局，重点解决好长寿湖旅游开发与工农业生产的矛盾，遏止水土流失及农业面源及城镇、工业复合污染</td></tr>
<tr><td>渠溪河流域</td><td rowspan="5">加强流域生态农业及生态林业建设，遏止水土流失及农业面源污染</td></tr>
<tr><td>黄金河—汝溪河流域</td></tr>
<tr><td>龙河流域</td></tr>
<tr><td>磨刀溪流域</td></tr>
<tr><td>梅溪河流域</td></tr>
<tr><td>小江流域</td><td>加强流域生态农业建设和生态林业建设，防治水土流失，针对未来消落带影响重点进行边坡及岸线工程治理</td></tr>
<tr><td>大溪河—长滩河流域</td><td rowspan="2">加强流域生态农业及生态林业建设，遏止水土流失及农业面源污染</td></tr>
<tr><td>大宁河流域</td></tr>
</table>

第五篇 长江三峡库区（重庆段）沿江景观要素评价

三峡库区自然条件独特、人文荟萃、历史悠久，生态系统与景观类型呈多元化特征，包括山、水、绿、城、田等系列景观要素，是景观评价与规划的重点。

山水是一对有机联系的景观要素，“水因山而活，山因水而润”，说明了山水的亲密关系。峡谷、瀑布等景观类型是山、水两个景观元素的有机结合而构建成的。本研究为了更清晰、更系统地对山、水景观要素进行分析评价，特将山、水两个要素分别单列，但在分析评价的过程中始终将山水的关系紧密地联系在一起：第一，在山系景观的特色空间分析、景观游赏分析、视觉环境质量评价中都是基于山水的关系来进行的。特别是在巫峡、瞿塘峡等特色区段的分析中，更强调出由于在两山相夹的江面形成了夹景空间，给人以雄伟壮丽的景观感受，同时，正是由于这种山水关系，使夹景空间中的沿江两岸成为视觉敏感度极高的区段。第二，在水系廊道的景观生态规划与建设的研究中，始终强调的是沿江两岸可视区域内山系、城镇、工矿、风景地段、林地的规划与建设的控引，重点对巫峡、瞿塘峡两岸山系景观提出了规划建设控引与景观保护措施。

第一章 长江三峡库区（重庆段）沿江山系景观评价

1. 山系概况

1.1 市域基本情况

重庆座落在中梁山和铜锣山之间的丘陵地带，地处长江和嘉陵江的交汇处。重庆城区建造在山丘纵横、沟壑交错的两江台地上，“山上有城，城中有山”。城市中心区建在以枇杷山、鹅岭为主体的半岛上，建成区分布高低错落、相对高差 200 m 左右，“山”是重庆城市的载体，又是城市的有机组成部分（见表 5-1-1）。

市域地貌情况 表 5-1-1

地质构造	属新华夏构造体系隆起带的一部分，为四川沉降块川东褶皱带		
地貌类型	中山、低山、丘陵和平坝，以中山、低山为主。地貌明显受地质构造控制，背斜成山、向斜成谷，山脉走向大致与构造线一致，西部多为低山丘陵地貌，往东逐渐变为低、中山地貌		
主要山系	位置	海拔	特征
大巴山	北部	1）山脊 1 500 ~ 2 000m； 2）最高点为巫溪界梁子山，海拔 2 796. 80m； 3）最低点在巫山培石，海拔仅 73. 10m	渝陕鄂界山，NW—SE 走向，山脊海拔一般为 1 500 ~ 2 000m，岭谷相对高差达 700 ~ 1 400m，具有明显的层状结构，由北向南层层下降，最高点为巫溪界梁子山，海拔 2 796. 8m，最低点在巫山培石，海拔仅 73. 1m
巫山、七曜山	东南部	最高点在奉节猫儿梁，海拔为 2 128m	渝鄂界山，NE 或近 EW 走向，由不同高度的山地与山原组成，地貌分层现象明显，最高点在奉节猫儿梁，海拔 2 128m

1.2 三峡库区基本情况

三峡地区的主要地貌特征由于地质构造、地层分布及岩性的控制，以及受水文作用的影响而复杂多样，山峦起伏，沟壑纵横。总的地势呈现南北高、中部低，东部高、中西部低，且高差悬殊大，区域差异大的特点。

区内地貌形态及规律明显受控于地质构造格局，背斜成山、向斜成谷，山脉总体走向与大的构造线方向一致。在新构造运动影响下，山体上都有多级台面发育，显示出峰峦叠嶂的层状地貌景观。全区大致可分为三大地貌单元，分别由川鄂湘黔褶皱带、南大巴山褶皱带和川东褶皱带三大构造带控制。

长江自江津市羊石镇入境，至重庆都市区中梁山脉猫儿峡段以前：两岸地势相对平缓，为低山缓丘区，周边低山海拔在 400m 左右，景观起伏相对平缓。

从重庆都市区中梁山脉猫儿峡至涪陵黄草峡段：长江垂直几条低山山脉而行，形成素有长江小三峡之称的明月峡、铜锣峡、黄草峡景观。山体或呈一山一岭形态，或呈一山一槽二岭形态，或呈一山二槽三岭形态。

涪陵黄草峡至万州段：长江平行岭谷行进，低山海拔在 400 ~ 1 200m 之间。

万州以下：长江穿越大巴山与巫山山脉，形成了壮丽的峡谷景观。

根据长江水系与山系的关系变化，以及地貌景观的特征变化，将三峡库区山系景观划分为 4 个区（见图 05-01-01）：

江津—重庆都市区（中梁山猫儿峡）：川东褶皱带低山缓丘区

重庆都市区—涪陵（黄草山黄草峡）：川东褶皱带低山缓丘峡谷区

涪陵—万州：川江平行岭谷低山丘陵区

万州以下：中山峡谷陡岩区

地貌类型主要有中山、低山、丘陵、缓丘平坝及台地。其中以山地为主，山地（包括低山和中山）约占全区面积的3/5，其次为丘陵，仅在河谷、山间有狭小的平坝（见表5-1-2）。

长江三峡库区（重庆段）地貌—山系分区情况　　表5-1-2

总体趋势	总的地势呈现南北高、中部低，东部高、中西部低，且高差悬殊大，区域差异大的特点		
地貌单元	全区大致可分为三大地貌单元，分别由川鄂湘黔褶皱带、南大巴山褶皱带和川东褶皱带三大构造带控制		
地貌类型	地貌类型主要有中山、低山、丘陵、缓丘平坝及台地，其中以山地为主，山地（包括低山和中山）约占全区面积的3/5，其次为丘陵，仅在河谷、山间有狭小的平坝		
主要山系	长江以北为大巴山脉分布区 长江以南为七曜山脉和方斗山脉分布区，近北东走向，岭谷相间排列		
山系分区	分布位置	海拔	特　征
川东褶皱带低山缓丘区	江津—重庆都市区（中梁山猫儿峡）	400m左右	两岸地势相对平缓，为低山缓丘区，周边低山海拔在400m左右，景观起伏相对平缓
川东褶皱带低山缓丘峡谷区	重庆都市区—涪陵（黄草山黄草峡）	—	长江垂直几条低山山脉而行，形成素有长江小三峡之称的明月峡、铜锣峡、黄草峡景观。山体或呈一山一岭形态，或呈一山一槽二岭形态，或呈一山二槽三岭形态
川江平行岭谷低山丘陵区	涪陵—万州	400～1 200m	长江平行岭谷行进，低山海拔在400～1 200m之间
中山峡谷陡岩区	万州以东	海拔最高2 128m	长江穿越大巴山与巫山山脉，形成了壮丽的峡谷景观

2. 沿江山系景观类型分析

三峡库区地势东高西低，并由南北向长江河谷渐低；全区域地势高低悬殊，最高点为巫山神龙阴条岭（海拔达2 796.8m），最低处为巫山鱼溪口（海拔仅73.1m）。巫山、奉节以西地貌以丘陵、低山为主，以东主要为低中山，山体高大险峻。

三峡库区地面坡度分为4个坡度级，土地面积随坡度的增加而加大。25°以上的陡坡地面积占库区总面积的38%，而0°～7°的平缓地面积仅占10.40%，7°～15°的缓坡地面积占库区17.60%，15°～25°的斜坡地面积占34%，形成了优质地少、大面积耕作质地差的土地资源状态。7°～15°的缓坡和15°～25°的斜坡土地在三峡库区分布最为广泛，面积也最大，占库区面积51.60%（见表5-1-3）。

长江三峡库区（重庆段）地面坡度分析 表5-1-3

地面坡度	面积（km^2）	占库区总面积的百分比
0°~7°的平缓地	4 804.80	10.40%
7°~15°的缓坡地	8 131.20	17.60%
15°~25°的斜坡地	15 708.00	34.00%
25°以上的陡坡地	17 556.00	38.00%

山系景观离不开水。“山得水而活，水得山而媚”。有绿水，才有青山，“青山隐隐水迢迢”，山水相连，更添无限魅力。长江三峡，正是把崇山峻岭同浩浩大江联成一体，才形成世界上独特的山水人文景观风光带。

沿江山系主要有4种类型，分别是峡谷，坡、垅、阜，岩、崖，峰、峦（见表5-1-4）。

沿江山系景观类型分析 表5-1-4

景观类型	景点名称
峡谷	瞿塘峡、巫峡、龙门峡、紫阳峡、错开峡、猫儿峡、明月峡、铜锣峡、黄草峡、巴堰峡
坡、垅、阜	江津、忠县、万州段均有缓坡地分布
岩、崖	涪陵、丰都、奉节、巫山等区段沿江有大量的岩、崖（如夔门、粉壁墙、风箱峡等）
峰、峦	巫山、大巴山、七曜山、方斗山、铁峰（凤）山、双桂山、太白岩、西山、东山、神女峰、圣泉峰、登龙峰等

2.1 峡谷

峡谷景观空间性格特征主要表现为“低落幽曲”之美。

峡谷是地形大断裂的产物，富有壮丽的自然景观。

长江三峡以峡闻名，最具魅力的风光是高峡深谷。浩浩东去的长江，垂直横切南北走向的巫山山脉，形成了多处水深流急的大峡谷。两岸层峦叠嶂，峭壁对峙；奇峰刺天，气势雄伟；一江东去，飞泻如剑；汹涌澎湃，气象万千；山高谷深，峡窄流急；群峰竞秀，云雨变幻。被人们誉为“四百里山水画廊”。

本研究范围包括了长江三峡中的两峡瞿塘峡和巫峡，素有“长江小三峡”之称的明月峡、铜锣峡、黄草峡，并包括紫阳河（又名神女溪）、大宁河等峡谷密布的支流，是世界上数量最多、密度最大、形态最奇的峡谷分布区域，堪称世界自然峡谷的博物馆。瞿塘峡素有“夔门天下雄”之称，巫峡则以山势峻拔，奇秀多姿著称（见表5-1-5和表5-1-6）。

著名峡景分级汇总　表5-1-5

位　置	景点名称				
	特级景点	一级景点	二级景点	三级景点	四级景点
长江干流	瞿塘峡、巫峡	—	—	—	明月峡、铜锣峡、黄草峡、巴堰峡
大宁河	—	龙门峡	—		—
错开河	—	—	—	错开峡	—
紫阳河	—	—	紫阳峡	—	—

著名峡景特征分析　表5-1-6

名称	位　置	分级	特　征
瞿塘峡	长江干流，奉节县城东，三峡西口、西起奉节县的白帝城，东至巫山县的大（黛）溪镇，全长8 km	特	瞿塘峡为长江三峡之首，西起奉节县的白帝城，东至巫山县的大（黛）溪镇，全长8km，是长江三峡中最短、最狭，而景色、气势最为雄奇壮观的峡。峡中江面宽只有100～200m，最窄处不过几十米，两岸山峰与江面的相对高差达1 000～1 500m，陡削如壁，拔地而起，形成一幅“瞿塘雄伟天下壮”的画卷，“白盐赤甲俱刺天，闾阎缭绕接山巅”
巫峡	长江干流，西起巫山县大宁河口，东至湖北省巴东县官渡口，绵延40km	特	整个峡谷以幽深秀丽著称，两岸青山不断，群峰如屏，时而大山当前，石塞疑无路，忽而峰回路转，云开别有天。北魏郦道元在《水经注》里描绘：“两岸连山，略无阙处，重岩叠嶂，隐天蔽日，自非亭午夜分，不见曦月”，婉如迂回曲折的画廊
龙门峡	大宁河，龙门峡口	一	古称雒门，亦称萝门，起于龙门峡口，止于银窝滩，全长3.5km。两岸峭壁插天，雄伟壮观，两山对峙，形若门户。游人赞曰：“夔门天下雄，龙门雄而秀”。故有“小夔门”之誉
错开峡	错开河	三	在大溪镇下游不远的长江南岸，有几座山岩对错着，山的峰顶是尖尖的，颜色是黑沉沉的，名曰对错山。高入云端的峰峦，这就是神话传说中的错开峡
紫阳峡	紫阳河	二	紫阳河峡谷的自然景观资源丰富，景点相对集中，其中神女峰早已闻名天下。溪内峡谷不仅有巫山十二峰中羞于向世人露面的飞凤、起云、上升三峰，而且山水相间，巴山云雨，恰似“世外桃源”。而两岸的景点神奇怪异，精致玲珑，峻峰戟列，石柱林立，瀑布帛悬，渊潭棋布，若人若物，如禽如兽，千姿百态，各施其巧

续表

名称	位　置	分级	特　征
猫儿峡	都市区境内珞璜镇	四	—
明月峡	都市区境内	四	古今六道合一峡的明月峡被誉为“中国道路交通博物馆”、“古今交通的活化石”
铜锣峡	都市区铁山坪	四	在重庆都市区以东15km处，江面突然变窄，形成长江川江段著名险段——铜锣峡。两岸陡峭，江面狭窄，水流湍急，是事故频发区，被称为“鬼门关”。莲花背信号台即在这“鬼门关”的悬崖绝壁上
黄草峡	长寿境为	四	黄草峡的南口，江面只有250m宽，江心礁石横生，江流奔腾澎湃，可谓三峡之前奏
巴堰峡	万州、云阳交界处	四	水库蓄水后全部被淹没

2.2　坡、垅、阜（缓丘平坝及台地）

坡、垅、阜景观空间性格特征主要表现为“平坦旷远”之美。

坡、垅、阜是平原或坡度不大的平地、土丘，或是高山低水的过渡地带。具平坦旷远之美，并且平易近人，具有现实感的人情味。

三峡库区0°～7°的平缓地仅占库区总面积10.40%，与7°～15°的缓坡地面积之和，也仅占28%；江津—重庆都市区（中梁山猫儿峡），两岸地势相对平缓，为低山缓丘区，周边低山海拔在400m左右，地形起伏相对平缓。忠县、万州段均有缓坡地分布。特别是江津段地势平缓，竹林、农舍、耕地相互点缀，呈现出典型的田园风光。

2.3　崖、岩

崖、岩景观空间性格特征主要表现为“陡险峭拔”之美。

崖指悬峭的山边石壁，具有陡险峭拔之美。岩指崖的下部，由地壳升降、断裂风化而形成的悬崖危岩。代表性景点有：

1）夔门——“夔门天下雄”向来与“峨眉天下秀”、“青城天下幽”、“剑门天下险”并列为四川四大名胜之一。明姚夔《下峡二首》中“夹岸千寻壁，中流一罅天”，写得极有神韵。两山对峙，拔地而起，恰似地设天造的一座锁江大门——夔门。这里河宽只有百余米，滚滚长江在此被束缚得象沟壑一般，万马奔腾，流波顺轨，气象浑厚，至为壮观。因为江面水窄，汛期时水位一夜之间可上涨20多米，全年水位相差可达50m左右。陈毅元帅“水头如剑破夔门”（1959年）的诗句，将船头喻为宝剑，刺破夔门东流而去。江流迅疾，山势峭拔，造就了夔门雄伟、险峻、磅礴的气势。蓄水后，其“雄”不减，但峡感稍逊。

2）粉壁墙——亦称瞿塘摩崖。在白盐山临江的石壁上，横延百余米，上下数十米。从宋代以来的数十块摩崖，篆、隶、楷、行俱全，俨如一块挂满精品的厅堂之壁。因曾用石灰封存过，故名“粉壁墙”。蓄水后将被淹。

3）风箱峡——位于赤甲山中部，其崖隙间，约宽2m的裂缝上有横木两根，陈放着5口深褐色的长形木匣，状如铁匠用的风箱（又有藏兵书的木匣之说），故名风箱峡。据考古学家鉴定，风箱实为2000多年前巴人悬棺。

4）涪陵、丰都——沿江有大量的岩石。

2.4 峰、峦

峰、峦景观空间性格特征主要表现为“高耸峻立”之美。

峰具有峻拔的特征，其审美效果有近观和远观的不同。“峦，山头高峻也”，“相连曰岭”。山峰既是登高眺远的佳处，又表现出千姿百态的绝妙意境。

三峡库区沿江山系既有大尺度的山地，又有小尺度的峰石（见表5-1-7、5-1-8和5-1-9）。

山景分级汇总 表5-1-7

	景点名称				
	特级景点	一级景点	二级景点	三级景点	四级景点
大尺度山地	巫山	大巴山	—	七曜山、方斗山、铁峰（凤）山	—
奇峰	神女峰	—	—	—	—
名山	—	双桂山	太白岩	西山、东山	—

大尺度山地特征分析 表5-1-8

山地名称	位置	分级	特征
巫山		特	属八面山系部分。山脉走向NNE—SSW，山势自东而西逐渐降低，在本研究区内由奉节穿巫山而进入巴东，直达湖北咸丰。山脊海拔在1 500~2 500m，最高峰朝阳坪，海拔2 362.6m。在巫山县境内海拔1 500m以上的山峰就有33座。巫山的形成也起源于7 000万年前的燕山运动，其构成的基础即为当时挤压而变形隆起的巫山背斜。随着现代地壳运动的加剧，导致其背斜脊部的张裂隙被长江切割，形成了尺度浩大、雄奇秀丽的巫峡及其两岸的“十二奇峰”
大巴山		一	大巴山是我国重要的地理界线，位于渝陕鄂三省市交界处，其东段斜贯巫山地区的东北部，主峰大神农架，海拔高达3 053m，有“华中屋脊”之誉。其山体庞大，山势巍峨，山体呈NE—SE走向，自川西高原一直东延至云阳、奉节、巫山、巫溪，并与神农架林区相连，在本研究区将陕、渝在行政区上划开，也将汉水流域与长江流域分离，出现在本研究区内的均为大巴山余脉，其最高峰是巫溪的界梁子山，海拔2 796.8m，也是本研究区的最高点。这些大巴山余脉，在本研究区内或东西延伸，或南北横断，错置各异，颇具特色。如近东西走向的巫溪金鸡岭山（主峰金架山，海拔2 182.7m）地跨渝陕鄂三省市交界，巫溪猫儿背山为东溪河、西溪河的分水岭，纵贯红池坝的万倾山为后溪河与西溪河的分水岭，近南北走向的界梁子山与神农架西侧的兰英寨原始森林相接，等等。这些山脉直接构成了巫溪独特的自然地理环境格局。在巫山境内的太平山也是其境内地势的最高点，海拔为2 680m

续表

山地名称	位置	分级	特　征
七曜山	丰都县沙堡子	三	又名七耀山、歧耀山、旗扬山、齐岳山，系大娄山支脉。源起于7 000万年前的燕山运动，为典型的背斜成山——其地质构造基础是七曜山背斜（又称瞿塘峡背斜）。该背斜自贵州入渝，经酉阳、彭水、丰都、石柱、云阳、奉节、巫山，消失于湖北利川白洋塘，全长约150km，走向NE—NNE，构成调查区的南部屏障。在本研究区内，其最高峰海拔2 000余米，位于丰都县的沙堡子。由于其地质构造复杂，地壳运动频繁，导致这一区域在现代地质活动的作用下，产生了众多的自然奇观：著名的长江三峡之一的瞿塘峡即为长江切断此山而成；深达数百米的岩溶奇观——云阳龙缸也发生于此山中；此外，还有众多的峡谷、瀑布、溶洞群、原始森林分布，如黄水国家森林公园等
方斗山	丰都、石柱两县境内	三	方斗山背斜南西自贵州经酉阳、丰都、石柱、忠县，向北经冒火山插入万州，消失于奉节长滩井，全长120km，走向NE—NNE，总体格局与七曜山一致。其主峰在石柱土家族自治县境内，海拔1 680m，又被称为倚天山，“石柱八景”中的“倚天积雪”即谓此。本研究区中，方斗山在丰都、石柱两县境内形成了众多的自然景观：方斗山林场、千野草场、青草坡风景区、包鸾河溶洞群及龙河自然保护区等景观
白盐山	奉节县永乐镇		白盐山在永乐镇乌云、白龙两村，最高处乌云顶海拔1 365m，有成片松林330余公顷。山中有古战场营垒遗址，有高耸入云俯瞰群山大江的文峰古塔，有若巨兽仰天咆哮的将军坟通往巫山，有连结孟良梯的高山古堡白腊城，有山环水绕的香树坪，有云海苍茫，松涛澎湃的古炮台。正在规划建成白盐山森林公园
双桂山	丰都旧县城西北	一	古称鹿鸣山，位于丰都旧县城西北，海拔401m。双桂山与名山遥遥相望，交相辉映，是丰都著名景点之一。这里还是国家级森林公园。山上林木葱郁，松柏、桂花、梅、泡桐、古老的黄桷树等花木遍布景区。唐代即在双桂山建有鹿鸣寺，中有玉鸣泉，水色晶莹，常年不竭。山上还建有观音阁、道子堂、三苏祠、东坡楼等，结构精巧，依山势而建，并塑有苏东坡像。还有一口“板思冥阳普俐瑜珈洪钟”，重达2 000kg，形体巨大，实为罕见。为了纪念周恩来、刘伯承、贺龙等老一辈革命家在丰都活动的功绩，双桂山上建起了恩来亭、护国亭、贺龙亭和丰都革命史展览馆。双桂山集优美的自然和丰富的人文景观于一体，又毗邻极具情趣的鬼国神宫，极富旅游开发价值和旅游影响力
太白岩	万州	二	太白岩为万州八景的“西山夕照”，为其西郊的一座陡峭山岩，高480m有余，与城北都历山、天城山诸峰相对峙。此山陡岩峭壁，山势险峻，岩间林木茂密，幽静超逸，山上有洞穴多处。相传诗仙李白曾读书于此，并留有“大醉西山一局棋”的诗句（《蜀文征存》），“白岩仙迹”因此而得名。明朝万历年间，在太白岩山腰修建了“太白祠”，塑李白像祀之。清朝道光二十二年（公元1842年）重建祠宇。清朝光绪十六年（公元1890年）在岩下建“白岩书院”。太白祠旁有福缘洞、二仙祠、灵宫殿和纯阳洞（有五层爬岩建筑）等。文人名家多在太白岩石壁刻石题字。其岩畔石壁上刻有“绝尘龛”三字，字迹苍劲。上方石壁刻有“太白岩”三字，入石三分。民国年间，孙元良题写的“万州第一山”，楷体书写，笔力浑厚。太白祠左侧有“洗墨池”摩岩大字石刻，上方有涓涓流泉，长年流淌不断。1982年6月国家文物事业管理局将“太白岩”列为“中国名胜”，1987年5月经四川省建设委员会批准辟为太白岩公园。后恢复栈道，重建了太白读书堂、洗墨池及李白塑像等。现在这里已成为我国大西南地区重要的历史文化遗址，亦是古城万州一道天然景观。若登西山，极目四野，长江景色和城市新貌尽收眼底

续表

山地名称	位置	分级	特征
铁峰（凤）山	万州北部	三	古称歇凤山，横亘于万州区北部。区内山势连绵起伏，有大小山峰30余座，主峰海拔1 319m，为万州第一峰。主要景观有：大垭口森林公园在万州区北部与开县交界处，距市区22km，总面积2 334.5hm^2，林区海拔1 300余m，其活立木蓄积量达7万m^3。公园内山势绵亘，崖陡壑深，奇峰耸翠，云烟缥缈，山泉甘美，林木繁茂，一派自然森林风光。凤仪禅院遗址万州名刹，位于铁峰（凤）山主峰，始建于明朝，毁于20世纪50年代，每年香火不绝

奇峰特征分析　　表5-1-9

奇峰名称	位置	特征
神女峰	与青石小镇相对	又称望霞峰，俗称美人峰。与青石小镇相对的峰巅，一石柱高6.4m，形如少女，旦迎朝霞，暮送夕晖，传为瑶姬化身
圣泉峰	巫峡西口	峰巅高耸如文笔。乾隆五十四年（公元1789年），县人李安登乡榜，易名文峰，将峰巅古凌云观改名为文峰观至今。峰脚有洞，名清水洞，1985年后，据陆游于此夜泊改称陆游洞，加以修葺开放
登龙峰	横石溪西侧	山势如昂首直上天空的游龙
朝云峰	神女峰西侧	峰插云天，晨有云雾笼罩峰顶，今不常见
松峦峰	神女峰东侧	峰呈圆形，古有苍松环盖，形如帽盒，又名帽盒峰
集仙峰	松峦峰东侧	峰顶列石如仙相聚，又如张开朝天的剪刀。传说每到农历八月十五日夜，有仙女于此相会，丝竹之音达旦方止，故称集仙峰，又名剪刀峰。峰脚有孔明碑
翠屏峰	青石小镇后山缓坡	青石小镇后山缓坡，春来漫山苍翠如屏
聚鹤峰	翠屏峰东侧	峰顶古有翠柏，传为夜引白鹤相聚
飞凤峰	小溪河西岸	山势自西向东缓缓下伸，直抵大江，其状若凤凰翱翔千里直下江中饮水。峰腰有“授书台”，唐代仪凤年间建有神女庙，建国初废
净坛峰	沿小溪河上蓝厂岩	其峰相叠若坛，立于河岸
起云峰	青石小镇东8km	其峰巍峨，常见云雾冉冉
上升峰	小溪河东岸6km	峰巅高突，一角斜上，若鲲鹏扶摇九天

3. 沿江山系特色空间展现

沿江山系景观空间根据江面的宽度 D 与两岸山体高度 H 的比例关系，可以将山水组成的空间划分为以下2种类型：当 D:$H<1$ 时即为夹景空间，当 D:$H>1$ 时即为敞景空间。根据沿江水系分布走向以及沿江山体在江面上的凹凸变化，可以形成框景空间和对景空间。沿江600km长的山水空间因为不同特色的景观空间的存在，将给游人展示开闭有序、旷奥有度的序列空间（见图05-01-02）。

3.1 夹景空间（快速通过感）

当景物空间的高宽比小于1时，空间将产生夹景的效果，形成夹景空间。长江三峡重庆段共有九个区段属于夹景空间。研究中通过对145m、175m水位时每个夹景空间的宽高比（D:H），左岸、右岸山体的坡度（面对下游，左手侧为左岸，右手侧为右岸）的比较分析，得出145m、175m水位时夹景空间的景观效果（见表5-1-10、5-1-11和图05-01-03、05-01-04、05-01-05、05-01-06、05-01-07、05-01-08、05-01-09、05-01-10、05-01-11、05-01-12、05-01-13、05-01-14、05-01-15、05-01-16）。

夹景空间分析 **表5-1-10**

夹景名称		位置	特征							
			145m水位				175m水位			
			D:H	坡度（°）		峡感效果	D:H	坡度（°）		峡感效果
				右岸	左岸			右岸	左岸	
夹景一（铜锣峡）		南岸铁山坪村、放牛村	1:2.0	72	96	一般	1:1.37	69	90	一般
夹景二		南岸土嘴村、仓楼村（长江北岸）和广阳镇、渊河村（长江南岸）	1:1.2	75	34	弱	1:0.4	73	32	弱
夹景三（黄草峡）		长寿铁厂村、深宅村（长江北岸）和锯梁村（长江南岸）	1:1.5	41	53	弱	1:1.2	40	52	弱
夹景四		涪陵学堂村（长江北岸）和石坪村、石栏村（长江南岸）	1:1.3	53	31	弱	1:1.0	50	30	弱
夹景五（瞿塘峡）	1	奉节白帝城、大溪乡	1:3.23	46	81	强	1:2.7	45	60	强
	2		1:4.9	112	133	强	1:4.3	105	126	强
	3		1:2.4	101	84	强	1:2.1	102	84	强
夹景六（错开峡）		奉节苦草坪、冷风坪	1:5.5	116	114	特强	1:5.0	113	113	特强
夹景七（巫峡）	1	巫山	1:2.64	72	130	强	1:2.4	71	126	强
	2		1:2.2	85	147	强	1:2.0	84	149	强
	3		1:3.2	94	141	强	1:2.6	96	142	强
	4		1:3.8	103	139	强	1:3.4	98	142	强
夹景八（龙门峡）		巫山大宁河龙门峡口	1:2.4	191	148	强	1:2.0	196	140	强
夹景九（紫阳峡）		巫山神女溪	1:6.8	194	202	特强	1:5.7	212	207	特强

夹景空间的保护措施　　表5-1-11

<table>
<tr><th>名称</th><th>地 质 灾 害</th><th colspan="2">保 护 措 施</th></tr>
<tr><td>铜锣峡</td><td>1）莲花背危岩，群策群防，中期治理
2）望江场公路滑坡，群策群防，中期治理
3）望江场危岩，群策群防，远期治理</td><td rowspan="7">加强两侧岩壁的植被保护，采取措施治理两侧岩壁的崩塌与滑坡，加强保护两侧的岩刻、栈道、名胜建筑</td><td>加强治理望江场公路滑坡、危岩崩塌等地质灾害。采取措施逐步恢复峡谷两岸的植被</td></tr>
<tr><td>黄草峡</td><td>无</td><td rowspan="2">加强峡谷两侧的岩壁、植被、古迹的保护</td></tr>
<tr><td>瞿塘峡</td><td>无</td></tr>
<tr><td>错开峡</td><td>王家里滑体（滑坡），群策群防，近期搬迁</td><td>采取措施治理滑坡</td></tr>
<tr><td>巫峡</td><td>1）大部分区段地质稳定
2）局部地段有老鼠错崩滑体，群策群防，近期搬迁</td><td>1）加强保护地质稳定的区域岩壁、植被、古迹
2）采取措施预防岩体滑坡</td></tr>
<tr><td>龙门峡</td><td>地质灾害密集、有滑坡</td><td>采取措施加强地质灾害的防止</td></tr>
<tr><td>紫阳峡</td><td>地质稳定</td><td>加强峡谷两侧的岩壁、植被、古迹的保护</td></tr>
</table>

3.2　敞景空间（散漫通过感）

当景物空间的宽高比大于1时，空间具有开阔效果，空间开敞而散漫。长江三峡重庆段共有三个区段属于敞景空间。研究中通过对145m、175m水位时每个敞景空间的宽高比（D∶H）的比较分析，得出145m、175m时敞景空间的景观效果（见表5-1-12和图05-01-17、05-01-18、05-01-19）。

敞景空间分析　　表5-1-12

<table>
<tr><th rowspan="3">敞景名称</th><th rowspan="3">位置</th><th colspan="4">特　　征</th></tr>
<tr><th colspan="2">145m水位</th><th colspan="2">175m水位</th></tr>
<tr><th>D∶H</th><th>景观效果</th><th>D∶H</th><th>景观效果</th></tr>
<tr><td>敞景一</td><td>江津</td><td>3.8∶1</td><td>空间开阔，具有较好的视景关系</td><td>6.0∶1</td><td>空间开阔，具有较好的视景关系</td></tr>
<tr><td>敞景二</td><td>忠县</td><td>7.0∶1</td><td>空间感弱，视域广阔，两岸景观以中、远视为主</td><td>11∶1</td><td>空间感较弱，视域广阔，两岸景观以远视为主</td></tr>
<tr><td>敞景三</td><td>万州</td><td>4.5∶1</td><td>空间开阔，具有较好的视景关系</td><td>7.0∶1</td><td>空间感弱，视域广阔，两岸景观以中、远视为主</td></tr>
</table>

3.3　框景空间

框景空间就是在峰回路转处，以沿江的第一重山体、岩壁作取景框，摄取层峦叠嶂的延绵群峰，形成一系列风景画廊，研究中通过分析每个框景空间的视域与观赏效果，总结出框景空间的景观特征，提出了建设与保护的措施（见表5-1-13和图05-01-20、05-01-21）。

3.4 对景空间（江河口）

长江三峡（重庆段）有许多支流汇入长江，形成多个对景空间，本研究选取其中八个次级河流的交汇口所形成的对景空间，对其景观特征进行了分析，并提出了建设与保护的措施（见表5-1-14和图05-01-22、05-01-23）。

框景空间分析 表5-1-13

名称	位置	水平视域	观赏效果	特　征	建设与保护措施
框景1	丰都北	130°	看清远山的轮廓，近中远景层次分明	长江两岸青山不断，群峰如屏，船行峡中，时而大山当前，石塞疑无路；忽又峰回路转，云开别有天。框景空间就是在峰回路转处，以沿江的第一重山体、岩壁作取景框，摄取层峦叠嶂的延绵群峰，形成一系列风景画廊	1）确保作为取景框的第一重山体、岩壁不进行建筑工程活动，严禁开山取石，现有植被必须绝对保护。地质灾害严重或者已被破坏的山体应采取强制性措施加以恢复。 2）景框中摄取的延绵群峰的轮廓线必须严格保护，禁止新增大体量的建筑物与构筑物，必要的建筑必须依山就势，建筑外立面应与山色相呼应
框景2	忠县北	131°			
框景3	忠县北	142°			
框景4	万州北	114°	看清远山的轮廓，近中远景层次分明，远山起伏不大		
框景5	云阳北	108°	看清远山的轮廓，近中远景层次分明		
框景6	云阳北	99°			
框景7	巫山北	79°	第一重山坡度较缓，景框效果一般，取景范围较广，景观层次丰富		
框景8	巫山北	95°	取景范围一般，近景较高，远山层次只见局部		
框景9	云阳南	118°	看清远山的轮廓，近中远景层次分明		
框景10	云阳南	129°			
框景11	奉节南	119°			
框景12	巫山南	106°			
框景13	巫山北	141°			
框景14	巫山北	65°	取景范围较小，只见远山局部		

对景空间分析 表5-1-14

对景名称	位置	特　征	建设与保护措施
长江—綦江交汇口	江津	交叉口处由两个条状沙洲（标高分别为186m、187m）划分成不同的区域，视线不够开阔，景观较差，对景效果也不佳。水库蓄水到175m后，交叉口将成三个分景空间，空间将更为开阔	1）加强江岸蔬菜地膜的整治，采用具有经济价值的观赏林木进行退耕还林； 2）加强对景空间范围内的沿江岸线的梳理，加强绿化处理，美化沿江立面，增加亲水性与艺术性

续表

对景名称	位置	特　征	建设与保护措施
长江—嘉陵江交汇口	渝中	交叉口为朝天门码头区，视线所及是城市建筑景观，建筑差、旧、脏，形象破旧	加强码头区的环境整治，美化滨水区建筑的外立面，改善城市形象，增强亲水性，开辟滨水休闲区，进一步强化显山露水，突出山水园林城市的特色
长江—乌江交汇口	涪陵	交叉口处对景层次丰富	严格保护现有层次丰富的山体轮廓线，严禁在视线所及处进行大规模的建设活动，梳理对景空间内的岸线，加强岸堤的绿化缓冲带的建设。进一步美化现有建筑的外立面造型与色彩
长江—梅溪交汇口	奉节	对景处有延绵的山脉，景观效果较好	加强对景空间范围内的绿化建设，严格保护山体的天际轮廓线，严禁在视线所及处建设大型的人工设施
长江—草堂溪交汇口	奉节	紧邻白帝城，有较好的景观效果	加强对景空间范围内的绿化保护与建设，严禁在视线所及处建设大型的人工设施，确保山体天际轮廓线的完美层次
长江—大溪交汇口	奉节	对景处有延绵的山脉，景观效果较好	加强对景空间范围内的绿化保护与建设，严禁在视线所及处建设大型的人工设施，确保山体天际轮廓线的完美层次
长江—大宁河交汇口	巫山	紧邻巫山县城，空间开阔，有较好的景观效果	加强沿江滨水休闲区的建设，增强滨江区的亲水性与艺术性，严格保护优美的山体轮廓线
长江—神女溪交汇口	巫山	对景处有净坛峰、上升峰，有较好的景观效果	严禁一切人工的建设活动，加强对景空间的景观保护

4.　沿江山系景观游赏分析

沿江山系景观具有多视点、多视态的景观效果，可以分别从江面船只、山坡、山顶、空中等不同的角度进行游赏，游人可从俯视、平视、仰视等不同的视态感受沿江山系景观的不同效果。本研究的重点主要选择在江面乘船的游赏效果的分析，其他多视点、多种视态的景观效果的分析有待在后续研究中进行。

本研究以江心为主视点，以观景的最佳视域、视点、视距原理为指导（见表5-1-15），通过沿江观赏山系景观的视距与视角的分析，得出沿江夹景空间、敞景空间分别在145m水位与175m水位的观赏效果。

最佳视域、视点、视距分析 **表 5-1-15**

视　域	合适视距
垂直视域为30°	$D=(H-h)\cot\alpha=(H-h)\cot(1/2\times30°)=(H-h)\cot15°=3.7(H-h)$，即大型景物的合适视距约为景物高度的3.3倍，小型景物约为3倍
水平视域为45°	$D=\cot45°/2\times w/2=\cot22°30'\times w/2=2.41\times w/2=1.2w$，即合适视距为景物宽度的1.2倍
垂直视角小于30°，水平视角小于45°	静观景物的最佳视距为景物高度的2倍，宽度的1.2倍

4.1 沿江山系景观的视距分析

4.1.1 夹景空间的视距分析

本研究以江心为视域中心，分析145m水位与175m水位时沿江两岸的观赏视距（见表5-1-16）。通过分析得出，夹景空间沿江两岸的视距在沿江山系高度的0.15～2.67倍之间，以观赏两侧山体的局部为主，夹景效果强烈，同时观赏岩壁的石刻等有较好的效果。

夹景空间的视距分析 **表 5-1-16**

夹景名称		位　置	特　征							
			145m水位				175m水位			
			右　岸		左　岸		右　岸		左　岸	
			视距（m）	景观效果	视距（m）	景观效果	视距（m）	景观效果	视距（m）	景观效果
夹景一（铜锣峡）		南岸铁山坪村、放牛村	509（1.25）	局部	342（0.84）	局部	509（1.35）	局部	342（0.9）	局部
夹景二		南岸土嘴村、仓楼村（长江北岸）和广阳镇、渊河村（长江南岸）	399（0.98）	局部	734（1.80）	局部	399（1.06）	局部	734（1.96）	局部
夹景三（黄草峡）		长寿铁厂村、深宅村（长江北岸）和锯梁村（长江南岸）	1 000（2.47）	局部	939（2.3）	局部	1 000（2.67）	局部	939（2.5）	局部
夹景四		涪陵学堂村（长江北岸）和石坪村、石栏村（长江南岸）	649（0.63）	局部	911（1.64）	局部	649（1.24）	局部	911（1.74）	局部
夹景五（瞿塘峡）	1	奉节白帝城、大溪乡	2 689（2.3）	局部	262（0.23）	局部	2 689（2.39）	局部	262（0.23）	局部
	2		342（0.27）	局部	346（0.28）	局部	342（0.28）	局部	346（0.28）	局部
	3		1 523（1.21）	局部	1 165（0.93）	局部	1 523（1.24）	局部	1 165（0.95）	局部
夹景六（错开峡）		奉节苦草坪、冷风坪	598（0.52）	局部	1 084（0.94）	局部	598（0.53）	局部	1 084（0.96）	局部

续表

夹景名称		位　置	特　征							
			145m 水位				175m 水位			
			右　岸		左　岸		右　岸		左　岸	
			视距（m）	景观效果	视距（m）	景观效果	视距（m）	景观效果	视距（m）	景观效果
夹景七（巫峡）	1	巫山	1 969（1.57）	局部	588（0.47）	局部	1 969（1.60）	局部	588（0.48）	局部
	2		1 146（0.85）	局部	1 026（0.76）	局部	1 146（0.84）	局部	1 026（0.77）	局部
	3		982（1.03）	局部	826（0.86）	局部	982（1.06）	局部	826（0.89）	局部
	4		533（0.34）	局部	693（0.45）	局部	533（0.35）	局部	693（0.45）	局部
夹景八（龙门峡）		巫山大宁河龙门峡口	219（0.48）	局部	252（0.55）	局部	219（0.52）	局部	252（0.56）	局部
夹景九（紫阳峡）		巫山神女溪	245（0.18）	局部	209（0.15）	局部	245（0.18）	局部	209（0.16）	局部

4.1.2　敞景空间的视距分析

本研究分别以江心与江边为视域中心，分析 145m 水位与 175m 水位时沿江两岸的观赏视距（见表 5-1-17）。通过分析得出，敞景空间沿江两岸的视距在沿江山系高度的 3.5～34.93 倍之间，沿江可观赏到两侧延绵起伏的群峰。全景效果较佳。

沿江敞景空间内可适当建设与周边环境相协调的人工设施，周边居民点的建设也必须特色鲜明，能充分体现山水城镇的风貌。

敞景空间的视距分析　　**表 5-1-17**

名称	位置	特　征							
		145m 水位				175m 水位			
		右　岸		左　岸		右　岸		左　岸	
		视距（m）	景观效果	视距（m）	景观效果	视距（m）	景观效果	视距（m）	景观效果
敞景一	江津	1 248（8.05）	全景	544.9（3.5）	局部	1 284（10.27）	全景	4 369（34.93）	全景
敞景二	忠县	1 087（7.01）	全景	1 352（8.72）	全景	1 087（8.70）	全景	1 352（10.80）	全景
敞景三	万州	812（5.24）	全景	1 284（8.28）	全景	812（6.50）	全景	1 284（10.27）	全景

4.2　沿江山系景观的视角分析

“横看成岭侧成峰，远近高低各不同”。视景仰角大于 45°产生高大感，视景仰角大于60°产生宏伟感，视景仰角大于80°产生崇高感，视景仰角大于90°产生危岩感。巫山神女峰上的“神女”，只有舟行到特定的角度，才能看到。

4.2.1　夹景空间的视角分析

本研究分别以江心与江边为视域中心，分析145m水位与175m水位时，沿江夹景空间中山系的观赏视角，沿江夹景空间中山系景观以仰视为主，江心的仰角在11～54°之间，产生高大感，江边的仰角在14～73°之间，产生宏伟感与崇高感（表5-1-18）。

沿江夹景空间的景观视觉敏感度极高，除必要的游览和安全防护设施外，在视线范围内应划出一定范围的绿色缓冲带，并严禁任何其他的人工建设活动。

夹景空间的视角分析　　表5-1-18

夹景名称		位置	特征							
			145m水位				175m水位			
			右岸		左岸		右岸		左岸	
			视角（°）	景观效果	视角（°）	景观效果	视角（°）	景观效果	视角（°）	景观效果
夹景一（铜锣峡）		南岸铁山坪村、放牛村	29～39	高远感	34～48	高大感	26～33	高远感	30～39	高远感
夹景二		南岸土嘴村、仓楼村（长江北岸）和广阳镇、渊河村（长江南岸）	26～39	高远感	14～24	平远感	23～32	高远感	12～16	平远感
夹景三（黄草峡）		长寿铁厂村、深宅村（长江北岸）和锯梁村（长江南岸）	18～22	平远感	23～28	平远感	17～20	平远感	21～26	平远感
夹景四		涪陵学堂村（长江北岸）和石坪村、石栏村（长江南岸）	21～41	高远感	13～18	平远感	19～30	高远感	11～14	平远感
夹景五（瞿塘峡）	1	奉节白帝城、大溪乡	23～32	高远感	17～47	高大感	23～28	高远感	11～29	高远感
	2		37～55	宏伟感	38～56	宏伟感	33～47	高大感	35～49	高大感
	3		36～48	高大感	36～39	高远感	37～44	高大感	35～39	高远感
夹景六（错开峡）		奉节苦草坪、冷风坪	46～61	宏伟感	46～60	宏伟感	45～56	高大感	45～54	高大感
夹景七（巫峡）	1	巫山	33～45	高大感	38～60	宏伟感	32～38	高远感	36～57	宏伟感
	2		31～73	崇高感	45～72	崇高感	30～33	高远感	44～70	崇高感
	3		47～67	宏伟感	36～44	高大感	46～65	宏伟感	35～43	高大感
	4		37～64	宏伟感	41～59	宏伟感	35～47	高大感	39～57	宏伟感
夹景八（龙门峡）		巫山大宁河龙门峡口	43～64	宏伟感	45～66	宏伟感	38～59	宏伟感	42～54	高大感
夹景九（紫阳峡）		巫山神女溪	52～64	宏伟感	54～65	宏伟感	49～61	宏伟感	51～62	宏伟感

4.2.2　敞景空间的视角分析

本研究分别以江心与江边为视域中心，分析145m水位与175m水位时，沿江敞景空间中山系的观赏视角，沿江敞景空间中山系景观以平视为主，江心的视角在2~11°之间，江边的视角在4~39°之间，产生广阔宁静感（见表5-1-19）。

沿江敞景空间内可适当建设与周边环境相协调的人工设施，周边居民点的建设也必须特色鲜明，能充分体现山水城市的风貌。

敞景空间视角分析　　表5-1-19

<table>
<tr><th rowspan="4">名称</th><th rowspan="4">位置</th><th colspan="8">特　征</th></tr>
<tr><th colspan="4">145m水位</th><th colspan="4">175m水位</th></tr>
<tr><th colspan="2">右　岸</th><th colspan="2">左　岸</th><th colspan="2">右　岸</th><th colspan="2">左　岸</th></tr>
<tr><th>视角（°）</th><th>观赏效果</th><th>视角（°）</th><th>观赏效果</th><th>视角（°）</th><th>观赏效果</th><th>视角（°）</th><th>观赏效果</th></tr>
<tr><td>敞景一</td><td>江津</td><td>5~17</td><td rowspan="3">广阔宁静感</td><td>12~39</td><td rowspan="3">广阔宁静感</td><td>3~5</td><td rowspan="3">广阔宁静感</td><td>8~21</td><td rowspan="3">广阔宁静感</td></tr>
<tr><td>敞景二</td><td>忠县</td><td>4~13</td><td>9~15</td><td>2~4</td><td>8~13</td></tr>
<tr><td>敞景三</td><td>万州</td><td>11~21</td><td>7~17</td><td>9~17</td><td>6~8</td></tr>
</table>

5.　沿江山系景观环境视觉质量评价

景观环境视觉质量评估可以直接为环境规划、风景资源管理以及有关法令条例的制定实施提供科学依据。本研究的意义在于使沿江山系景观环境的视觉质量在各类工程建设中成为一个必须予以考虑的方面。

本研究主要从景观环境视觉敏感度与景观环境阈值两个方面对沿江山系的景观环境视觉质量进行评估。以此为依据划分保护等级，控制沿江建设的强度。

研究中以1:5万和1:25万的区域土地利用现状图和2002年Landsat ETM+和2004年SPOT卫星遥感影像解译图为基础，结合沿江的现状照片，在ARCGIS9.0软件的支持下，通过使用相对坡度、视距、视频、景观醒目度等要素对沿江山系景观环境的视觉敏感度进行综合评价；同时使用相对坡度、植被丰度对沿江山水景观环境的阈值进行综合评价。

5.1　山系景观视觉敏感度

景观视觉敏感度是景观被观赏者所注意到的程度的量度，它是景观的醒目程度等的综合反映，与景观本身的空间位置、物理属性等都有密切关系。显然，景观视觉敏感度较高的区域或部位，即使轻微的干扰，都将对景观造成较大的冲击，因而应作为重点保护区。影响景观视觉敏感度的因素有许多。本研究根据沿江山系的具体情况，主要从相对坡度、视距、视频、醒目度等影响因素对沿江山系的景观视觉敏感度进行分析。

5.1.1 相对坡度与景观视觉敏感度

景观表面相对于观景者的视线的坡度（$0\leqslant\alpha\leqslant90°$）越大，景观被看到的部位和被注意到的可能性也越大，或者说，要想遮去景观（通过绿化或其他掩饰途径）就越不容易。因此，在这样的区域内人为活动（如旅游设施建设、道路建设、高压输电线建设）给原景观带来的冲击也就越大。

本研究以景观表面沿视线方向的投影面积来衡量景观的敏感度 S_α，α 角就是地形的坡度，设景观表面积为1，则投影面积就是景观视觉敏感度。根据沿江山系的相对坡度，可将基于相对坡度的景观视觉敏感度分为四个等级（见表5-1-20），据此可绘制出基于相对坡度的景观视觉敏感度 S_α 分布图。

根据相对坡度划分的景观视觉敏感度等级区　　表5-1-20

等级	S_α 值	所占比例（%）	景观特征
一级	$\sin75°<S_\alpha<\sin90°$	0.70	坡度在75~90°之间的峭壁
二级	$\sin30°<S_\alpha<\sin75°$	9.30	坡度在30~75°之间的陡坡区
三级	$\sin15°<S_\alpha<\sin30°$	28.36	坡度在15~30°之间的缓坡区
四级	$S_\alpha<\sin15°$	61.54	坡度小于15°的平缓区

5.1.2 视距与景观视觉敏感度

景观离观景点的距离不同，视觉敏感度也不同，按前景带、中景带、远景带和少见带的四个距离带划分，敏感度依次降低。显然，景观相对于观景者的距离越近，景观的易见性和清晰度就越高，人为活动可能带来的视觉冲击也就越大。

研究中设定能较清楚地观察到沿江山系景观的最大距离是 D（$D=400$m），那么当景观相对于观景者的实际距离 $d\leqslant D$ 时，沿江山系的景观元素、岩体的质感、植被状况都能清楚地分辨，研究中假定这一范围以内的景观视觉敏感度（S_d）为1；在景观相对于观景者的实际距离 $d>D$ 的情况下，S_d 取0~1范围内的值。

本研究将沿江山系的视距带分为四个等级（见表5-1-21），据此可绘制出基于视距的景观视觉敏感度 S_d 分布图。

根据视距划分的景观视觉敏感度的等级区域　　表5-1-21

等　级	S_d 值	景观特征	所占比例（%）
一级敏感区	$d\leqslant D$，$S_d\leqslant1$	视距在400m前景带内，能看清树木、岩体、建筑的大体结构	8.73

续表

等　级	S_d 值	景观特征	所占比例（%）
二级敏感区	$D<d\leqslant 2D$，$S_d\geqslant 1/2$	视距在 400～800m 中景带内，能看到树木、岩体及建筑单体的建筑轮廓	4.66
三级敏感区	$2D<d\leqslant 4D$，$S_d\geqslant 1/4$	视距在 800～1 600m 远景带内，只能看到山体、植被或建筑群的整体轮廓	9.12
四级敏感区	$d>4D$，$S_d<1/4$	视距大于 1 600m 的背景带，只能看到山体的轮廓	77.47

5.1.3　视频与景观视觉敏感度

单位时间或道路长度内景观被观看的人次越多，即视频越高，则敏感度就越高。设观景者在某一区域内所花的全部时间为 T，某一景观在视域内出现的累计时间为 t，根据景观出现机率来评价的景观视觉敏感度为 S_t。本研究将景观在视域内出现的机率划分为二个等级，将沿江可视区域的景观视觉敏感度 S_t 设定为 1，面积为 350 782.23hm^2，占研究范围总面积的 31.74%；将沿江基本看不见的地区的景观视觉敏感度 S_t 设定为 0，面积为 754 391.77hm^2，占研究范围总面积的 68.26%。据此绘制相应的景观视觉敏感度 S_t 分级分布图。

5.1.4　景观的醒目程度与景观视觉敏感度

除上述普遍规律外，影响景观视觉敏感度的还有另一类很重要的因素，即景观的醒目程度，这主要由景观与环境的对比度决定，包括形体、线条、色彩、质地及动静的对比。景观与环境的对比度越高，则景观就越敏感。所以，本研究设定沿江山体的陡崖峭壁上缘（在江面可见的区域，可作为天际线）。巫峡、瞿塘峡等峡谷区段，各种特殊景观（如神女峰等）都是高敏感区，故单独划出作为一级敏感区。

5.1.5　景观视觉敏感度综合评价

根据通过各敏感度分量的分级分布图的叠加，可得到沿江区域的景观视觉敏感度分级分布图（见图 05-01-24）。

景观视觉敏感度评价为景观保护及建设规划提供重要依据，在一级敏感区内，任何人为活动（包括旅游设施、道路工程等的建设）都必须严格控制，而在四级敏感区内，这些建设就可以在适当规模内开展，使景观保护与旅游建设及工农业生产等之间的矛盾得到满意的协调（见表 5-1-22）。

景观视觉敏感度综合分级及规划建设措施　　表 5-1-22

分级	比例（%）	面积（hm^2）	景观区域特点	景观保护及规划措施
一级敏感区	2.66	29 397.63	1）沿江可见的，离江边 400m 的区域； 2）沿江 400～800m 距离带，除二级敏感区以外的区域； 3）沿江可见的，离江边 800～5 000m的区域内、坡度在 75～90°之间的区域； 4）区内可见陡崖或特殊景观，包括峭壁、峡谷、名胜等。主要分布在瞿塘峡、巫峡等长江三峡核心景区内	1）绝对保护区内的各种景源、植物种质资源及峭壁等自然环境，禁止新增任何人工建筑及永久性设施（包括旅游设施、高压走廊、道路工程等）。在一级敏感区的外缘应设置一定宽度的绿色缓冲带。 2）对于该区域内景观完美度受到威胁或景观已经受损的部分应加大力度给予培育与恢复。 3）对于该区域内已经存在的影响景观的建筑物、构筑物，如沿江石驳岸、码头、污水厂、取水口等应进行搬迁或整治，没有搬移条件的应予以景观化处理
二级敏感区	27.23	300 938.88	1）沿江 400～800m 距离带，除一级敏感区以外的区域； 2）沿江 800～1 600m 距离带，除一级、三级敏感区以外的区域； 3）沿江 800～5 000m 之间、坡度在 30～75°的区域	1）禁止新增影响景观视觉效果的大体量构筑物，除根据需要可设置用于观景的简易石阶山道与栈道，不进行建筑工程活动，现有植被必须绝对保护。并与一级保护区之间规划一定宽度的绿化缓冲带。 2）对该区域内已经受损的景观应予以整治和培育，对于该区域内已经存在的影响景观的建筑物、构筑物，如沿江石驳岸、码头、污水厂、取水口等应予以景观化处理，有条件的情况下建议搬迁
三级敏感区	31.60	349 234.98	1）沿江 800～1 600m 距离带，除一级、二级敏感区以外的区域； 2）沿江 1 600～5 000m 之间、坡度在 15～30°之间区域	1）在可见区域内要保护山体、植被或建筑群的整体轮廓，禁止破坏景观完整性的人工设施的建设。 2）适当开设游览道，可建造小规模的建筑，但建筑风格宜简朴，使其与环境相协调，强调自然植被的保护
四级敏感区	38.51	425 602.50	沿江 1 600m 之外的不可视区域	建设活动可在适当规模内展开，使景观保护与旅游建设及工农业生产之间的矛盾得到满意的协调

5.2 景观视觉阈值

景观视觉阈值是指景观环境遭受破坏后的自身恢复能力，反映了景观环境抵抗视觉污染的能力。本研究以植被绿量等级、地形的坡度二个因子来评价景观视觉环境阈值。

5.2.1 地质地貌

地质地貌方面，阈值主要受地形、坡度、坡向和土壤稳定性的影响：地形越复杂，视觉破坏影响的视域范围通常越小，阈值就越高，坡度越陡，如山体的一面越陡，水土越易流失，被视面积也越大，其视觉破坏的影响也就越大，故阈值就越低；坡向朝北较之朝南，在我国通常为背阳，光线朦胧，景物黯淡，土壤稳定，即使有视觉破坏也不会很显眼，通常阈值较高；土壤越稳定，水土流失就越小，视觉破坏就越小，阈值也就越高（见表5-1-23）。

相对坡度与景观视觉阈值等级　　　　表5-1-23

景观阈值等级	景　观　特　征
一级阈值区	坡度≤15°的平缓谷地
二级阈值区	坡度≤30°的缓坡山地
三级阈值区	30°＜坡度≤75°的陡坡山地
四级阈值区	75°＜坡度≤90°的峭壁、陡崖

5.2.2　植被绿量等级

影响景观阈值最直接的因素是植被。植被的群落成分越丰富、越复杂，群落的自我调节能力就越强，阈值也就越高；区域植被的绿量越高，区域的自我调节能力就越强，阈值也就越高。林地绿量等级最高、群落成分最丰富，可以忍受较大规模的干扰（包括进行公路、旅游服务设施的建设），生态系统具有较强的自我调节能力，也不会带来太大的视觉冲击。草地次之，耕地、河流的绿量等级、群落成分排名第三。城镇与工矿绿量等级最低，主要是人工的绿化，群落的成分较单一，轻度干扰即可导致生态系统的破坏，可能带来较大的视觉冲击。裸岩轻度破坏也会对生态系统造成严重破坏（见表5-1-24）。

植被绿量与景观视觉环境阈值等级　　　　表5-1-24

景观阈值等级	景观特征	景观阈值等级	景观特征
一级阈值区	林地	三级阈值区	耕地、河流
二级阈值区	草地	四级阈值区	城镇及工矿

5.2.3　景观视觉阈值综合评价

根据通过各阈值分量的分级分布图的叠加，可得到沿江区域的景观视觉阈值分级分布图。

6. 基于视觉环境质量评价的沿江山系景观保护分级区划

通过以上讨论得知，景观的视觉敏感度越高，景观可能被注意到的程度越大，景观的保护价值也越大，保护等级越高；相反，景观视觉阈值越高，保护的必要性就越小，允许的人为干扰强度越大，保护等级越低。根据景观视觉敏感度和视觉阈值制定的景观保护分级分布图叠置，便可得到景观保护的综合分级分布图（见图

05-01-25 和表5-1-25）。根据不同的保护级别，制定相应的景观规划建设与管理措施（见表5-1-28）。

沿江山系景观保护分级区划 表5-1-25

景观分级	所占比例%	面积（hm^2）
一级保护区	7.54	83 330.11
二级保护区	20.42	225 676.53
三级保护区	26.07	288 118.86
四级保护区	45.97	508 048.48

7. 沿江山系景观生态特征评析与规划建设控引

7.1 沿江山系景观总体生态特征分析

7.1.1 山系景观的独特性

长江三峡是目前世界上大江大河中能够通过行船观看大峡谷的最长峡谷，也是“峡感”最好的河段，是世界上同类景观之最。

7.1.2 山系景观的多样性

山系景观的多样性包括山型种类的多样性、山系结构的多样性、山系空间类型的多样性。山型种类包括峡谷、坡垅、岩崖、峰峦等；山系结构包括低山缓丘、中山缓丘、缓丘峡谷、陡岩峡谷等，呈带状连续分布，城镇散置其中；山系空间类型以夹景空间为主，夹景空间、敞景空间、对景空间、框景空间等多种空间类型镶嵌分布。（见表5-1-26）

沿江山系景观多样性 表5-1-26

山型种类的多样性	峡谷、坡垅、岩崖、峰峦
山系结构的多样性	低山缓丘、中山缓丘、缓丘峡谷、陡岩峡谷
山系空间类型的多样性	夹景空间、敞景空间、对景空间、框景空间

7.1.3 山系景观的视觉美感

“山峻峰秀、峡幽壁峭、青山不断、群峰如屏”高度概括了山系景观的视觉美感。

7.1.4 山系景观环境的视觉质量

沿江山系景观的视觉敏感度较高，沿江可视区域内一级敏感区域占2.66%、二级敏感区域占27.23%；沿江山系的视觉阈值较低。

沿江山系景观总体特征如表5-1-27 所示。

沿江山系景观总体特征　　表5-1-27

景观的总体特征	内　　容
景观独特性	长江三峡是目前世界上大江大河中能够通过行船观看大峡谷的最长峡谷，也是“峡感”最好的河段，是世界上同类景观之最
景观多样性	山型种类的多样性、山系结构的多样性、山系空间类型的多样性
景观视觉美感	“山峻峰秀、峡幽壁峭、青山不断、群峰如屏”
景观视觉质量	沿江可视区域内一级敏感区域占2.66%、二级敏感区域占27.23%，景观视觉敏感度高

7.2　沿江山系景观的规划建设控引

针对长江三峡（重庆段）沿江山系的总体景观特征，为了实现沿江山系景观生态建设的总体控制，针对不同景观保护等级，分别从用地性质、“三线”（绿线、蓝线、红线）、基础设施等3个指标进行规划建设控引（见表5-1-28）。

沿江山系景观的规划建设控引　　表5-1-28

景观保护分级	控制指标	控制要求
一级景观保护	用地性质	一级景观保护区沿江可视区域内，规划以绿地、林地为主。对已有的其他类用地（特别是有污染的工业用地）进行置换。有污染的工矿勒令搬迁，对农田进行退耕还林。绝对保护区内的各种景源、植物种质资源及峭壁等自然环境，禁止新增任何人工建筑及永久性设施（包括旅游设施、高压走廊、道路工程等）。严格保护沿江的峭壁、石刻等名胜古迹的完好性
	三线（绿线、蓝线、红线）	1）沿江可视区域内一级保护区段内都为绿线控制范围； 2）将一级景观保护区域内的沿江重要区段及支流汇入口划定为水域的一级保护控制线； 3）一级景观保护区域内严禁新建建筑。对已经存在的建筑物作景观化处理，有条件的情况下，建议拆除
	基础设施	1）一级景观保护区内严禁新建高压线、架空道路。保证取水口、污水厂、垃圾厂的选址以不影响沿江的景观为基本原则，并且做好绿化缓冲带的建设。已建的取水口、污水厂、垃圾厂建议作景观化处理，或者搬迁。 2）一级景观保护区内的客运码头加强景观的整治，结合滨江绿带建设，设置观景平台和观景塔，开辟滨水公共活动空间。 3）新建货运码头按有关专业规划进行，注重景观效果，控制缓冲绿带；已建成的货运码头应限制其向外扩张，周边地段规划防护林带建设，有条件时向外搬迁，置换出土地用来建设公共活动空间和风景林带

续表

景观保护分级	控制指标	控制要求
二级景观保护	用地性质	二级景观保护区沿江可视区域内，尽量减少工业、交通、仓储类用地比例，规划以绿地、林地、农田为主，对已有的工业、交通、仓储类用地进行绿化、美化，有污染的工矿用地应尽早搬迁
	三线（绿线、蓝线、红线）	1）二级保护区段沿江 800m 的范围内为绿线控制范围； 2）将二级景观保护区域内的沿江重要区段及支流汇入口划定为水域的二级保护控制线； 3）二级景观保护区域内严格控制滨江建筑退后江面的宽度，结合绿线实现对滨水绿带及两岸生态廊道的控制
	基础设施	1）沿江可视区域内严禁新建高压线、架空道路。取水口、污水厂、垃圾厂的选址以不影响沿江的景观为基本原则，并且做好绿化缓冲带的建设。已建的取水口、污水厂、垃圾厂建议作景观化处理。 2）加强沿江客运码头与货运码头的景观化处理，规划的货运码头选址要远离城镇区。 3）加强沿江公路的景观建设
三级景观保护	用地性质	三级景观保护区沿江可视区域内严禁污染的工矿用地和仓储用地。沿江 5 000m的范围内的非居民用地规划为林地，发挥生态屏障功能
	三线（绿线、蓝线、红线）	1）三级保护区段至少划定沿江 400m 的范围内为绿线控制范围； 2）将三级景观保护区域内的沿江重要区段及支流汇入口划定为水域的三级保护控制线； 3）三级景观保护区域内适当控制滨江建筑退后江面的宽度，结合绿线实现对滨水绿带及两岸生态廊道的控制
	基础设施	1）沿江可视区域内严禁新建高压线、架空道路； 2）沿江客运码头与货运码头、公路的建设要结合景观带进行
四级景观保护	用地性质	四级景观保护区域基本都在可视范围之外，可根据需要进行科学合理的土地利用规划
	三线（绿线、蓝线、红线）	1）四级保护区段至少划定沿江 300m 的范围内为绿线控制范围； 2）在四级景观保护区域内的沿江重要区段及支流汇入口划定为水域的四级保护控制线； 3）四级景观保护区域内可根据需要控制红线范围
	基础设施	四级景观保护区在沿江的可视区域范围之外，可根据需要科学、合理的规划基础设施

8. 沿江山系景观典型区段分析——以瞿塘峡、巫峡为例

长江三峡是目前世界上大江大河中能够通过行船观看大峡谷的最长峡谷，也是“峡感”最好的河段。早在 1982 年被列为第一批国家重点风景名胜保护区，1991

年被列为全国旅游景点40佳之一。大坝蓄水后，这一地位仍然不会改变。加上人类最伟大的水利工程三峡大坝的兴建，使这一地区仍然是世界上同类景观之最。本研究以瞿塘峡、巫峡为例，分析其景观视觉敏感度，探讨世界级的峡谷景观保护与建设的关系。

8.1　瞿塘峡

瞿塘峡为长江三峡之首，西起奉节县的白帝城，东至巫山县的大（黛）溪镇，全长8km，是长江三峡中最短、最狭，而景色、气势最为雄奇壮观的峡。峡中江面宽只有100～200m，最窄处不过几十米，两岸山峰与江面的相对高差达1 000～1 500m，陡削如壁，拔地而起，形成一幅“瞿塘雄伟天下壮”的画卷，“白盐赤甲俱刺天，闾阎缭绕接山巅”。当年杜甫行舟水上，便吟出了“峰与天关接，舟从地窟行”的亲历感受。清代张问陶过瞿塘峡时，也吟有“便将万管玲珑笔，难写瞿塘两岸山”的名句。郭沫若也赞美道“若言风景异，三峡此为魁”。

三峡工程按175m方案蓄水后，瞿塘峡内水位抬升，临江被淹没的景点有水八阵、铁锁关、偷水孔、古栈道、粉壁墙题刻、凤凰泉、倒吊和尚、孟良梯、七道门等9处，但瞿塘峡峡谷窄而高，最窄处仅75m，峡高却有600～1 300m，而三峡水库水位抬升不足100m，峡高仍有500～1 200m，因而建库后的瞿塘峡和夔门仍具雄伟气势（见表5-1-29）。

瞿塘峡沿江景点　　**表5-1-29**

瞿塘峡景点	景观特征	175m水位的景观效果
夔　门	两山对峙，拔地而起，恰似地设天造的一座锁江大门——夔门。这里河宽只有百余米，滚滚长江在此被束缚得象沟壑一般，万马奔腾，流波顺轨，气象浑厚，至为壮观。因为江面水窄，汛期时水位一夜之间可上涨20多米，全年水位相差可达50m左右。江流迅疾，山势峭拔，造就了夔门雄伟、险峻、磅礴的气势	其“雄”不减，但峡感稍逊
偷水孔古栈道	位于白帝山南面山脚，栈道长80m，现存上下错落排列的两排方形石孔，石孔高30cm，宽26cm，深32cm，为西晋末益州刺史鲍陋开凿。当时鲍陋领兵屯白帝城被敌将樵道福率军包围，城内水源断绝，鲍陋遂命工匠开凿此栈道下长江偷偷取水，此栈道故名偷水孔	蓄水后将被淹
圣姥泉	在瞿塘峡口，白帝山下江边，秋冬水退始见。“石上一罅，人大呼一旁，则泉出，屡呼屡出。”	蓄水后将被淹
锁江铁柱	草堂河与长江交汇处有一巨礁，上有铁柱两根，用生铁铸造，高2.3m，直径0.4m，基座高0.27m，柱身有五节宝顶，上部有纹饰，其中一铁柱下部残存“……大将军徐……”字样。据考，为南宋景定五年，由守关大将军徐宗武所铸，为南宋抗元战争遗迹	现已被搬迁至白盐山上
瞿塘峡古栈道	位于瞿塘峡口至白果背一带，栈道全长1 250m，最宽处3m，最窄处1m，高2.5m。清道光三年（公元1824年）建白果背一段栈道，光绪十五年（公元1889年）夔州知府汪鉴筹款开凿风箱峡至西边峡口一段，栈道是在坚硬的绝壁上硬凿出来的，至今犹见岩壁上那斑斑钎痕。栈道上的崖壁上有“开辟奇功”和“天梯津隶”两处石刻题记。该栈道的建成，连接了奉节至巫山的陆上交通，成为贯通三峡的要津	蓄水后将被淹

续表

瞿塘峡景点	景观特征	175m水位的景观效果
风箱峡	位于赤甲山中部，其崖隙间，约宽2m的裂缝上有横木两根，陈放着5口深褐色的长形木匣、状如铁匠用的风箱（又有藏兵书的木匣之说），故名风箱峡。据考古学家鉴定，风箱实为2000多年前巴人悬棺	—
七道门	离风箱峡不远的绝壁上，有一深邃石洞，内有七道关隘，故名。其中洞深曲折，洞洞相连，或宽若大厅，或窄仅容身，怪石磋峨，千姿百态。在二道门馋岩之颠，有一天窗面对大江，瞭望江天，别有意趣	蓄水后将被淹
二叠瀑布	位于风箱峡东侧，泉从岩壁上流下来，形成二叠瀑布，水流声清脆悦耳	蓄水后将被淹
虞公洞	赤甲山顶左下侧，一个长行偏岩洞，洞口刻有"岩居川观"四字，洞内设有石桌、石凳、石床，洞外还有石臼和一眼清泉，冰凉透骨。明代夔州知府虞有爵，曾弃官隐居于此	蓄水后将被淹
粉壁墙	亦称瞿塘摩崖。在白盐山临江的石壁上，横延百余米，上下数十米。从宋代以来的数十块摩崖，篆、隶、楷、行俱全，俨如一块挂满精品的厅堂之壁。因曾用石灰封存过，故名"粉壁墙"	蓄水后将被淹
凤凰泉	白盐山绝壁底段，有一个宽敞的偏岩洞，洞前一大钟乳石，高8m左右，底部直径6m，其形酷似一只凤凰，颈伸入岩隙中，吸饮清泉，"凤身"长满水麻柳树，恰如满身凤羽，头上天生一根小灌木，正象凤之顶冠，青风拂过，绿羽翩翩，栩栩如生。凤凰泉西去8m，偏岩洞上端边缘，青草中倒悬奇石，形若青蛙，屈抱两腿，昂首仰望，形态逼真	蓄水后将被淹
孟良梯	位于瞿塘峡南岸粉壁墙一带的绝壁上，海拔160m。相传是北宋杨家将孟良为运回老令公杨继业的遗体所修，故称孟良梯。现存石孔61孔，全长136m，自上而下呈"之"字排列，最上端距山顶约有30m，石孔呈方形，高26cm，深34cm，每孔相距约为1～3m。据考证是南宋抗元战争中通往杨口城的一条古栈道	蓄水后将被淹
倒吊和尚	白盐山下江边石壁上，有一块形似倒悬人形岩石，光头赤足，俗称倒吊和尚。传说宋将孟良想夜盗杨继业的尸骨，用铁钎在峭壁上凿孔而上，凿到半山腰时，一个和尚佯装鸡叫，孟良以为天快亮了，放弃凿孔，以致前功尽弃，后发觉上当，就把和尚倒吊在石壁上	蓄水后将被淹
犀牛望月	在白盐山腰，有一巨石如牛横卧，昂首翘鼻，注视东方	—
盔甲洞	传说为宋朝女将穆桂英藏盔甲处，又传为巴国王子逃避秦国追兵，随带金银藏于此洞，故又名"黄金洞"。1958年，航道老工人周发富等二人，悬绳入内，发现有巴式柳叶剑、铜鞋等珍贵文物。实为岩棺葬穴	—

8.1.1 景观生态特征分析

1）瞿塘峡空间特征及游赏分析

本研究根据江面的宽度 D 与两岸山体高度 H 的比例关系，依据瞿塘峡两岸的地形坡度选取 4 个点对瞿塘峡的空间特征进行分析，从表 5-1-30 可以看出，瞿塘峡是峡感效果较强的夹景空间。大坝蓄水到 175m 时，瞿塘峡的峡感变化不大，依旧是世界上同类景观之最。

瞿塘峡空间特征分析 表 5-1-30

瞿塘峡	位置（经纬度）	特征							
		145m 水位				175m 水位			
		D∶H	坡度（%）		峡感效果	D∶H	坡度（%）		峡感效果
			右岸	左岸			右岸	左岸	
1	E 109°21′0″ N 30°2′10″	1∶3.23	46	81	强	1∶2.7	45	60	强
2		1∶4.9	112	133	强	1∶4.3	105	126	强
3	E 109°35′45″ N 30°2′2″	1∶2.4	101	84	强	1∶2.1	102	84	强

沿江游赏瞿塘峡，产生的视觉效果可以通过视距及视角的分析得出。从表 5-1-31、5-1-32 可以得出，瞿塘峡沿江的观赏效果以观赏山体的局部为主，能使人产生高大感、宏伟感、崇高感。

瞿塘峡的视距分析 表 5-1-31

瞿塘峡	位置（经纬度）	特征							
		145m 水位				175m 水位			
		右岸		左岸		右岸		左岸	
		视距（m）	景观效果	视距（m）	景观效果	视距（m）	景观效果	视距（m）	景观效果
1	E 109°35′24″ N 30°2′9″	2 689 （2.3）	局部	262 （0.23）	局部	2 689 （2.39）	局部	262 （0.23）	局部
2		342 （0.27）	局部	346 （0.28）	局部	342 （0.28）	局部	346 （0.28）	局部
3	E 10°35′24″ N 30°2′2″	1 523 （1.21）	局部	1 165 （0.93）	局部	1 523 （1.24）	局部	1 165 （0.95）	局部

瞿塘峡的视角分析 表 5-1-32

瞿塘峡	位置（经纬度）	特征							
		145m 水位				175m 水位			
		右岸		左岸		右岸		左岸	
		视角（°）	景观效果	视角（°）	景观效果	视角（°）	景观效果	视角（°）	景观效果
1	E 109°35′27″ N 30°2′10″	23 ~ 32	高远感	17 ~ 47	高大感	23 ~ 28	高远感	11 ~ 29	高远感
2		37 ~ 55	宏伟感	38 ~ 56	宏伟感	33 ~ 47	高大感	35 ~ 49	高大感
3	E 109°35′53″ N 30°2′2″	36 ~ 48	高大感	36 ~ 39	高远感	37 ~ 44	高大感	35 ~ 39	高远感

2）瞿塘峡景观视觉敏感度分析及保护等级区划

根据本章第 5 部分的研究，基于相对坡度、视距、视频、景观醒目度等因素，景观视觉敏感度的综合分级共分为四个级别（见图 05-01-22）。瞿塘峡区段的视觉敏感度分级如表 5-1-33 所示。

基于景观视觉敏感度与景观阈值的景观保护等级共分四个级别（见图 05-01-25），瞿塘峡区段的景观保护等级如表 5-1-34 所示。

8.1.2 规划与建设控引

瞿塘峡景观视觉敏感度分级及规划建设控引 表 5-1-33

视觉敏感度分级	分布区域及景观特征	规划建设控引
一级敏感区	1）沿江可见的，离江边 400m 的区域； 2）沿江 400 ~ 800m 距离带，除二级敏感区以外的区域； 3）沿江可见的，离江边 800 ~ 5 000m 的区域内、坡度在 75 ~ 90°之间的区域； 4）包括瞿塘峡峭壁、夔门、夔门古象馆、白帝城、风箱峡、风箱峡悬棺、盔甲洞、犀牛望月、二叠瀑布、长江与大溪交叉口、长江与草堂溪交叉口等	1）绝对保护区内的各种景源、植物种质资源及峭壁等自然环境，禁止新增任何人工建筑及永久性设施； 2）一级敏感区全部为绿线控制范围
二级敏感区	1）沿江 400 ~ 800m 距离带，除一级敏感区以外的区域； 2）沿江 800 ~ 1 600m 距离带，除一级、三级敏感区以外的区域； 3）沿江 800 ~ 5 000m 之间、坡度在 30 ~ 75°的区域	1）禁止新增影响视觉效果的大体量构筑物，除根据需要可设置用于观景的简易石阶山道与栈道，不进行建筑工程活动，现有植被必须绝对保护。 2）对现有污染环境，有碍观瞻的建筑物应逐步搬迁。不得开荒种地，应逐步退耕还林

续表

视觉敏感度分级	分布区域及景观特征	规划建设控引
三级敏感区	1）沿江 800～1 600m 距离带，除一级、二级敏感区以外的区域； 2）沿江 1 600～5 000m 之间、坡度在 15～30°之间的区域	在可见区域内要保护山体、植被或建筑群的整体轮廓，保护山脊线和山体轮廓的完整。禁止破坏景观完整性的人工设施的建设
四级敏感区	沿江 1 600m 之外的不可视区域	建设活动可在适当规模内展开，使景观保护与旅游建设及工农业生产之间的矛盾得到满意的协调

瞿塘峡景观保护分级区划及规划建设控引　　表 5-1-34

保护分级	分布区域及景观特征	控制指标	控　制　要　求
一级景观保护	1）沿江可见的，离江边小于 400m 的区域； 2）沿江可见的 5 000m 距离带的峭壁区； 3）包括瞿塘峡峭壁、夔门、风箱峡、风箱峡悬棺、盔甲洞、犀牛望月、二叠瀑布、长江与大溪交叉口、长江与梅溪交叉口等	用地性质	绝对保护区内的各种景源、植物种质资源及峭壁等自然环境，禁止新增任何人工建筑及永久性设施（包括旅游设施、高压走廊、道路工程等）。严格保护沿江的峭壁、石刻等名胜古迹的完好性。规划以绿地、林地为主
		三线（绿线、蓝线、红线）	1）沿江可视区域内一级保护区段内都为绿线控制范围； 2）长江与大溪交叉口、长江与梅溪交叉口为水域的一级保护控制线； 3）建筑红线退后到一级保护区域以外
		基础设施	1）一级景观保护区内严禁新建高压线、架空道路。严禁取水口、污水厂、垃圾厂等影响景观的基础设施的建设； 2）一级景观保护区内加强风景林带的建设
二级景观保护	1）沿江 400～800m 距离带，除一级保护区以外的区域； 2）沿江 800～1 600m 距离带，除一级、三级保护区以外的区域； 3）沿江 800～5 000m 之间的陡坡区	用地性质	二级景观保护区沿江可视区域内，尽量减少工业、交通、仓储类用地比例，规划以绿地、林地、农田为主，对已有的工业、交通、仓储类用地进行绿化、美化，有污染的工矿用地应尽早搬迁
		绿线、红线控制	1）二级保护区段沿江 800m 的范围内为绿线控制范围； 2）二级景观保护区域内严格控制滨江建筑退后江面的宽度，结合绿线实现对滨水绿带及两岸生态廊道的控制
		基础设施	1）沿江可视区域内严禁新建高压线、架空道路。取水口、污水厂、垃圾厂的选址以不影响沿江的景观为基本原则，并且做好绿化缓冲带的建设。已建的取水口、污水厂、垃圾厂建议作景观化处理。 2）加强沿江公路的景观建设

续表

保护分级	分布区域及景观特征	控制指标	控制要求
三级景观保护	1）沿江 800～1 600m 距离带，除一级、二级保护区以外的区域； 2）沿江 1 600m 之外的不可视区域的缓坡区	用地性质	三级景观保护区沿江可视区域内严禁污染的工矿用地和仓储用地。沿江 5 000m 的范围内的非居民用地规划为林地，发挥生态屏障功能
		绿线、红线控制	1）三级保护区段至少划定沿江 400m 的范围内为绿线控制范围； 2）三级景观保护区域内适当规划旅游休闲用地，适当控制滨江建筑退后江面的宽度，结合绿线实现对滨水绿带及两岸生态廊道的控制
		基础设施	沿江可视区域内严禁新建高压线、架空道路
四级景观保护	沿江 1 600m 之外的不可视区域	用地性质	四级景观保护区域基本都在可视范围之外，可根据需要进行科学合理的土地利用规划
		绿线、红线控制	1）四级保护区段至少划定沿江 300m 的范围内为绿线控制范围； 2）四级景观保护区域内可根据需要控制红线范围
		基础设施	四级景观保护区在沿江的可视区域范围之外，可根据需要科学、合理的规划基础设施

8.2 巫峡

巫峡横贯巫山县境，西起巫山县大宁河口，东至湖北省巴东县官渡口，绵延 40km。整个峡谷以幽深秀丽著称，两岸青山不断，群峰如屏，时而大山当前，石塞疑无路，忽而峰回路转，云开别有天。北魏郦道元在《水经注》里描绘："两岸连山，略无阙处，重岩叠嶂，隐天蔽日，自非亭午夜分，不见曦月"，宛如迂回曲折的画廊。

巫峡两岸的群峰，以十二峰为奇，屏列大江南北，有的超然卓立，苍翠横空；有的数峰叠起，似奔腾的游龙欲上九天；有的怪石嵯峨，如仙相聚……而其中最俏丽者，当为神女峰，她位于长江北岸，在如台似栅的群峰中，兀立人形石柱，一遇峡雨蒙蒙，云气触石而出，逶迤飘渺，变化无穷，神女峰则像一位身披轻纱、侧身东望的少女，亭亭玉立，俯瞰大江，故名。人们给她编织了不少的美丽传说。

十二峰连袂于江北者，自西而东依次为圣泉峰、登龙峰、朝云峰、神女峰、松峦峰、集仙峰，沿江排列，一览无余。南岸六峰，乘船上下可见聚鹤、翠屏、起云、上升、飞凤五峰；净坛峰则需沿小溪河上行 15km 方能见到。陆游诗云"十二巫山见九峰"，乃当年诗人乘扁舟过巫峡时所见。十二峰之外，更有奇秀无名者，"余峰竞秀尚多有，白岩苍崖无数重"，"看峰岂止十二座，更有零星百万峰"。

巫山十二峰山顶标高均在 800～1 300m，是巫峡风光中的胜景，三峡工程建成蓄水后，巫峡中水位上升高度达 87～100m，临江景点孔明碑、青石炮台、陆游洞

（下洞）被淹。但巫山十二峰仍高出库水面的600～1 000m，并不会影响其景观的秀丽多姿；三台、八景依然存在，神女峰高出库水面近800 m，其雄姿美态犹存。由于水库回水，巫峡两岸支流可进性增强，两岸的紫阳峡、净坛峰、紫阳河瀑布、抱龙峡、偏鱼峡等景点可望得到开发（见表5-1-35）。

巫峡景点　　　　表5-1-35

巫峡景点		景观特征
十二峰	圣泉峰	位于巫峡西口，峰巅高耸如文笔。乾隆五十四年（公元1789年），县人李安登乡榜，易名文峰，将峰巅古凌云观改名为文峰观至今。峰脚有洞，名清水洞，1985年后，据陆游于此夜泊改称陆游洞，加以修葺开放
	登龙峰	位于横石溪西侧，其山势如昂首直上天空的游龙
	朝云峰	位于神女峰西侧，峰插云天，晨有云雾笼罩峰顶，今不常见
	神女峰	又称望霞峰，俗称美人峰。与青石小镇相对的峰巅，一石柱高6.4m，形如少女，旦迎朝霞，暮送夕晖，传为瑶姬化身
	松峦峰	位于神女峰东侧，峰呈圆形，古有苍松环盖，形如帽盒，又名帽盒峰
	集仙峰	位于松峦峰东侧，峰顶列石如仙相聚，又如张开朝天的剪刀。传说每到八月十五夜，有仙女于此相会，丝竹之音达旦方止，故称集仙峰，又名剪刀峰。峰脚有孔明碑
	翠屏峰	青石小镇后山缓坡，春来漫山苍翠如屏
	聚鹤峰	位于翠屏峰东侧，峰顶古有翠柏，传为夜引白鹤相聚
	飞凤峰	位于小溪河西岸，山势自西向东缓缓下伸，直抵大江，其状若凤凰翱翔千里直下江中饮水。峰腰有“授书台”，唐仪凤年间建有神女庙，建国初废
	净坛峰	沿小溪河上蓝厂岩，其峰相叠若坛，立于河岸
	起云峰	位于青石小镇东8km，其峰巍峨，常见云雾冉冉
	上升峰	位于小溪河东岸6km，峰巅高突，一角斜上，若鸥鹏扶摇九天
三台		即楚阳台（位于高唐观，传为楚王行宫，现有遗址尚存）、授书台（位于巫峡飞凤山，传为大禹治水时神女授书于此，现神女庙遗址尚存）、斩龙台（位于错开峡，传为大禹斩恶龙之地，尚有石存）。为巫山境内三处天设地造的自然景观，经民间演绎，被赋予了多姿多彩的神话色彩，带上了浓浓的人文气息，向人们讲述着它们不平凡的诞生经历，展示着它们不寻常的历史风貌
八景		清代道光《夔州府志·古迹》和光绪《巫山县志·古迹》所载的“八景”，文字略有出入，以后者为据，为“宁河晚渡、青溪鱼钓、阳台暮雨、南陵春晓、夕霞返照、澄潭秋月、秀峰禅刹、女观贞石”。反映了巫山当地具有代表性的自然景观

8.2.1　景观生态特征分析

1）巫峡空间特征及游赏分析

本研究根据江面的宽度 D 与两岸山体高度 H 的比例关系，依据巫峡两岸的坡度选取4个点对巫峡的空间特征进行分析，从表5-1-36可以看出，巫峡是峡感效果较强的夹景空间。大坝蓄水到175m时，巫峡的峡感变化不大，依旧是世界上同类景观之最。

巫峡空间特征分析　　表5-1-36

巫峡	位置（经纬度）	特征							
		145m水位				175m水位			
		D:H	坡度（%）		峡感效果	D:H	坡度（%）		峡感效果
			右岸	左岸			右岸	左岸	
1	E109°56′45″ N 30°3′57″	1:2.64	72	130	强	1:2.4	71	126	强
2	E 109°58′30″ N 31°3′18″	1:2.2	85	147	强	1:2.0	84	149	强
3	E 109°59′45″ N 31°1′37″	1:3.2	94	141	强	1:2.6	96	142	强
4	E 110°0′32″ N 31°12′36″	1:3.8	103	139	强	1:3.4	98	142	强

沿江游赏巫峡，产生的视觉效果可以通过视距及视角的分析得出。从表5-1-37、5-1-38可以得出，巫峡沿江的观赏效果以观赏山体的局部为主，能使人产生高大感、宏伟感、崇高感。

巫峡的视距分析　　表5-1-37

巫峡	位置（经纬度）	特征							
		145m水位				175m水位			
		右岸		左岸		右岸		左岸	
		视距（m）	景观效果	视距（m）	景观效果	视距（m）	景观效果	视距（m）	景观效果
1	E 109°56′46″ N 30°3′58″	1 969 (1.57)	局部	588 (0.44)	局部	1 969 (1.60)	局部	588 (0.48)	局部
2	E 109°58′30″ N 31°33′0″	1 146 (0.85)	局部	1 026 (0.76)	局部	1 146 (0.84)	局部	1 026 (0.77)	局部
3	E 109°59′46″ N 31°16′12″	982 (1.03)	局部	826 (0.86)	局部	982 (1.06)	局部	826 (0.89)	局部
4	E 110°5′24″ N 31°1′15″	533 (0.34)	局部	693 (0.45)	局部	533 (0.35)	局部	693 (0.45)	局部

巫峡的视角分析　　表 5-1-38

<table>
<tr><th rowspan="4">巫峡</th><th rowspan="4">位置
（经纬度）</th><th colspan="8">特　征</th></tr>
<tr><th colspan="4">145m 水位</th><th colspan="4">175m 水位</th></tr>
<tr><th colspan="2">右　岸</th><th colspan="2">左　岸</th><th colspan="2">右　岸</th><th colspan="2">左　岸</th></tr>
<tr><th>视角（°）</th><th>景观效果</th><th>视角（°）</th><th>景观效果</th><th>视角（°）</th><th>景观效果</th><th>视角（°）</th><th>景观效果</th></tr>
<tr><td>1</td><td>E 109°56′46″
N 30°3′58″</td><td>33 ~ 45</td><td>高大感</td><td>38 ~ 60</td><td>宏伟感</td><td>32 ~ 38</td><td>高远感</td><td>36 ~ 57</td><td>宏伟感</td></tr>
<tr><td>2</td><td>E 109°58′30″
N 31°3′18″</td><td>31 ~ 73</td><td>崇高感</td><td>45 ~ 72</td><td>崇高感</td><td>30 ~ 33</td><td>高远感</td><td>44 ~ 70</td><td>崇高感</td></tr>
<tr><td>3</td><td>E 109°59′46″
N 31°1′37″</td><td>47 ~ 67</td><td>宏伟感</td><td>36 ~ 44</td><td>高大感</td><td>46 ~ 65</td><td>宏伟感</td><td>35 ~ 43</td><td>高大感</td></tr>
<tr><td>4</td><td>E 110°0′32″
N 31°12′36″</td><td>37 ~ 64</td><td>宏伟感</td><td>41 ~ 59</td><td>宏伟感</td><td>35 ~ 47</td><td>高大感</td><td>39 ~ 57</td><td>宏伟感</td></tr>
</table>

2）巫峡景观视觉敏感度分析及保护等级区划

根据本章第 5 部分的研究，基于相对坡度、视距、视频、景观醒目度等因素等景观视觉敏感度的综合分级共分为四个级别（见图 05-01-22）。巫峡区段的景观视觉敏感度综合分级如表 5-1-39 所示。

基于景观视觉敏感度与景观阈值的景观保护等级共分四个级别（见图 05-01-25），巫峡区段景观保护分级如表 5-1-40 所示。

8.2.2　规划与建设控引

巫峡景观视觉敏感度分级及规划建设控引　　表 5-1-39

视觉敏感度分级	分布区域及景观特征	规划建设控引
一级敏感区	1）沿江可见的，离江边 400m 的区域； 2）大宁河至神女溪区段沿江可见的 1 600m区域； 3）神女溪以下区段：北岸 800m 距离带内的可见区域，南岸 400 ~ 800m 距离带内的可见峭壁区； 4）包括巫峡峭壁、神女庙、文峰观、陆游洞、登龙峰、圣泉峰、朝云峰、金盔铁甲峡、神女峰、松峦峰、集仙峰、聚鹤峰、翠屏峰、骏马峰、飞凤峰、起云峰、长江与大宁河交汇口、长江与神女溪交汇口等	1）绝对保护区内的各种景源、植物种质资源及峭壁等自然环境，禁止新增任何人工建筑及永久性设施； 2）一级敏感区全部为绿线控制范围

续表

视觉敏感度分级	分布区域及景观特征	规划建设控引
二级敏感区	1）沿江 800～1 600m 距离带内（除一级保护区之外）； 2）离江边 1 600～5 000m 的陡坡区	1）禁止新增影响视觉效果的大体量构筑物，除根据需要可设置用于观景的简易石阶山道与栈道，不进行建筑工程活动，现有植被必须绝对保护； 2）对现有污染环境，有碍观瞻的建筑物、构筑物应逐步搬迁。不得开荒种地，应逐步退耕还林
三级、四级敏感区	沿江 1 600m 之外的不可视区域	1）在可见区域内要保护山体、植被或建筑群的整体轮廓，保护山脊线和山体轮廓的完整。禁止破坏景观完整性的人工设施的建设。 2）建设活动可在适当规模内展开，使景观保护与旅游建设及工农业生产之间的矛盾得到满意的协调

巫峡景观保护分级区划及规划建设控引　　表 5-1-40

景观保护分级	分布区域及景观特征	控制指标	控　制　要　求
一级景观保护	1）沿江可见的，离江边 800m 的区域； 2）沿江可见的、离江边 800～1 600m 距离带内的峭壁区； 3）1 600～5 000m 距离带的可见区域； 4）包括巫峡峭壁、神女庙、文峰观、陆游洞、登龙峰、圣泉峰、朝云峰、金盔铁甲峡、神女峰、松峦峰、集仙峰、聚鹤峰、翠屏峰、骏马峰、飞凤峰、起云峰、长江与大宁河交汇口、长江与神女溪交汇口等	用地性质	绝对保护区内的各种景源、植物种质资源及峭壁等自然环境，禁止新增任何人工建筑及永久性设施（包括旅游设施、高压走廊、道路工程等）。严格保护沿江的峭壁、石刻等名胜古迹的完好性。规划以绿地、林地为主
		三线（绿线、蓝线、红线）	1）沿江可视区域内一级保护区段内都为绿线控制范围； 2）长江与大宁河交汇口、长江与神女溪交汇口为水域的一级保护控制线； 3）建筑红线退后到一级保护区域以外
		基础设施	1）一级景观保护区内严禁新建高压线、架空道路。严禁取水口、污水厂、垃圾厂等影响景观的基础设施的建设。 2）一级景观保护区内加强风景林带的建设

续表

景观保护分级	分布区域及景观特征	控制指标	控制要求
二级景观保护	1）沿江800～1 600m距离带内（除一级保护区之外）； 2）离江边1 600～5 000m的陡坡区	用地性质	二级景观保护区沿江可视区域内，尽量减少工业、交通、仓储类用地比例，规划以绿地、林地、农田为主，对已有的工业、交通、仓储类用地进行绿化、美化，有污染的工矿用地应尽早搬迁
		绿线、红线控制	1）二级保护区段沿江1 600m的范围内为绿线控制范围； 2）二级景观保护区域内严格控制滨江建筑退后江面的宽度，结合绿线实现对滨水绿带及两岸生态廊道的控制
		基础设施	1）沿江可视区域内严禁新建高压线、架空道路。严禁影响景观的基础设施的建设。 2）加强沿江公路的景观建设
三级、四级景观保护	沿江1 600m之外的不可视区域	用地性质	1）保护区沿江可视区域内严禁污染的工矿用地和仓储用地； 2）适当规划旅游休闲设施； 3）沿江5 000m的范围内的非居民用地规划为林地，发挥生态屏障功能
		绿线、红线控制	1）沿江5 000m的范围内的非居民用地规划为林地； 2）三级景观保护区域内适当控制滨江建筑退后江面的宽度，结合绿线实现对滨水绿带及两岸生态廊道的控制
		基础设施	沿江可视区域内严禁新建高压线、架空道路

第二章　长江三峡库区（重庆段）沿江水系景观评价

1. 水系概况

三峡库区境内江河纵横，河网密布。主要河流水系有长江、嘉陵江、乌江、涪江、綦江、御临河、龙溪河、赖溪河、芙蓉江、安居河、大宁河、小江、任河等。按流域划分，大部分属长江干流水系、嘉陵江（包括涪江、渠江）水系、乌江水系。从重庆流出境外汇入长江的有西北部一小片属沱江水系，北部任河属汉水流域，东南部的酉水归入沅江流域。域内长江干流及其支流涪、嘉、渠、沱、乌江等许多河流源远流长，流域面积广阔，径流总量大。由于域内自然条件复杂，受地质岩性影响，除西北部为树枝状水系外，其余广大地区均属格状水系。重庆大部分河流具有流域范围内降水丰沛，集雨面积大，河谷切割深，谷坡陡峻，天然落差大，滩多水急，陡涨陡落等山区河流的特点。

1.1 水系发达、水资源丰富

三峡库区水系发达、水资源丰富。总计有流域面积小于50km² 的河流374条，其中流域面积50～100km² 的河流167条，流域面积100～500km² 的河流152条，流域面积500～1 000km² 的河流19条，流域面积1 000～3 000km² 的河流17条（见表5-2-1），流域面积大于3 000km² 的河流18条（见表5-2-2）。

流域面积1 000～3 000km² 的河流情况　　表5-2-1

河名	水系	全流域		重庆境内		河口平均流量
		面积（km²）	河长（km）	面积（km²）	河长（km）	（m³/s）
梅江河	酉水	2 890	137.8	2 890	137.8	79.0
龙河	长江	2 810	164	2 810	164	58
大溪河	乌江	2 065	118.2	2 065	118.2	37.4
花垣河	酉水	2 029	—	238	13	—
梅溪河	长江	1 928.6	112.8	1 928	112.8	45.9
汤溪河	长江	1 810.8	108	1 810.8	108	56.2
甘龙河	乌江	1 700	106	1 168	55	41.7
小安溪	涪江	1 692.1	155.4	1 692.1	155.4	20.4
清流河	沱江	1 529	172	323.1	18.3	10.2
大溪河	长江	1 497.5	85.7	1 497.5	85.7	30.17
东河	御临河	1 452.6	145.7	226.7	37.1	20.12
长滩河	长江	1 265.9	93.6	719.0	—	26.5
龙潭河	梅江	1 260	57.35	1 260	57.35	24.3
普子江	郁江	1 207	86	1 207	86	42.0
塘河	长江	1 197.1	95.0	136.9	30.3	22.64
藻渡河	綦江	1 194.7	95.1	163.8	12.9	22.59
笋溪河	綦江	1 165.9	126.7	1 090.4	117.8	20.19

流域面积大于3 000km² 的河流情况　　表5-2-2

河名	全流域		重庆境内		多年平均径流量
	流域面积（km²）	长度（km）	流域面积（km²）	长度（km）	（m³/s）
长江	1 800 000	6 300	994 851	683.8	11 067
嘉陵江	157 900	1 120	9 262	153.8	2 120
乌江	86 900	1 020	28 554	235	1 610
渠江	32 900	720	1 602	72.7	744
涪江	36 400	700	4 369	123.2	572
酉水	8 530	477	3 981	110	267
芙蓉江	7 793.5	231	1 574	35	189
綦江	7 068	216.8	4 394	153	122
阿蓬江	5 585	249	3 018	139	151
小江	5 172.5	117.5	5 172.5	117.5	116

续表

河 名	全 流 域		重 庆 境 内		多年平均流量 (m^3/s)
	流域面积 (km^2)	长度 (km)	流域面积 (km^2)	长度 (km)	
任河	4 900	163	2 356	128	106
郁江	4 617	175	3 085	87	134
大宁河	4 200	142.7	4 200	142.7	98.0
琼江	4 329	235	1 223	95.4	37.8
御临河	3 860.9	208.4	9 080.0	58.4	50.7
濑溪河	3 257	238	1 631.5	118.3	34.2
龙溪河	3 248	218	3 248	218	54.0
磨刀溪	3 179		2 790		60.3

三峡库区境内各类水资源十分丰富，合计4 624.42亿m^3，其中过境水资源量3 981.32亿m^3，多年平均当地径流总量为511.4亿m^3，地下水储量为131.66亿m^3。人均水资源量1 682m^3，亩均水资源量2 048m^3，分别为全国均值的63.89%和112%。水能资源的理论蕴藏量为1 388万kW，可开发量为760万kW。水域面积为3 194.84km^2，其中蓄水工程水面259.21km^2。

重庆市域内水资源主要分为地表水和地下水两大类，其中地表水占水资源总量的绝大部分。重庆地区地表水多系大气降水，故降水量和地表性质决定着地表水量的多少（见表5-2-3）。降水形成的地表水约380亿m^3，由长江、嘉陵江、乌江等流经重庆地区的入境水形成的地表水约4 600亿m^3。地下水约50多亿m^3，其中1/3通过排泄转化为地表水。

重庆地区年降水量、径流特征值表 **表5-2-3**

名 称	面积 (km^2)	多年平均降水量 (mm)	多年平均径流深度 (mm)	多年平均径流总量 (亿m^3)
全市加权平均值	82 400	1 208.3	620.7	511.4

重庆地区的地下水，受地质构造、岩性和地貌等因素制约，水文地质环境十分复杂，按其含水层的岩性、结构和水力特征，主要分为碳酸盐岩喀斯特水、碎刷岩孔隙裂隙水、基岩裂隙水三个类型，年储量为132亿m^3，可开采量为45亿m^3。全市碳酸盐岩类出露面积2 903km^2，占全市总面积的35.3%，喀斯特水占地下水总量的78%，主要分布于大巴山、武陵山地；基岩裂隙水仅占6%，分布于西部红层丘陵区。

长江是我国第一大江，从江津市羊石镇入境，流经重庆市17个区（市）县，从巫山县碚石镇出境，境内江段长683.8km，占长江总长的10.85%。入境（朱沱站）多年平均年径流量2 692亿m^3，境内流域面积994 851km^2，出境（巫山站）多年平均年径流量4 292亿m^3。

嘉陵江是长江第一大支流，发源于陕西省秦岭南麓，流经陕西、甘肃、四川三省，从合川市古楼镇进入重庆市，入境水量275.5亿m^3，在渝中区朝天门处汇入长江。流域面积15.79万km^2，全长1 120km，河口多年平均流量2 120m^3/s；重庆境内河长153.8km，流域面积9 262km^2，落差43.1m。

乌江发源于贵州省威宁县的乌蒙山麓，从酉阳县万木镇进入重庆市。乌江沿酉阳边界流过，经彭水、武隆，从涪陵城东注入长江。河流全长1 020km，流域面积8.69万km^2，多年平均年径流量519亿m^3，入境水量396.7亿m^3。境内流域面积2.85万km^2，河长235km。

大宁河古称巫溪，又名盐溪、昌江，自宋代置大宁监后即称大宁河。源流有二：一为龙潭河，发源于大巴山南麓巫溪县的高楼乡新田坝；二为汤家坝河，发源于巫溪县的和平乡大、小龙洞。两河自西向东随山势东流至中梁乡龙头嘴汇合后称西溪河，再东流至两河口与东溪河汇合后始称大宁河，转而南流，经巫溪县城出庙峡进入巫山县境，至巫山县城东侧注入长江。全长202km，流域面积4 180.87km^2。其中，巫溪段长147.1km，沿途纳万春河、黄连溪、白鹤溪、紫花溪、五溪、后溪河、白杨河等50余条小溪流；巫山段长约55km，沿途纳马渡河等支流20余条。主河道（巫溪县两河口以下）长约155km，多年平均流量63m^3/s，河床平均宽度约100m。河水非山洪暴发时清澈见底，具有年径流量大、暴涨暴落、洪枯变幅极其悬殊等特征。

据水文资料记载，巫溪县城城厢镇最高洪水位发生在清光绪九年，高216.03m，流量5 220m^3/s，最低水位为1979年的205m，流量5m^3/s。

1.2　区位优势突出、水系景观特色鲜明

长江三峡是由强烈的造山运动所引起的海陆相变迁和江水下切，在深厚石灰岩地区形成的独特风貌，是中国乃至世界闻名的风景区和旅游胜地之一。

三峡库区是我国乃至世界生态格局中十分特殊的自然、经济区域，是长江流域生态建设的重点地区。

长江三峡及三峡沿江的巫山小三峡、芙蓉洞、仙女山、嘉陵江小三峡、长寿湖等水系景观，独具魅力。

三峡水库蓄水后，将形成一个长600多公里、水面总面积为1 084km^2的高峡平湖。届时水深增加，流速减缓，流态稳定，彻底改变了被视为畏途的川江航道；水质清澈，呈现一个烟波浩淼，两岸奇峰屹立、波光倒影的平湖风光。三峡特有的中、远景视觉效果，仍将保持原有的自然景观特色。因此三峡建坝后，三峡的景观将更壮美。

三峡水库蓄水后，库水沿溪伸展，为山高水险、交通不便的支流风光的开发提供舟楫之便，使游人有可能进入幽谷深涧，饱览新的自然风光。

三峡水库蓄水后，由于水位抬升，临江现有景区（点）景观必然发生变化，或全沉水下，或处部分淹没状态，或被水面环绕成岛。就峡谷而言，峡感有所减弱，峡内次级景点部分被淹或完全被淹。——峡区原有的滩多水急的风光消失了，换来了万顷碧波，湖光山色；峡谷河段，仍有“山塞疑无路，湾回别有天”之感。

随着整个流域的生态建设加强，将有利于三峡沿江地区水系景观生态的建设。

1.3 水资源空间分布不均、面临污染胁迫

在水资源空间分布上，西部丘陵地区水资源相对贫乏，东南部山地相对较丰富，中西部干旱地区人均水资源量只有549m^3，东南部地区约有2 000～4 000m^3。近年来，远离大江大河，靠当地地表径流维持用水的西部地区的永川、大足、荣昌、铜梁、璧山等8区县，随着工农业生产的高速发展和城市化进程的加快，水的供需矛盾不断加剧，一些地方已出现比较严重的“水荒”现象。在季节分配上，水资源夏秋多，冬春少，连续四个月最大径流量占全年的55%～70%，尤其是中小河流，伏旱期及冬季径流很少，甚至断流。重庆水资源及地表水资源分布情况见表5-2-4和表5-2-5。

重庆水资源情况（1999年）（单位：100万m^3） **表5-2-4**

区　县	降水量	地表水资源	地下水资源	水资源总量
万州区	4 623.04	2 461.38	145.54	2 461.38
黔江区	3 229.95	2 654.92	187.45	2 654.92
涪陵区	4 076.38	2 254.86	201.37	2 254.86
渝中区	27.67	13.56	0.92	13.56
大渡口区	119.31	62.91	3.97	62.91
江北区	269.96	134.11	8.99	334.11
沙坪坝区	484.7	237.5	16.14	237.5
九龙坡区	559.9	288.17	18.66	288.17
南岸区	352.37	174.11	20.66	174.11
北碚区	954.87	467.88	31.8	467.88
万盛区	714.86	351.06	41.91	351.06
双桥区	47.39	17.41	1.58	17.41
渝北区	1 835.18	940.89	61.13	940.89
巴南区	2 313.31	1 143.02	135.63	1 143.02
长寿县	1 905.4	940.45	61.82	940.45
綦江县	2 388.54	1 346.39	161.7	1 346.39
潼南县	1 608.61	736.23	66.73	736.23
铜梁县	1 453.86	623.21	56.49	623.21
大足县	1 572.03	703.71	58.53	703.71
荣昌县	1 251.31	568.74	45.43	568.74
璧山县	1 044.33	597.89	38.42	597.89
垫江县	1 861.82	1 011.75	63.91	1 011.75

续表

区 县	降水量	地表水资源	地下水资源	水资源总量
丰都县	3 850.78	2 103.23	182.65	2 103.23
武隆县	3 628.57	2 795.4	226.86	2 795.4
梁平县	2 471.55	1 236.63	79.57	1 236.63
城口县	3 293.88	2 195.05	523.79	2 195.05
开县	5 019.61	2 638.67	166.67	2 638.67
忠县	2 710.78	1 487.3	103.2	1 478.3
云阳县	4 251.78	2 522.72	188.89	522.72
奉节县	4 208.79	3 218.51	462.15	3 218.51
巫山县	3 148.19	2 363.44	377.12	2 363.44
巫溪县	4 437.83	3 322.74	642.38	3 322.74
石柱县	3 844.58	2 399.55	225.65	2 399.55
秀山县	3 741.88	2 333.87	313.6	2 333.87
酉阳县	8 380.77	5 519.59	515.69	5 519.59
彭水县	5 052.04	4 044.68	305.21	4 044.68
永川市	1 700.49	962.28	66.34	962.28
江津市	3 793.28	2 020.48	217.19	2 020.48
合川市	2 836.86	1 351.05	99.2	1 351.05
南川市	3 110.95	2 304.85	201.04	2 304.85
合计	102 177.4	62 550.19	6 325.98	61 741.19

重庆市地表水资源分布情况 表 5-2-5

流域二级区	降雨量		当地地表径流量（亿 m^3）				人均水资源
	降雨量（mm）	总量（亿 m^3）	均值	$P=50\%$	$P=75\%$	$P=95\%$	（m^3/人）
岷沱江水系	1 036	20.78	6.93	6.03	3.74	1.59	507
嘉陵江水系	1 101	103.67	42.28	38.97	26.94	14.82	650
长江干流	1 203	579.56	292.08	280.90	222.16	155.56	1 604
乌江水系	1 248	196.70	109.44	106.98	88.68	66.32	4 239
汉江水系	1 256	29.65	20.93	20.08	15.70	10.67	12 465
沅江水系	1 395.3	65.33	39.78	38.84	31.18	24.17	14 823
合计	7 239.3	995.69	511.44	491.80	388.40	273.13	34 288

注：P 为保证率。

由于近年来重庆市经济快速发展以及生活水平显著提高，大量污染物进入水体，导致水质受到污染。尽管长江、嘉陵江、乌江水质总体上保持1995年水平，但2000年全市次级河流的水质污染日趋严重，以Ⅳ、Ⅴ类水质为主，部分河段出现劣V类水质，不满足水域功能要求的断面占总断面的63.1%。2001年2~3月乌江水质已出现220 km河段的富营养化现象，是对三峡库区未来水环境问题的警示。

另一方面，远离大江大河，靠当地地表径流维持用水的西部地区的永川、铜梁、璧山等8区（市）县，随着工农业生产的高速发展和城市化进程的加快，流经该区域的次级河流水质已受到严重污染，不能满足水域功能要求，甚至部分河段鱼类几乎绝迹，区域内水生环境受到严重破坏，同时水的供需矛盾不断加剧，一些地方已出现比较严重的“水荒”现象。

近年来，农村兴起的肥水养鱼养殖方式，以及农村面源污染，在局部地区超过水环境容量，导致池塘、水库富营养化问题日益严重。据调查，1999年水库富营养化或近富营养化面积10 601hm^2，为水产品养殖面积的19.27%，近一半的水库因水产养殖而导致水质下降；水库富营养化或近富营养化面积以每年平均递增24.88%的速度高速扩展，较1986年增加了27倍，导致长寿、永川等县（市）的主要水库、人工湖泊水质不能满足水域功能要求，显然水面养殖过量成为影响农村环境质量降低的重要因素。

2000年，全市监测了68条次级河流共160个水质断面，其中18个项目的测定值超标，16个项目的年均值出现不同程度的超标，主要污染物包括非离子氨、大肠菌群、化学需氧量和总磷，13条河流23个断面未超标，分别占监测总数的19.1%和14.4%。

2. 水系景观的总体特征分析

在重庆市域内与长江干流交汇，流域面积大于3 000km^{2}的水系有8条：嘉陵江、乌江、綦江、小江、大宁河、御临河、磨刀溪、龙溪河；与长江干流交汇，流域面积在1 000~3 000km^{2}的水系主要有4条：龙河、梅溪河、汤溪河、大溪河与长江干流交汇，流域面积小于1 000km^{2}的水系有7条：塘河、壁南河、木洞河、渠溪河、黄金河、汝溪河、神女溪（见表5-2-6）。

沿江主要水系概况　　表5-2-6

河名	流域面积（km^2）	发源地	位　置	特　征
长江	大于3 000	青藏高原	江津羊石镇—巫山县碚石镇	长江是我国第一大江，从江津市羊石镇入境，流经重庆市17个区（市）县，从巫山县碚石镇出境，境内江段长683.8km，占长江总长的10.85%
綦江		贵州省桐梓县花坝火盆洞	江津市江口注入长江（南）	綦江为长江一级支流，全长231.3km，发源于贵州省桐梓县花坝火盆洞，自南向北于江津市江口注入长江。綦江县赶水镇以上上游流域面积2 943.4km^2，赶水镇以下至綦江县城中游流域面积1 737.4km^2。中游河段长59.9km，宽60~100m，落差71m，坡降0.3‰，多年平均流量83.9m^3/s

续表

<table>
<tr><th>河名</th><th>流域面积（km^2）</th><th>发源地</th><th>位　置</th><th>特　征</th></tr>
<tr><td>嘉陵江</td><td rowspan="4">大于3 000</td><td>陕西省秦岭南麓</td><td>渝中区朝天门处汇入长江（北）</td><td>嘉陵江是长江第一大支流，发源于陕西省秦岭南麓，流经陕西、甘肃、四川三省，从合川市古楼镇进入重庆市，入境水量275.5亿m^3，在渝中区朝天门处汇入长江。市境内河长153.8km，流域面积9 262km^2，落差43.1m</td></tr>
<tr><td>乌江</td><td>贵州省威宁县的乌蒙山麓</td><td>涪陵城东注入长江（南）</td><td>乌江发源于贵州省威宁县的乌蒙山麓，从酉阳县万木镇进入重庆市。乌江沿酉阳边界流过，经彭水、武隆，从涪陵城东注入长江。河流全长1 020km，流域面积8.69万km^2，多年平均年径流量519亿m^3，入境水量396.7亿m^3。境内流域面积2.85万km^2，河长235km</td></tr>
<tr><td>大宁河（巫溪）</td><td>大巴山南麓巫溪县的高楼乡新田坝，巫溪县的和平乡大、小龙洞</td><td>巫山县城东侧注入长江（北）</td><td>大宁河古称巫溪，又名盐溪、昌江，自宋代置大宁监后即称大宁河。源流有二：一为龙潭河，发源于大巴山南麓巫溪县的高楼乡新田坝；二为汤家坝河，发源于巫溪县的和平乡大、小龙洞。两河自西向东随山势东流至中梁乡龙头嘴汇合后称西溪河，再东流至两河口与东溪河汇合后始称大宁河，转而南流，经巫溪县城出庙峡进入巫山县境，至巫山县城东侧注入长江</td></tr>
<tr><td>御临河</td><td>大竹县西北华蓥山北段云雾山</td><td>江北区太洪岗注入长江（北）</td><td>御临河发源于大竹县西北华蓥山北段云雾山，从大竹县西南入邻水县境，至子中乡西落滩横切铜锣山，接纳白水河后向南入重庆市渝北区，横切明月山，于太洪岗注入长江。全长220km，流域面积2 740km^2。此河因流经邻水县西部，称为西河；在渝北区境内，称为太洪江</td></tr>
<tr><td>龙河</td><td>1 000～3 000</td><td>黔江的乌龙山</td><td>丰都县城名山镇入长江（南）</td><td>在丰都新县城附近与长江汇合的龙河，属长江一级支流。龙河发源于黔江的乌龙山，全长140km，两岸风光秀丽、峡谷险峻、溶洞成群、险滩密布。沿龙河逆流而上，就像进入了一条长长的绿色画廊，两岸的景色，时而展现出田园牧歌的清悠，时而张扬着高山峡谷的险峻。河流时急时缓，与之相呼应的是陡峭的山崖与绿色的大山，山崖时而立如刀削，时而绝壁相向，对峙两岸，大三峡的雄姿，小三峡的清幽，在龙河上都能找到相对应的“克隆”景色。在龙河两岸的绝壁上，分布有许多溶洞，最著名的“雪玉洞”被中国洞穴专家朱学稳教授称为“天下第一绝”。据说洞中的钟乳石洁白如雪，晶莹剔透，十分罕见。除雪玉洞外，还有仙女洞、三王洞等众多溶洞。除溶洞和瀑布外，野猴也是龙河的一道奇特风景，在龙河东岸的大山绝壁之上，生活着数群野猴，在绝壁上攀爬跳跃，煞是可爱</td></tr>
</table>

续表

河名	流域面积（km^2）	发源地	位　置	特　征
小江	大于3 000	—	云阳县双江镇入长江（北）	小江为长江一级支流。小江河谷谷底宽15~50m，两岸悬崖陡峭，相对高差1 000~2 000m，水流落差909m。由于江两岸岩层结构松散，加之河谷两岸植被稀疏，再加上深切割的沟谷十分发育，因而这里极容易形成规模巨大的泥石流
磨刀溪		—	云阳县新津口入长江（南）	磨刀溪河段云阳长江段支流，河道比较小，水流平缓（特别是马滩—磨刀溪河段），人口和耕地集中分布于两岸一、二级台地
汤溪河	1 000~3 000	—	云阳县城东入长江（北）	汤溪河流入云安，首先来到滴翠寺，此处河床平缓，水流平静、缓慢。往下，河床突然下落，并转变方向，先转向南面，再向东转，形成一个半圆弧形，河床一路下降，至石咀，形成1 300m长的急流滩，洪水冲来的碛石在此段沉积，洪水退后成为石板滩。石咀至东井沟，长约800m，河床变缓，洪水期这里成为回水沱，成了沉积带。河水急流到石咀时，直冲南岸，因河床变缓，流速减慢，使河水在北岸回流，因此，泥沙全部在北岸堆积形成沙滩，石夹沙在南岸沉积，下端北岸东井沟冲出的石头在与汤溪河的汇合处堆积成一个小三角洲，河水再次受阻，这样既加剧了中段的堆积，又增大了下游的落差，所以，河水至东井沟以下又是一个急滩，转向东南，流入长江
长滩河	—	—	云阳县东南入长江（南）	长滩河又称永谷水。位于云阳县境东南部，滩多峡长，其间石笋河、老鸦峡、黄陵峡全长数十公里，景点众多，具有险、奇、怪等特点。景色十分迷人，有待大力开发利用。石笋河为长滩河的一段，全长12.5km，两岸峭壁如削，崖壁上溶洞密布，遍山青松、翠柏、冷杉、香樟等奇树异木，时有黄羊、青麂、金猴、野猪活跃其间。老鸦峡全长10km，两岸峰距不足5m，谷底仰望，恰似一线天，滩多水急，有“十里峡谷十里滩”之誉，每当天色转暗，成群乌鸦盘旋峡空，鸣震九霄，形成一幅鸦嬉黄昏的奇丽景色。黄陵峡由黄牛峡、黄金峡、黄连峡、黄岭峡四峡组成，峡峡秀丽，各具特色，两岸峰秀林幽，崖高壁绝，怪石野藤遍布，景色十分迷人

续表

河名	流域面积（km^2）	发源地	位　置	特　征
梅溪河	1 000 ~ 3 000	—	奉节县城东入长江（北）	位于奉节县与长江接口处，长 17km。梅溪河逶迤流经奉节县城东，绕过一大片沙洲碛坝，在白帝城下流入长江。碛坝纵横排列，犬牙交错，粗看来杂乱无章，细看时变化万端，气象万千，这就是昔日诸葛武侯为却东吴陆逊设下的“水八阵”。梅溪河横贯桥口坝温泉风景区，全长 30km，可开发利用河段 8km；宽约 30 ~ 50m，水深 4m，两岸植被茂盛，交通十分便利，210 国道沿河而上，重庆市三期轻轨环绕
大溪	小于 1 000	宁海县境深圳镇西北第一尖（镇亭山）南麓	奉节县大溪乡入长江（南）	白溪最大支流，前人以其溪流之大而称大溪。位于瞿塘峡东口，长江南岸大溪与长江交汇处的三级台阶上，发源于宁海县境深圳镇西北第一尖（镇亭山）南麓。流经深圳镇、黄坛镇、跃龙街道等镇，于跃龙街道马婆园村汇入白溪。流长 37. 2km，流域面积 210km^2
神女溪		巫山县官渡镇香树坪海拔 1 462m 的抱峰山	巫峡腹心地带入长江（南）	神女溪位于长江三峡巫峡的腹心地带，发源于巫山县官渡镇香树坪海拔 1 462m 的抱峰山，自西南流向东北，又折向东流入长江。其上游河段名为“官渡河”，下游峡谷段名为“紫阳河”。神女溪属江峡深谷地貌，在地质年代上是一条幼年期溪沟，其两侧植被原始完好，景观古朴自然，溪幽潭深，地势峻峭，重岩叠嶂，奇山孤石，峰峦突兀，景观奇特。入江口海拔为 75m，河流比降高达 1 387m

2.1　水系景观的视觉美感

“高峡平湖、峡岛相连、山水相依”高度概括了水系景观的视觉美感。

2.2　水系景观类型

沿江水系主要有江河、溪涧、湖泊、岛屿、泉井、瀑布等景观类型（见表 5-2-7）。

沿江水系景观类型　　表 5-2-7

类　型	景　点　名　称
江　河	长江、嘉陵江、乌江、綦江、大宁河、御临河、龙河、小江、磨刀河、汤溪河、长滩河、梅溪河、大溪、神女溪
湖　泊	黄水湖、万州湖、明月湖、天鹅湖、天池、张星湖、新田湖

续表

类　型	景　点　名　称
瀑　布	白龙过江、青龙瀑布、紫阳河瀑布、飞龙瀑布
泉　井	圣姥泉、凤凰泉、白鹿盐泉、白兔井、玉鸣泉、天师泉、天泉飞雨

资料来源：重庆大学建筑城规学院，重庆市园林局，《长江三峡风景名胜区（重庆段）资源调查总报告》，2004年。

2.2.1　江河

江河是长而流动的水体，动感而且具有天然的旖旎风光。在重庆市域内与长江干流交汇，流域面积大于1 000km^2的水系主要有13条，分别是嘉陵江、乌江、綦江、大宁河、御临河、龙河、小江、磨刀河、汤溪河、长滩河、梅溪河、大溪、神女溪。

1）长江

长江是我国第一大江，从江津市羊石镇入境，流经重庆市17个区（市）县，在巫山县碚石镇出境，境内江段长683.8km，占长江总长的10.85%。长江三峡是长江最典型的景观段，三峡是由长江切穿上升的巫山山系而形成高山深谷，峡锁大江，峭壁对峙，连峰叠嶂，惊涛险滩，景色壮丽，神奇的传说，丰富的文物。

2）嘉陵江

嘉陵江是长江第一大支流，发源于陕西省秦岭南麓，流经陕西、甘肃、四川三省，从合川市古楼镇进入重庆市，入境水量275.5亿m^3，从渝中区朝天门处汇入长江。

3）乌江

乌江发源于贵州省威宁县的乌蒙山麓，在酉阳县万木镇进入重庆市。乌江沿酉阳边界流过，经彭水、武隆，从涪陵城东注入长江。河流全长1 020km，流域面积8.69万km^2，境内流域面积2.85万km^2，河长235km。

2.2.2　湖泊

湖泊是在自然地理因素综合作用下形成的，地球的内力作用和外力作用都可以形成湖盆。湖盆的积水部分叫湖泊。三峡库区沿江湖泊共有黄水湖、万州湖、明月湖、天鹅湖、天池、张星湖、新田湖等。

1）万州新田湖

位于万州区五桥街道。是近年新开发的一个风景区，其宽阔的湖面，波光粼粼，禽鸟纷飞，水天一色。游人可泛舟湖上，赏湖景、寻幽静，或参与水上游乐活动。人与自然交互一体，其乐融融。

2）奉节天鹅湖

天鹅湖在奉节县新城乡冉家村，地处县城10km的北山，海拔1 040m。登其顶，可见丘陵起伏，松杉遍野，北部重峦耸翠，错落有致。湖面似双臂曲抱南丘。湖周1km左右，湖滨一古松，高5丈有余，粗可二人合抱，名“聚仙松”。湖东山名牧马场，传说赵云拥兵数万，屯兵于此。湖西山岭如梳背分列，缓缓向下延伸。目前，天鹅湖已被列入奉节县旅游开发计划。

3）忠县天池

在忠县县城西南望水乡境内，海拔千余米的杨眉山主峰顶上。峰顶有一天然水池，深可二、三丈，潴水清涟，四季不涸，故称“天池”。天池一带，林木葱郁，一望无际，林内宽道纵横，颇具林泉花鸟之胜。夏时气候凉爽，是避暑的好去处。清代冯承泽有诗云：“天池高百级，云雾昼沉沉。梅萼迎春早，茶花浸云深。楼悬千树顶，窗纳万峰荫。留宿南村坡，焚香听玉琴。”

2.2.3　瀑布

瀑布是河流的一部分，当河水自河床跌坎或悬崖处倾斜而下时，瀑布就形成了。三峡库区沿江共有瀑布4处，分别是白龙过江、青龙瀑布、紫阳河瀑布、飞龙瀑布。

1）白龙过江

大宁河中游的庙峡深处，两岸绝壁凌空。天晴时，河西的龙头山下，喷洒着清冽雪白的山泉，从危崖峭壁倾泻而下，如缕缕银丝从天而降；而当暴雨过后，山上大量雨水瞬时聚集，由小而大，由短变长，从数百米高的悬崖上跌下又迅速腾起，翻滚着、跳跃着、咆哮着，在烟雾缭绕中，以腾云驾雾之势，凌空飞跨过河，如白色巨龙奔腾呼啸飞越水面，形成“飞瀑峡中过，舟从瀑下行”的罕见奇观，人称“白龙过江”。

2）万州青龙瀑布

位于万州区龙宝街道中部，距万州主城区约34km，景区面积60.13km²，1995年被定为省级风景名胜区，1999年批为重庆市级风景名胜区。

气势壮观的青龙瀑布，位于景区中心青龙河中段。瀑布宽115m，高64.5m，有“亚洲第一瀑布”之誉（著名的贵州黄果树瀑布宽86m，高68m）。其飞瀑直下，轰鸣如雷，撼人心魄。景区内其他主要景观有：仙女滩瀑布、仰佛山、白云洞、东吴折冲大将军甘宁墓、现代诗人何其芳故居等。

3）丰都飞龙瀑布

位于丰都县董家镇飞龙洞村。斑竹河水至此飞流直泻于飞龙洞悬岩深谷，惊涛撞巨石，声若虎啸龙吟。飞龙洞居于瀑后石岩，洞内宽敞，可容数百人。洞内石壁上有清乾隆年间一高僧题刻的《飞龙洞赋》。岩上有石桥，夏日水涨桥被淹，行人可绕道洞中过河，故有“枯水行人桥上过，涨水行人桥下行”的佳话。飞龙瀑布三叠成潭：头瀑宽 29.3m，高 62.6m，瀑布下潭面 2 563m^2；二瀑高 31.5m，潭面 500m^2；三瀑高 10m，潭面 250m^2。

2.2.4　泉井

1）圣姥泉

圣姥泉在瞿塘峡口，白帝山下江边，秋冬水退始见。“石上一罅，人大呼一旁，则泉出，屡呼屡出。”蓄水后将被淹。

2）凤凰泉

白盐山绝壁底段，有一个宽敞的偏岩洞，洞前一大钟乳石，高 8m 左右，底部直径 6m，其形酷似一只凤凰，颈伸入岩隙中，吸饮清泉，“凤身”长满水麻柳树，恰如满身凤羽，头上天生一根小灌木，正象凤之顶冠，清风拂过，绿羽翩翩，栩栩如生。凤凰泉西去 8m，偏岩洞上端边缘，青草中倒悬奇石，形若青蛙，屈抱两腿，昂首仰望，形态逼真。蓄水后将被淹。

3）七女潭

传说七女潭为七仙女下凡沐浴的地方，其景观令人神往。在上升峰与一线天河之间有七个碧波清潭，在阳光的照射下熠熠生辉，反射出五颜六色的夺目光辉。潭与潭之间皆以飞瀑相连犹如长藤结瓜，连绵数里。在潭边天然生有一线排开的七个圆形石窠，每个直径约 2m，深 1m，其内壁光滑无痕，清亮如镜，相传是仙女们沐浴后留下的“天赐浴盆”。而尚待勘察命名的溶洞峰峦更是不计其数。

2.2.5　三峡水库蓄水后的沿江水景新风貌

三峡水库蓄水后，将形成高峡平湖景观。届时水深增加，流速减缓，流态稳定，彻底改变了被视为畏途的川江航道；水质清澈，呈现一个烟波浩淼，两岸奇峰屹立的平湖风光。三峡特有的中、远景视觉效果，仍保持原有的自然景观特色。因此三峡建坝后，三峡的景观将更壮美。

三峡水库蓄水后，库水沿溪伸展，为山高水险、交通不便的支流风光的开发提供舟楫之便，使游人有可能进入幽谷深涧，饱览新的自然风光。

三峡水库蓄水后，由于水位抬升，临江现有景区（点）景观必然发生变化，或全沉水下，或处部分淹没状态，或被水面环绕成岛。就峡谷而言，峡感有所减弱，峡内次级景点部分被淹或完全被淹。——峡区原有的滩多水急的风光消失了，换来了万顷碧波，湖光山色；峡谷河段，仍有“山塞疑无路，湾回别有天”之感（见表 5-2-8）。

三峡水库蓄水后重庆段新增的水系景观 表 5-2-8

类型	一级	二级	三级	小计
湖泊	白帝湖、石宝湖、涪陵湖	巫山湖、大昌湖、万县湖	开县湖、渠口湖、高阳湖、南溪湖	10
岛屿	白帝岛、石宝岛	逍遥岛、隍华岛、双江岛、独猪嘴半岛、名山半岛	葫芦岛、马鞍岛、中兴岛、南平岛、狮子岛、团山岛、南溪岛	14

资料来源：国家六部委，《长江三峡区域旅游发展规划》，2004 年。

2.3 水系廊道结构

由于重庆市域内自然条件复杂，受地质岩性影响，除西北部为树枝状水系外，其余广大地区均属网格状水系。基于“一主四副十五支”生态景观带的构建，构建网络状的水系廊道格局（见图 05-02-01）。

2.3.1 主干廊道——长江、嘉陵江、乌江、綦江、大宁河

主干廊道犹如重庆市的景观项链，向人们展示重庆景观形象的画廊。主干廊道包括“一主四副”，分别是长江生态景观带、嘉陵江生态景观带、乌江生态景观带、綦江生态景观带、大宁河生态景观带。主干廊道是重庆市的生态绿谷，支撑地域持续发展的生态动脉，提升三峡库区乃至重庆市的绿色生产力。同时制造生态资源，配送生态养分，宛如生生不息的生态动脉，通过树枝状或网格状的生态网络，将绿色生态资源和养分输送到整个城市，以确保城市及区域的健康成长和发展。

2.3.2 次干廊道

次干廊道包括御临河、龙溪河、小江、磨刀溪、龙河、汤溪河、梅溪河、大溪、塘河、壁河、木洞河、渠溪河、黄金河、汝溪河、神女溪。

2.3.3 19 个景观节点——江河交叉口

19 个景观节点分别是长江—嘉陵江交叉口，长江—乌江交叉口，长江—綦江交叉口，长江—大宁河交叉口，长江—御临河交叉口，长江—龙溪河交叉口，长江—小江交叉口，长江—磨刀溪交叉口；长江—汤溪河交叉口，长江—龙河交叉口，长江—梅溪河交叉口，长江—大溪河交叉口；长江—塘河交叉口，长江—壁河交叉口，长江—木洞河交叉口，长江—渠溪河交叉口，长江—黄金河交叉口，长江—汝溪河交叉口，长江—神女溪交叉口（见表 5-2-11 和图 05-02-02、05-02-03、05-02-04、05-02-05、05-02-06、05-02-07、05-02-08、05-02-09、05-02-10、05-02-11、05-02-12）。

3. 水系景观的规划与建设控引

水系景观的规划与建设应遵循生态学原理，以植物造景为主，自然景观与人工景观有机统一，充分考虑滨水景观的天际轮廓线，依据不同的生态岸型形成不同的滨水景观类型，同时强调建成区的滨水绿地与城郊的滨水绿地要有机衔接、相互融合，形成和谐统一的水系廊道景观体系（见表5-2-9、5-2-10、5-2-11）。

长江干流水系廊道分区景观建设与规划控引　　表5-2-9

典型区段	分布位置	水系廊道景观规划与建设控引
沿江城区	江津城区、都市区、长寿城区、涪陵城区、丰都城区、忠县城区、万州城区、云阳城区、奉节城区、巫山城区	在条件允许的情况下，水系两岸景观带至少规划平均各100～150m绿化带。在城区滨水带每隔800～1 000m处设置休闲景观节点，宽度控制在200～250m之间，布置观景平台和观景塔。沿江以居住与文化景观带为主，以居住区绿化、运动休闲绿化与滨水绿化相融合。因地制宜，创造性地与自然地形、地貌相结合，体现多样化的城区风貌
沿江中心镇	铜罐驿、珞璜、鱼嘴、木洞、洛碛、珍溪、高家、乌杨、西沱、武陵、云阳、故陵	在条件允许的情况下，水系两岸景观带至少规划平均各150～200m绿化带，在城区滨水带根据需要适当设置休闲景观节点，布置观景平台和观景塔。结合村镇居民点的建设，加强村镇滨水休闲景观的建设，突出滨江历史文化名镇的景观特色
沿江工矿区	江津（德感上游城区边缘、珞璜镇）、都市区（鱼嘴、钓鱼嘴、铜罐驿、重钢厂、重庆电厂、九龙坡集装箱码头、东风造船厂码头）、长寿（川染厂、长化厂）、涪陵（李渡南岸磷肥厂、李渡北岸工矿、城区下游北岸工矿区、清溪镇南岸及下游北岸电站）、丰都（名山镇上游工矿、麻坝下游北岸氮肥厂）、忠县（城区火电厂、化工厂、白水泥厂）、万州（南段多处工矿、城区北岸工矿仓库）、云阳（故陵镇工矿区）	1）污染型厂矿企业，高耸的烟囱和浓烟对景观和环境都造成极大的影响。针对现状工业岸线，整治堤岸沿线的违章建筑和质量差的厂房，并对堤岸内外作景观化处理。在条件允许的情况下，建议将周边的整体或部分区段置换成居住和商业用地，以利于滨水公共空间的形成。如果近期无法搬迁的企业，通过绿化缓冲带的建设进行景观的美化。 2）沿江两岸平均规划150～200m的绿化景观带，建议以风景林为主，在置换成居住或商业建筑的地块上设置公共活动景观节点。面积不少于5 000m^2。 3）沿江两岸可视区域内，严禁新的污染工矿企业的进驻
航运码头	江津、都市区、长寿、涪陵、丰都、忠县、万州、云阳、奉节、巫山	1）城镇航运码头现状结构形式主要为斜坡式，集镇主要码头结构简单，多为梯步、自然岸坡、简易下河公路，设施简陋。 2）建议客运码头的整治或建设结合滨江绿化带，设置观景平台和观景塔，建设滨水公共活动空间。滨江绿化带的控制宽度在30～100m之间。 3）新建的货运码头按相关的专项规划进行，建议控制缓冲绿化带30～50m；已建成的货运码头应限制其向外扩张，周边地段规划20～30m的防护林带建设，有条件时向外搬迁，置换出土地建设公共活动空间和风景林带

续表

典型区段	分布位置	水系廊道景观规划与建设控引
煤码头	江津、都市区、长寿、涪陵、三都、万州、奉节、巫山	1）煤码头现状设施简陋，通常伴以水泥护体，颜色黯淡，与周围景观极不协调。码头在运输装卸和雨水的作用下容易造成煤渣流入长江，污染长江水质。 2）沿江煤码头应集中设置，建设封闭式装卸运输通道，对通道的造型要进行景观化处理，加强码头周边的规划控制，规划缓冲绿化带至少30m，以风景林为主
风景区	铁山坪风景区、南山风景区、名山风景区、白鹤梁风景区、忠县石宝寨、云阳张飞庙、奉节白帝城、瞿塘峡、巫峡	沿江风景地段要予以保护和修缮，严格遵守《风景名胜区管理暂行条例》的相关规定。严禁在风景区段沿江5 000m的范围内进行任何破坏景观的建设活动。通过合理规划与建设突出景观亮点，强化景观的人文背景，提升景观价值
林地、草地耕地、荒山	沿江区域	注重沿江生态保护，严格根据政策退耕还林、封山育林，在沿江5 000m的非建设用地范围内规划建设生态防护林、水源涵养林，同时建设以自然的河漫滩植被、湿地和农田为特征的景观带。加强对耕地等农业环境的保护，防止植被破坏、水土流失、水源枯竭、种源灭绝以及其他生态失调现象的发生和发展，推广植物病虫的综合防治，合理使用化肥、农药及植物生长激素

沿江水系廊道的分级规划与建设控引　　表5-2-10

类别	名称	规划与建设控引
主干廊道	长江	在水源保护地段或一级保护区域的两侧建设各宽约500～1 600m的永久性水源涵养林带，其他地段规划两岸平均各100～200m的绿化控制带，绿化带以造林为主，根据周边的环境进行景观设计，局部区段结合游憩设施建设公共活动景观节点，形成滨水休闲空间
	綦江、嘉陵江、乌江、大宁河	在水源保护地段两侧建设各宽约500～1 000m的永久性水源涵养林带，其他地段规划两岸平均各100～150m的绿化带，绿化带以植物造景为主，根据周边的环境进行景观设计，局部区段结合游憩设施建设公共活动景观节点，形成滨水休闲空间
支干廊道	御临河、龙溪河	在水源保护地段两侧建设各宽约500～1 000m的永久性水源涵养林带，其他地段规划两岸各80～100m的绿化带，绿化带以植物造景为主，根据周边的环境进行景观设计，局部区段结合游憩设施建设公共活动景观节点，形成滨水休闲空间
	龙河、小江、磨刀河、汤溪河、长滩河、梅溪河、大溪、神女溪	规划两岸平均各50～80m的绿化带，重要地段建设生态景观节点与公共景观节点

长江与其支流交叉口景观保护等级与规划建设控引　　表 5-2-11

节点名称	位　置	景观特征及保护等级	规划与建设控引
长江—嘉陵江	渝中区朝天门处，合川市古楼镇，长江北	1）视线所及是城市建筑景观，形象破旧，卫生状况较差，沿江绿量严重缺乏。 2）交叉口北侧为一级景观保护区；交叉口南侧江主立面皆为一级景观保护区	1）交叉口南侧，加强码头区的环境卫生整治，对沿江硬质堤岸作景观化处理，增设滨水绿化带，在硬质场地上加种高大乔木，给游人提供一个林荫活动空间。特别在一级景观保护区域内，通过绿化进一步柔化、美化景观界面。 2）交叉口北侧，进一步梳理岸型，采用生态化设计，结合码头开辟滨水林荫休闲活动区。一级景观保护区内，以滨水绿化带建设为主，整治现有脏、乱、差的形象，严禁新建影响景观的建筑物与构筑物
长江—乌江	涪陵县城东，酉阳县万木镇，长江南	1）交叉口北岸绿化较好，有新建的白岩寺等景观名胜，其余为耕地。沿江 400m 区域为一级保护区。 2）交叉口的西侧为涪陵区建成区，主要为城镇用地，山地建筑特色鲜明，建筑群落紧凑，层次感分明，但缺乏绿化衬映，水泥大堤形式呆板，色彩单调。沿长江 400m 的区域为一级保护区域；沿长江 400～800m 的 30% 的区域为一级保护区，70% 的区域为二级保护区域。 3）交叉口东侧沿长江 400m 区域为城镇用地，为一级保护区域。沿乌江 400m 区域为二级保护区域	1）严禁在视线所及处进行大规模的建设活动，梳理对景空间内的岸线，加强岸堤的绿化缓冲带的建设。进一步美化现有建筑的外立面造型与色彩。 2）沿江 400m 区域内加强景观绿化带的建设，开辟楔形生态绿廊实现沿江景观向城区的渗透。 3）加强沿江岸线的整治，沿江大堤急需整治更新，进行生态化设计，采用多样化的手段美化江堤。 4）加强滨水休闲活动空间的开辟
长江—綦江	江津市顺江镇，长江南，九龙坡区铜罐驿镇对岸	1）交叉口的西侧主要为耕地，沿江 400m 区域内为一级景观保护。 2）交叉口东侧主要为耕地和林地，沿江 200m 的区域内为一级景观保护区，沿江 200～400m 的区域内 50% 为一级景观保护区，50% 为二级景观保护区	1）加强江岸蔬菜地膜的整治，采用具有经济价值的风景林进行退耕还林。 2）加强对景空间范围内的沿江岸线的梳理，加强绿化处理，美化沿江立面，增加亲水性与艺术性

续表

节点名称	位　置	景观特征及保护等级	规划与建设控引
长江—大宁河	巫山县城东，长江北	1）交叉口西侧主要为城镇用地，分布于四级阶地及阶地以上的丘陵地带，该区域视觉敏感度极高，滨水大坝对景观破坏严重。沿江 400m 的区域为一级保护区，800m 区域部分为二级保护区； 2）交叉口的东侧以林地、耕地为主，分布有部分农田，沿江区域皆为一级保护区	1）交叉口的西侧主要为城镇用地，分布于四级阶地及阶地以上的丘陵地带，该区域视觉敏感度极高，滨水大坝对景观破坏严重。在一级保护区域内，加强阶地和滨水大坝的植被恢复、沿江滨水休闲区的建设，增强滨江区的亲水性与艺术性，严格保护优美的山体轮廓线。 2）交叉口的东侧以林地、耕地为主，分布有部分农田，该区域以植被的保育和恢复为主，有条件的情况下，将部分耕地进行退耕还林
长江—御临河	江北区太洪岗，长江北	主要以耕地为主，三级景观保护区	加强沿江岸线的梳理，以生态景观节点的建设为主要目标，适当开辟人工休闲设施，增加滨江带的亲水性
长江—龙溪河	长寿区，长江北	一级景观保护区	加强沿江岸线的梳理，以生态景观节点的建设为主要目标，适当开辟人工休闲设施，增加滨江带的亲水性
长江—磨刀溪	云阳县新津口，长江南	一级、二级景观保护区	加强沿江岸线的梳理，以生态景观节点的建设为主要目标，适当开辟人工休闲设施，增加滨江带的亲水性
长江—小江	云阳县双江镇，长江北	一级景观保护区	加强沿江岸线的梳理，以生态景观节点的建设为主要目标，适当开辟人工休闲设施，增加滨江带的亲水性
长江—龙河	丰都县城（名山镇），长江南	一级景观保护区	加强沿江岸线的梳理，以生态景观节点的建设为主要目标，适当开辟人工休闲设施，增加滨江带的亲水性
长江—梅溪河	奉节县城东，长江北	一级景观保护区	加强对景空间范围内的绿化建设，严格保护山体的天际轮廓线，严禁在视线所及处建设大型的人工设施
长江—汤溪河	云阳县城东，长江北	一级景观保护区	加强沿江岸线的梳理，以生态景观节点的建设为主要目标，适当开辟人工休闲设施，增加滨江带的亲水性
长江—大溪	奉节县大溪乡，长江南	一级景观保护区	加强对景空间范围内的绿化保护与建设，严禁在视线所及处建设大型的人工设施，确保山体天际轮廓线的完美层次，适当营建能体现大溪景区意象的设施
长江—塘河	江津市，长江南	二级景观保护区	加强沿江岸线的梳理，以生态景观节点的建设为主要目标，适当开辟人工休闲设施，增加滨江带的亲水性
长江—壁河	长江北	二级景观保护区	
长江—木洞河	巴南区，长江南	以耕地为主，二级景观保护区	
长江—渠溪河	长江北	一级景观保护区	

续表

节点名称	位　置	景观特征及保护等级	规划与建设控引
长江—黄金河	长江北	二级景观保护区	加强沿江岸线的梳理，以生态景观节点的建设为主要目标，适当开辟人工休闲设施，增加滨江带的亲水性
长江—汝溪河	长江北	二级、三级景观保护区	
长江—神女溪	巫峡县腹心地带，长江南	交叉口以林地为主，对景处有净坛峰、上升峰，有较好的景观效果。为一级景观保护区	图中红色区域以林地为主，严禁一切人工的建设活动，加强对景空间的景观保护，加强植被的保护与培育

3.1　水系景观的规划与建设指导思想

3.1.1　加强环境整治和建设，营造两岸良好的生态环境

水环境的改善是滨水环境改造的关键。水环境的改善不仅要减少污染源与污染物的排放量，更要注重整个流域生态系统建设与环境保护，并从法律制度上予以保证。

3.1.2　延续当地的文脉、建立生态性区域，强化城市形象特征

3.1.3　严格保护历史文化遗产及优美的自然风景区

3.1.4　培育高质量的滨江区域

滨水区自然环境得天独厚，应作为城市主要公共空间使用，成为整个城市公共空间系统的核心与主轴。提高滨水区域的文化内涵。

3.1.5　利用自然、传统文化及特色产业发展

3.1.6　加强滨水绿化带的建设

城市内部滨水绿化带的建设应以自然朴素的风景林为主，强调与城郊沿江绿色廊道的连续与呼应，避免过份的精雕细琢，提倡生态河堤的建设。城市内部滨水绿化带的重要节点处加以艺术化处理，形成视觉焦点，与城区的景观体系融为一体。城郊的沿江滨水绿带以防护林与风景林相结合，强调生态系统的水源涵养功能。在水源保护地两侧建设各宽约 500 ~ 1 000m 的永久性水源涵养林带，形成净化水质和防止水土流失的防护林网。

3.2　水系廊道的分级规划与建设控引

3.2.1　主干水系廊道

主干水系廊道包括长江干流、嘉陵江、綦江、乌江、大宁河等河流廊道。

1）用地控制

沿主干水系两岸，因地制宜地进行绿化带的控制，规划两岸平均各 100 ~ 150m 的绿化带。在水源保护地段两侧建设宽各约 500 ~ 1 000m 的永久性水源涵养林带，重

要地段建设滨水景观节点（生态景观节点、公共活动景观节点），控制绿化带宽度两侧平均各200～500m。

主干水系廊道的重点建设地段是指风景地段和各区县的城区段（见表5-2-9）。

2）建设时序

近期建设区段——水源保护地段、工业区段、生活区段

中期发展区段——功能置换的工业区段（商业综合用地、商业金融用地）

远期发展区段——城郊自然区段

3.2.2　支干水系廊道

支干水系廊道包括御临河、龙溪河、小江、磨刀溪、龙河、汤溪河、梅溪河、大溪河、塘河、壁河、木洞河、渠溪河、黄金河、汝溪河、神女溪等水系廊道。

1）用地控制

沿支干水系，因地制宜地进行水系两岸的绿化带控制，规划两岸平均各50～80m的绿化带。滨水城区或风景地带等重要地段建设滨水景观节点（生态景观节点、公共活动景观节点），控制宽度两侧平均各100～300m。

支干水系廊道的重点建设地段是指风景地段和各区县的城区段。

2）建设时序

近期建设区段——水源保护地段、工业区段、生活区段

中期发展区段——功能置换的工业区段（商业综合用地、商业金融用地）

远期发展区段——城郊自然区段

沿江水系廊道的分级规划与建设控引如表5-2-10所示。

3.3　水系岸线规划与建设控引

根据沿江干流与支流岸线的现状，提出两种建设措施：生态维护，整合更新。

生态维护主要针对生态环境较好的自然区段，除维护养护外，不做过多的人工开发。为未来重庆市民提供一处自然生态休闲场所，考虑景观休闲活动的功能要求，在城区段的滨水带每隔500～800m处设置休闲景观节点，布置观景平台和观景塔。在水网密集的城区地段设置湿地生态公园，每个休闲景观节点控制建设面积2～4hm^2。

整治更新主要针对现状工业岸线的区段，在控制开发的用地范围内整治堤岸沿线的违章搭建和质量差的工业厂房并对堤岸内外作景观化处理，在条件允许的情况下，建议将周边的整体或部分区段置换成居住或商业用地，以利于滨水公共空间的形成。

3.4　水系廊道的景观规划与建设控引

3.4.1　景观带的规划与建设

1）自然景观带

自然景观带是由生态维护岸线形成的：一，以自然的河漫滩植被、湿地和农田

为特征的景观带；二，以自然涵养林和生态防护林为主要特征的景观带。

2）综合景观带

综合景观带是由整治更新岸线形成的，周边为新旧建筑、工业、居住、商业建筑并存，规划建议以风景林为主，重点地段设置公共活动景观节点，成为城市公共休闲空间的有机组成部分。

3）居住与文化景观带

居住与文化景观带指沿岸周边是居住用地与各类文化性公共设施，以滨江小高层、多层住宅、文体类设施为主体，以居住区绿化、运动休闲绿化与滨水绿化相融合的景观带。

3.4.2　景观节点的规划与建设

滨水廊道在景观带建设的基础上，在城区重要地段或生态环境较好的区段，以及河流交汇处，建设公共活动景观节点或生态景观节点。本研究针对主要的景观节点进行了特征分析与保护等级的划分，同时提出了规划与建设控引措施。（见表5-2-9、5-2-11和图05-02-02、05-02-03、05-02-04、05-02-05、05-02-06、05-02-07、05-02-08、05-02-09、05-02-10、05-02-11、05-02-12）。

3.4.3　景观桥梁的规划与建设

桥梁作为滨水绿地的重要景观元素，每座桥均应为景观桥梁，至少应该采取景观强化措施，注意桥梁的风格、材料、色彩等（见表5-2-12）。

景观桥梁的规划与建设控引　　表5-2-12

类　型	桥　名	景观强化措施	桥头两侧控制绿地
已建大桥	江津大桥、观音岩大桥、粉房湾大桥、马桑溪长江大桥、李家沱大桥、鹅公岩大桥、石板坡长江大桥、黄花园大桥、大佛寺长江大桥、长寿长江大桥、涪陵长江大桥、余家湾长江大桥、丰都长江大桥、忠县长江大桥、万州长江大桥、云阳长江大桥、巫山长江大桥	维护桥体、整治桥头景观	两侧平均控制各30～50m的绿化带，有条件的区段，建议开辟滨水绿地
规划桥梁	奉节大桥等20座	强化塔柱个性化、强化两侧步行平台	两侧设置滨水绿地，沿江绿化带平均宽度大于50m，有条件的地段桥头必须留出至少2～$4hm^2$土地作为桥头公园

第三章　长江三峡库区（重庆段）沿江绿色景观评析

在本研究中，长江三峡库区（重庆段）沿江绿色景观包含了沿江两岸纵深各5km的林地绿色景观和农用地绿色景观两方面。从景观生态规划角度来看，沿江绿色景观的研究不仅要从生态学角度科学分析农林绿色资源的现状，探讨其存在的相关问题并提出针对性整改建设措施，还要从旅游景观需求方面来建设三峡库区沿江两岸的绿色景观，通过营造季相色彩变化丰富、富有地域特色的农林绿色景观，提升三峡库区的整体景观形象。

1. 植被资源概况

由于长期以来人为活动的剧烈影响，三峡库区天然植被尤其是森林植被的分布面积已十分狭小，且多处于次生状态。库区地带性植被常绿阔叶林仅在极少数地区残存。长江南岸森林植被类型在石柱县境内分布比较集中，长江北岸天然森林植被（马尾松、柏木等除外）主要分布在靠近神农架林区的局部山区，如巫溪县白果林场等。库区人类开发活动对植被类型及组成影响强烈，在600m以下的低海拔地区，由于居民较多，大多已开垦为农田、果园，森林极少，且多分布在海拔1 000m以上的陡峭山区。600～1 000m的中海拔地区是一个过渡地带，由低至高森林植被逐渐增多而农田逐渐减少。三峡库区灌草丛多为退化的次生类型，黄荆灌丛、黄栌灌丛、马桑灌丛最为常见，分布的海拔范围也较大，占库区灌丛的绝大部分。草丛类型中最常见的是黄茅草丛、白茅草丛、荩草草丛等，绝大多数为退化荒坡上演替的先锋群落。

2. 森林植被类型划分

据国家环境保护总局《长江三峡工程生态与环境监测公报》（2005），库区主要森林植被可划分为2个植被型组、6个植被型、11个植被亚型、23个群系组、76个群系。灌丛植被可分为5个群系组、16个群系，见附表1。

3. 植被资源分析

3.1　林地面积

三峡库区现有林地面积180.68万hm^2，其中森林地116.46hm^2，灌木林地59.76万hm^2，疏林地3.30万hm^2，未成林造林地1.07万hm^2，活立木总蓄量7 446.0万m^3（见表5-3-1和图5-3-1）。库区森林覆盖率仅为21.3%，低于长江上游地区27.8%的平均水平，库区沿江两岸森林覆盖率不足5%，与水库安全要求的覆盖率35%～40%相差甚远。此外，在石灰岩区还有灌丛草坡，植被覆盖率为35%，但放牧和垦殖也加剧了水土流失。

长江三峡库区（重庆段）与重庆市林地面积构成　　表5-3-1

项　目		有林地	灌木林地	疏林地	未成林造林地	苗圃	宜林荒山	合计
全市	面积（万 hm^2）	184.25	90.68	14.05	8.14	0.15	0.12	297.39
	比例（%）	61.96	30.49	4.72	2.74	0.05	0.04	100
三峡库区	面积（万 hm^2）	116.46	59.76	3.30	1.07	0.03	0.06	180.68
	比例（%）	64.46	33.07	1.82	0.59	0.02	0.03	100

资料来源：《重庆市生态环境调查报告》，2004年。

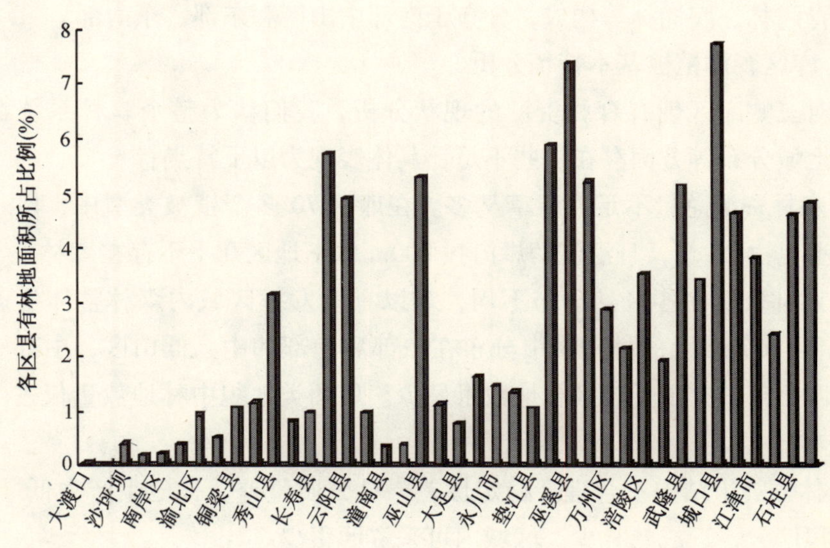

图5-3-1　长江三峡库区（重庆段）周边区县有林地面积比重图

3.2　林分

三峡库区拥有用材林31.63万 hm^2，占林地面积的87%，而经济林、防护林、薪炭林仅占13%。用材林中幼龄林、中龄林、成熟林面积分别为13.95、12.12、5.56 hm^2，各占44.14%、38.32%、17.54%。从林分起源看，天然林占67.33%，人工林占32.67%。全区林木年生长量502.76万 m^3，活立木蓄量7 446.0万 m^3，其中天然林和人工林活立木蓄量分别为2 221.9和5 224.1万 m^3，各占70.16%、29.84%。

3.3　森林郁闭度

根据长江防护林科研课题成果，三峡库区林地中乔木层郁闭度≤0.5、灌木层盖度30%左右、草本盖度60%左右的林分为偏低效林分；乔木层郁闭度小于0.4、灌木层盖度10%～20%左右、草本盖度40%以下的林分为低效林分。据统计，库区区域内郁闭度0.5的林分占疏林和林分总面积的17.77%；小于或等于0.4的林分面积达712万 hm^2，占疏林和林分总面积的40.23%。

3.4 森林植被类型及其空间分布

（1）针叶林植被型组，主要指暖性针叶林植被型，包括暖性落叶针叶林、暖性常绿针叶林两个群系，如日本落叶松林、水杉林、马尾松林、油杉林、杉木林、柏木林等；暖性常绿针叶林在平行岭谷区、大巴山、巫山、大娄山和武陵山支脉的中山、低山等处广泛分布。暖性落叶针叶林分布区域较小，主要在黔江地区有小块状分布。

（2）常绿、落叶阔叶混交林植被型主要由落叶、常绿阔叶混交林群系构成，分布于大巴山和巫山山脉所形成的中山区，即巫山县、巫溪县一带。

（3）常绿阔叶林是主要的植被型，在重庆表现为典型常绿阔叶林群系，主要由栲树林、青冈林、润楠林等构成，分布于南部中山区和东部、东南部。

3.5 库区森林植被基本特征分析

通过对三峡库区现有森林资源的现状分析，我们认为整个森林系统在林种结构、林地地域分布等方面存在一些不足，具体表现为以下特点：

（1）森林资源总量不足，灌草丛多。在库区70多个植被类型中，以森林为主的植被类型只占25个，且沿江两岸海拔800m以下地区几乎不存在森林。

（2）森林资源在各区县分布不均，难以有效发挥区域内森林整体生态环境效益。全市89.86%以上的林地集中分布在东部和南部的中、低山区，中部平行岭谷区次之，西北部的方山丘陵区林地数量最少。后两类地貌中林地数量仅占全市总量的10%左右。

（3）林分龄组结构不合理，稳定性差，林分质量差，林地生产力低。库区幼、中龄林面积偏大，近成熟林少，区域内可采资源很少。

（4）林分林相简单，树种组成单一，森林防护效益低，生态效益差。区域内人工纯林包括人工次生林和经济林，主要分布于海拔600m以下立地条件差的坡地。

4. 沿江绿色景观生态特征分析

在了解库区地质构造、地貌特征、气候类型、植物种类组成、立地条件等自然地理特征和区域人类社会经济活动的综合影响的基础上，结合2002年8月的Landsat ETM+卫星遥感影像图及其土地利用解译图，运用ArcGIS提取库区沿江区域高程分带、地形起伏度、坡度、水文特征（流域面积、水流方向、流水累积量）等生态信息，与库区植被分布进行叠加分析，将三峡库区沿江绿色景观划分为三大类，即库区西部平行岭谷低山丘陵偏湿性常绿阔叶林绿色景观区，库区中部平行岭谷低山丘陵常绿针阔混交林绿色景观区和库区东部低山中山峡谷暖湿常绿阔叶林绿色景观区。

4.1 库区西部平行岭谷低山丘陵偏湿性常绿阔叶林绿色景观区（见表5-3-2）

此绿色景观区整体处于川东平行岭谷区域内，地貌类型以浅、中丘陵和低山为主，气候属亚热带湿润季风气候区，土壤以紫色土和黄壤土为主。森林植被以常绿阔叶林为主体，林相结构简单，林分树种单一，以针叶纯林居多；幼、中龄林多，近、成、过熟林少，龄组结构不合理。

4.1.1　江津

地处四川盆地东南边缘，云贵高原北坡大娄山余脉梯间过渡地带，境内山丘密布，河流纵横，地貌以丘陵兼低山为主。本区地处北半球亚热带湿润季风气候区。土壤有紫色土、水稻土、黄壤土和冲积土4个类别。

森林植被北部以散生马尾松、栲树、杉木残次林为主，南部以亚热带常绿阔叶林为主，其次有落叶阔叶林和暖叶针叶林，共3种植被类型7个群系。经济作物主要有桃、梨、李、柑橘、青果、荔枝、龙眼、甘蔗、花生、蚕桑、烟叶等数十种，以柑橘最为著名。

总之，沿江绿色景观整体呈现“一江两纵多片”的空间布局形态，密林片区呈南北纵向条带状垂直于长江干流方向，沿平行岭谷零星分布于白沙镇、仁沱镇、珞璜镇，应充分保护，发挥其水土涵养功能；疏林片区呈斑块状散布于长江两岸的慈云镇、先锋镇、仁沱镇、珞璜镇，应实施封山育林，并种植阔叶林演替现存次生针叶林；其余耕地及荒草地片区沿江岸山系呈片状分布。

4.1.2　都市区

本区地处中亚热带湿润季风气候区，全区地貌上属川东褶皱带构造，以剥蚀构造为主，以浅中丘陵为主，土壤主要由黄壤、紫色土、潮土和水稻土4类土壤组成。境内没有重要的山脉，只有一些侵蚀剥蚀而成的丘陵山丘，森林植被主要为人工次生马尾松林，零星分布有小块状香樟、木荷、杉木、楠木等常绿树种和枫香、木姜子、刺桐、黄桷树、刺槐等落叶树种。

沿江绿色景观整体呈现“一江一斑三纵多片”的空间布局形态，密林片区呈南北纵向条带状垂直于长江干流方向，沿平行岭谷分布在都市区两翼，区内沿江存在三大片条状密林区，分别分布于大渡口区的跳蹬镇，九龙坡区的华岩镇、石板镇，巴南区的南泉镇、花溪镇，南岸区的长生桥镇，渝北区的石坪镇、洛碛镇、麻柳沱镇，南岸区的鸡冠石镇、广阳镇，江北区的鱼嘴镇、五宝镇，密林分布相对较为集中，但由于本区人为活动干扰严重，植被多为人工栽种的马尾松等落叶树种，自然生态功能受到较大影响，应确定保护林区，减少人为破坏，同时通过经济林的开发，增加区内树种的丰富度，提高生态服务功能。一连续疏林片区斑块分布在南岸区，长江南岸的巴南区的鱼洞街道、丰盛镇以及云阳县的青山镇的块状斑块内，应加强封育，避免区内强大的人类活动对植被的进一步破坏。受强烈的人为开发活动的影响，耕地及荒草地片区沿江岸山体呈片状大面积分布于都市区周围。

4.1.3　长寿

属四川盆地中亚热带湿润气候区。境内受苟家场、明月峡、铜锣峡三条背斜和岩性控制，形成川东平行岭谷地貌，呈典型“三山两坝”的“隔档式”地貌，地势由东北向西南阶梯状下降。区境内土壤有黄壤、紫色土和石灰土三大土类。

植被分布有5个植被型18个植被群系。主要有低山带常绿阔叶林（栎类林、马尾松林、杉木林、柏木林、大径竹林、小径竹林）、落叶阔叶灌丛和禾草丛。组成天然林的乔木树种主要是樟属、楠属、青冈属、木荷、栲属、栎属及光皮桦、枫香、樱、马尾松、柏木等。常见下木和地被植物有杜鹃、黄荆、小铁仔、南烛、马桑、小铁仔、蔷薇、悬钩子、风尾蕨、里白、金粉蕨、紫萁、芒、黄背草、野古草、扭黄茅、知风草、莎草、苔草等。

区境森林分别以东山和西山两条山脉为中心聚集，集中分布在低山深丘地区，与长寿的地貌走向状况一致。集体林分布于36个乡（镇），呈高度破碎状零星分布，生态功能较弱。森林资源的树种结构以针叶纯林居多，生物多样性水平低，生态功能弱化。现有森林在低山深丘地带分布比较集中。

沿江绿色景观整体呈现“一江一纵两大片”的空间布局形态，一连续密林片区呈南北纵向条带状垂直于长江干流方向，沿平行岭谷集中分布在城区下游处江南镇与但渡镇内，密林区内以针叶纯林为主，因此区内绿色景观的生态功能很弱。应加强林业建设，增加区内林地面积，提高林地质量，合理搭配树种，提高生物多样性，充分发挥林业资源的生态功能。一连续疏林片区斑块状分布在长寿城区与涪陵城区两条密林片区间区域；而耕地及荒草地片区亦受夹于长寿城区与重庆都市区两片密林片区之间区域，沿长江干流流域方向片状分布在长寿城区上游及其周围。

4.1.4 涪陵

地处四川盆地东南部边缘，是川东平行岭谷褶皱带与川黔南北构造带交接的过渡带。境内地势以低山丘陵为主，土壤分水稻土、紫色土、山地黄壤土、黑色石灰土4个类别。本区地处中亚热带湿润季风气候区，森林植物顶级群落为中亚热带常绿阔叶林，植被主要有针叶林、阔叶林、竹林、灌丛、草地等5个类型。现有森林植被绝大部分为天然起源的多代马尾松、柏木、栎类次生林，少部分为人工营造的松、杉、柏针叶林及经济林、竹林。林下植物主要有火棘、杜鹃、黄荆、马桑、盐肤木、蔷薇科、茅草、蕨类等。区境内还有天麻、三棵针、阔叶十大功劳、刺黄连、山楂、薄荷、桔梗等药用植物上百种。

本区森林资源较为丰富，天然林多，人工林少，但地域分布不均匀；林相结构简单，林分树种单一；境内森林幼、中龄林多，近、成、过熟林少，龄组结构不合理。

涪陵沿江绿色景观整体呈现以城区为中心的放射状空间布局形态，其中密林片区沿平行岭谷呈南北纵向条带状垂直并穿越长江干流，分布在石沱镇、义和镇、酒店乡、龙桥镇、百胜镇、珍溪镇，由于天然林较多，对周围森林有一定的辐射作用，应予以保护，防止天然林分的退化，同时为城区居民提供较好的森林绿色资源；在江南岸亦辐射延伸分布有一连续片状的疏林，主要分布在石沱镇、义和镇、镇安镇、李渡镇、致韩镇、清溪镇、南沱镇，疏林区面积较大，为城区提供了较好的绿色景观，也应进行保护，充分发挥疏林地生态服务功能。另外，顺沿城区往下游沿江两岸连续片状分布耕地及荒草地。

4.2 库区中部平行岭谷低山丘陵常绿针阔混交林绿色景观区（见表5-3-2）

此绿色景观区整体处于川东平行岭谷与盆周山地的过渡地带，地形地貌以丘陵低山为主，气候属中亚热带东南季风气候，地带性土壤为黄壤、黄棕壤和紫色土。森林植被属亚热带绿阔叶林带，林分树种单一，林相结构简单，林种结构不合理，以针叶纯林居多；幼、中龄林多，近、成、过熟林少，龄组结构不合理。

4.2.1 丰都

本区地处川东平行岭谷与盆地东南边缘山地的交接地带，属亚热带湿润季风气候区。地形可分为山地、丘陵及平坝等类型，以山地为主，境内地势南高北低。土壤类型共有水稻土、潮土、紫色土、黄壤和黄棕壤5个土类。

在林地利用中，有林地面积大，灌丛占一定比重，开发利用难度大。有林地中，主要为马尾松、杉木林、柏木林，树种单一，纯林多，尤以马尾松林面积大，约占80%，混交林少。有林地中，中、幼龄林多。

一般有林地（包括用材林、防护林、薪炭林、水源涵养林）占有林地97.45%，分散分布于低山丘陵向斜区的山顶、陡坡和土质脊薄缓坡地段，集中成片分布于黄草山、蒋家山、方斗山、七曜山、铜矿山的山脊广大地区，主要是马尾松林、杉木林、柏木林和栎类林。灌木林地包括有五倍子林地，在低山、丘陵陡坡地零星分布的黄荆、马桑灌丛，以及在中山区成片分布的山柳灌丛、悬钩子灌丛、箭竹灌丛。疏林地为分布于中山的森林采伐后形成的残次林的低山丘陵区零星未补植的树木郁闭度10%～30%的林地。

沿江绿色景观整体呈现“一江多带状”的空间布局形态，所有景观要素片区均沿长江干流方向平行于平行岭谷分布在长江两岸；在长江上向两岸望去，整体绿色景观依次呈现为耕地及荒草地片区、疏林片区斑块状及长江南岸远山一连续密林片区，其中，密林区呈带状沿山脉走向主要分布在双路镇、兴义镇、高家镇、十直镇；密林地内树种较为单一，纯林多，应通过人工管理增加区内阔叶林比例。在长江两岸，但双路镇、兴义镇、高家镇、树人镇、十直镇、龙孔乡内分布着沿江的两大带状疏林片区，但南岸的林区在面积及质量上均比北岸的具有优势，因此应加强对长江北岸林地的建设，同时保护南岸林地资源。在长江下游树人镇、十直镇境内有小片带状荒草地，镶嵌分布在密林、疏林区内，需加以保护，以呈现乔灌草立体式沿江景观。

4.2.2 忠县

地处四川盆地东部，大地构造为川东平行岭谷区，境内呈现出“三山两槽一条江”的地表形态,形成以丘陵为主,山地、平坝、丘陵兼而有之的复杂地貌。属亚热带东南季风气候。共有紫色土、黄壤、冲积土和水稻土四个土类,其中以紫色土为主。

森林植被属亚热带绿阔叶林带，盆东岭谷植被亚区，现有森林植被一部分是多年封育而成的多代马尾松、栎类次生林，另一部分是后人工营造的松、杉、柏针叶林和桉树、刺槐、麻柳、青冈等阔叶林及竹林等。森林绝大部分处于幼中龄林，种植树种单一，林种结构不合理，龄组比例失调。林地分散，森林分布不均，除四个国有林场和方斗山、挖断山、精华山三条山脉的森林集中连片外，其余森林呈小块零星状斑块分布于大片农地之间。

沿江绿色景观整体呈现“一江一轴两纵两带”的空间布局形态，两密林片区沿平行岭谷方向，平行于长江干流方向在长江两岸视线所及远山处呈带状分布，任家镇、善广乡、新生镇、巴营乡、忠州镇内的密林连续带状分布于长江南岸，错城而行。洋渡镇、曹家乡、磨子乡、乌杨镇、东溪镇、大岭乡、黄金镇、涂井乡、咸隆乡、石宝镇内的疏林地则连续片状分布于长江北岸，忠州镇、新生镇、任家镇、汝溪镇、新场乡、涂井乡、石宝镇的荒地镶嵌沿江分布。耕地及荒草地片区呈斑块状在城区上游及下游南岸交相辉应，而草地片区主要分布于长江两岸。区内各类林业用地分布相对较为独立，从而形成各斑块内林分相对单一，结构较为简单，因而生物多样性较低，生态服务功能不能充分发挥。应在管理中加强混交林的种植，提高林分结构质量，协调各龄组比例。

4.2.3　万州

地处四川盆地东部平行岭谷与盆周山地的过渡地带，地貌属低山丘陵类型。受中亚热带东南季风气候影响控制。土壤以紫色土为主，其次为新老冲积土和黄壤。

自然植被为亚热带常绿阔叶林，遭到破坏后，在酸性土壤上多为马尾松疏林，在碱性土壤上多为柏木纯林。主要生态树种有马尾松、柏木、刺槐、慈竹等，经济树种有柑橘、梨子、李子、枇杷、桂圆、荔枝等。

沿江绿色景观整体呈现以城区为中心的团块状空间布局形态，两条连续密林片区沿平行岭谷，平行于长江干流方向分布在长坪乡、新乡镇、燕山乡、溪口乡、新田镇、油沙乡、董家镇、熊家镇境内，另有一面状密林区集中分布在城区临江南岸。在城区周围尤其是长江北岸天城镇、熊家镇、大周镇，围绕城区呈团块状少量分布有耕地及荒草地片区；在长江南岸则存在以溪口乡、燕山乡、新乡镇、新田镇、油沙乡、长岭镇、双石乡、太龙镇为主的大片荒草地，疏林片区斑块状紧围绕耕地及黄草地片区镶嵌分布在鹿井乡、石桥乡、岩口乡、武陵镇、襄渡镇、董家镇、熊家镇。区内北岸绿色景观较为丰富，应在现有基础上加强林分改造，而对南岸应加强绿色景观的建设力度。

4.2.4　云阳

地处四川盆地边缘，川东平行岭谷区东部与盆周山地过渡地带。土壤共有水稻土、紫色土、冲积土、黄壤、石灰岩5个类别。受中亚热带季风气候影响控制，植被属亚热带常绿针叶林，以喜温暖湿润的樟科、山毛榉科、大戟科为主的阔叶林和以马尾松、川柏木、杉木为主的针叶林。

在北部中、低山亚热带常绿阔叶林区，青冈、石栎、马桑、板栗等组成矮林、灌丛；木荷、亮叶桦、桢楠、香樟、润楠等组成常绿阔叶林或表现为孤立木，取而代之占居优势的为马尾松、杉木、柏木等亚热带针叶林，其中少量以马尾松、杉木、枫香为主的混交林分布在铁峰山、鱼泉背斜地带，长江沿岸广泛分布着人工柏木纯林。在南部中、低山针阔混交林区，马尾松天然纯林多。在局部阴湿沟谷地带有小片槠栲林，与马尾松镶嵌分布。林层结构复杂，植被群落通常以乔、灌、草、藤蔓等结合组成。上层林冠以马尾松、杉木、枫香、檫树为主，并兼有槭树、灯台树、柳杉、白桦等；灌木层以盐肤木、栎类、青冈、映山红为主；地被物以蕨类、草本为主。在中部平行岭谷针阔林带，马尾松、柏木、杉木等组成单层纯林。油桐、漆树、乌桕、桃李、杏、梨、山楂、柑桔等组成经济林。桉树、杉木、枫杨、泡桐、杨柳、麻柳等多种林木成零星分布在四旁隙地。

沿江绿色景观整体呈现“一江一带多片”的空间布局形态。一连续密林带沿平行岭谷，平行于长江干流方向分布在云阳县莲花乡、宝塔乡、硐村乡、红狮镇、古陵镇境内，一直向下游延伸直至盘石镇、栖霞乡“舒展”成为疏林，之后再“凝结”成一条更为浓密的密林片带区。与耕地及荒草地片区交相分布在九龙乡、盘石镇、凤鸣镇、宝坪镇、普安乡、新津乡、宝塔乡、红狮镇、古陵镇的是多片沿江而行的草地片区，一直顺平行岭谷方向平行于长江干流蔓延至奉节。区内森林较少，而以荒草地占主体，应加大对密林及疏林地的保护，防止人为干扰，同时加强林地建设。

4.3　库区东部低山中山峡谷暖湿常绿针阔叶林绿色景观区（见表5-3-2）

此绿色景观区整体处于川东平行岭谷区域内，地形地貌以浅、中丘陵和低、中山为主，气候属亚热带季风性暖湿气候，地带性土壤为山地黄壤和山地黄棕壤土。森林植被以常绿针阔叶林为主体，林相结构简单，林分树种单一，以针叶纯林居多；幼、中龄林多；近、成、过熟林少，龄组结构不合理。

4.3.1　奉节

地处长江三峡之瞿塘峡口的上游，重庆市东端大巴山、渝东平行岭谷与七曜山的交汇处。地貌类型主要有中山、低山、丘陵、缓丘平坝及台地。土壤类型主要有水稻土、紫色土、黄壤、石灰岩土及冲积土5大类。位于亚热带湿润气候区，植被类型属于亚热带常绿阔叶林区。

主要森林植被类型为：海拔1 800m以上的箭竹或蕨类群丛，局部有杜鹃；海拔1 300~1 800m之间主要是青冈、桦、栎类，其次是高山柳、华山松和蕨类—胡枝子林；海拔800~1 300m之间主要是蕨类、马尾松、青冈、杉木等，其次是白茅、化香、柏木疏林；海拔800m以下主要是马桑、黄栌、黄茅群丛。

沿江绿色景观整体呈现“一江多带”的空间布局形态。多条连续带状密林片区沿平行岭谷，平行于长江干流方向分布于甲高镇、康坪乡、三江乡、安坪乡、朱衣镇、万胜乡、江南乡、永乐镇、白帝镇、新城乡境内，白帝镇分布少量残存疏林区及草地片区，沿平行岭谷分布于甲高镇、康坪乡、新治乡、安坪乡、三江乡、万胜乡、江南乡、九树乡、永乐镇，一直向下游延伸至巫山。在临近城区的上游北岸少量零星分布着耕地及荒草地片区，另在城区北部少量残存有一些疏林。应在区内加强林分结构改造，改造密林区内单一的树种结构，同时退耕还林，提高疏林地面积。

4.3.2　巫山

地处四川盆地东部边缘山地，大巴山和鄂西山地接壤地带。大巴山屏于西北，七曜山亘于中部，巫山环于东南。在大巴山和巫山两大山脉控制下，地势南北高而中间低。属亚热带季风性暖湿气候，水平地带植被类型是常绿阔叶林，属川东盆地及西南山地常绿阔叶林地带的川东盆地偏湿性常绿阔叶林亚带。共有水稻土、潮土、紫色土、黄壤土、石灰岩土类、山地黄棕壤土和山地棕壤7个类别。

植被类型具明显的垂直带结构。亚热带常绿阔叶林带，分布于海拔1 500m以下；针阔混交林带，分布于海拔1 500 m以上地带，植被带内主要是华山松，红桦、杨树、槭树、落叶栎林，局部地带有华山松人工纯林，并有少量冷杉零星分布。经济林木主要有乌桕、油桐、桑树、漆树等。

沿江绿色景观整体呈现“一江多带”的空间布局形态。多条连续带状密林片区沿平行岭谷，平行于长江干流方向分布于大溪乡、曲尺乡、南陵乡、建平乡、巫峡镇、田家乡、石碑乡、培石乡、抱龙镇、新花乡。有多片草地片区分布于大溪乡、曲尺乡、铜鼓镇、新花乡、龙井乡、巫峡镇、两坪乡、田家乡、石碑乡、抱龙镇，但密林地与荒草地均存在破碎度较高的问题，受到较强的人为干扰，大溪乡、铜鼓镇、田家乡、建平乡、新花乡内零星分布少量疏林地，应对区域内疏林地加强封育，防止人为活动干扰，同时养护密林地及荒草地，通过经济林的种植，改善林分结构，从而提高其生态功能。

长江三峡库区（重庆段）沿江区县绿色景观特征评析　　表5-3-2

区县	植被特征	绿色景观特征
江津	森林植被北部以散生马尾松、栲树、杉木残次林为主，南部以亚热带常绿阔叶林为主，其次有落叶阔叶林和暖叶针叶林，共3种植被类型7个群系。经济作物有桃、梨、李、柑橘、青果、荔枝、龙眼、甘蔗、花生、蚕桑、烟叶等数十种，以柑橘最为著名	绿色景观整体呈现“一江两纵多片”的空间布局形态，密林片区呈南北纵向条带状垂直于长江干流方向，沿平行岭谷分布；疏林片区呈斑块状散布于长江两岸；其余耕地及荒草地片区沿江岸山系呈片状分布

续表

区县	植被特征	绿色景观特征
都市区	森林植被主要是人工次生马尾松林，零星分布小块状香樟、木荷、杉木、楠木等常绿树种和枫香、木姜子、刺桐、黄桷树、刺槐等落叶树种	绿色景观整体呈现“一江一斑三纵多片”的空间布局形态，密林片区呈南北纵向条带状垂直于长江干流方向，沿平行岭谷分布在都市区两翼；一个连续疏林片区斑块分布在南岸区；受强烈人为开垦开发行为影响，耕地及荒草地片区沿江岸山体呈片面状大面积分布在都市区周围
长寿	植被分布有5个植被型18个植被群系。主要有低山带常绿阔叶林、落叶阔叶灌丛和禾草丛。组成天然林的乔木树种主要为樟属、楠属、青冈属、木荷、栲属、栎属及光皮桦、枫香、樱、马尾松、柏木等。常见下木和地被植物有杜鹃、黄荆、南烛、马桑、小铁仔、蔷薇、悬钩子、风尾蕨、里白、金粉蕨、紫萁、芒、黄背草、野古草、扭黄茅、知风草、莎草、苔草等	绿色景观整体呈现“一江一纵两大片”的空间布局形态，一连续密林片区呈南北纵向条带状垂直于长江干流方向，沿平行岭谷分布在城区下游处；一连续疏林片区斑块状分布在长寿城区与涪陵城区两条密林片区之间区域；而耕地及荒草地片区亦受夹于长寿城区与重庆都市区两片密林片区之间区域，沿长江干流流域方向片状分布在长寿城区上游及其周围
涪陵	森林植物顶级群落为中亚热带常绿阔叶林，市境植被主要有针叶林、阔叶林、竹林、灌丛、草地等5个类型。现有森林植被绝大部分为天然起源的多代马尾松、柏木、栎类次生林，少部分为人工营造的松、杉、柏针叶林及经济林、竹林。林下植物主要有火棘、杜鹃、黄荆、马桑、盐肤木、蔷薇科、茅草、蕨类等	绿色景观整体呈现以城区为中心的放射状空间布局形态，其中密林片区沿平行岭谷呈南北纵向条带状垂直并穿越长江干流，延伸到城区西南部，为城区居民提供了较好的森林绿色资源；顺沿城区往下游沿江两岸片状连续分布耕地及荒草地；另外在江南岸亦辐射延伸分布有一连续片状的疏林
丰都	有林地中，主要为马尾松，杉木林，柏木林，树种单一，纯林多，尤以马尾松林面积大，约占80%，混交林少。有林地中，中、幼龄林多	绿色景观整体呈现“一江多带状”的空间布局形态，所有景观要素片区均沿长江干流方向平行于平行岭谷分布在长江两岸；在长江上向两岸望去，整体绿色景观依次呈现为耕地及荒草地片区、疏林片区斑块状及长江南岸远山一连续密林片区；在长江下游北岸一草地片区顺沿长江流域方向而下
忠县	森林植被属亚热带绿阔叶林带，盆东岭谷植被亚区，现有森林植被一部分是多年封育而成的多代马尾松、栎类次生林，另一部分是后人工营造的松、杉、柏针叶林和桉树、刺槐、千丈、麻柳、青冈等阔叶林及竹林等	绿色景观整体呈现“一江多带状”的空间布局形态，所有景观要素片区均沿长江干流方向平行于平行岭谷分布在长江两岸；在长江上向两岸望去，整体绿色景观依次呈现为耕地及荒草地片区、疏林片区斑块状及长江南岸远山一连续密林片区；在长江下游北岸一草地片区顺沿长江流域方向而下
万州	自然植被为亚热带常绿阔叶林，遭到破坏后，在酸性土壤上多为马尾松疏林，在碱性土壤上多为柏木纯林。主要生态树种有马尾松、柏木、刺槐、慈竹等，经济树种有柑橘、梨子、李子、枇杷、桂圆、荔枝等	绿色景观整体呈现以城区为中心的团块状空间布局形态，两条连续密林片区沿平行岭谷，平行于长江干流方向分布在长江两岸远山视线中，另有一面状密林区集中分布在城区临江南岸。在城区周围尤其是长江北岸，围绕城区呈团块状分布有耕地及荒草地片区，疏林片区斑块状紧围绕耕地及黄草地片区分布在外围；在长江南岸尤其是“几”字形江弯折处分布有一大片草地片区，一直顺江而下，延伸到下游云阳

续表

区县	植被特征	绿色景观特征
云阳	属中亚热带季风气候，植被属亚热带常绿针叶林，以喜温暖湿润的樟科、山毛榉科、大戟科为主的阔叶林和以马尾松、川柏木、杉木为主的针叶林	绿色景观整体呈现“一江一带多片”的空间布局形态。一连续密林带沿平行岭谷，平行于长江干流方向分布在云阳城区北部，一直向下游延伸直至“舒展”成为疏林，之后再“凝结”成一条更为浓密的密林片带区。紧贴城区周围，由于受强烈人为活动影响，呈现大片面状；与耕地及荒草地片区交相分布的是多片沿江而行的草地片区，一直顺平行岭谷方向平行于长江干流蔓延至奉节
奉节	植被类型属于亚热带常绿阔叶林区。主要森林植被类型为：海拔1 800m以上的箭竹或蕨类群丛，局部有杜鹃；海拔1 300～1 800m之间主要是青冈、桦、漆、栎类，其次是高山柳、华山松和蕨类—胡枝子林；海拔800～1 300m之间主要是蕨类、袍树、马尾松、青冈、杉木等，其次是白茅、化香、柏木疏林；海拔800m以下主要是马桑、黄栌、黄茅群丛	绿色景观整体呈现“一江多带”的空间布局形态。多条连续带状密林片区及草地片区，沿平行岭谷，平行于长江干流方向越城区而过，一直向下游延伸至巫山。在临近城区的上游北岸少量零星分布着耕地及荒草地片区，另在城区北部少量残存有一些疏林
巫山	植被类型具明显的垂直带结构。亚热带常绿阔叶林带，分布于海拔1 500m以下；针阔混交林带，分布于海拔1 500m以上地带，植被带内主要是华山松，红桦、杨树、槭树、落叶栎林，局部地带有华山松人工纯林，并有少量冷杉零星分布。经济林木主要有乌桕、油桐、桑树、漆树等。	绿色景观整体呈现“一江多带”的空间布局形态。多条连续带状密林片区及草地片区沿平行岭谷，平行于长江干流方向越城区而过，一直向下游延伸。在密林片区中少量零星分布有一些疏林，因为峡谷地势，几乎没有片状、带状或面状分布着的耕地及荒草地片区

5. 三峡工程对库区植被的影响

5.1 直接影响

建库后，海拔175m以下变成水库区域，不但淹没大量的经济林，而且也淹没了一些古老风景树以及一些房前屋后、田埂路边的植物种类，而被一些水生或湿生植物所代替，原有植物种群将发生变化。此外，除海拔175 m水淹线以下对部分植物种（约800种）有较大影响外，在移民区海拔1 000m以下的区域，有3 000种以上植物种类会受到不同程度的影响。

5.1.1 对库区古树名木、国家保护植物和库区特有植物的影响

经调查，库区现有百年以上古树4 150株，共135种。随着库区的建成，水位线上升至海拔175 m，原来生长在此海拔线下的植被无疑将被淹没和消失。其中有古树淹没的县3个，即云阳县、奉节县和巫山县，均为海拔最低的县。其中云阳县有2株古树沉入海拔175m水线以下，占其总株数的2.2%；奉节县为6株，占0.8%；巫山县为3株，占7%。总计库区蓄水至海拔175m时，有0.3%的古树被淹没。

三峡工程因土地淹没、工程施工和移民开发，对库区特有珍稀植物物种和国家保护植物种类将造成一定影响（见表5-3-3）。一些原生的特有植物、珍稀植物及国家保护植物和库区特有植物，呈零星分布，数量稀少，有60%以上散生于移民区范围内。但是由于库区燃料缺乏，会导致农民大量砍伐居住区周围的林木树种作薪炭柴，并且库区移民后，人均耕地少，人口与粮食的需求矛盾越来越突出，在山区地方毁林开荒将会很严重，由此造成的植物资源供需矛盾越来越大。

三峡建库后对国家保护植物和库区特有植物的影响（单位：种）　　表5-3-3

类　别	种　数	基本淹没	部分淹没	移　民　区
国家保护植物	155	—	5	98
库区特有植物	54	5	2	18

5.1.2　对库区野生资源植物及栽培资源树木的影响

直接淹没对库区野生资源植物的储量不会造成大的变化，其损失据估计约在5%以下。但个别种的损失可能较大，如龙须草在云阳县的受淹损失产量约为13.8%。

对库区栽培的资源树木直接淹没损失较为明显。其中损失最严重的是柑橘林。据统计，全库约有4 667hm^2，占总面积的70%以上。龙眼、荔枝分布于海拔200m以下的长江河谷，三峡成库后大部分现存株将被淹没，损失约为80%以上。另外，还有如油桐、乌桕和海拔200m以下零星分布的桑、梨、李、桃、樱桃、枣、石榴、枇杷、白蜡树、棕榈、蓖麻等人工栽培树木都将受到不同程度的损失。

5.2　间接影响

三峡工程建成后，将形成长579.2km、平均宽2km狭长带状的典型狭谷型水库，使水面扩大和水位提高，将导致库区气候与土壤的因素的变化（见表5-3-4）。从而影响相关植物的生存。如建库后，平均相对湿度增加5%～8%，夏秋季平均气温降低0.3～1℃，这种变化对柑橘（三峡库区的重要经济栽培植物）生产极为有利；又如冬季极端最低气温提高有利于一些喜热的热带果类生长，如龙眼、荔枝等。但温湿度增加，在一定程度上也会减弱落叶阔叶树在休眠期对足够低温的要求，且森林病虫害也有可能会加剧，从而威胁大量的森林物种，影响整个生态环境。

三峡建库后气候变化预测表　　表5-3-4

高程	气温（℃）	降水（mm）	相对湿度（%）	风速（m/s）	雾（包括酸雨影响）
建库前	年平均16.5～19，极端最低-8.9，最高41	年降水量1 000～1 200	65～85	平均1 瞬间20	雾日30～250d
150m	冬季+0.6 夏季-0.4	+0.5	+5	+30%	微

续表

高程	气温（℃）	降水（mm）	相对湿度（%）	风速（m/s）	雾（包括酸雨影响）
180m	冬季 +0.9 夏季 −0.5	+1	+8	+40%	小

资料来源：肖文发等，长江三峡库区陆生动植物生态，西南师范大学出版社，2000 年。

6. 沿江绿色景观可持续发展对策

6.1 沿江绿色景观生态建设目标及途径

Ⅰ 库区西部平行岭谷低山丘陵绿色景观生态区

Ⅰ-1 江津—九龙坡区丘陵水土保持及水源涵养林

区划范围及相关特征：江津市珞璜镇、马宗镇、仁沱镇以及九龙坡区陶家镇、华岩镇及大渡口区跳磴镇部分在内的沿江丘陵地带，植被覆盖率较高。

生态建设目标及途径：600m 水平距离范围内严格控制平行岭谷地区改变山体的各种经济活动，重点加强林分改造，并重点加强綦江和笋溪河流域整治。

Ⅰ-2 巴南—长寿水土保持林与农林复合经营林

区划范围及相关特征：巴南区大部分至长寿区包括江北区和涪陵区部分乡镇在内的平行岭谷丘陵低山地带，植被覆盖度较高。

生态建设目标及途径：宜适度进行农业开发，对于沿江坡度 >25°以上的坡耕地和荒草地，结合退耕还草和退耕还林，实施坡改梯改造工程，积极发展以经济林建设、无公害蔬菜基地建设和优质果品基地建设为主的农林复合经营模式，有效遏止水土流失。

Ⅱ 库区中部平行岭谷丘陵低山绿色景观生态区

Ⅱ-1 长寿—涪陵水土保持林

区划范围及相关特征：涪陵区石沱镇部分，长寿区但渡镇。

生态建设目标及途径：宜重点改善农业开发条件，对于沿江坡度 >25°以上的坡耕地和荒草地，结合退耕还草和退耕还林，实施坡改梯改造工程，积极发展以经济林建设、无公害蔬菜基地建设和优质果品基地建设为主的农林复合经营模式，并重点对城镇基础建设对水土流失的不利影响进行预防和控制，有效遏止水土流失。

Ⅱ-2 丰都—忠县水土保持及水源涵养林

区划范围及相关特征：丰都县洋渡镇、兴义镇部分，忠县东溪镇、乌扬镇、复兴镇，石柱县西沱镇等沿江丘陵地带。

生态建设目标及途径：宜依托长江上游沿岸历史名镇，积极发展旅游农业和生态果林业，控制农业面源污染。

Ⅱ-3 忠县—万州农林复合经营林与水土保持林

区划范围及相关特征：忠县干井镇、石宝镇部分、大岭乡、涂井乡及万州区鹿井乡、石桥乡、武陵镇。

生态建设目标及途径：对于沿江坡度>25°以上的坡耕地和荒草地，结合退耕还草和退耕还林，积极发展以经济林建设、无公害蔬菜基地建设和优质果品基地建设为主的农林复合经营模式，有效遏止水土流失。

Ⅲ 库区东部低山、中山峡谷绿色景观生态区

Ⅲ-1 云阳—奉节水土保持水源涵养林与森林生态恢复区

区划范围及相关特征：云阳县凤鸣镇、故陵镇、宝坪镇、红猴镇，奉节县朱衣镇、万胜乡、长凼乡等沿江低山区，植被覆盖度较低。奉节县甲高镇、新治乡、九树乡及江南乡部分低山至中山植被覆盖较高区域。

生态建设目标及途径：宜根据区域自然条件适度发展城镇，重点加强长滩河流域、磨刀溪流域和汤溪河流域的保护，尽可能减轻人为导致的生态破坏，因地制宜地积极发展以商贸、种植、文化旅游、农副产品加工为主的山水园林城镇。

Ⅲ-2 奉节—巫山水土保持水源涵养林与森林生态恢复区

区划范围及相关特征：奉节甲高镇、新治乡、九树乡及江南乡部分低山至中山植被覆盖较高区域。坡度陡峻，山峰林立，层峦叠嶂，植被覆盖度较高。

生态建设目标及途径：宜尽可能保持自然原貌，合理开发旅游资源，并重点加强林分改造，增加森林覆盖率。

6.2 沿江绿色景观空间格局构建

本库区沿江绿色景观采用“一廊、三片、十团、多核、多带”的空间格局，使得沿江绿色景观整体呈现沿江带状发展的态势，形成具有强大生态效益兼具经济、社会效益的绿地景观生态系统（见图5-3-2）。

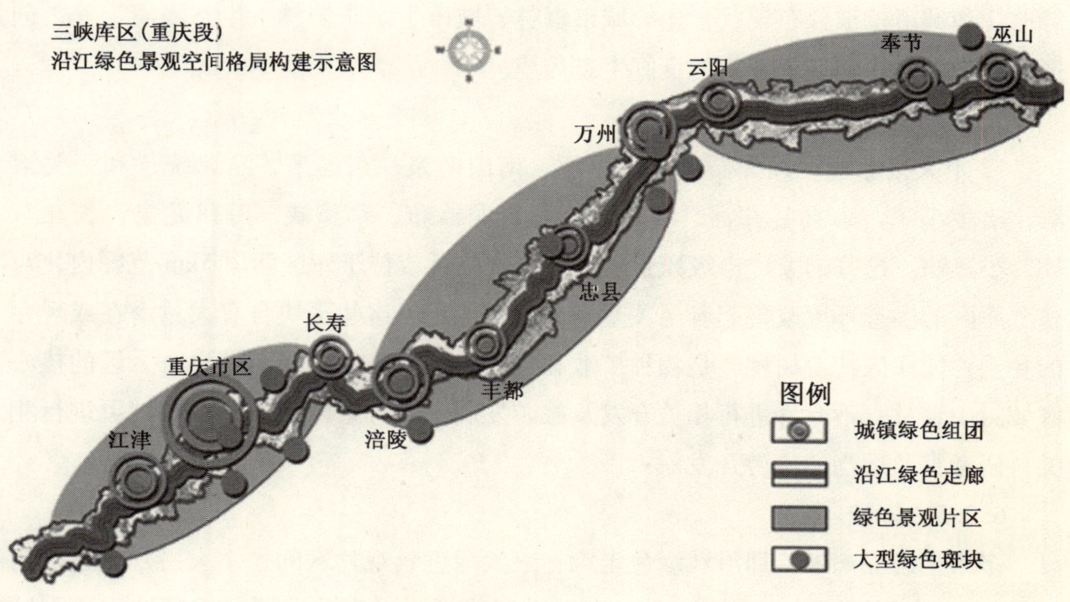

图5-3-2 长江三峡库区（重庆段）沿江绿色景观空间格局构建示意图

6.2.1 一廊

一条沿江绿色走廊。即沿长江干流轴线方向，在两岸种植生态公益林，包括生态防护林、水源涵养林、水土保持林等。结合沿江退耕还林、天然林资源保护工程、环湖绿色屏障等一系列林业重点生态工程，构建沿江生态综合带。

6.2.2 三片

三大绿色景观片区。主要依据库区沿江生态系统的空间分异特征和地形地貌、植被特征等自然现状指标，结合库区沿江景观生态安全格局，进行三大片区的划分，即库区东部低山中山峡谷针阔叶林绿色景观片区、库区中部平行岭谷低山丘陵常绿阔叶林绿色景观片区和库区西部平行岭谷低山丘陵常绿阔叶林绿色景观片区。在库区东部低山中山峡谷针阔叶林绿色景观片区，采取栽针保阔，选用马尾松、柏木、日本落叶松、刺槐等树种，尽量保留木姜子、桦木、麻栎、漆树和枫杨等阔叶树，营造水土保持、水源涵养林和森林生态恢复区，形成针阔混交林，让林地基本没有水土流失现象，使森林的生态治理作用得以发挥。在库区中部平行岭谷低山丘陵常绿阔叶林绿色景观片区，构建水土保持、水源涵养林及农林复合经营区。在库区西部平行岭谷低山丘陵常绿阔叶林绿色景观片区，构建水土保持林、水源涵养林及经济林。

6.2.3 十团

十个城镇绿地组团。即江津城绿地组团，重庆都市区城镇绿地组团，长寿城绿地组团，涪陵城绿地组团，丰都城绿地组团，忠县城绿地组团，万州城绿地组团，云阳城绿地组团，奉节城绿地组团，巫山城绿地组团。在城市建成区及周边农田果园地带，构建系统的城镇绿地格局，包括保护现有植被森林现状，依据现有自然地势地貌和城市植被分布现状，建设城市森林、城市生态防护林、生态隔离带等，创造适宜人们居住和创业发展的良好生态环境。

6.2.4 多核

12个大型绿核，即黑石山—磙子坪，南山南泉，东温泉，渝北统景和张关溶洞，涪陵小溪，忠县甘井河，石柱黄水，青龙瀑布，覃獐峡，万州龙泉，长江三峡，小三峡。这些国家、市级风景名胜区，或临近或位于库区两岸5km范围内，对整个库区的生态环境改善起着至关重要的战略作用。这些斑块含有大量潜在或现存的乡土种或库区特有树种，是物种扩散和发展的源头与庇难所。需要对景区的核心区域封山育林，不允许进行相关开发及旅游发展，而对景区的非核心区域可进行相关科研考察及适当的旅游开发。

6.2.5 多带

多条生态隔离带。即沿江绿色走廊、三大绿色景观片区间、十大沿江城镇之间以及12个大型绿核的生态隔离带。在缓丘区或坝区平直公路两侧或弯曲度不至防碍行车安全视距的弯道两侧，利用常绿阔叶与落叶阔叶林树种搭配，乔木与灌木搭配，形成绿色通道。

6.2.6　规划控引

1. 沿江中心城区：水系两岸绿地景观带至少规划平均各 100m。城区滨水带每隔 1 000m 设置休闲娱乐景观节点，宽度控制在 200m 左右。沿江以居住与文化景观带为主，以居住区绿化、运动休闲绿化与滨水绿化相融合。因地制宜，创造性地与自然地形、地貌相结合，体现多样化的都市城区风貌。

2. 沿江中心乡镇：水系两岸绿地景观带至少规划平均各 150m 绿化带，乡镇滨水带可根据需要适当设置休闲娱乐景观节点，布置观景平台和观景塔。结合村镇居民点建设，加强村镇滨水休闲景观的建设，突出滨江历史名镇的景观特色。

3. 沿江工矿企业：不准在长江沿线任意兴修栈道，不准滥砍盗伐，不准私搭乱建，严禁新的污染工矿企业的进驻。整治堤岸沿线的违章建筑和质量差的厂房，对堤岸内外作景观化处理。建议将周边的整体或部分区段置换成居住和商业用地，以利于滨水公共空间的形成。近期无法搬迁的企业，通过绿化缓冲带的建设进行景观的美化。沿江两岸规划平均宽度为 200m 绿化景观带，最好以风景林为主，在置换成居住或商业建筑的地块上设置公共活动景观节点，面积不少于 5 000m^2。

4. 沿江煤码头：沿江简易煤码头现状设施简陋，与周围景观极不协调。应集中设置，建设封闭式的装卸运输通道，同时对通道的造型进行景观化处理，加强码头周边的规划控制，通过绿化缓冲带进行景观的美化，规划至少 30m 以风景林为主的绿化景观带。

5. 沿江林地、草地、耕地与荒山：应加强沿江生态保护，严格根据政策退耕还林、封山育林。第一轮山脊 25°以上的坡耕地全部退耕，对水库周边的基本农田要采取生物和工程措施，改变耕作模式，并对 15～25°之间的坡耕地尽快实施坡改梯，以防止新的水土流失。将三峡水库周边第一轮山脊的所有林地确定为国家或省级生态公益林，在沿江 5 000m 的非建设用地范围内规划建设生态防护林、水源涵养林，同时建设以自然的河漫滩植被、湿地和农田为特征的景观带。在长江沿岸 175m 至第一层山脊线内，严禁新修公路，严禁新建房屋，严禁新修坟墓、取土、采矿，严禁乱占林地和乱砍滥伐林木，严格控制人口迁入项目区，保护植被。可在水库周边划定一条宽 500m 永久性的生态绿化带。

6.3　不同海拔地带性植物配置

1. 175～300m：低山丘陵、河滩阶地地段。土壤主要为紫色土、山地黄壤。阔叶树主要种类有栲树、扁刺栲、大叶柯、润楠、黑壳楠、樟树、灯台树、领春木、刺楸等。林下灌木层组成简单，主要组成种类有忍冬、琼花荚迷、悬钩子、冬青、十大功劳等。草本层主要种类有鸢尾、求米草、里白、狗脊、蹄盖蕨、茅叶荩草、金星蕨、水芹、糙野青茅、狗尾草、过路草、沿阶草等。

2. 300～1 000m：中、低山丘陵地段。林分主要树种为白栎、槲栎、栓皮栎、茅栗、短柄枹树、栬栎、马尾松、化香、鄂鹅耳枥、四照花、崖子花等。灌木层物种主要有映山红、猫儿刺、马桑、盐肤木、铁仔、胡枝子、皱叶荚迷、绣线菊、毛黄栌、南烛、小果蔷薇、火棘等。草本层主要有白茅、芒、莎草、苔草、糙野青茅、鼠尾栗，层间植物主要有威灵仙、葛、赤瓟、三叶木通等。

3. 1 000 ~ 1 800m：中山地段。土壤主要为山地紫色土、山地黄棕壤、山地黄壤。乔木树种主要有麻栎、亮叶桦、糙皮桦、桤木、云南波罗栎等。灌木层常见种类有披针叶胡颓子、爬藤榕、溲疏、火棘、川鄂鹅耳枥等。草本层主要种类有芒、糙野青茅、野棉花、湖北苔草等。

4. 1 800m 以上：中山地段。主要分布于三峡库区内，除寒温性针叶树巴山冷杉外，乔木树种还有红桦、糙皮桦、华山松、花楸等。灌木层以箭竹为主，混生黄杨、杜鹃、四川忍冬等。草本层以常见草丛毛叶藜芦、紫菀、酢浆草、苔草等为主。层外植物有铁线莲、五味子等。

6.4 沿江绿色景观季相色彩规划

6.4.1 色叶树种配置原则

在进行色叶树种季相配置时，既应考虑树种的生物学特性、生态习性和观赏特性，又应考虑美学中有关季相和色彩、对比和统一、韵律和节奏，以及意境表现等艺术性问题。

从植物习性的角度考虑，彩色观叶树木配植也必须符合适地适树的原则，另外还应考虑主体与从属的关系、个体美和群体美的关系、气韵与意境的运用，以及观赏期的衔接等问题，并将艺术性与科学性结合起来。

6.4.2 色叶树种配植形式

为提高三峡库区沿江绿色景观观赏品质，在进行色叶树种配植时，要尽可能采取自然灵活、富于变化的大面积林带形式，其中可包括丛植、群植和林植等形式，这些形式可分别单独使用，独立成景，也可配合使用，达到更加丰富的立面轮廓观赏效果。

丛植应注意树丛的季相变化，尽量与春夏季观花、秋季观果的花灌木及常绿树种配合使用，并可于林下配植常绿地被，但应注意生态习性的互补，既要考虑树木的个体美，又要考虑群体美，运用多样与统一、对比与调和等各种艺术观赏原理，使整个树丛有层次感，高低有序，互不遮掩。

群植主要表现树木的群体美，要求树群疏密自然，林冠线和林缘线变化多端，并适当留出林间小块隙地，配合林下灌木和地被植物，以增添野趣。大多数秋色树种均适合群植，以形成优美的秋色，如枫香、乌桕、槲树、元宝枫、黄连木、黄栌、槭树类等。

林植是较大面积、片林状的配植方式，各种秋色叶树种既可营造纯林，也可与常绿的松柏类形成混交林。适于林植的秋色叶树种有黄栌、枫香、乌桕、元宝枫、三角枫、柿树、黄檗、黄连木等。

6.4.3 常见色叶树种选择与造景

宜选择适于水边种植的水杉、落羽杉、池杉、柳树、乌桕、三角枫、重阳木等乔木以及紫叶桃等灌木，适于山坡群植的元宝枫、乌桕、枫香等，适于丛植的山麻杆、鸡爪槭、金边红瑞木、金叶风箱果、金叶接骨木等，适于大量栽植形成壮观秋景的黄栌、枫香、元宝枫、三角枫、黄连木、火炬树等。

在色叶树种造景中，不同叶色秋色叶树种的混植，秋色叶树种与常绿树种的搭配，以及秋色叶树种与秋花、秋果植物的配植，可以让观赏效果更佳。如鸡爪槭与银杏或金钱松相配，红黄相间，色彩调和；秋叶红色的枫香、乌桕、三角枫、黄连木与秋叶黄色的无患子、鹅掌楸、金钱松、银杏等配植，均红黄交织，相错如绣。

在成片的松柏常绿树丛中点缀数株元宝枫、连香树等弱阳性乔木，则可以形成“万绿丛中一点红”的效果，引人入胜。乔木或小乔木的秋色叶树种适宜与秋季开花的草本花卉或观花观果灌木配植成丛，并在树丛下布置耐阴的常绿地被植物，可产生多层次的景观效果，并且可以延长观赏期。推荐以下适于在三峡库区应用的几种典型的秋色叶树种的造景配置：

1）银杏（Ginkgo biloba）：若与枫香、槭树等秋季变红的色叶树种混植，银杏的观赏效果能得到更好的发挥。每到深秋，红叶和黄叶交织似锦，景色优美（见图5-3-3）。

2）槭树（Aceraceae）：槭树的观赏价值很独特，其叶色和叶形极具魅力。包括鸡爪槭、三角枫、五角枫、秀丽槭、三峡槭、元宝枫、青榨槭等树种。将槭树与常绿树和其他落叶树混植，上层以栲树、青冈栎、樟树、榔榆、臭椿、马尾松等高大乔木为主层，中层以三角枫、五角枫、鸡爪槭等各种槭树为主，下层以毛白杜鹃、锦绣杜鹃、映山红等为主，空间构图上高低错落，富于变化，色彩搭配上或红绿相间，或红白相映，也符合各物种的生态特性（见图5-3-4）。

3）枫香（Liquidambar formosana）：于低山处可大面积成林，可营造纯林，或与金钱松等黄色系的其他秋色叶树种片状混植，也可混交于马尾松、华山松等常绿针叶林中，在深秋季节，似红云万朵点缀于绿色的松林中（见图5-3-5）。

4）乌桕（Sapium sebiferum）：由于较为耐水湿，乌桕适于在山谷大面积成林，形成霜叶满谷宛若春花齐放的景致。当栽植于竹林或常绿树前时，霜降叶红，辅以绿叶，益加明媚（见图5-3-6）。

5）黄栌（Cotinus coggygria var. cinerea）：适应酸性、中性和石灰性等各种土壤，适于群植成林，或植为纯林，或与其他红叶、黄叶树种混交。每当深秋至，满山遍野“红云”朵朵，鲜艳妖娆，似霞如锦（见图5-3-7）。

6）黄连木（Pistacia chinensis）：春叶及花紫红色，秋叶鲜红或橙黄，果实红色或蓝紫色，既可观叶，又可赏果。可大面积成林，亦可山坡孤植，枝叶扶苏，灿烂如金（见图5-3-8）。

图 5-3-3　图 5-3-4　图 5-3-5

图 5-3-6　图 5-3-7　图 5-3-8

7）无患子（Sapindus mukorossi）：树姿挺秀，秋叶金黄，在孤植和纯林丛植均能取得较好的秋色，而若与其他树种混植，往往转色晚而且色泽较差，因此，一般不宜与其他种混植（见图 5-3-9）。

8）落羽杉(Taxodium distichum)：落羽杉、池杉和水杉树形壮丽，耐湿性强，适于水边造景，于江河池畔等近水处列植、丛植，可兼有固堤护岸、防风效果(见图 5-3-10)。

6.4.4　沿江绿色景观季相色彩规划措施

1）江津：保留并补植沿江散生的马尾松、杉木等针叶残次林，使之形成有一

图 5-3-9　图 5-3-10

定聚集度的大面积片状林，再混植以香樟、白枥等高大常绿阔叶林木作为上层乔木，使形成针阔混交的良好绿色景观屏障背景。以这些绿色背景为衬托，顺坡近水在长江两岸 50 m 带宽内栽植桃、梨、李、柑橘、青果、荔枝、龙眼等色叶色果的经济型防护树种，以及甘蔗、花生、蚕桑、烟叶等经济作物，形成红橙绿交织的一片繁荣景象。

2）重庆市区：保留并补植人工次生的马尾松杉、柏、竹林等，结合零星分布的小块状香樟、木荷、楠木等常绿树种，形成针阔混交的片林，以大面积绿色植被为背景，顺坡种植枫香、黄栌、银杏、木姜子、黄桷树等秋落叶树种，形成红黄交织的绚烂景象。另外可在沿江两岸海拔 175m 以上 20m 处栽种蚕桑、柑橘、柚、桃、李、梨、苹果、茶、油桐、乌桕、生漆、苎麻、烟叶等经济作物，丰富立面景观层次。

3）长寿：天然乔木林包括樟属、楠属、青冈属、木荷、栲属、栎属以及光皮桦、枫香、樱、马尾松、柏木等树种，生长良好，应大力加以保护。可在林下顺坡丛状点植一些色叶小乔木，如红枫、鸡爪槭、山麻杆等，形成“浓绿万枝一点红，动人景色不须多”的妩媚意境。另外，可在下层种植一些当地常见下木和地被植物，如杜鹃、黄荆、南烛、马桑、蔷薇、悬钩子、凤尾蕨、金粉蕨、紫箕、野古草、莎草、苔草等。

4）涪陵：保留天然起源的马尾松、柏木、栎类次生林以及人工营造的松、杉、柏针叶林及经济林、竹林等，同时进行同类别树种的大面积片状补植，形成壮观的背景林。顺坡往下在片状林前栽植阔叶彩叶树种，如元宝枫、乌桕、枫香、黄栌等红叶与黄叶相混合的秋色叶树，形成煞有气势的群体景观。另外在林下保留并补植当地常见下木，主要有火棘、杜鹃、黄荆、马桑、盐肤木、蔷薇科、茅草、蕨类等。

5）丰都：保留大面积纯林景观，包括马尾松林、杉木林、柏木林，但同时要进行常绿和落叶阔叶林的补植，以丰富沿岸景观视觉效果。上层主要混合香樟、直干兰桉、喜树、枫杨等高大乔木，中层栽植乌桕、三角枫、黄连木、无患子、金钱松、银杏等观赏性强的色叶树种，下层灌木及地被可栽植杜鹃、小铁仔、蔷薇、里白、金粉蕨、紫箕、芒、黄背草、扭黄茅、知风草、莎草等。

6）万州：恢复遭到破坏的常绿阔叶林植被，保留酸性土壤上的马尾松疏林和碱性土壤上的柏木纯林。大力补植上层乔木，包括马尾松、柏木、刺槐、杨树、慈竹等，同时可配植一些秋季观叶观果的植物，如黄栌、火棘、银杏、金银木、荚蒾等树种，另外也可在中层进行经济树种的栽植，包括柑橘、梨子、李子、枇杷、桂圆、荔枝等。

7）忠县：保留现有的经多年封育而成的马尾松、栎类次生林，以及另一部分由人工营造的松、杉、柏针叶林和桉树、刺槐、千丈、麻柳、青冈等阔叶林及竹林等。良好的森林资源基础使得景观色彩的规划更易于实施，效果也更加显著。因此要充分利用现状植被资源，进行有利的补充，主要是完善针阔混交林和常绿、落叶树种的结构。以马尾松、柏木、杉木等针叶林为主，补植香樟、直干兰桉、忍冬、轮叶木姜子、油茶等常绿乔木和元宝枫、栾树、枫香、黄连木、水杉、落羽杉等彩色落叶乔木，形成大面积富有高低层次变化和季相色彩变幻的绿色景观。

8）云阳：保留以樟科、山毛榉科、大戟科为主的阔叶林和以马尾松、柏木、杉木为主的针叶林，尤其是800多公顷沿江绵延、苍翠欲滴的人工柏树纯林。对这种简单的林分结构需要补植香樟、杨树、柳树、竹子等丰富植被立面层次，同时种植黄栌树、银杏、秋枫、黄花槐、丁香、夹竹桃等色叶色花树种以丰富植被群落的色彩变化和观赏效果，另外可在林下栽植一些当地常见灌木和地被植物如马桑、火棘、黄荆、蓑草、丝茅草等，提高沿江景观品质。

9）奉节、巫山：保留高海拔的马尾松、华山松、柏木、杉木、青冈、化香、冷杉和桦林等次生植被，补植黄栌树、羽叶山麻黄、马桑、黄栌、刺桐、枫杨、桤木、喜树、枫香树等色叶树种，种植乌柏、油桐、桑树、漆树等，下层灌木及地被可栽植杜鹃、小铁仔、里白、金粉蕨、紫萁、黄背草、扭黄茅、知风草、莎草等经济林木（见图5-3-11、5-3-12）。

图5-3-11

图5-3-12

6.5　典型区段绿色景观生态建设对策

6.5.1　库区西部经济林营造模式（以江津为例）

（1）植被特征

森林植被北部以散生马尾松、栲树、杉木残次林为主，南部以亚热带常绿阔叶林为主，其次有落叶阔叶林和暖叶针叶林，共3种植被类型7个群系。经济作物有桃、梨、李、柑橘、青果、荔枝、龙眼、甘蔗、花生、蚕桑、烟叶等数十种，以柑橘最为著名。

（2）存在的问题

由于土地开发历史悠久，人口稠密，丘陵区的农垦指数多在50%～60%之间，深、中丘陵区的丘坡几乎全部被开垦为耕地，耕地在整个区域空间占的比例很大，这种利用现状必然酿成区域性水土流失的恶性循环。因森林覆盖极差，剧烈的水土流失使坡的中上部裸岩，裸滩显露，导致荒山迹地在灰岩槽谷地区比比皆是，致使土壤的利用变得很差。

（3）对策

结合“一丘多用”，提高坡耕地利用率。对于深丘区的坡地，在整治坡面水系的同时，根据地形特点设计的分级利用方式，在大于等于25°的陡坡地段进行坡顶造林，坡腰种良果（柑橘、桃、梨），坡脚种良桑。既避免粮、桑、果、林互相争地，减轻水土流失，又发挥土壤优势，使粮、经、林在一个丘坡共存。同时，不仅要把水土流失严重的陡坡耕地作为退耕的重点，还要高度重视还林后续产业的发展和培育。把退耕还林与种植经济林结合起来。在确保生态优先的前提下，突出发展投入少、见效快、生态效益显著的花椒、柑橘、青果三大产业。建立以南部山区为主的商品林基地，以先锋镇为中心向四周辐射的花椒基地，以津白线为主的优质柑橘基地，以东南部丘陵地区为主的蚕桑基地，以柏林、石蟆、双福等周边镇为主的中药材基地，以四面山、大圆洞为主的森林旅游基地等六大基地（见图5-3-13）。

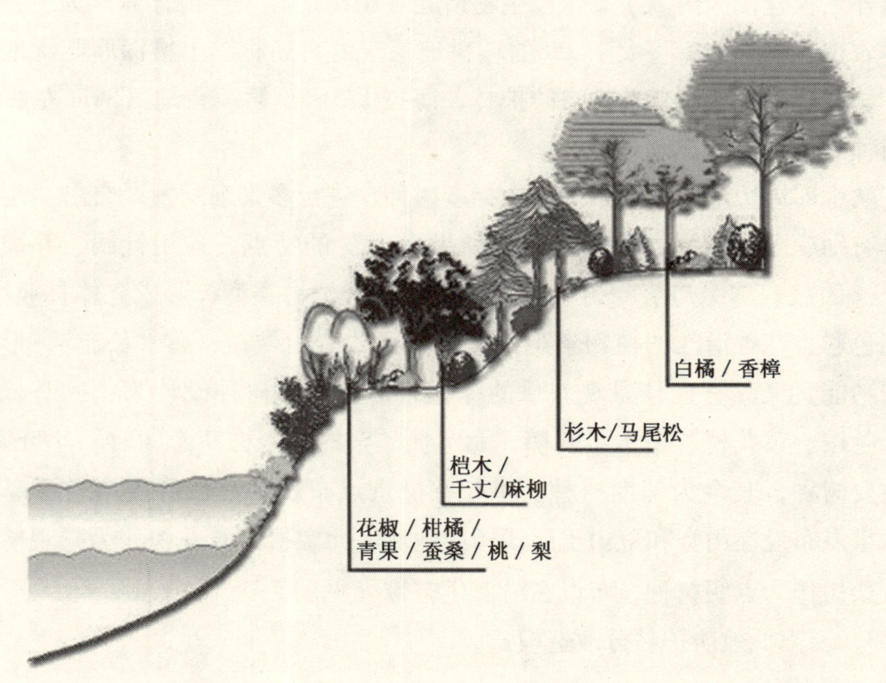

图5-3-13 库区西部经济林营造绿色景观模式图

6.5.2 库区中部针阔混交生态景观林营造模式（以忠县为例）

（1）植被特征

忠县森林植被属亚热带常绿阔叶林带盆东岭谷植被亚区，其地理位置、地质、地形、土壤、气候、生物等立地条件适宜多种植物生长。森林植被一部分是多年封育而成的多代马尾松、栎类天然次生林，一部分是20世纪60年代以后人工营造的松、杉、柏针叶林和桉树、刺槐、千丈、麻柳、青冈等阔叶林及竹林、经济林等人工林。在天池林区零星分布天然生红豆杉。

（2）存在的问题

忠县三峡水库周边多为农地，人口密集，土地垦殖率高。另外，人们为了生存，解决温饱，毁林开垦种粮，使森林植被遭到破坏。植被稀少，原始森林植被已不复存在，多为次生林和人工林，加之经济基础差，没有处理好眼前利益和长远利益的关系，超量采伐、开矿、修路，侵占林地、破坏森林植被，导致森林资源锐减，森林面积减少，森林覆盖率低，裸露地多，森林覆盖率仅为10%，水土流失严重，自然灾害频繁，生态环境日趋恶化。大量的森林被破坏，生态系统遭到严重破坏，调节气候、水源涵养等多种防护功能降低，再加之山高坡陡，人为活动频繁，造成严重的水土流失。

（3）对策

将库区沿江地段划分为生态带和综合带，生态带布局在175m水位线以上至第一台地（水平距离30m左右）和坡度25°以上至第一重山脊范围内；综合带布局在生态带以外工程建设区内。生态带以生物措施（植树造林、封山育林）为主，综合带以基本农田建设为主。将大于25°的坡耕地用于退耕还林，土壤深厚肥沃地段营造经济林，土层浅薄地段营造生态防护林，海拔175m至第一台地（30m左右）营造常绿树种并尽量保持连续封闭。

据三峡水库周边地区立地条件，选择多树种，进行多景观配置，突出“层次分明、四季有别、山花烂漫、香气迷人、硕果满山”的特点，采用针阔、乔灌、林草、林果（团状）常绿与落叶树种混交，造就多个植物类型，形成立体林业结构，增添不同色彩、花香沿江的植物景观，切实做到“青山常在、碧水长流”，形成既具有防护功能，又具有极佳景观效果的绿化带。生态林树种设计为小叶香樟、水杉、直干兰桉、黄花槐、柏木、刺槐、元宝枫、栾树、木樨9个树种，小叶香樟、柏木为主要树种，其余为辅助树种。小叶香樟重点布设在沿江和土壤较深厚的地方，柏木重点布设在山脊和荒山土层浅薄的地块。元宝枫、黄花槐作为景观树种配置其间，栾树作为点缀树种，布设在沿江生态带（见图5-3-14）。

6.5.3 云阳低效防护林分改造模式

（1）植被特征

云阳植被属亚热带常绿针阔叶林，包括以喜温暖湿润的樟科、山毛樟科、大戟科为主的阔叶林和以马尾松、川柏木、杉木为主的针叶林。由于水热充沛，土壤类型多，有高差悬殊的复杂条件，形成了种类繁多的植物群落。区内生长植物种类较多，生物资源丰富。零星树种主要有柏树、马尾松、刺槐等，灌木有马桑、火棘、黄荆等；草本主要有蓑草、丝茅草等。在云阳，800多公顷苍翠欲滴的柏树林沿江

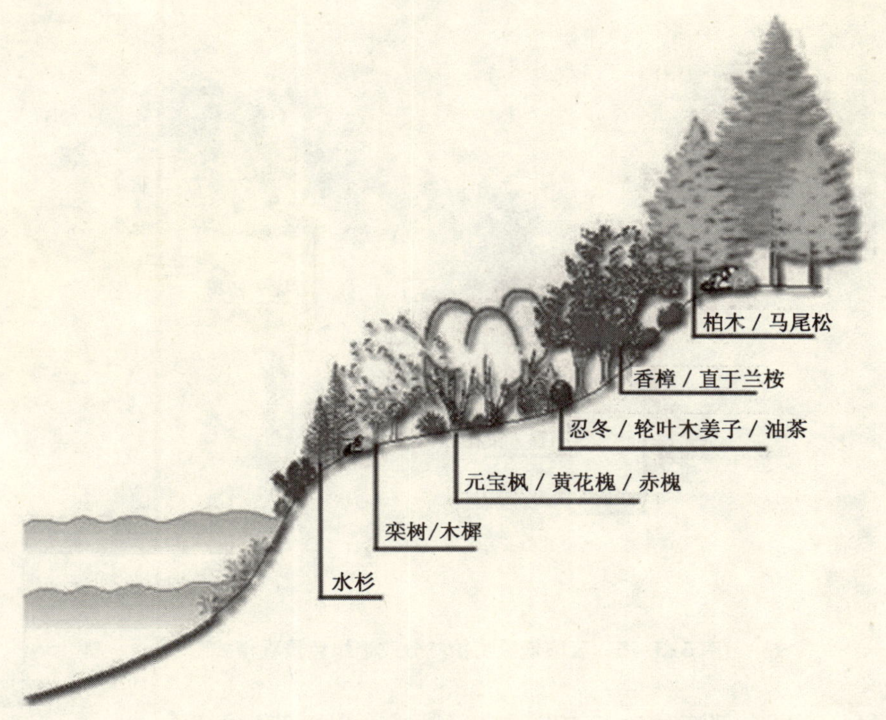

图 5-3-14 库区中部针阔混交生态景观林营造绿色景观模式图

绵延，随山势起伏形成了一道亮丽风景线。这就是万里长江上最大的人工防护林——有三峡库区“绿色明珠”之称的云阳长江防护林。

（2）存在的问题

云阳长江防护林沿江两岸的林带有着明显的差异，南岸林地枝繁叶茂，北岸却干黄稀疏。这是因为原先营林树种以柏树为主，十几年来连续遭受了严重的柏木叶蜂虫侵害所致。并且，针叶纯林呈次生林状态，生长量较小。林分结构简单，无明显森林垂直带谱，森林生态系统脆弱，稳定性差，抵御自然灾害的能力弱。

（3）对策

需要进行疏伐，补充阔叶林，进行多样性的防治措施，营造混交林、复层林，做到乔、灌、草相结合。在植被配置上按照“点、线、面、片、带”的有机结合，从平面和垂直层面构建立体生态景观带。特别在库周 175～210m 之间形成以杨树、柳树、竹子、黄桷树、秋枫、黄花槐、丁香、夹竹桃等树种为主的风景林带，体现立体景观效应；在第一层山脊线上定植以常绿阔叶林为主的大苗，形成风景线；重点景观区域配置香樟、银杏等景观树种，形成与景观文化相协调的绿化风景线；其余采用常绿与落叶、针叶与阔叶、乔木与灌木结合的多种形式，营造生态景观林。在疏林地、灌木林地和已植洋槐、刺桐的未成林造林地中补植一部分马尾松、柏木大苗等常绿树种，将落叶树种占主导地位的林分逐步改造成落叶与常绿混交的林分（见图 5-3-15）。

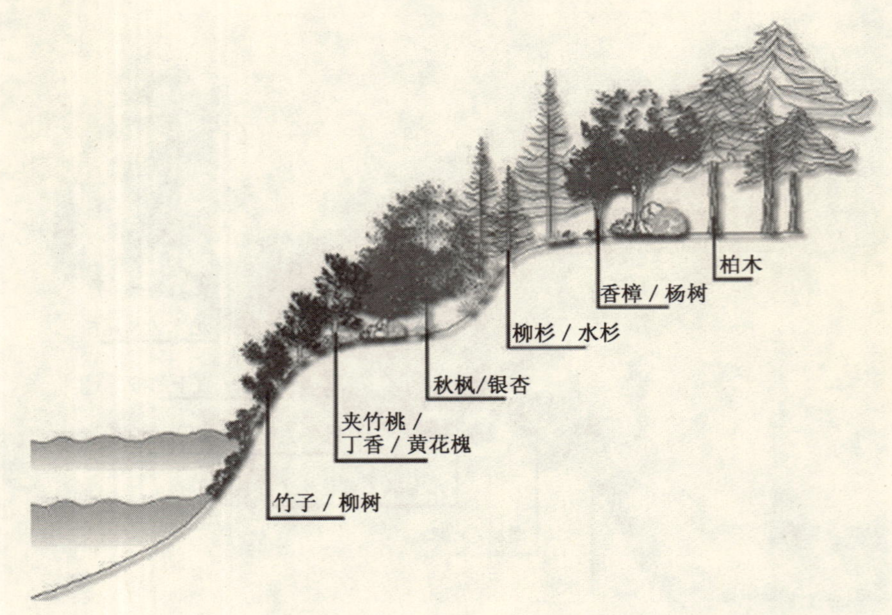

图 5-3-15　云阳低效防护林分改造绿色景观模式图

6.5.4　库区东部森林生态与发展恢复模式（以奉节为例）

（1）植被特征

主要森林植被类型为：海拔 1 800m 以上为箭竹或蕨类群丛，局部有杜鹃；海拔 1 300 ~ 1 800m 之间主要是青冈、桦、漆、栎类，其次是高山柳、华山松和蕨类—胡枝子林；海拔 800 ~ 1 300m 之间主要是蕨类、枹树、马尾松、青冈、杉木等，其次是白茅、化香、柏木疏林；海拔 800m 以下主要是马桑、黄栌、黄茅群丛。

（2）存在的问题

该地区长期受干旱、暴雨和洪涝的危害，加之地形陡峭，平均坡度在 35°以上，导致大部分地带水土流失特别严重，近一半的土地都成了石漠化土地。过去造林苗木保存率低，树种单一，森林景观效应差。县内土壤平均土层厚度不到 20cm，如果用常规的方法来造林，无法保证改变老模样和苗木成活。

（3）对策

对水库周边的基本农田要采取生物和工程措施，改变耕作模式，并对 15 ~ 25°之间的坡耕地尽快实施坡改梯，以防止新的水土流失。第一轮山脊 25°以上的坡耕地全部退耕。同时，采取工程和生物措施相结合的治理办法，工程治理主要是砌挡土墙和采取生物治理措施时，对难于进行植树造林或种草（藤）的地方，先采取工程治理手段进行固土或人工筑台植树种草。低山河谷土质条件好、土壤较肥厚、水源充足的坡耕地宜营造脐橙等名优特产经济林，对坡度大、土质条件较差的坡耕地可营造生态林或生态经济兼用林；立地条件较差的荒山荒坡地带以营造乡土树种、常绿树种、速生树种的混交林。营造乡土树种

（羽叶山麻黄等）、常绿树种（重阳木、马尾松、柏木）、速生树种（刺桐、刺槐、枫杨、桤木、喜树、枫香树等）等混交林，实行常绿与速生、针阔树种行间混交造林，密度上要适当加大，株行距为3m×2m，每亩111株，整地实行带状、等高撩壕、大窝或鱼磷坑整地，在165～175m带内栽植黄桷树，株行距为20m×20m，株间适当栽植枫杨等耐水性强的树种（见图5-3-16）。

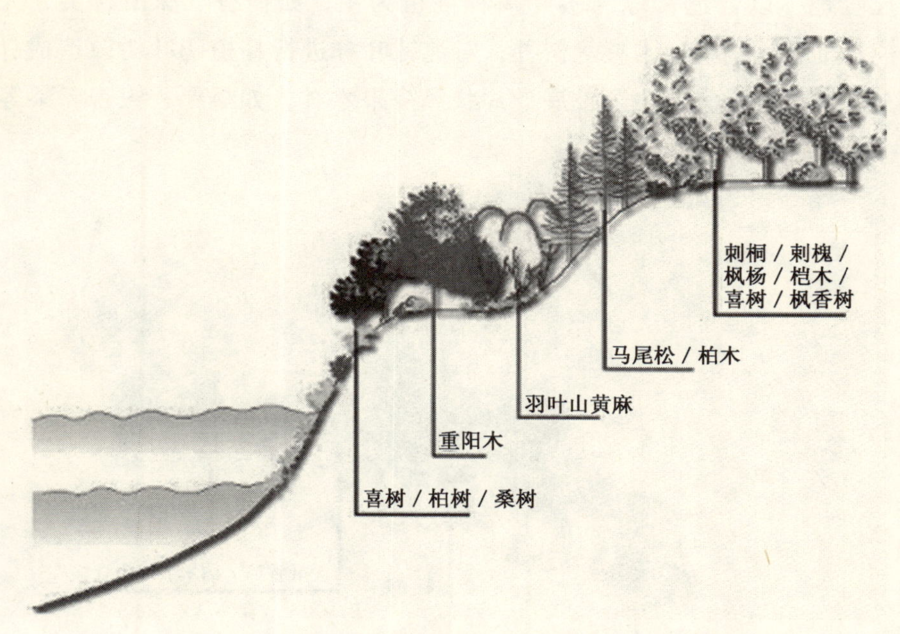

图5-3-16　库区东部森林生态与发展恢复绿色景观模式图

6.5.5　重庆都市森林景观区

（1）植被特征

有维管植物4 000多种，其中栽培植物就有近千种。除粮、油、蔬菜等主要农作物外，还有大批经济作物，如蚕桑、柑橘、柚、桃、李、梨、苹果、茶、油桐、乌桕、生漆、苎麻、烟叶等。树种以马尾松、杉、柏、竹类居多，青冈、樟、楠、栲树、杜仲等亦有零星分布。自然植被有阔叶林、针叶林、竹林、灌丛、稀树草丛等5种类型，其中亚热带常绿阔叶林是主要植被类型，主要由栲树属、青冈属、栎属、木兰属等树种构成。常绿阔叶林长期受人为破坏，现仅存于江津的四面山、南川的金佛山等地。这种林带被砍伐后，常为天然次生林、人工针叶林、竹林所替代。

（2）存在的问题

城镇基本建设活动比较频繁，长期在大面积的丘坡上耕垦，森林覆盖率极低，造成严重的水土流失。本亚区森林应为常绿阔叶林，但由于历史原因而形成马尾松为主的针叶林，仅在少数地方仍保留下来以楠木属、栲属为主的常绿阔叶林，辅之以大量农区及四旁的桉、千丈、竹等树种，以及部分农耕地上种植的柑、橘、桃、李等经济林木和地边栽桑，因此区内森林不能充分发挥生态效益。

（3）对策

应提高城镇化水平，尽量减少农业用地，调整农业产业结构。大力退耕还林（草），生态修复，重点发展水土保持（生态）林和优良经济果木林。沿江两岸多为浅丘陵地，以营造常绿与落叶树种混植为主，如枫香、深山含笑、大叶香樟、黄栌、枇杷、刺槐、水杉等树种；对纯针叶林进行补植阔叶树改造成针阔混交林，在立地条件适宜地段可发展成片状经济果木林，如板栗、银杏、梨等（见图5-3-17）。

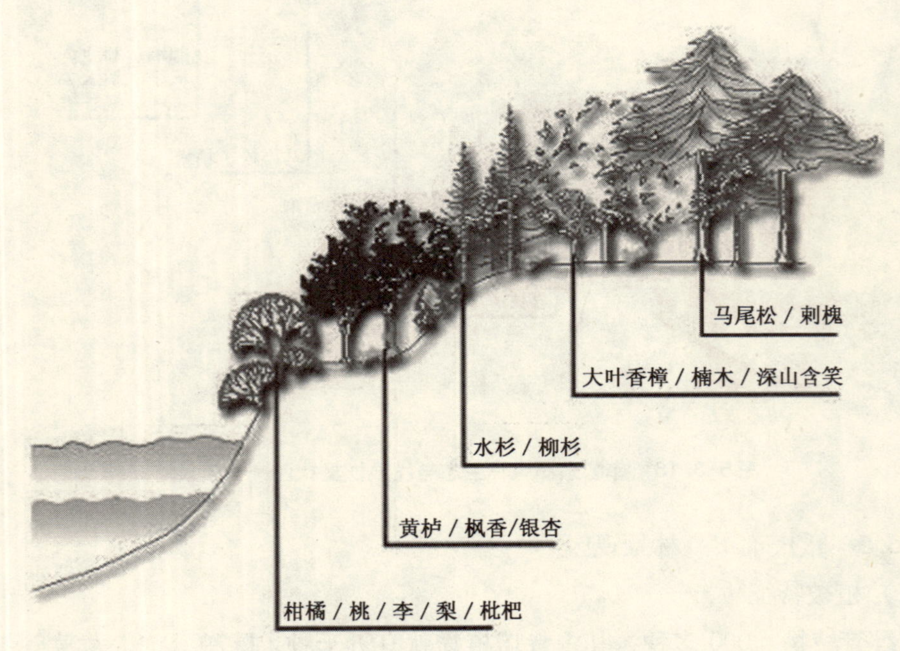

图5-3-17 重庆都市森林景观生态模式图

7. 农业景观评析

7.1 农业景观概述

7.1.1 特点

三峡库区农业景观类型有阔叶林地、针叶林地、果园、灌丛草坡、缓坡耕地、梯田耕地、道路、农村居民点及洼地鱼塘等，具有明显的农林过渡景观特征。在不同的轮作条件下，浅丘河谷地区以水稻田为主要景观基质，镶嵌着油菜、甘蔗、麻类等经济作物斑块，在边缘布局经济林果和薪炭林；丘陵低山地区林地、果园、农田等斑块相互分散或镶嵌，道路、河道防护林网等廊道相互交错；低、中山地地区则呈现农田—果园—林地立体农业景观特征。

作为一种特殊的旅游观光资源，在不同的季节和地貌条件下，库区的农业景观具有不同的时空特征。从时间上看，一年四季景色各异，春花、夏叶、秋实、冬枝。春天黄色油菜花烂漫，夏天青苗翠绿河田山野，秋天金灿灿柑橘果实累累，冬天树影千枝婆娑、形态各异，俨然一幅大自然四季的优美画卷。从空间上看，东西方向由重庆到奉节相继分布着低丘—中丘—中山，表现为台耕地、梯田耕地、缓坡耕地—果园—针叶林地、阔叶林地；以长江为轴南北方向看，向两岸纵深相继分布着水面—山地—中丘—低丘平坝—中山，表现为鱼塘—林地—果园—耕地—林地等景观类型，形成独具特色的农业风光。

7.1.2　问题

（1）山高坡陡，自然植被率低，水土流失严重

三峡库区地质、地貌十分复杂，山高坡陡，山地面积占71.3%，丘陵台地占22.8%，平原、岗地、坝地仅占5.9%。土壤层薄，石灰岩层广布，森林覆盖率低，三峡库区各县森林覆盖率仅为7.5%～15.7%。水土流失严重，水土流失面积25 786.53km^2，占幅员面积的55.8%；全区平均土壤侵蚀模数3 765.71t/(km^2·a)，平均土壤侵蚀总量为9 710.46万t，直接进入江河的泥沙约为5 340.75万t，占土壤侵蚀总量的55%。

（2）人多地少，人地矛盾突出

三峡库区总面积约3.23万km^2，耕地总面积为56.61万hm^2，人口1 533.30万人，人口密度超过475人/km^2，超过全国平均水平的两倍多，人均耕地面积仅有0.037hm^2，不到全国平均水平的1/2，且以坡耕地为主，土地垦殖系数达38.19%，复种系数达22.2%。随着建设的发展，耕地减少和人口的增加是不可逆转的趋势，人地矛盾将日益突出。

（3）农用化学品投入量大，农业面源污染严重

三峡库区农业生产比较落后，生产力水平低下，为了增加产量而大量使用化肥、农药及地膜等，化肥、农药的大量施用严重污染了农业生态环境，塑料地膜由于难于回收利用而残留于土壤中则造成农田“白色污染”。

（4）自然灾害频繁发生

三峡库区的自然灾害主要有干旱、洪涝和地质灾害。库区为著名的伏旱区，伏旱频率高达80%以上；又是暴雨区，由于其特殊的地形地质条件，常常引发山洪暴发和泥石流等重大自然灾害，为全国地质灾害最严重的地区之一。特别是三峡工程的兴建进一步增加了库区生态环境和农业生产的压力，耕地尤其是良田沃土受淹面积大，三峡水库建成后将淹没2 138万hm^{2}良田，使本已十分突出的人地矛盾更加尖锐。同时，三峡工程的兴建改变了库区原有的农业景观结构，土地利用和土地覆盖方式的变化导致自然景观的破碎化和生物栖地多样性的降低，进而使得农业景观的美学价值和生态效益遭受严重损害。

7.2 农业景观现状分析

根据农业自然环境条件分异，社会经济条件和水平分异，农业发展现状、方向以及建设途径分异，在充分反映地域分异规律的前提下，保持行政区界的完整性为原则构建景观生态结构，将三峡库区农业景观分为四个区域（见表5-3-5），即西南丘陵农业景观区、城郊型农业景观区、中西部岭谷农业景观区、东北部山地立体农业景观区。

长江三峡库区（重庆段）农业景观分区表　　表5-3-5

景观类型	西南丘陵农业景观区	城郊型农业景观区	中西部岭谷农业景观区	东北部山地立体农业景观区
分布区域	江津	重庆主城区	长寿、涪陵、丰都、忠县、万州	云阳、奉节、巫山
地貌类型	丘陵、平原	丘陵、台地	丘陵、低山	中、低山
地势	丘陵起伏连绵，海拔多在150~500m	高低起伏缓和，海拔多在150~800m	高低起伏不定，一般海拔250~1 200m	山高坡陡，海拔在500~2 000m
土壤类型	紫色土、黄壤土	紫色土、新积土	水稻土、紫色土	黄壤土、黑色石灰土
土地利用特点	耕地比重大，垦殖指数高，园地比重大	土地利用程度高，非农用地相对高	土地淹没，非农用地建设，耕地垦殖过度	林地、牧草地广阔，耕地、园地质量差，交通用地少
种植业	粮食作物以水稻、小麦、玉米、苕为主，经济作物和经济林木以油料作物、蔬菜、甘蔗、柑桔为主	粮食作物以水稻、玉米、苕、小麦、高粱为主，经济作物和经济林木以油菜、花生、柑橘、桑、茶、蔬菜为主	粮食作物以水稻、小麦、玉米、苕为主，经济作物以油料作物、蔬菜为主，经济林木以柑桔为主	粮食作物以玉米、洋芋等旱地作物为主，经济作物及经济林木主要有烟叶、药材、油菜、苎麻、油桐、茶、漆以及猕猴桃等
果树林	甜橙、宽皮柑橘	甜橙、柚、柠檬	甜橙、柚、柠檬、宽皮柑橘	柑橘、梨、板栗、核桃
制约因素	人多地少，耕地后备资源匮乏	耕地严重不足，人地矛盾突出	耕地垦殖过渡，自然植被稀少，水土流失严重	农业基础薄弱，林、牧业投入低
发展方向	稳定基本农田，建设粮、油、菜、水果、蚕桑、茶叶等生产基地	充分利用土地资源，建立蔬菜、果品及鲜活副食品基地，发展观光产业	改造中低耕园地，建设粮、菜、果、花卉、茶等生产基地	大力开展林、牧业，建设林、牧、药材、烤烟、土特产生产基地

7.3 农业景观建设研究

农业景观生态研究是运用景观生态学原理，结合考虑地域或地段的综合生态特点及目标要求，构建一个空间结构和谐、生态稳定、社会效益及经济效益理想的区域农业系统。农业景观的规划设计不仅关注景观的“土地利用”、“土地肥力”以及人类的短期需求，更强调景观供人类观赏的美学价值和景观作为复杂生命组织整体的生态价值及其带给人类的长期效益，从而创建一个可持续发展的整体区域生态系统。

7.3.1 农业景观建设格局

农业景观建设包括水平生态过程（景观格局优化构建）与垂直生态过程（单元景观土地利用模式）两个阶段。前者是景观整体优化，在宏观上设计出合理的景观格局，后者是在前者的基础上，从单元土地的生态性质入手，在微观上创造出合适的生态条件，分单元实现景观利用的最优化。

根据三峡库区农业景观特征、土地开发利用潜力，从环境保护、生产效益并重及农业生产的景观功能出发，根据“景观异质性”、“继承自然”、“因地制宜”和“社会满意”原则，将库区农业景观的建设格局在宏观上分为农业耕作景观区、观光农业景观区、经济园林景观区、生态环境保护功能区（见图05-03-07），以适用整体景观生态系景观过程的空间分配。

（1）农业耕作景观区

区域概况：本区包括江津市。土地面积3 219km^2，占区土地总面积的10%，耕地面积68 962万hm^2，人均0.047hm^2。

区域特点：地形以丘陵、平原为主，土地平整，土层深厚，土壤肥沃，适于农业开发。景观过程以种植业耕作经营为主，土地改良为辅，努力建成优质农业生产基地。

生态功能：主要种植业生产功能。以粮食、水果、蔬菜生产为基础，以坡改梯和沃土工程、排灌工程来保持水土、提高地力，建成优质粮食基地、优质蔬菜基地和优质林果基地，形成“果—粮—菜—猪—沼—渔”农业复合经营的立体生产结构体系。

（2）观光农业景观区

区域概况：本区包括渝中区、大渡口区、沙坪坝区、南岸区、九龙坡区、江北区、北碚区、渝北区、巴南区等重庆主城九区。土地面积5 497km^2，占全区土地总面积的17%，耕地面积12.05万hm^2，人均0.022hm^2。

区域特点：本区是主城建设发展区，土地开发利用程度高，地形以丘陵、台地为主。景观过程以发展观光农业为主，突出农业景观的自然情趣，努力营造悠闲、平淡的野趣。

生态功能：主要观光旅游功能。以基本农业为基础，可以发展梯田农业观光、自摘果园、反季节果菜园等类型，以其独特的生产方式作为旅游吸引物满足游客追求新、奇、特的需求，使游客油然而生“采菊东篱下，悠然见南山”的感觉。

（3）经济园林景观区

区域概况：本区包括万州区、涪陵县、长寿县、忠县、丰都县。土地面积 12 879km^2，约占全区土地总面积的 40%。耕地面积 24.85 万 hm^2，人均 0.046hm^2。

区域特点：地形以丘陵、低山为主，坡度较缓，适于耕种。景观过程以果园经营及农田改造建设为主，突出以营造果园、茶园来增加植被。

生态功能：主要经济林生产功能，兼顾环境保护功能。以优质柑橘、桑树等高效经济林及用材林为提供生态环境的主要种类，利用肥沃、保收的土地，采取轮作、间作套种等方式，发展水稻、小麦等粮食作物及高收益的油料、豆类等经济作物，推行"桔—粮—经—畜—桑—沼"共生互惠型高效生态农业发展模式。

（4）生态环境保护功能区

区域概况：本区包括云阳县、奉节县、巫山县。土地面积 10 705km^2，占全区土地总面积的 33%。耕地面积 12.82 万 hm^2，人均 0.045hm^2。

区域特点：地形以中、低山为主，山高人稀，土壤肥力差，不适于农业开发。景观过程以水土流失、植被覆盖减少（人为樵采、放牧等干扰所致）等退化过程为主，必须将生态环境保护置于首要地位。

生态功能：首先是生态环境保护功能，其次是经济林、农作物生产。以植树造林、水土保持、草场改良为保护型生态条件；利用高山的优势，大面积发展银杏、板栗、核桃、茶叶等干果林，采取轮作、间作等方式发展杜仲、黄连、天麻、黄柏、厚朴等中药材，同时种植高山反季节蔬菜、烤烟和人工牧草，走"林—粮—油—畜—草"互保互进的水土保持型高效生态农业发展模式。

7.3.2　农业景观结构研究

景观结构研究是景观建设格局空间落实的配置，以垂直过程的连续性为依据，合理设计土地利用方式与农业生态系统，促进景观生态系统内物质、能量的良性循环，使景观和土地利用方式适应于生态过程。生态农业模式建设是生态农业建设的核心，也是农业景观建设的具体体现之一。

（1）低海拔流域区带

海拔 500m 以下的流域区带多形成山间盆地，冬季冷空气难以侵入，使该区带成为暖谷区。夏热冬暖，光照充足，水源丰富，耕地土层深厚肥沃，为农业高产区，气温适于多种果树生长，尤其是柑橘。根据这一区带特点，采用科学种植和管理技术，充分合理发展种植业，引进优良品种，精耕细作，利用好每一寸土地。在荒山荒坡和大坡度田（25°以上）中大力发展柑橘等水果生产，建成柑橘林，以提高农业经济效益，同时增加林地面积防治水土流失，以改善生态环境。

（2）海拔 500～1 000m 区带

多位于山腰，地形复杂，面积较广，主要是坡耕地，适于旱田作物；气温条件适于多种果树生长。根据该区带特点，在充分发展种植业的基础上，大力发展果林建设，将荒山荒坡、大坡度田改造成大片果林，如猕猴桃林、柿子林、枣子林、板栗林等，并相应发展经济林木，如乌桕、油桐、漆树等，以利于水土保持。

（3）高山区带

海拔1 000m以上的高山区带，一般夏凉冬寒，温凉多雨，雾多湿重。耕地面积大但粮食产量极低，森林覆盖面积大，人口稀少。根据该区带特点，在稳定粮食作物的基础上，大力发展如杜仲、天麻、人参、桔梗等药材生产和烟叶种植，并且合理开发香菇、木耳和其他林特产品，发展多种经济。

根据以上三个区带各自的特点，重点发展各自的优势产业以发挥最大的经济效益，同时三个区带间应相互协调，相互配合，统筹设计。从生态农业的角度合理设计景观单元的利用方式，建立三峡库区可持续农业景观与模式，提高土地利用的生态、经济与社会效益。

7.4　规划控引建议

（1）建立国家级山地生态农业示范区和观光农业开发区。三峡库区要充分抓住西部开发、三峡库区移民开发以及贫困地区扶贫开发等三大历史性发展机遇，利用该地区所处的特殊地理区位，争取国家对该地区发展生态农业的政策倾斜，在三峡库区建立国家级山地生态农业示范区，建立生态农业系统工程实验园（场）和高新生态农业开发区以及生态农业科技园，与农业技术院校、科研机构建立广泛密切的合作关系，共同进行生态农业技术开发以及发展模式研究，加快农业技术转化为生产力的步伐。同时，运用景观学理论对城郊段库区农业进行合理空间配置，在实现生物多样性的基础上，开发旅游业，以恢复和保护山岳森林为背景，“农、林、游”相结合的生态综合开发为主导，发展避暑度假、康体休闲、回归自然为功能的观光农业区。

（2）采取灵活的融资手段，增强资金注入力度，促进三峡库区山地生态农业的可持续发展。要充分利用地区扶贫开发和移民对口支援政策，把发展山地生态农业作为扶贫开发和对口支援的重点项目，引导国内外企业投资开发，结合“长防”及“长治”工程以及“退耕还林”工程的实施，加大政府投入力度，同时引导民间投入，形成一个灵活的融资体系，为三峡库区生态农业发展提供资金保证。

（3）提高三峡库区农业从业人员的文化素质和职业技能，加大生态农业科普推广力度，增强生态经济意识。山地生态农业是以科技为支撑的现代农业，必须坚持“科学种田”的思想。加强中、高等农业职业技能的教育和培训，兴办各种技术培训班，多形式、多渠道培养多类型的农技骨干，让农民自己掌握科学种田的技术和技能，同时与农业高等院校和科研机构建立互利合作关系，加大农业技术推广力度，建立起生态农业发展的科技支撑网络体系。

（4）因地制宜，统一规划，建立联动机制，强化监督体系。要根据各区县的自然条件，统一规划，避免趋同，重点突出区县优势，培育特色，强化三峡库区内的联动，形成三峡库区生态农业整体特色优势。

长江三峡库区（重庆段）森林植被类型分类表　　附表1

<table>
<tr><th>植被型组</th><th>植被类型</th><th>植被亚类型</th><th>群　系</th><th>森林植被类型及景观特征</th></tr>
<tr><td rowspan="13">Ⅰ1针叶林</td><td rowspan="2">Ⅱ1寒温性针叶林</td><td rowspan="2">Ⅲ1寒温性常绿针叶林</td><td>1. 青杆林
Picea wilsonii</td><td>分布于大巴山区海拔2 100～2 600m的阳坡和半阳坡的山地棕色土壤区。外观呈深绿色，立木高大，林相整齐，成层明显，乔木层常以单种组成优势</td></tr>
<tr><td>2. 巴山冷杉林
Abies fargesii</td><td>分布在巫溪与神农架交界处海拔2 000～2 500m的棕色土壤区。群落盖度60%，树高18～22m</td></tr>
<tr><td rowspan="5">Ⅱ2温性针叶林</td><td rowspan="5">Ⅲ2温性常绿针叶林</td><td>3. 巴山松林
Pinus henryi</td><td>由东向西呈一狭长状分布于巫山海拔1 000～1 600m的半阴坡。外貌呈翠绿色，乔木层郁闭度0.6～0.8</td></tr>
<tr><td>4. 华山松林
Pinus armandii</td><td>分布于万州下游海拔500～2 000 m间的山坡、山脊上的库区范围内。呈零星块状。乔木层的组成和结构基本呈单优种层片结构</td></tr>
<tr><td>5. 巴山榧树、红豆杉林
Torreya fargesii，Taxus chinensis</td><td>属国家一、二级保护植物。群落林冠郁闭度0.2，总盖度达90%</td></tr>
<tr><td>6. 油松林
Pinus tabulaeformis</td><td>分布在巫溪一带的棕色土壤区。多为中年林或幼年林，外貌比较整齐，层次分明，郁闭度不大，多为纯林</td></tr>
<tr><td>7. 柳杉林
Cryptomeria fortunei</td><td>分布在海拔1 000～1 650m的山地黄棕壤上。乔木层由柳杉、桦木、青冈等组成，郁闭度0.7左右</td></tr>
<tr><td rowspan="6">Ⅱ3暖性针叶林</td><td rowspan="4">Ⅲ3暖温性常绿针叶林</td><td>8. 马尾松林
Pinus massoniana</td><td>普遍分布在整个库区内海拔200～1 000m范围内。外貌呈翠绿色，林冠整齐。郁闭度0.4～0.8，以纯林为主</td></tr>
<tr><td>9. 杉木林
Cunninghamia lanceolata</td><td>零星生长于低山丘陵海拔600～1 250m处。群落含有多种常绿或落叶阔叶林</td></tr>
<tr><td>10. 铁尖油杉林
Keteleeria davidiana</td><td>零星分布于云阳下游海拔600～1 150m的山地半阳坡。多呈块状林分</td></tr>
<tr><td>11. 柏木林
Cupressus funebris</td><td>是长江沿岸低山丘陵的典型群落。主要分布于海拔300～1 000m范围内。纯林乔木层郁闭度小，形成疏林</td></tr>
<tr><td rowspan="2">Ⅲ4暖温性落叶针叶林</td><td>12. 日本落叶松林
Larix kaempferi</td><td>分布于海拔1 900m左右的山地黄棕壤上。乔木层单优种日本落叶松高度3.2～8.5m，郁闭度0.9</td></tr>
<tr><td>13. 水杉林
Metasequoia glyptostroboide</td><td>仅分布在石柱县的山地黄壤。群落内除水杉外，以杉木和落叶阔叶树为多</td></tr>
</table>

续表

植被型组	植被类型	植被亚类型	群　系	森林植被类型及景观特征
Ⅰ2 阔叶林	Ⅱ4 落叶阔叶林	Ⅲ5 典型落叶阔叶林	14. 栓皮栎林 Ouercus variabilis	主要分布于海拔 1 350m 以下的低山、丘陵地带。外貌呈黄绿色，结构简单，层次明显。多为纯林，林分均匀整齐，郁闭度 0.5 ~ 0.7
			15. 麻栎林 Quercus acutissima	广泛分布于海拔 300 ~ 1 800m 的山地黄壤和山地紫色土的向阳坡地。外貌呈黄绿色，林冠较整齐，林分组成简单，建群种以栓皮栎和马尾松为辅
			16. 短柄枹树林 Quercus glandulifera	分布于海拔 200 ~ 1 900m 山地黄壤的阳坡和半阳坡。外貌为绿色，结构简单，层次明显，郁闭度 0.7
			17. 短柄枹树、茅栗林 Quercus glandulifera，Castanea seguinii	分布于海拔 1 000m 的局部地区低山地段的山地黄棕壤，群落层次明显，乔木层高 5 ~ 10 m，以短柄枹栎、茅栗为主要的建群种
			18. 槲栎、栓皮栎林 Quercus aliena，Ouercus variabilis	分布于海拔 500 ~ 700 m 的低山、丘陵区的山地黄壤。乔木高 8 ~ 9m，建群种覆盖度达 50%
			19. 云南波罗栎林 Quercus yunnanensis Franch	分布于海拔 1 500m 左右的中山地带的山地黄棕壤。乔木层高 4 ~ 18m，群落盖度达 60%
			20. 白栎林 Quercus fabri	分布于海拔950m 以下的低山、丘陵区的山地紫色土。林分乔木层由单优种组成，郁闭度 0.6
		Ⅲ6 山地杨、桦林	21. 红桦林 Betula albo – sinensis	仅见于大巴山及巫山地区海拔 2 000 ~ 2 500m 的山地黄棕壤和灰棕壤。外貌绿色，林冠较整齐，乔木无明显分层，郁闭度 0.7 左右
			22. 红桦、亮叶桦林 Betula albo – sinensis，Betula luminifera	分布在海拔 1 700m 的局部地区山地地带的山地黄棕壤。群落层次分明，乔木层高 12m，郁闭度 0.4
			23. 糙皮桦林 Betula utilis	主要分布于海拔 1 350m 左右的山地黄壤上。乔木建群种郁闭度 0.6
			24. 亮叶桦林 Betula luminifera	分布于海拔 1 350m 左右的中山地带的山地黄壤。林分乔木层由亮叶桦和马尾松组成，郁闭度 0.6
			25. 山杨林 Populus davidiana	群落外貌呈浅绿色，乔木层建群种郁闭度 0.4 ~ 0.6，林下灌木稀疏，盖度在 40% 以下
			26. 桤木林 Alnus cremastogyne	分布在最高海拔 1 500m 的盆地边缘山地。多见于河流两岸、河滩及地势平坦的地段。群落外貌深绿色，结构较简单。纯林或与枫杨混生
			27. 桦、钝叶木姜子林 Betula platyphylla，Litsea veitchiana	主要分布于海拔 1 500 ~ 2 000m 的山地黄棕壤上，林分乔木层建群种为桦、椴和钝叶木姜子林，郁闭度 0.7

续表

植被型组	植被类型	植被亚类型	群系	森林植被类型及景观特征
I 2 阔叶林	II 4 落叶阔叶林	III 7 一般落叶阔叶林	28. 水青冈林 Fagus longipetiolata	分布于巫溪与神农架接壤的海拔 1 500m 以上山坡中上部。群落结构较复杂，层次分明，喜温暖、湿润和排水良好地域
			29. 亮叶水青冈林 Fagus lucida	分布在海拔 1 700m 以上的山地黄棕壤地带。建群种林木覆盖率 60% 以上
			30. 亮叶水青冈、粉白杜鹃林 Fagus lucida, Rhododendron hypoglaucum	分布于海拔 1 500 ~ 1 980m 的中山地带的山地棕壤，乔木层建群种高 8 ~ 20m，郁闭度达 0.4 ~ 0.5
			31. 亮叶水青冈、水青冈林 Fagus lucida，Fagus longipetiolata	分布于海拔 1 500 ~ 2 000m 的库区北部边缘山地的山地黄壤和棕壤。群落外貌呈黄绿色，林冠整齐，结构复杂，林冠总郁闭度 0.1 左右，乔木层郁闭度 0.5 左右
			32. 茅栗林 Castanea seguinii	分布于海拔 1 000 ~ 1 500m 的中山地带的山地黄棕壤，乔木层高为 5 ~ 13m，郁闭度 0.6 左右，以茅栗组成乔木层的单优势种
			33. 茅栗、亮叶桦林 Castanea seguinii，Betula luminifera	主要分布于海拔 1 500m 左右的中山地带的山地棕壤。乔木层高 9 ~ 14m，主要建群种为茅栗、亮叶桦，覆盖度大于 40%
			34. 锥栗林 Castanea henryi	主要分布于海拔 1 550m 左右的中山地带的山地黄壤。群落内乔木层由锥栗、光皮桦组成，林分郁闭度 0.8
			35. 川陕鹅耳枥林 Carpinus chuanshanensis	主要分布于海拔 1 400 ~ 1 500m 中山地带的山地黄棕壤。乔木层平均高为 6.6m 左右，混生茅栗。林分郁闭度达 0.5 以上
			36. 四照花林 Dendronenthamia japonica	分布于海拔 1 600 ~ 1 700m 的局部地区山地地带的山地棕壤。群落分乔灌草 3 层，乔木层高 10m，郁闭度约为 30%
			37. 珙桐、米心水青冈林 Davidia involucrate，Fagus engleriana	分布于海拔 1 700 ~ 1 750m 的局部地区的山地棕壤。群落分乔灌草 3 层，乔木层高 14m，郁闭度占 65%
			38. 枫香林 Liquidambar formosana	主要分布于海拔 600m 的低山区的山地黄壤。林分乔木层由枫香树和柚子组成，郁闭度 0.7
			39. 华中樱桃、刺叶栎林 Cerasus conradinae，Quercus spinosa	分布于海拔 1 410 ~ 1 430m 间的局部地区山地地带的山地棕壤，群落分乔灌草 3 层，乔木层高 5 ~ 12m，总郁闭度约为 25%
			40. 连香树、细齿稠李林 Cercidiphyllum japonicum Padus obtusata	分布于海拔 1 300 ~ 1 900m 的局部地区山谷的山地黄棕壤。群落分乔灌草 3 层，乔木层树种树干通直，高 28m，盖度 55%

续表

植被型组	植被类型	植被亚类型	群　　系	森林植被类型及景观特征
I 2 阔叶林	Ⅱ4 落叶阔叶林	Ⅲ7 一般落叶阔叶林	41. 灯台树林 Cornus controversa	主要分布于海拔 1 500m 以下的山地黄壤和山地黄棕壤上。林分乔木层建群种为灯台树和桦木，郁闭度 0.7 左右
			42. 朴树林 Celtis sinensis	分布于海拔 300 m 以下的低山地带的灰棕紫色土，林分乔木层建群种高 3.2～9m，郁闭度 0.4 以上
			43. 漆树林 Rhus verniciflua	主要分布于海拔 1 600m 左右的山地黄棕壤上，林分乔木层建群种为漆树和化香，郁闭度 0.5
			44. 化香杂木林 Platycarya strobilacea	广泛分布在海拔 1 000～1 800m 的阳坡和半阳坡上。群落结构比较简单，组成随生境变化而有差异。乔木层高 12m，总盖度 75%
			45. 化香、槲栎林 Platycarya strobilacea，Quercus aliena	分布于海拔 220m 以下低山丘陵的灰棕紫色土上。林分乔木层建群种为化香，其他组成种类有麻栎、白栎林、柏木、盐肤木、野桐等，林分郁闭度 0.7 左右
			46. 油桐林 Vernicia	分布于海拔 800m 以下低山区的酸性紫色土，林分乔木层由油桐和棕榈组成，郁闭度 0.5
			47. 刺槐林 Robinia pseudoacacia	分布于海拔 300m 左右的低山区的酸性紫色土，为单优种纯林林分，林分郁闭度 0.7 左右
	Ⅱ5 常绿、落叶阔叶混交林	Ⅲ8 山地落叶、常绿阔叶混交林	48. 包槲柯、栗林 Lithocarpus cleistocarpus，Castanea	分布于海拔 1 500m 左右的局部地区的山地黄棕壤。群落外貌郁茂，乔木层盖度 60%
			49. 曼青冈林、化香杂木林 Cyclobalanopsis oxyodon，Platycarya strobilacea	主要分布在海拔 1 600m 左右的石灰岩坡地上，成小片分布。群落结构、种类成分较简单。乔木层中以落叶树为主，常绿乔木以曼青冈占优势
			50. 石栎、水青冈林 Lithocarpus glaber，Fagus longipetiolata	分布于海拔 1 300m 以上中山地区的山地黄棕壤上，巫山、巫溪有零星块状分布。群落结构层次分明，外貌呈绿色，秋季落叶
			51. 水青冈、包石栎林 Fagus longipetiolata，Lithocarpus cleistocarpus	分布于巫山、巫溪海拔 1 300～2 000m 的中山地带的山地黄棕壤。群落外貌呈暗绿色，林冠稍整齐，层次明显，乔木层郁闭度 0.5～0.7
			52. 亮叶水青冈、小叶青冈林 Fagus lucida，Cyclobalanopsis gracilis	分布于神农架海拔 1 000～1 900m 的山地黄壤及黄棕色森林土上，山地坡度多在 20～35°。群落分乔灌草 3 层，乔木层可分两个亚层，盖度 25%～65%

续表

植被型组	植被类型	植被亚类型	群系	森林植被类型及景观特征
I 2 阔叶林	II 6 常绿阔叶林	III 9 典型常绿阔叶林	53. 曼青冈、巴东栎林 Quercus oxyodon, Quercus engleriana	生长于海拔1 450m左右的中山下部沟边，坡度40°左右，半阴坡。土壤为山地黄棕壤，厚30cm左右质地粉壤，石砾含量60%
			54. 青冈林 Cyclobalanopsis	分布于海拔1 600～1 800m的阔叶林中，土壤为山地黄棕壤，厚度达40cm，质地壤土，石砾含量低于15%
			55. 细叶青冈、石栎林 Cyclobalanopsis myrsinaefolia Lithocarpus glaber	分布于神农架海拔1 000～1 900m的山地黄壤及黄棕色森林土上，山地坡度多在20～35°。群落分乔灌草3层，乔木层可分两个亚层，盖度25%～65%
			56. 曼青冈林 Cyclobalanopsis oxyodon	生长于海拔1 450m左右的中山下部沟边，坡度40°左右，半阴坡。土壤为山地黄棕壤，厚30cm左右，质地粉壤，石砾含量60%
			57. 米槠林、甜槠林 Castanopsis carlesii, Castanopsis eyrei	分布于海拔1 300m以下的低山丘陵地区的红、黄和山地黄壤，群落外貌深绿色，林冠半球形波状起伏，高约20m，总郁闭度0.8～0.9
			58. 栲树、罗浮栲树林 Castanopsis fargesii, Castanopsis fabric	广泛分布于海拔500～1 000m的丘陵及中山山坡、沟谷。群落外貌绿色杂有黄色斑状，林冠浑圆波状起伏，树干耸直，林冠高25～30m，总郁闭度0.6～0.85
			59. 钩栲、栲树林 Castanopsis tibetana, Castanopsis fargesii	广泛分布于海拔1 500m以下的丘陵中山带的红壤和山地黄壤上。多见于高崖深谷、避风的环境中。群落外貌暗灰绿色，呈微浑圆波状起伏。林冠高15～20m，总郁闭度0.75～0.9
			60. 栲树林 Castanopsis fargesii	主要分布于川东平行山岭谷海拔500～1 400m的黄壤和山地黄壤上。群落外貌绿色呈波浪形，内物种种类丰富，结构复杂，乔木疏密不等，高为14～16m
			61. 甜槠林 Castanopsis eyrei	分布狭窄，仅在川盆地东南边缘低山区的石柱、丰都海拔500～800m地段有分布。群落发育较差，外貌呈绿色，结构简单，乔木低矮，高8～10m
			62. 米槠、四川大头茶、华木荷林 Castanopsis carlesii, Gordonia szechwanensis, Schima sinense	主要分布于川东平行岭谷海拔400～1 500 m的中山山坡的黄壤和山地黄壤上。群落外貌深绿色，林冠波浪形，乔木层郁闭度0.8～0.9，高15m以上
			63. 四川大头茶、川灰木林 Gordonia acuminata, Symplocos ernestii	主要在海拔1 500m以下的局部地区低中山地带的山地棕壤上。乔木层建群种郁闭度0.8
			64. 巴东栎林 Quercus engleriana	主要分布于巴东北部与神农架下谷坪相接海拔1 700m以下的中山地区。常与云南波罗栎、青冈、鹅耳栎、漆树、槭等混生

续表

植被型组	植被类型	植被亚类型	群　系	森林植被类型及景观特征
Ⅰ2阔叶林	Ⅱ6常绿阔叶林	Ⅲ9典型常绿阔叶林	65. 细叶栲林 Castanopsis fargesii	主要分布于海拔500～1 500m的中低山山地黄壤和山地紫色土上。乔木层中建群种常伴生枫香和赤杨
			66. 栲树、青冈林 Castanopsis fargesii, Cyclobalanopsis	主要分布于海拔1 800m左右的中山地带的山地黄棕壤上。群落内乔木层以优势种为主，高7.8m
			67. 栲树林 Castanopsis fargesii	主要分布在海拔550～1 000m的山地黄壤和山地紫色土上。乔木层郁闭度达0.7～0.9
			68. 桢楠、楠木、栲树林 Machilus kurzii, Phoebe zhennan, Castanopsis fargesii	零星残存分布于石柱、丰都、忠县等地500～1 300m的黄壤和山地黄壤上。群落外貌呈浓绿色
			69. 小果润楠、青冈林 Machilus microcarpa, Cyclobalanopsis	仅分布在石柱县海拔500～1 200m地段的黄壤和山地黄壤，群落分布区峡谷陡坡，外貌浓绿色，林冠波浪形，高20m有余，总郁闭度0.8左右
			70. 利川润楠林 Machilus lichuanensis	主要分布于海拔1 000m以下低山区的山地紫色土上。群落内乔木层建群种为利川润楠和甜槠
			71. 包果柯林 Lithocarpus cleistocarpus	分布于大巴山南坡海拔1 000～1 500m背阴的沟谷或斜坡的山地黄棕壤及山地黄壤上。群落林冠波浪形不十分整齐，高20～30m，林木稀疏，冠幅较大，郁闭度0.7～0.9
			72. 石栎、杜英林 Lithocarpus glaber, Elaeocarpus decipiens	主要分布于海拔600m左右的低山区的山地黄壤上。群落内乔木层建群种郁闭度0.6，高5～15.5m
		Ⅲ10其他常绿阔叶林	73. 红豆树林 Ormosia hosiei	分布在海拔1 000m山坡的山地黄壤上。群落结构比较简单，种类较少，乔木层高10m左右，层盖度60%～80%
			74. 白毛新木姜子、长蕊杜鹃林 Neolitea aurata, Rhododendron stamineum	主要分布于海拔1 200m以下的低山区的山地棕壤上。群落内分为乔、灌、草3个层次。乔木层建群种郁闭度0.8
			75. 白毛新木姜子、缙云猴欢喜、四川山矾林 Neolitea aurata, Sloanea tsinyunensis, Symplocos setchuensis	主要分布于海拔1 200m以下的低山区的山地棕壤上。群落内分为乔、灌、草3个层次，乔木层郁闭度0.9
		Ⅲ11山地硬叶常绿阔叶林	76. 刺叶高山栎林 Quercus spinosa	主要分布在海拔1 200m以上地区的山地黄壤上。群落的乔木层一般高为16m以下，群落结构简单

资料来源：

1）吴征镒，中国植被［M］，科学出版社，1983年；

2）肖文发等，长江三峡库区陆生动植物生态［M］，西南师范大学出版社，1999年；

3）程瑞梅等，三峡库区森林植被分类系统初探，环境与开发［J］，1994年，第142期，第4～7页。

第四章　长江三峡库区（重庆段）沿江城镇景观评析

城镇是人类社会存在的一种空间形式，是人们聚集生活的环境和社会文化的载体。本研究以GIS和RS技术为基础，从景观结构和景观资源角度出发，系统分析了三峡库区城镇景观结构特点、城镇景观资源的特征和变化，同时结合自然地理条件、社会经济发展、旅游和景观生态保护等要素，提出三峡库区沿江城镇景观生态建设措施，旨在为三峡库区沿江城镇的景观总体规划、旅游发展和生态保护建设提供依据和参考。

1. 沿江城镇景观类型组成与分析

三峡库区的沿江城镇景观类型主要包括重点城镇、小城镇（包括中心镇和一般镇）、农村居民点、工矿企业（沿江城镇部分的工矿企业计入此类）和基础设施（码头、桥梁、滨江路、堤坝护岸，沿江城镇部分的基础设施计入此类）等类型。其中，重点城镇包括10个景观单元（都市区、万州、涪陵、江津、长寿、丰都、忠县、云阳、奉节和巫山），是三峡库区内长江两岸最重要的景观节点，也是沿江城镇景观的主要研究内容。

1.1　重点城镇

1.1.1　沿江重点城镇景观单元组成分析

城镇景观单元是分析各种生态过程的重要依据，也是景观生态规划的基础和前提条件。三峡库区重点城镇包括10个大小不等、形状各异的城镇景观视觉单元，每一个单元具有一定的结构和功能，具有相对的独立性。按照斑块的大小和人口规模将三峡库区的重点城镇分为特大城市、中等城市、小城市等3种类型（见表5-4-1）。

长江三峡库区（重庆段）沿江重点城镇景观单元　　表5-4-1

类　型	数　量	名　称
特大城市	1	都市区
中等城市	2	万州、涪陵
小城市	7	江津、长寿、丰都、忠县、云阳、奉节、巫山

都市区是所有城镇景观单元中面积最大的斑块，面积16 376hm^2，而万州和涪陵稍次，为中等城市，江津、长寿、丰都、忠县、云阳、奉节和巫山为小城市（见图5-4-1）。

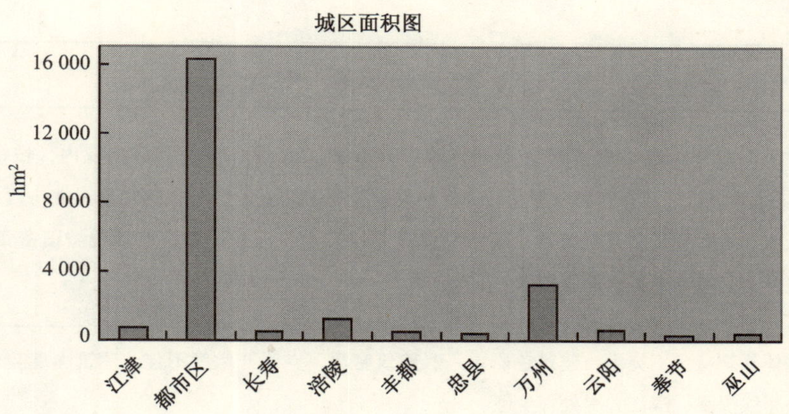

图5-4-1　长江三峡库区（重庆段）主要城镇景观单元面积图

1.1.2　沿江重点城镇景观单元特征分析

由于研究尺度比较大，为了突出重点，在本次研究中重点对研究区内的都市区、中等城市和小城市景观单元等十个斑块的地理位置、自然地理条件、社会经济特点、景观与生态问题等进行详细分析，并提出了规划与建设的发展方向（见表5-4-2）。

长江三峡库区（重庆段）重点城镇景观单元特征分析　　表5-4-2

名　称	主　要　特　征	
都市区	基本概况	都市区位于梁山和铜锣山之间丘陵地带，又在长江和嘉陵江的交汇处，由巴南区、大渡口区、渝中区、九龙坡区、沙坪坝区、南岸区、江北区、北碚区和渝北区等9区组成，本区的地理条件独特，自然景观资源丰富，历史文化悠久。重庆既是“山城”，又是“江城”，表现为“山上有城，城中有山；城中有江，江边建城”。长江和嘉陵江在市区蜿蜒穿过，建成区沿江绵延45km左右。“山”和“江”把都市区分割成多块，使城市呈分散布局形态的“多中心组团式”布局结构。都市区具有丰富的传统文化内容和深厚的文化底蕴，形成了独具特色的“巴渝文化”、“抗战文化”、“革命传统文化”等历史文化。总体说来，都市区呈现出现代都市景观与历史人文景观并存的格局
	景观问题	城市建筑风貌呈全球化趋同的趋势，建筑设计手法单一，城市建筑密度过大，不利于城市环境的改善和景观的创造；岸线、天际线不明显；景观规划设计中没有突出滨水地带的利用
	生态问题	环境污染严重，包括废水排放、工业固体废物、城市生活垃圾、二氧化硫、烟尘、工业粉尘排放。其中，城市生活污水、工业固体废物及城市生活垃圾产生量呈逐年上升趋势，二次污染较为突出，次级河流污染尤为严重，水质呈逐年恶化趋势
	发展方向	在规划与建设中，应强调建筑特色和城市整体景观形象，将现代化建筑与优美生态环境相结合，体现现代都市气息

续表

名称		主要特征
万州	基本概况	位于重庆市东部，地处川东褶皱带平行岭谷区，长江由西南向东北穿越境内，城镇化水平为34.75%。地势由长江河谷向南北隆起，以低山、丘陵为主，全区主要山脉均呈东北—西南走向，形成沟壑纵横、地貌类型多样的特点。城镇总体布局特点为长江沿岸和公路沿线城镇密集，规模小，发展较快，山区城镇稀疏，发展较慢
	景观问题	城市整体景观特色不突出，建筑色彩单一；建筑密集，空间开敞度不佳，建筑高度与色彩缺乏控制，码头岸线混乱，滨江大堤处理生硬
	生态问题	水环境污染加重，煤烟型大气污染严重，废渣和垃圾污染潜在威胁大，土地过度开垦，水土流失严重，同时，移民安置量大，库区生态环境保护任务艰巨
	发展方向	在规划与建设中，应将万州建设成为库区重要工业、商贸、移民新城风景区和旅游城市，长江三峡风景名胜区旅游和服务基地，进一步推动城镇化建设，加强其作为重庆东部地区经济、文化、科技、教育、信息中心和三峡库区水陆交通枢纽的作用。建成立体的山水园林城市景观，动态的现代城市氛围，丰富的历史文化遗迹和浓郁的巴渝文化风情
江津	基本概况	地处四川盆地东南边缘，地貌以丘陵兼低山为主，境内山丘密布，河流纵横。江津城区被长江、艾坪山分隔成为几江、德感、先锋三大片区，主城区北濒长江，江水呈“几”字形绕过。城南艾坪山叠翠起伏，巍然屹立，城市在山脚下环山而筑。德感片区位于长江北岸，与几江片区隔江相望，后有篆山坪和临峰山为依托，形成“一水两城”的空间格局
	景观问题	新城区布局凌乱，开发强度及建筑密度过高，建筑缺少特色；城区公共绿地及广场明显不足，城市整体景观与生态环境质量也有所下降；城区建筑的布局与造型缺乏对地域文化的反映与延续，特色不明显且较为杂乱；艾坪山作为城市背景山体及城区各组团的景观中心，缺少与长江直接连通的生态与景观廊道，没有将山、水、城有机衔接，融为一体；几江片区滨水区没有体现亲水性、人文性和江城的特色；沿江建筑造型缺乏特色，不能为长江对岸的滨江大道提供良好的视景；城市建成区规模非常有限，整体表现为一种不成熟且缺少特色的村镇型景观
	生态问题	目前主要生态问题是水体污染严重，包括綦河、临江河及长江江津段，市区大气污染严重，包括部分乡镇企业排放的有毒有害气体，以及其他工业生产废渣及生活垃圾污染
	发展方向	充分利用江津得天独厚的自然山水条件，在城市空间形态和结构规划中，突出江津的“山”、“水”、“绿”、“城”的城市特色，形成开放的空间结构形态和山水交融、环境优美的山水园林城市；同时以宏扬江津地域文化为主线，保护地方特色文化，塑造有深厚文化底蕴的历史名城

续表

名　称		主　要　特　征
长寿	基本概况	位于重庆市东北部，地处重庆市中部平行岭谷低山丘陵区，地跨长江两岸。境内三条背斜低山由东北向西南分布，构成全区地形骨架。区域内城镇布局主要沿陆路交通线和水路交通线分布，形成以长寿城区为中心的放射状结构布局形态，是重庆水路交通咽喉，连接渝东南和渝东北地区的纽带，通往华中和东部沿海地区的桥头堡，是长江上游重要的化工城市
	景观问题	城镇数量虽然不少，然而小城镇从整体上来讲规模不大，区域内城镇职能单一，区域城镇化水平处于城镇化加速发展初期阶段。城镇主要沿交通线分布，目前仍呈点状特征，没有形成网络。城市布局受工业发展影响大，居住与化工企业混杂，缺乏足够的隔离和安全保护带，影响城市环境品质；城市景观缺乏特色，沿江布局较为混乱；城市公共绿地量小，布置集中，缺乏均衡性
	生态问题	水环境恶化，形势严峻；大气污染较为严重，汽车尾气污染上升，酸雨危害增大；固体废物污染潜在威胁增大；噪声扰民十分突出；生态环境破坏加剧，主要表现在农村粗放的乡镇企业经营方式，消耗大量资源及能源，使环境污染加重并蔓延，同时产业结构及耕作制度不合理，水土流失加重，面源污染影响全区水环境
	发展方向	在规划与建设中应充分利用城区文物古迹和城市规划区资源优势及依托长江三峡风景名胜区，开展旅游，使长寿区成为重庆都市旅游观光地之一，建设成为风景优美的现代化区域性中心城市，同时成为重庆近郊休闲度假旅游基地
丰都	基本概况	地处三峡地区西部，川东平行岭谷与盆地东南边缘山地的交接地带，地形以山地为主，丘陵次之，坪坝面积甚小，为渝东的山区大县。境内地势南高北低，长江北岸以丘陵为主，南岸以山地为主，长江两岸各两条山脉都由东北向西南延伸，平行排列，呈“四山”夹“三槽”地形。城镇也相应形成“两片夹一水”的格局，水陆交通方便。丰都县城是全县的政治、经济、文化中心，是具有历史传统文化和山水园林特色的旅游港口城市。本区具有全国闻名的名山风景区（首批国家四A级旅游区和重庆市最佳景区）、丰富的三峡文物和独特的山水风貌。同时，丰都是具有悠久历史文化的古城，素以“鬼城”闻名中外，是具有历史传统文化和山水园林特色的旅游港口城市
	景观问题	城镇化水平低，片区中心镇功能薄弱，绝大多数人口分布于广大农村，集聚效应差；职能分工雷同，特色不明显；旅游资源开发“面”窄“点”少，旅游资源文化尤其是“鬼文化”内涵挖掘不够；建城区现状绿量偏少，人均公园绿地面积低，且不成系统，未能与城市周边山、水相联系
	生态问题	大气质量水平低，县城大气主要污染物为二氧化硫、总悬浮颗粒和降尘，酸雨污染严重；机动车尾气和噪声污染严重；水环境污染有上升趋势；生活垃圾排放量增大，其处理问题有待解决；农村生态环境形势十分严峻，水土流失严重
	发展方向	在规划与建设中，应将丰都县城的园林建设与城市功能有机结合，通过园林绿化来体现丰都城市“绿、幽、静”的文化风格，开发利用“鬼文化、民俗文化”和三峡文物，把丰都县城建设成为环境优美、富有历史传统文化和山水园林特色的中等旅游城市

续表

名　称		主　要　特　征
忠县	基本概况	位于重庆市中部，地处渝东弧群褶皱带平行岭谷区，长江由西南至东北横贯境内，城镇化水平为15.21%。主城区的城镇规模小，片区中心城镇功能薄弱。城镇布局主要沿长江沿岸和公路沿线分布且不均匀；长江沿岸和公路沿线城镇较密集，发展较快，但其他区域发展较慢。三峡库区形成后，忠县县城将由三个半岛、一个全岛组成，是重庆地区水域面积最大的湖岛城市
	景观问题	城市滨江建筑无特色，岸线、天际线不明显；城镇景观资源缺乏有效的开发利用，城镇职能趋向单一、分工雷同，特色不明显
	生态问题	乡镇企业发展速度快，水平低，经营粗放，资源能源消耗大，环境污染严重；地质灾害发生频繁，生态形势严峻；水土流失较为严重；由于河道防洪标准低，河流狭窄，落差大，汇流时间短，暴雨易造成岸坡崩塌
	发展方向	在规划与建设中，应把忠县建设成具有发达的现代交通通讯网络、全市独特的施格兰柑橘产业和优质农产品基地，以泔井湖风景名胜区为中心的集山水园林、桥岛特色、人文景观于一体的旅游胜地，经济发达、社会文明、山川秀美、人民富裕的三峡库区经济强县
云阳	基本概况	位于重庆市东北部，地处四川盆地边缘，川东平行岭谷区东部与盆边山地过渡地带。长江接近于西东对角线横穿而过，地形近似以东西南北为顶点的菱形，地表由南北向中间倾斜。城镇主要沿陆路交通线及长江水运线路带状分布。经济水平与城镇化水平低。由于三峡库区移民迁建造成县城搬迁，使得县域经济中心向西偏移。城镇的发展仍然处于发展初期，对文物古迹、旅游、特色产品、矿产等资源和区位优势开发不够，还没有形成特殊职能。土地资源总量大，是重庆市土地总面积最大的县之一，但由于人口多，人均土地面积甚小。工业、交通不发达，土地利用粗放，生产力和利用率均较低。土地后备资源面积大，开发较难，三峡工程淹没损毁土地严重，难于弥补
	景观问题	城镇及工矿企业用地集中分布在沿江、沿线（公路）低山河谷地带，滨江景观无特色；城市建筑色彩单一，缺乏对传统特色的继承
	生态问题	一江四河（长江、汤溪河、彭溪河、磨刀溪、长滩河）污染严重，工业污染包括废气、废水、固废和噪声污染呈发展趋势，大气质量不佳，生活垃圾污染，农村乡镇企业对生态环境破坏严重，水土流失现象不容忽视
	发展方向	规划与建设中，应挖掘城镇潜在的历史文化内涵，开发移民文化，发展旅游和生态观光农业，改善城镇形象，形成独具特色、环境优美、富含人文内涵的园林旅游城市
涪陵	基本概况	涪陵城区位于长江与乌江交汇处。涪陵为新兴的港口工业城市，是长江上游重要的交通枢纽之一。涪陵具有以江东、李渡（包括黄旗）、南岸浦三片为副中心的城市结构，沿长江水轴形成相对独立的“一城四片”组团式山地城市
	景观问题	人口稠密，基础设施薄弱，布局不合理，旧城改造工作量大，环境污染严重。此外，目前涪陵的人文景观资源异常丰富，但缺少合理的开发利用
	生态问题	城区大气污染、噪声污染严重，但逐年有所好转，水环境污染在加重，废渣和垃圾污染在发展，生态环境破坏严重，旅游景区环境污染恶化状况不容忽视
	发展方向	在规划与建设中，应首先注意环境的保护，调整产业结构，基础设施建设合理化，同时，利用涪陵旅游发展的潜力，将涪陵建设成为优秀的旅游城市

续表

名　称		主　要　特　征
奉节	基本概况	地处长江三峡之瞿塘峡口的上游，重庆市东端大巴山、渝东平行岭谷与七曜山的交汇处，城镇化水平为13.09%。地貌复杂多样，山峦起伏，沟壑纵横。整个地势呈南北高、中部低，东部高、中西部低，且以长江为轴呈明显对称分布，高差悬殊大，区域差异大的特点。最大高差达2 000m以上。林地比重大，耕地次之，居民点用地多而且分散，交通用地少，未利用土地多为田土坎，基本上无宜垦荒地
	景观问题	建筑拥挤，缺少宽阔的滨水开敞地带；城镇化水平较低，仍处于城镇化发展初期阶段；县境南北大部分都是低、中山区，且属于生态较敏感地带，不宜发展较密集的城镇带，而缓丘平坝河谷地带本身由于面积较小，且有县城设于此，故该地域也不可能再有其他较大规模的城镇出现
	生态问题	生态环境脆弱敏感，水土流失严重，地质灾害严重；耕地资源不足，人地矛盾突出，土地退化严重；环境污染严重，城镇生态环境质量差；自然保护区建设和生物多样性保护滞后；矿产资源开发不合理造成生态环境破坏
	发展方向	在规划与建设中，应将奉节丰富的历史人文资源与秀美的自然景观资源相结合，建成融历史文化与山水于一体的山水人文城镇景观
巫山	基本概况	位于四川盆地东部边缘，重庆市的最东端，地处长江三峡腹地。城镇沿岸分布，城区形成一个等腰三角形，城镇化水平为10.73%。城镇化水平低，城镇规模小，片区中心镇功能薄弱，职能分工雷同，绝大多数人口分布于广大农村，集聚效应差
	景观问题	景观单一，没有特色，城镇与郊野景观不协调；城市建设用地扩张，城市迅速膨胀，布局不合理，城镇处于无序发展状态；对旅游内涵和旅游带动能力的挖掘还不充分，随着三峡工程二期蓄水，旧的三峡旅游格局势必被打破
	生态问题	水污染较为突出，主要是生活污水直排；城镇大气污染较重，燃煤导致二氧化硫及颗粒物污染，汽车尾气污染上升；固体废物污染潜在威胁大；噪声扰民较为普遍；生态环境形势严峻，森林覆盖率低，水土流失严重
	发展方向	以劳动密集型旅游服务业、旅游产品加工为主推动城镇化。依托长江三峡黄金旅游线路，以巫山小三峡旅游区为基础，形成以峡谷奇观为主题、巫山文化为内涵、湖光山色为基调的城镇景观

1.1.3　沿江重点城镇景观结构分析

（1）三峡库区重点城镇景观格局

城镇景观单元的空间分布成为城镇景观格局，城镇景观格局是库区诸多因素长期作用的结果，不同的城镇景观格局对景观的作用、功能差别很大。

三峡库区城镇大都具有悠久的历史和传统，是因袭历史上军事、政治、交通、商贸、旅游文化等多种地域环境因素发展起来的，并形成独具特色的山地城镇形态。三峡库区的城镇形成最早可追溯到商周时期（约3 000～4 000千年前）的巴国，现今的重庆市即是当时巴国的首都。从秦到宋，城镇得到不断发展，逐步表现出“西密东疏”的分布特点。随着社会经济进一步发展，三峡库区的城镇体系进一步发展和完善，并形成了现在的沿长江主干呈“串珠状”分布的景观格局。

（2）城镇形态

三峡库区城镇在形成和发展过程中，复杂的地形条件限制了城市发展的任意性，缺乏一般平坦用地城市的方正格局，大都显现出一种不太均匀、不太完整的城市空间构成，但城市所体现出的自然性和地域性，反而确立了城市形象的个性特征。景观结构与所处地理环境和用地的客观条件密切相关，尤其与“江”和“山”的关系最为密切。背靠大山、面对长江，是三峡库区城市（镇）空间形态构成的典型格局。

库区城镇与“江”的关系最为密切，一般都建在长江与河流的交汇处。一般大江与长江交汇形成大城市，小江与长江交汇形成小城市，小溪与长江交汇形成小镇。而由于受地理条件、社会经济发展需要的影响，不同规模城镇呈现出不同的布局形态。由于长江航运交通，城市和城镇的设置和发展，主要顺岸边布置，呈带状延伸，因此三峡库区城镇最为典型的形态是“带状”布局。而一些小城镇、乡镇发展能力有限，其构成形态大部分是“团状”。在城镇平面形态的构成中，当城镇的发展客观要求突破江河的“门坎”，或者是在江的同侧跨越山地环境的障碍而发展时，一般是以新区的形式呈组团出现，使得城镇的构成形态成为“带状组团”式布局。

同时，库区城镇形态与“山”的关系也很密切，随地形变化而变化。地形起伏和转折使城镇空间顺应等高线的蜿蜒变化，形成结合地理环境条件的“带状”或“组团”格局。山地的坡度，是确定城镇形态特征的一个重要因素。当城镇的用地坡度比较平缓，一般小于15°时，虽然居于山水之间，但城镇自身的构成方式，仍然具有平坦用地城镇的特征。当城镇用地坡度比较陡峭，一般大于30°以上时，城镇建设基本上与山地的坡度融为一体，“山即是城，城即是山”，这一类型的城镇在三峡库区占主要部分。

三峡库区的城镇为典型的人工景观，除了受自然地理环境“江”和“山”的影响之外，人类的社会经济活动对城镇形态和布局的影响也很大。小城镇、经济落后城镇和区域城镇分别有向大城镇、经济发达城镇和中心城镇靠拢的趋势。与此相对应，在城镇的空间形态布局上也表现出相应的发展趋势。

总的说来，三峡库区城镇的形成和发展受自然地理环境和人类社会经济发展的影响，形成独具特色的山地城市特色，布局形态上可分为带型、“L”型、组团型和带状组团型等 4 种类型。

带型：城镇发展沿江或公路发展，形态上可见明显的条带状分布，代表城镇有丰都、云阳。丰都以县城为核心，长江两岸河谷地带为主轴，丰垫公路沿线（渠溪河两岸）、丰武公路（龙河两岸）为两翼的空间布局模式。云阳县城位于汤溪河与长江交汇处，以一条主干道贯穿城市向西延伸，城市也因此而形成带状。

"L"型：城镇布局沿长江和支流分布，因长江和支流之间的夹角自然产生"L"型，代表城镇有奉节、巫山。奉节县城位于大溪河与长江交汇处，巫山县城位于大宁河与长江交汇处，其中奉节城区形成独具特色的向西开口的"喇叭"状空间发展格局，巫山由两个"L"型组成。

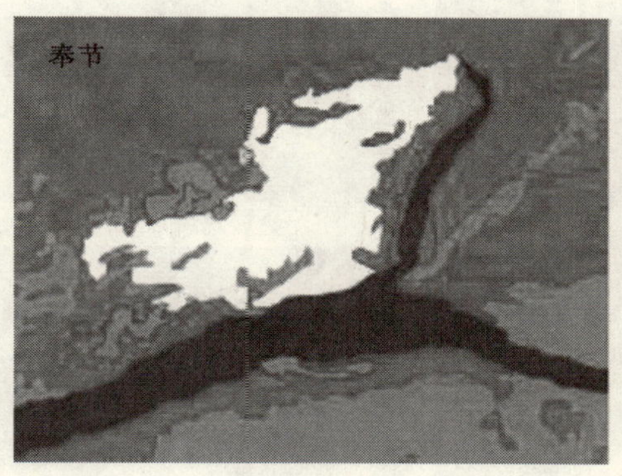

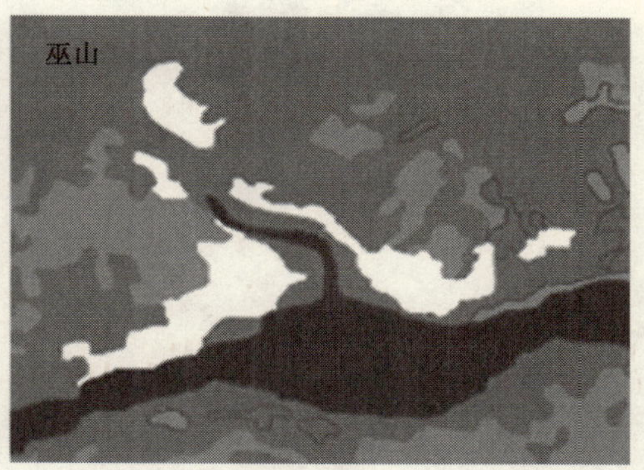

组团型：城镇的形态未见明显的带状，呈团状，代表城镇有长寿、江津和涪陵。江津中心城区被长江包围成团状，城市发展呈"多中心，组团式"发展。长寿城区内桃花溪、羊叉河、晏家河从北注入长江，将城区隔离为几大片区，加上 319 国道的分隔，决定城市组团式发展的布局。涪陵城区位于长江与乌江交汇处，为新兴的港口工业城市，是长江上游重要的交通枢纽之一，具有以江东、李渡（包括黄旗）、南岸浦三片为副中心的城市结构，沿长江水轴形成相对独立的"一城四片"组团式山地城市。

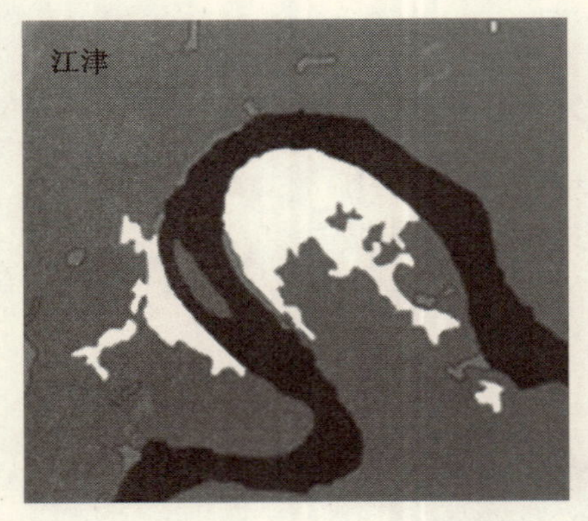

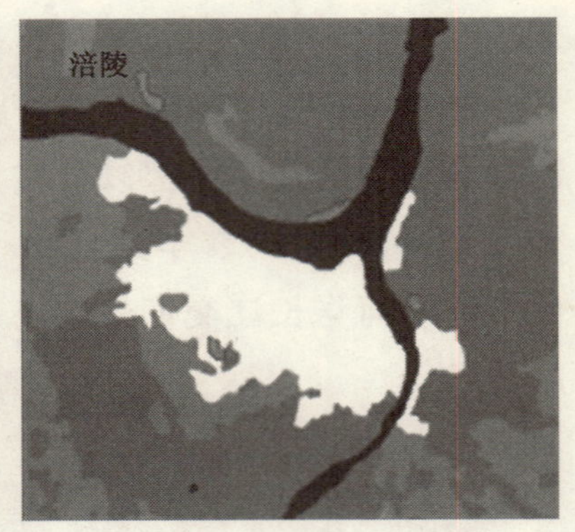

带状组团型：能大致看出带状结构，在带状结构的基础上呈组团型发展，代表城镇有都市区、万州、忠县。都市区沿长江、嘉陵江两岸发展，同时被“山”和“江”分割成多块，使城市呈分散布局形态的“多中心组团式”结构，为带状组团型。万州的整个城市发展以长江为主轴，以高笋塘为城市中心，龙宝为城市副中心，沿长江两岸展开的分片组团式布局结构。忠县沿长江沿岸和公路沿线分布，北部发展较快呈带状组团型。

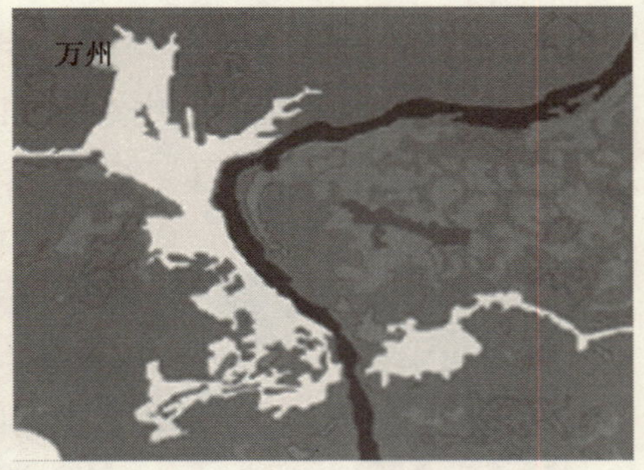

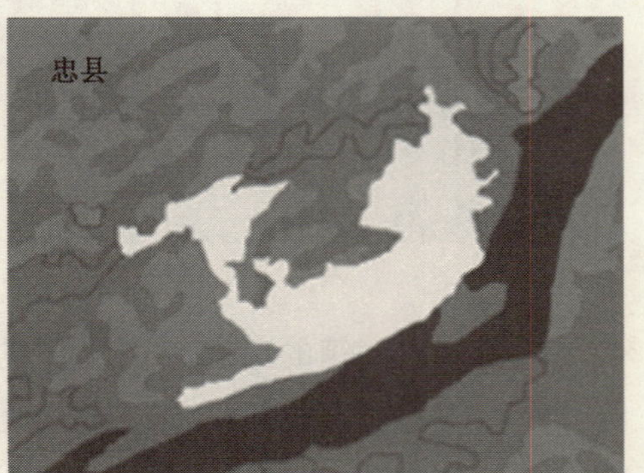

（3）重点城镇景观结构影响因素分析

所有的景观都具有其独特的发育历史，影响景观的因素分为生物和环境两个方面。城镇景观是三峡库区沿江景观的有机组成部分，是一个人为干预为主的景观类型，不同于库区内的植被景观和农业景观。对于三峡库区城镇景观这种以人工景观为主的景观来说，人类社会经济活动（如人类的定居和土地开发利用）是影响其发育的最主要的外界因素。因此，在本次研究中，重点分析三峡库区沿江城镇景观受人类活动影响而变化的过程。

①传统城市形态影响

三峡库区传统的城市形态对现状城市的形成与发展有十分明显的影响作用。如城市的道路网络与山、江的构成关系，城市居住、商贸的结合关系等方面，都延续了传统的某些构成方式。可以看出，城市发展以传统形态为基础，加之用地环境的制约作用，而产生了现今的城市形态。库区城市传统城区，在初建时大都是寻求一块相对平坦的用地，圈出城墙范围，组织街道网络，受中国传统城市规划思想的影响，还保持一种“方格网”道路的意识，但由于地形条件的限制，大多是一种变形了的方格网式布局。城市后续的发展，突破城圈范围，沿长江向两端呈带状伸展，城市的街道基本上是沿城市伸展的方向。如丰都县城在旧城区内基本上保留了原有的街道格局，城市的发展沿长江方向向两边扩展，城市道路的主干也向两边延伸，确定了城市呈“带状”布局的现状。忠县县城旧城区的骨架是在原有的基础上发展而成的，原有街道网络受方格网道路的影响，但又受地形条件限制（不完全方正），城市现状的发展则根据地形状况而自由灵活地布置。云阳县城由于用地坡度太大，道路网络难以构成平直的格局，城市现状发展在旧城区内继承了以前的路网，以一条主干道贯穿城市向西延伸，城市也因此而形成带状。

②社会经济影响

三峡库区城镇，其结构形态一般直观地反映了城市的社会经济发展过程，城市新、老区的结构关系比较明确。老城区建筑比较密集、新旧混杂、紧靠长江，有传统文化标志和历史特征，如民居建筑，传统的商肆街道、城门、城墙，旧有的码头等。一般小县城近年来的发展与改建，也多发生在商贸、文化较为集中的旧城区。城市的扩展，因受用地环境和对外交通等因素的制约和影响，主要是沿长江向两边伸展，发展成新区。人口和用地发展较快的一些城市，出现跨越长江或河流发展新区的情况，形成沿江的“带状组团”结构。此外，在城镇的空间形态布局上表现出的小城镇、经济落后城镇和区域城镇分别向大城镇、经济发达城镇和中心城镇靠拢的趋势，也表明人类的社会经济活动对城镇形态和布局具有较大的影响。

③三峡工程影响

三峡工程的完成和三峡水库的蓄水，将对三峡库区沿江城市（镇）造成一定数量的淹没，不少城市（镇）需搬迁并重新建设。因此，三峡库区城镇景观结构与建库前有较大的变化。

一方面，随着三峡工程的建成并蓄水，不少城镇需要搬迁并重新建设，在景观格局上表现为城镇斑块沿长江主干两侧平行或垂直移动。三峡水库蓄水后基本被淹的城市有长寿、涪陵、忠县和万州，全部被淹的城市有巫山、奉节、云阳、丰都等。因为水库水位上升而整体搬迁的区域中心城镇有六个，分别为丰都、忠县、万州、云阳、奉节和巫山。新建的丰都移民新城位于长江南岸，与名山风景名胜区隔江相望；忠县移民新城位于长江北岸，属就地后靠型移民新城；万州移民新城位于长江南、北两岸，就地后靠，有周家坝、五桥、天城、龙宝、百安等新区；云阳移民新城则将原来的云阳、云安、双江三镇合一，在原双江镇建设移民新城；奉节移民新城，位于长江北岸，新城由宝塔坪、三马山等六组团沿岸线布局成两个“L”状城市；巫山移民新城位于长江北岸与大宁河交汇的台地上，属就地后靠型移民新城。

另外一方面，随着社会经济的发展和移民工作的进行，新增了许多城区和移民新城镇。这些新增城镇由于缺乏在总体城市风貌和建筑层次上的规划调控，片面追求高楼大厦，缺少对传统文化的继承。因此，目前三峡库区的城镇景观特色正面临特色丧失，形成的城镇建筑景观单一拥挤，缺乏继承性。

1.2　小城镇（见图5-4-2）

三峡库区沿江纵深各5km涉及的小城镇包括15个中心镇（朱沱、石蟆、白沙、油溪、珞璜、木洞、洛碛、珍溪、十直、高家、乌杨、西沱、武陵、凤鸣、故陵）及其他一般镇，其中西沱镇是历史文化名镇（西沱镇是国家级历史文化名镇）。在这些小城镇中，只有少数是以发展旅游业为主的旅游型小城镇，大多数小城镇还是以化工、建材工业、工矿、食品和农副产品加工业为主的工业型和加工型小城镇。

小城镇发展的一个显著特征就是人口的聚集和第二、三产业的迅猛发展，从而不可避免的增加了生产生活垃圾的排放。而小城镇建设过程中基础设施建设滞后，对废水和垃圾的处理能力很弱，许多小城镇甚至将垃圾直接倾倒在河里或沿河岸堆放，造成河流水质恶化和景观破坏，不少地方甚至出现河面大面积被垃圾覆盖的现象。沿江两岸的小城镇多数背山面水，受到地形限制而具有沿着相对平缓的河谷阶地两侧沿线发展的趋势，同时由于长江航运业对岸线的需要，大多城镇沿长江及其支流岸线呈带状延伸。这样的城镇布局客观上增加了三废集中处理的难度，对生态环境和景观造成了比较大的影响。

图5-4-2　长江三峡库区（重庆段）沿江小城镇

大多数库区的小城镇建筑布局横平竖直，景观单调，缺乏层次感。一些老镇区建筑层次较丰富，绿化较好，但建筑陈旧，颜色灰暗；新镇区建筑单调，色彩单一，缺乏绿色景观，新修建筑与原有建筑不相协调。同时，随着城镇化的快速进行，不少库区城镇把高层建筑看作是现代化的唯一象征，忽视了库区优越的山水资源景观特色，盲目建造高层建筑，在建筑的尺度、线形、色彩等方面与库区自然的山水景观不相协调，城镇景观雷同，缺乏特色。

1.3　农村居民点（见图5-4-3）

在三峡库区沿江两侧零星分布有许多农村居民点，在绿色掩映下的农村屋舍点缀于长江两岸，具有一定的韵味。但大多数农村居民点的生态环境脆弱，土地生产力低，经济贫困。沿江农村居民点对其周围的自然环境破坏很大，周边植被明显减少，居民点周围生活垃圾的堆放对环境和景观也带来很大的影响。此外，大多数农村居民建筑没有特色，青砖白墙，单调呆板，色彩单一，没有充分体现出三峡库区的地方民居的特色，缺少对传统山城建筑风貌的继承。

图5-4-3　长江三峡库区（重庆段）沿江居民点

1.4　工矿企业（见图5-4-4）

沿江工矿企业多为化工污染型厂矿企业，高耸的烟囱和乌黑的浓烟对库区的景观和环境都造成极大的污染。除了奉节和巫山以外，从都市区至云阳长江沿岸工矿区数量很多，烟囱林立，有的厂矿企业明沟向长江排放污水，有的厂矿企业沿江随地堆放垃圾，对城市环境与景观风貌造成极大影响。库区沿江的这些工矿企业大多数起步晚，发展比较缓慢，没有形成一定的规模，其“三废”处理设施差，治理能力较低，不少工业污水基本没有经过处理就直接排入长江，对长江局部区域的水质已产生比较严重的污染，甚至造成江面形成长达数公里的污染带，破坏水体景观。

库区的各种矿产资源丰富，但长期的矿产资源粗放型开发和利用对环境造成了

图5-4-4　长江三峡库区（重庆段）沿江工矿企业

很大的危害。矿区开采不仅破坏了地表环境，造成地表水土流失，破坏自然生态景观，而且各种有毒矿物的大量开采和废渣的随便堆积是造成环境重金属超标的主要原因，给生态环境和人民生活健康造成了很大伤害。

在库区城镇化发展过程中，采石场的问题比较突出。由于三峡库区百万移民安置和新城镇建设，移民迁建所需石料迅猛增加。许多地区采石场缺乏有效的管理和控制，随处开山采石，乱挖乱填，不仅使植被受损，破坏长江峡谷地质结构，而且破坏生态景观并影响长江航道安全。

1.5　基础设施

在国家相关政策的扶植下，三峡库区进入了一个相对较快的发展期，沿江两岸景观尤其是人工景观发生了很大的变化，充分体现出三峡库区欣欣向荣的新面貌。但是沿江城镇的许多基础设施建设（如码头、滨江路、堤坝护岸和桥梁等）仍然存在很多景观和生态问题，有待于进一步完善。一些基础设施建设由于缺乏全局统筹考虑，景观单调呆板，没有特色，与山体、水体不协调，缺乏美感，甚至带来一些环境和景观视觉污染问题。

桥梁：全库区有多处分布，桥梁壮观（见图5-4-5），但多数桥梁建筑形式单一呆板，与自然环境不相协调。部分在建或已建桥梁对山体有一定的破坏，会导致生态环境退化。

图5-4-5　奉节夔门长江大桥（左）和云阳长江大桥（右）

码头：包括航运码头、煤码头、油库码头和集装箱码头等（见图5-4-6）。沿江航运码头通常位于沿江各主要县城和城镇附近，码头的结构形式较为简单，设施简陋，通常色彩暗淡，整体安排呆板杂乱，景观功能一般。沿江煤码头和油库码头，设施相对简陋，通常伴以水泥护体，颜色暗淡，和周围景观极不协调。在运输装卸和雨水作用下，码头煤渣容易流入长江，污染水质。

图5-4-6　万州码头

滨江路：沿江各区县很多已建成或在建滨江路（见图5-4-7），存在许多问题，如路面过宽、过长，形式单一，修建方式不当，破坏山体，破坏生态等。

图5-4-7　滨江大道

堤坝护岸：沿江各区县的防洪堤多为人工高护坡（见图5-4-8），大量的人工高护坡破坏了堤岸原有的绿色植被，光秃裸露，堤坝附近森林覆盖率低，与上下游绿色景观差距大，景观功能差。

图5-4-8 滨江堤坝

2. 沿江城镇景观资源分析

三峡库区拥有“山、水、城、林”等数量众多、景观优美的极具旅游开发价值的景观资源。同时，随着我国西部大开发战略的实施、重庆直辖市的成立以及三峡工程建设等有关三峡地区发展区位条件的改善、中国加入WTO、国民经济实力逐渐增强等宏观发展环境的好转，三峡地区的社会经济发展也日益快速，特别是交通运输等基础设施的改善，极大地改变了三峡库区与周边其他国家级风景名胜区的游线联系和设施共享。因此，如何利用和开发这些景观资源是三峡库区旅游大开发面临的一个新课题。

2.1 景观资源总体特征

三峡库区历史悠久，文化积淀深厚，按时序先后有巫文化、巴文化、三国文化、革命传统文化等数十种。同时区内的人工和自然景观资源也是异常丰富，最引人瞩目的有丰都名山的鬼城、涪陵的白鹤梁、忠县的石宝寨、云阳的张飞庙、奉节的白帝城、大宁河的小山峡等。本研究区涉及到的城镇沿长江主干两侧分布，集“山”、“水”、“城”、“绿”等要素，形成独具特色的“山—水—城—绿”格局。其丰富的历史、人文和自然景观极具特色，为其他地区所没有。三峡库区的沿江城镇体系由举世闻名的长江自然生态景观轴串连而成，其城镇景观资源特征可概括为：“两条轴线”、“三座名城”、“六个移民新城”、“十大文化”。

两条轴线：即著名的长江自然景观生态轴和由丰富的历史人文资源组成的历史人文景观轴。长江三峡库区沿江两岸具有举世闻名的世界一级自然景观风光，同时它也是我国古文化起源的摇篮，有着3 000多年的悠久历史。从史前文化到现代文化，历史遗迹十分丰富，尤其是三国军事遗迹及遗存十分集中。此外，各种丰富多彩的节假庆典活动（21种）、民族民俗活动（22种）也都是具有极强的吸引力和参与性的人文景观资源。本研究建议将此打造成库区具有特色的历史人文游线，让沿江游客不仅感受长江两岸秀美的自然景观风光，同时更让其感知三峡深厚的历史文化积淀。

三座名城：即重庆（国家级历史文化名城）、奉节（省级历史文化名城）、丰都（省级历史文化名城）。

六个移民新城：分别为丰都、忠县、万州、云阳、奉节和巫山。

十大文化：分别为“巴文化”、“水文文化”、“易理文化”、“榨菜文化”、“抗战文化”、“革命传统文化”、“鬼文化”、“移民文化”、“三国文化”和“神女文化”，共10种。

2.2　城镇景观资源评价及分布

三峡库区城镇的景观资源可分为三种，分别为人工景观、自然景观和历史人文景观。景观资源的评价级别分别界定（见表5-4-3）。

长江三峡库区（重庆段）城镇景观资源评价标准　　表5-4-3

级　别	评　价　标　准
特　级	珍贵、独特，特级旅游资源，具有极高的观赏价值和游憩价值，具有世界意义的历史价值、文化价值、科学价值和艺术价值
一　级	名贵、罕见，优良级旅游资源，具有很高的观赏价值和游憩价值，具有全国意义的历史价值、文化价值、科学价值和艺术价值
二　级	重要、特殊，优良级旅游资源，具有较高的观赏价值和游憩价值，具有省级意义的历史价值、文化价值、科学价值和艺术价值
三　级	普通级旅游资源，具有一定的观赏价值和游憩价值，具有市县级意义的历史价值、文化价值、科学价值和艺术价值
四　级	普通级旅游资源，具有一般的观赏价值和游憩价值，具有本风景区或当地意义的历史价值、文化价值、科学价值和艺术价值

表5-4-4所示为研究区城镇景观资源评价及分布统计。

长江三峡库区（重庆段）城镇景观资源评价及分布　　表5-4-4

城镇	景观资源		
	人工类	自然类	人文类
江津	江津城区	一级：四面山风景区 二级：黑石山—滚子坪风景区 三级：艾坪山公园、临峰山森林公园、骆崃山风景区、碑槽山—云雾坪景区	一级：巴文化 二级：中山古镇、江公享堂、奎星阁 三级：陈独秀旧居、江津中学旧址、聂帅馆
都市区	都市区山城风貌、人民大礼堂	一级：缙云山—北温泉—钓鱼城景区 二级：渝北统景—张关溶洞景区 三级：北碚金刀峡—胜天湖 四级：巴南东温泉—圣灯山	一级：朝天门、解放碑、抗战“陪都”、二战远东战区指挥中心遗址、“巴渝文化”、“抗战文化”、“革命传统文化” 二级：老君洞、涂山寺、罗汉寺、华岩寺

续表

城镇	景观资源		
	人工类	自然类	人文类
长寿	长寿城区	一级：长寿湖风景区包括狮子滩大坝、浴滨岛景区、高峰岛景区、安顺岛景区、沿湖四周旅游景点 二级：黄草山风景区包括郭家大溶洞、仙女洞、五华山、老龙洞 三级：三洞沟、西岩观	一级：周恩来题词纪念、恒侯宫、东林寺（千手观音造像） 二级：文峰塔、王爷庙 三级：西岩观
涪陵	涪陵城区、水磨滩生态农业观光园	一级：武陵山国家森林公园、石夹沟、天台峡谷、雨台山、小溪 二级：聚云山、望州关森林公园、大溪河 三级：插旗山、坪西坝、乌江画廊	特级：白鹤梁 一级：涪陵榨菜、周易园、小田溪巴人墓葬遗址 二级：荔枝园、北山道院、石鼓古镇 三级：天宝寺
丰都	丰都移民新城、白江洞水库、弹子台水库、石板水水库、大黑山农业观光园区、佛建生态农业示范区	三级：世坪森林公园、包鸾溶洞群、南天湖景区、飞龙洞 四级：龙河溶洞群、飞龙瀑布、九里十八湾、白岩菁景区、九股水、裂口	特级：名山 一级：双桂山、鬼王石刻 二级：鬼国神宫、天堂仙境、延生堂、烟墩堡旧石器遗址、包鸾竹席、雷雨风鬼脸谱、龙床石题刻 三级：汇南汉墓群、东狱殿、培元塔、培文塔、包鸾木桥、锡福（媳妇）桥、栗子寨、天佛寺、杜宜清庄园 四级：悟惑寺、东作门、大佛面、关口摩岩造像、观音滩石刻
忠县	忠县移民新城	三级：泔井沟风景名胜区、巴云森林公园 四级：翠屏山	特级：石宝寨 一级：汉丁房阙、汉无铭阙、皇华城、白公祠 二级：哨棚嘴古文化遗址、中坝遗址、巴王庙（清）、天主教堂（清） 三级：老官庙（清）、太保祠（清） 四级：瓦渣地遗址、崖脚墓遗址、宣公墓、萧公庙（清）、龙滩河造像、西沱古镇①
万州	万州移民新城	二级：青龙瀑布 三级：乌龙池森林、天城贝壳山林区、潭獐峡、大垭口森林、泉活森林、歇凤山森林、王二包自然保护区 四级：五桥盐井龙洞	一级：西山钟楼 二级：北山观弥陀禅院、文峰塔、天子城、鲁池流杯、明镜桥、陆安桥、太白岩石刻群 三级：洄澜塔、万安桥、白岩书院 四级：西山碑、库里申科烈士墓、小周字库塔、岑公洞石刻群、泉活山庄

①西沱古镇在行政区划上属于石柱县域，在本研究中将其纳入忠县区内统计。

续表

城镇	景观资源		
	人工类	自然类	人文类
云阳	云阳移民新城	一级：龙缸 三级：石笋河峡谷、黄陵峡、火三峡、“四十八槽”森林 四级：老鸦峡	特级：张桓候庙 二级：鼓氏宗祠、述先桥、夏黄氏节孝牌坊、陕西箭楼、文昌宫、磐石城、龙脊石题刻、牛尾石岩画 三级：栖霞宫、故陵楚墓、旧县坪遗址、云安盐场遗址、白兔井遗址 四级：云安衙署大堂、文峰塔、长滩石碑亭、云阳旧城门、故陵楚墓、太公沱、飞凤山题刻、宝塔沱水题刻
奉节	奉节移民新城	特级：瞿塘峡、小寨天坑、天井峡地缝 三级：龙桥河、茅草坝、天鹅湖（原名大垭河水库）、长龙山景区	特级：白帝城 一级：瞿塘石刻 二级：夔州古城、八阵图、清净庵、太极亭、瞿塘峡悬棺 三级：夔门剑齿象化石遗址、兴隆古镇、杜甫故居、文庙大成殿、凤凰碑、竹叶诗碑、竹园古镇 四级：巴楚文化、鱼复浦遗址、老关庙遗址、奉节安坪水文石刻、甘夫人墓
巫山	巫山移民新城	特级：巫峡 一级：小三峡风景区、神女峰风景区 二级：小小三峡风景区、神女溪景区 三级：错开峡景区、平湖景区 四级：抱龙河景区、偏鱼溪景区、梨子坪森林公园、朝阳坪景区	特级：大溪文化遗址、龙骨坡古人类化石遗址 一级：大昌古城 三级：“三无”古桥

3. 沿江城镇景观生态建设

3.1　沿江城镇景观建设的优势和限制因子分析

3.1.1　优势分析

（1）机遇优势

中央和地方政府十分重视和关心三峡库区的移民问题，并给予了大量的投入；西部大开发和长江流域开发对三峡库区经济发展和景观建设带来了广泛深刻的影响。

（2）经济发展综合优势

随着我国西部大开发战略的实施、重庆直辖市的成立以及三峡工程建设等有关三峡地区发展区位条件的改善，随着中国加入 WTO、中国国民经济实力逐渐增强，以及中国在国际社会中的地位日益提升等宏观发展环境的好转，三峡地区的社会经济发展也日益快速，特别是交通运输等基础设施的改善，极大地改变了三峡库区与周边的联系，为库区的发展带来了历史性的机遇，并将促进当地生态环境建设和景观建设，对于提升和改进库区的城市整体景观形象起了巨大的推动作用。

（3）自然生态景观资源优势

三峡库区具有得天独厚的生态景观优势（见图5-4-9），其中以三峡风光为代表的独特的生态景观享有世界声誉，具有发展独具特色的旅游业和生态产业的巨大潜力，蕴藏着巨大的机会，将对重庆的经济发展和提高国际声誉带来潜在影响。同时，随着“三峡库区（重庆段）周边绿化带建设工程”的实施，三峡的生态环境将大大改善，从而进一步促进新三峡旅游的发展，创造出更大的旅游经济效益。

图5-4-9　长江三峡库区（重庆段）秀美的自然生态景观

（4）人文景观资源优势

三峡库区历史文化悠久、源远流长、博大精深，目前拥有的人文资源达数十种，如“巴文化”、“水文文化”、“易理文化”、“榨菜文化”、“抗战文化”、“革命传统文化”、“鬼文化”、“移民文化”、“三国文化”和“神女文化”等，其中“巴文化”、“水文文化”、“鬼文化”、“三国文化”等更是库区内所独有，极具旅游开发价值。

（5）新增景观资源优势

三峡工程建成蓄水后，水位上升到175m之后，会淹没部分临江景点，但同时也直接为长江三峡风景名胜区增添了无数新内涵的景观。此外，长江两岸支流，由于水位抬高，通航条件改善，可进性增强，给支流上目前尚未开发的许多旅游景观资源带来了开发机遇。《长江三峡风景名胜区（重庆段）资源调查评价总报告》结果表明，三峡水库蓄水后，新增和可提升旅游开发价值的景点共计 41 处（新增湖泊 6 处、岛屿 7 处、提升价值的峡谷 19 处和溶洞 9 处）。

3.1.2　景观生态建设的限制因子分析

（1）景观建设投入不足

三峡库区的沿江城镇大多数属于贫困地区，由于受三峡工程论证周期长，经历了“七十年梦想，五十年计划，四十年论证，三十年争论”这样的一个漫长过程，期间还受体制多次变化的影响，移民和扶贫任务十分艰巨，导致经济发展滞后，在库区景观建设方面投入不够，对于库区的自然、人工和人文景观资源开发乏力。

（2）景观生态环境受损严重

三峡工程所涉及的大量城市、小城镇、工矿企业、码头、农村居民点的搬迁新建，主要集中在长江的两岸。这表明三峡库区将有相当数量的生态环境要重新调整。旧有的树林、草坡、果园、粮田、菜地将被消除，而代之以人工建筑设施。在城市建设可能连接成片的区域，如重庆至涪陵段、万州区周围，从而使两岸的自然环境大部分或全部丧失，破坏原有的景观生态平衡，生态指标下降（见图 5-4-10）。尤其是近年来，因建设用地紧张，城市向山顶、河谷、江边等生态敏感区扩张，吞噬城市有限的“绿肺”空间，对自然生态破坏严重。

图 5-4-10　长江三峡库区（重庆段）受损的自然生态环境

（3）缺乏大景区的景观理念

三峡库区各城镇景区之间缺乏联系，大景观格局尚未形成，景区之间彼此孤立

（见图5-4-11），不利于库区沿江城镇景观资源的整体开发。同时，三峡虽然历史人文资源丰富、源远流长、博大精深，但各景观元素在地理位置上相互独立，目前尚未作为一个整体的景观资源推出。

（4）景观特色逐步丧失

不同的城市，具有独特的个性，并以物质实体如城市自然山水空间、街道、建筑和植物等载体而外显。但随着三峡工程的上马和移民工作的进行，库区新建移民城镇规模的扩大与建设项目开发迅猛增加导致城市新区不断扩张，使城市景观急速变化，且明显趋同化。如果不能及时从总体城市风貌和建筑层次上有效地进行规划调控，将导致库区城市风貌特色丧失、建筑景观单调的危险。现状的部分新移民城镇缺少对传统文化和建筑的继承，高楼大厦林立、千楼一面，与举世闻名的三峡风景旅游区景观极不协调，景观特色不鲜明。

（5）缺乏品牌景观资源

在现开发的历史人文和自然资源中，其中在国内外具有垄断性、高品位的品牌景观资源和产品所占比重不多，在市场上缺乏竞争力，有待于进一步开发。

（6）水位上升导致部分景观受淹

随着三峡工程建成，水位上升到175m后，将形成长650km、面积632km^{2}的巨型水库。临江现有的各种景观必然发生变化，或全沉水下，或处部分淹没状态，或被库水环绕成岛。就峡谷而言，峡感有所减弱，峡内次级景点部分被淹或完全被淹（见图5-4-12）。《长江三峡风景名胜区（重庆段）资源调查评价总报告》表明，受淹没影响的自然及人文景观共计39处，其中淹没损失（全淹）的景点25处（自然9处、人文16处），部分淹没14处（自然6处、人文8处）。

图5-4-11 长江三峡库区（重庆段）单一的城镇景观

图 5-4-12　长江三峡库区（重庆段）水位上升后淹没及部分淹没的景观

3.2　沿江城镇景观生态建设目标

将三峡库区世界一流的自然景观资源与历史人文景观资源有机结合，充分利用其优越的自然、历史和人文条件，根据区域景观特点将库区沿江城镇景观分别建设成为体现出现代都市、人文生态或山水人文景观特征的滨江都市景观群和世界著名的景观风光带，提高其在国际上的知名度和影响力，促进旅游业的发展。同时，不断改善自然生态和美化生活环境，努力建设人与自然和谐共处的优美人居环境。

3.3　沿江城镇景观生态建设的原则

（1）落实科学发展观，实施可持续发展

落实科学发展观，实施可持续发展，首先是要加强城市自然资源的保护和能源的有效利用，尤其是土地资源的合理利用。遵循生态优先的原则，尽力保护自然生态，并以生态发展为基础，加强社会、经济、环境和文化的可持续发展。同时，景观生态建设要立足当前、兼顾长远，要促进资源的合理利用与开发，避免盲目的资源开发和生态环境破坏，增强区域社会经济发展的生态环境支撑能力，促进三峡库区的可持续发展。

(2) 高起点高标准建设，提高国际影响力

三峡库区具有举世闻名、世界一流的自然生态景观和历史人文景观。在景观生态建设中要坚持高起点高标准建设的原则，大打三峡品牌，进一步提高三峡在国际上的知名度和影响力。

(3) 自然人文统一，彰显三峡特色

一个完整的景观体系应该是自然景观和人文景观的和谐统一，两者相互容纳、相互渗透。在优美、秀丽的自然景观的基础上结合源远流长的历史人文沉淀，形成具有三峡特色的景观风貌。

(4) 结合民俗文化，突现地域特色

充分利用三峡库区得天独厚的自然景观资源条件、独特的“山、水、城、林、田”等多样的自然生态要素构筑其地区独特的自然景观特色；同时，结合传统民俗风情和深厚的历史文化沉淀体现三峡景观特色。

(5) 加强景观生态保护，促进经济持续发展

景观生态建设的目的是提高三峡库区的生态环境质量，创造一个美丽的三峡景观。但在景观生态建设过程中要正确处理景观生态保护和经济发展之间的关系，做到两者相互促进、协调发展。

3.4　沿江城镇景观生态建设对策

3.4.1　明确景观功能定位，构筑三大景观生态建设区

结合研究区的自然地理环境条件、经济社会发展、土地利用、城镇景观结构特征和城镇景观资源分布，遵循“突出主导因素”、“资源相似性”、“资源完整性”和“与行政区划相协调”的原则，确定三峡库区沿江城镇景观生态建设格局为：以长江为轴线，加快发展库区城镇景观生态建设，重点建设库区西部（包括都市区、江津和长寿）以现代都市景观为特征的库西景观生态建设区、库区中部（包括涪陵、丰都、忠县和万州）以人文生态景观为特征的库中景观生态建设区和库区东部（包括云阳、奉节和巫山）以山水人文景观为特征的库东景观生态建设区，逐步形成一个完整的三峡库区沿江城镇景观生态体系，为长江三峡（重庆段）景观资源保护利用规划、景观生态规划和旅游规划提供指导和依据。

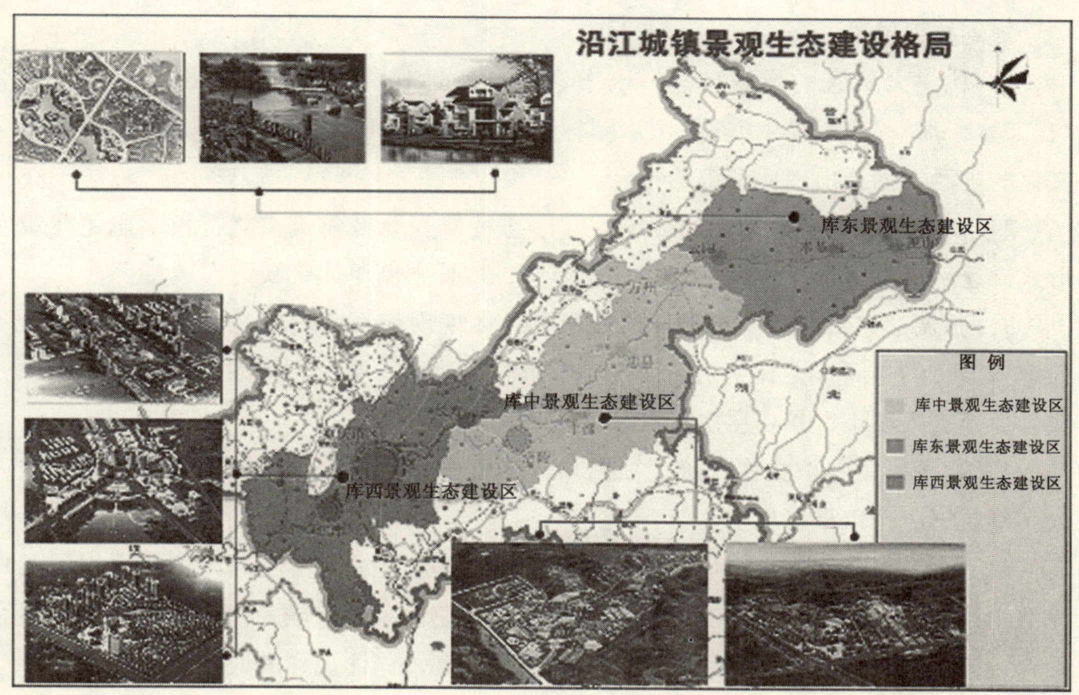

图 5-4-13　长江三峡库区（重庆段）沿江城镇景观生态建设格局

（1）库西景观生态建设区

本区以现代都市景观为典型特征，涉及江津、都市区和长寿 3 个经济比较发达（地区经济总产值占研究区的 75% 以上）的地区，发展工业的用地条件比较充足，且有沿江连接成片的趋向。城市人工景观整体上也多表现为高楼林立的现代建筑，充分体现出库区日新月异的发展气息，展现出现代化和国际化的都市景观特征。但同时，由于本区的土地利用率高、水土流失严重，生态系统相当脆弱，景观破坏严重，因此生态环境保护和景观生态建设成为当地的主要任务。

长江三峡库区（重庆段）库西景观生态建设对策　　表 5-4-5

库西景观生态建设区	
范　围	江津、都市区、长寿
区域综合特征	经济发展速度较快，地区经济总产值在研究区的比重超过 75%。区内用地多属于深丘和低山区，有发展工业化的用地条件。区域交通条件好，城镇分布较为密集、城市化水平较高，且岸线区域的人工建筑基本连接成片，形成城市带的趋势越来越明显。城市人工景观整体上也多表现为高楼林立的现代建筑，充分体现出库区日新月异的发展气息、展现出现代化和国际化的都市景观特征。 本区主要的历史文化景观资源比较丰富，有“巴国文化”、“抗战文化”和“革命传统文化”，其中重庆市为国家级的历史文化名城
发展方向	重点突出 3 大景区作为一个整体表现出来的现代都市风貌特色
定　位	都市风光旅游区、历史文化旅游区

规划控引措施：

1）构建大景区的景观理念，以丰富的自然景观资源结合人文设计，建设融“山、水、城”于一体的生态型山水园林景观，充分体现出山水城市的特点和历史文化的内涵，创造出现代都市的特点。

2）研究与继承山地城市的传统空间形态特征和地域建筑文化特色，避免建筑形式缺乏地域整体形象格调，建筑色彩单调，过分强调单体，缺乏地域特色。

3）强调建筑特色和城市整体景观形象，体现现代都市的气息，给人们提供全面感知城市的空间，尤其是从河面接近城市时，河面、城市天际线、滨江景观轮廓线，直至进入城市，景观层次丰富。

4）在规划中保护文物古迹，发掘和延续历史文化，对于体现区内文化的历史人文建筑，应予以重点保护。

5）严禁城市的发展破坏山体轮廓线，控制山体与建筑高度的比例关系以及长江两岸景观的完整性，控制有损整体景观的开发建设。设置联系山体与长江的视线走廊，协调好视线走廊两侧建筑与山体的空间关系，保证视廊的通畅。

6）河道中轴线由内到外形成由低到高的层次结构，沿江不建设大面积的建筑物，应该设置一定宽度的开阔地带，提高廊道两侧视觉的开敞性。

7）控制好城市入口处的景观，在各大景区的城市入口和中心地段设置标志性建筑物，反映城市特色。

（2）库中景观生态建设区

本区以人文生态景观为典型特征，位于三峡库区的腹心地区，包括丰都、忠县、涪陵、万州4个地区。本区除万州外城市化水平较低，但传统文化、民俗风情等历史人文资源相当丰富，是长江干流上具有特色的人文景观资源地区，其中万州是最具有移民文化的城市。本区的发展要依托本区的特征和资源条件，重点发展旅游度假和生态观光农业，注重生态环境和景观保护。

长江三峡库区（重庆段）库中景观生态建设对策　　表5-4-6

库中景观生态建设区	
范　围	丰都、忠县、涪陵、万州
区域综合特征	位于三峡库区的腹心地区，城镇建设用地资源紧张，陆路交通条件差，发展工业受地理环境复杂条件的限制较大，城市化水平较低，工业基础相对较为薄弱，发展速度远低于都市区。本区的传统文化、民俗风情等历史人文资源相当丰富。丰都有一套完整的“鬼文化”，具有全国独一无二的“鬼城”，是道家七十二福地之一，是长江三峡旅游区具风景、宗教、民俗文化多种特色的旅游景点。忠县的石宝寨和西沱古镇（石柱）的民居群和云梯街等都是长江干流上具有特色的人文景观资源。三峡工程建成后形成的石宝湖，面积可达12km^2，将成为长江三峡段干流中融自然与人文景观于一体的自然遗产。万州地貌类型多样，城镇密集，发展较快，既有动态的现代城市氛围，又有丰富的历史文化遗迹和浓郁的巴渝文化风情

续表

库中景观生态建设区	
范　　围	丰都、忠县、涪陵、万州
发展方向	重点突出本区的历史人文特色，发展特色生态旅游
定　　位	历史人文观光区、民俗风情观光区、特色生态旅游区

规划控引措施：

1）本区规划要树立“生态优先”的思想，注重对本区的特征和资源条件的解读，保持城市组团与农田、水体、山林等生态绿地间隔镶嵌的空间肌理，保留城市组团内的溪流、水库、植被良好的山体，严格控制城市用地无序蔓延。

2）规划中把握区内的总体景观层次、控制好天际轮廓线的起伏变化、制高点、江岸水滨景观以及城市人工景观与自然景观的比例，确保长江两岸景观的完整性，严格控制有损整体景观的开发建设。

3）在库区的城市景观规划建设中要立足自身的文化特色，避免建筑形式缺乏地域整体形象格调，建筑色彩单调，过分强调单体，缺乏地域特色。

4）景观规划应该反映区内的历史文化底蕴，与历史文化遗产的保护、传统风貌的修复以及建设结合起来。

5）在规划中保护文物古迹，发掘和延续历史文化，创造人与自然相协调的物质环境和文化氛围。对区内具有代表性的民居、梯道、古树、水井进行保护。周围建设工程应与历史环境相协调，不宜大拆大建，对原有建筑做到“整旧如故，留存其真”，维护街巷的传统格局和建筑风貌。

6）规划建议在当地设立传统特色民居保护区，充分挖掘区内历史文化内涵，保护当地历史文化资源，传承地域建筑文化，在保护的前提下进行旅游开发。

7）完善和加强以“鬼文化”、“水文文化”、“巴文化”和“榨菜文化”为特色的人文资源的开发利用，发展特色旅游业。对于万州要完善和加强以“移民文化”为特色的人文资源的开发利用，发展旅游业。

8）控制好城市入口处的景观，重点控制丰都长江大桥、旅游码头等城市入口的形象。设置城市入口和中心地段标志性建筑物，反映城市特色。

（3）库东景观生态建设区

本区以山水人文景观为典型特征，涉及云阳、奉节和巫山3个地区，为库区生态环境最好的区段，也是自然风景和旅游文化最为优美和丰富的区段。地理环境为中、高山区，用地类型中Ⅰ、Ⅱ类少（<10%），Ⅲ、Ⅳ类占多数，城镇缺乏发展用地，工业规模不易建立，农业生产和旅游业占了很大的比重。没有发展大工业的条件，只适合建设以风景旅游为主，兼发展娱乐、度假为主的小城市。这类城市宜建设得精巧、结合自然、挖掘传统的建筑文化，也比较符合旅游城市的特点。发展

过程中要注意控制城镇的数目和规模，强调保护资源和城镇风貌，建筑物的风格、体量需要与自然环境保持高度协调，同时强调旅游环境的保护和旅游容量的控制，形成高质量的生态旅游和休闲度假基地。

长江三峡库区（重庆段）库东景观生态建设对策　　表 5-4-7

库东景观生态建设区	
范　围	云阳、奉节、巫山
区域综合特征	本区为库区生态环境最好的区段，也是自然风景和旅游文化最为优美和丰富的区段。地理环境为中、高山区，用地类型中Ⅰ、Ⅱ类少（<10%），Ⅲ、Ⅳ类占多数，城镇缺乏发展用地，工业规模不易建立，农业生产和旅游业占了很大的比重。本区拥有丰富的历史人文和自然景观资源，如白帝城、夔州古城、瞿塘峡、天坑地缝、龙桥河、茅草坝、巫峡、龙门峡、神女峰、神女溪、大昌古镇、三国文化、巫文化、神女文化等。区内的奉节为省级历史文化名城。可将本区丰富的历史人文资源与秀美的自然景观资源结合起来，建成融历史文化与山水于一体的山水人文城市景观区
方　向	重点突出区内的山水景观和历史人文景观特色
定　位	自然景观观光区、历史文化旅游区

规划控引措施：

1）本区历史悠久，自然景观秀美，规划中可将历史人文景观与自然景观结合起来，发挥山地自然景观和地方人文景观特色，规划建设成以风景旅游为主，兼娱乐、度假的山水园林景区。

2）规划设计要依山就势，合理布局，避免大挖大填，避免产生人为的不良地质和生态环境破坏问题；宜利用地理地形环境、山体和水库岸线，以适应地形变化，展示城市景观。

3）区内城镇应建设得精巧，结合自然，挖掘传统的建筑文化，通过淹没搬迁，建设出新而美丽的小城市体系。

4）在城市与建筑风格选择上，可采用地方传统的街道形式和建筑空间设计，这也是旅游小城市最受欢迎的风格和式样。

5）在城市风貌规划中保护文物古迹，发掘和延续历史文化，创造人与自然相协调的物质环境和文化氛围。

6）规划应强调控制建筑密度，将绿地融入建筑之中，绿色溶解城市，建立贯通性绿色网络，构筑整个地区的“大园林”景观。

7）将山水景观融入城市开放空间系统，使水系、绿地渗透到城市肌理之中，创建城中有水、水陆相嵌、山城相间、山水一体、水绿交融的和谐的城市生态景观，以满足人们久居城市中亲山、亲水、亲绿的渴望。

3.4.2 发挥本地资源优势，建设特色库区小城镇

（1）景观生态建设目标

通过合理调控城镇体系的建设，加强小城镇景观生态建设，充分利用重庆山水特色，将小城镇建设为布局合理、设施配套、交通方便、环境优美、经济繁荣、各具特色的生态健康的小城镇。

（2）生态建设要点

①对于小城镇的建筑景观来说，应当控制用地规模，城市布局宜紧凑集中，严格控制用地向长江两侧发展；拆除或整治破旧建筑，重视城镇新修建筑的造型与色彩，建筑设计应充分发挥小城镇各自的特点，体现地域传统风貌，延续历史文脉；加强城市建设进程中对沿江景观的控制力度，开展沿江天际线的研究，注重建筑群落之间以及建筑群落与山体水体之间的整体协调感。

②对于小城镇的生态环境来说，应实施生态环境综合整治，严禁沿江岸堆放生活垃圾，严格环境卫生的管理控制。

③合理规划，加强区域自然生态系的建设。以建立自然生态体系为目标，重点建设城镇公共绿地系统，提高绿化率，城镇要加强街头绿地，防护绿地，公园游园建设，构成点、线、面相结合，垂直绿化与平面绿化相结合的绿地系统。同时，结合城镇周围地形特征，加强对城镇周围山丘、河流的绿化，使山坡绿地、林地、果园、沿江护岸林、沿河防护绿化带与各种农田林网和各种经济林成为城镇外围生态绿化圈，形成城乡一体化的大生态网络体系。

④对于小城镇的产业结构来说，应积极开展产业结构调整，严禁污染性的企业进入，控制已有企业的污染排放，严惩超标污染排放企业，限制乡镇企业粗放型增长。

⑤加速城镇化建设进程。城镇化是缓解区域生态压力，推动生态环境建设的重要途径。突出表现就是，城镇人均占用的土地资源大大低于农村，人口聚集在城镇，通过发展二、三产业，减少对第一产业的依赖程度，也就减少了对大范围内生态环境的干扰和破坏。城镇化不可避免地会导致局部地区环境和景观破坏、污染加剧，但城镇的规模效应也使得基础设施的利用和生态环境的治理更加有效。加速城镇化建设应在维护区域生态环境安全的前提下进行，即通过合理调控城镇体系的空间布局、规模等级结构、城镇产业类型结构等，避开生态敏感性强的区段，并充分发挥本地资源环境的特色优势，积极发展生态产业，建设各具特色的环境优美城镇，实现生态环境建设与社会经济发展的同步推进，从根本上保障区域可持续发展。

3.4.3 综合整治农村环境，建设田园乡村景观

（1）景观生态建设目标

通过对农村居民点的合理规划建设，在保护农村居民基本权益的前提下，解决

当前存在的生态问题，优化环境，结合重庆独具特色的山水民居，营造出秀美的田园乡村景观。

（2）生态建设要点

①加强农村居民点规划与管理，积极推动“城乡一体化、区域生态化”进程。积极调整规模小、布局散、占地多、环境差的农村自然村落，加快推进农村居民点归并，促进农村居民点向中心村相对集中，促进农村城镇化，大力促进生态村建设。

②农村居民点的改造要从实际出发，因地制宜，科学规划，合理布局，量力而行，分步实施，道路、林带、卫生等因素要统筹考虑，通过长期坚持不懈地努力，逐步建成有库区特色的新农村景观。

③合理规划，加强区域自然生态体系建设，加强对山体、河流的绿化，结合山坡绿地、林地、果园、沿江护岸林、沿河防护绿化带、农田林网和各种经济林等建成城乡一体化的大生态网络体系，建成独具特色的库区乡村景观。

④对于沿江居民点的建筑，应采用民族传统风格，突出三峡建筑风格及传统风貌，色彩应与环境相协调，并且要控制建筑区域范围，避免建筑沿江线状发展、无序蔓延。

⑤加快实施坡耕地退耕还林还草和综合治理。按照“因地制宜、宜农则农、宜林则林、宜草则草”的原则，推进25°以上的坡耕地退耕还林还草和荒山绿化，全面实施封山育林，对现有宜林荒地和疏林地实施林草植被重建，对25°以下坡耕地实施综合治理，加快治理水土流失和库区淤积。

⑥调整农业生产结构，发展生态产业。为了从根本上改变库区农业落后状况，解决人口增长与人均耕地少的矛盾，必须花大力气改造现存的农业生产基础，增加农业投入。要根据库区充沛的自然资源优势，合理利用农业资源，调整农业生产结构，重点发展生态产业，积极引导农民从传统农业向现代农业转移，实现生态环境建设与社会经济发展的同步推进。

⑦加强农村生态建设，整治村落环境。按照布局合理、设计科学的要求，全面规划农村居民点的建设，植树绿化，整治环境卫生，改善村容村貌，以良好的居住环境、完备的基础设施、优质的社区服务实现农村城镇化。同时选择生态优势突出、经济条件较好的行政村，大力开展生态村建设工作，建设绿色生态家园。

3.4.4 调整工矿企业结构，重建矿区生态环境

（1）景观生态建设目标

通过对工矿企业的综合整治以及对厂区搬迁问题的合理解决，控制矿区环境污染问题，加强企业景观生态建设，实施矿区生态恢复与重建，营造健康安全的生产环境，并使江面的视线范围内呈现出优美的自然风貌。

（2）生态建设要点

①多数的沿江工矿企业所在地区生态环境脆弱，环境污染和景观破坏严重。在对沿江工矿企业的综合整顿过程中，避免“先污染，后治理”的模式，应结合三峡水库的建设，加强环境保护和景观建设，实行可持续发展战略。

②加强对库区沿江两岸高污染企业的整顿和改造。对污染严重、效益低下的小型工矿企业（包括煤矿、五金、玻璃、水泥等）应予以严格控制；对有一定规模和市场基础的企业，要加强整顿，建立和完善污染物处理设施，实行严格的达标排放。

③对于沿江工矿企业，建议逐步搬迁至沿江可视范围之外；对于搬迁有困难的企业，污水不经处理禁止直接排入长江。可在短期内设防护林，对建筑、设备等工业设备进行色彩、立面处理，在将来条件成熟时再进行搬迁。

④沿江两岸应严格禁止新的污染企业进驻，尽可能避免工业用地离岸线过近，并对现有沿江城镇工业区环境加以整治，禁止沿江堆放、填埋垃圾，对已有垃圾堆放立即清理，或采取生物技术进行处理，并进行绿化。

⑤对于非沿江但污染严重的工矿企业，必须严格整改直至达到国家相关排放标准。如企业排污适量，近期考虑加强周围绿化建设，进行清理，远期要结合产业结构调整考虑改造，向高科技无污染产业发展。

⑥对于沿江采石场，禁止在沿江两岸挖山开石活动，采取措施关闭采石场，对已造成的破坏采取技术措施或生态修复手段进行生态恢复。

⑦矿区开采破坏了地表环境而且占用了宝贵的土地资源，需要对矿区进行生态恢复和重建工程。对排弃的表土、尾矿、废渣等必须按照水土保持和污染防治要求进行利用和处置；开矿产生的废水、废气按污染防治要求加强治理；已退役或关闭的矿山、坑口，必须及时搞好矿区土地复垦和生态恢复。

3.4.5　合理规划布局，完善基础设施景观建设

（1）景观生态建设目标

通过对沿江基础设施建设的规划和管理，解决生态环境问题，整治码头岸线，美化滨江环境，使有基础设施的人为环境和优美的自然山水环境协调一致，营造独具特色的山城临江风貌。

（2）生态建设要点

①基础设施建设要统一规划，合理布局，防止沿江基础设施对库区两岸生态环境和景观的破坏，并在做好相应防护工程和生态补偿、生态修复工作的同时，兼顾景观上的美观效应，与如画山水保持协调一致。

②重视桥梁建设过程中对山体的破坏，将可能造成的生态退化减至最低。

③对航运码头，要加强临江航运码头和风景名胜区码头的岸线整治，清理环境，适当修整陈旧设施，明亮暗淡的码头色彩，以改善滨水地区城市形象。

④对沿江煤码头、油库码头和大型企业的集装箱码头等，应进行清理整治，规范秩序，加强对环境尤其是水体的保护，避免大量煤渣流入水体；并在码头周围采用绿色植物等进行遮掩，对设备进行色彩、立面处理，提升景观功能。

⑤对滨江路，应严格限制其建设，特别是在深挖高切地段应严格禁止公路建设，以保护山体安全及生态环境。属于国家重点项目的工程应坚持以第一排山脊后选线或以隧洞为主的原则，避免出现在江面视线范围之内。

⑥对于滨江堤坝，由于沿江各区县防洪堤的大量人工高护坡破坏了堤岸原有的绿色植被，为避免光秃裸露，建议对长江护堤进行绿化、美化，以提升景观功能。

3.4.6 建设库区大生态环境，维护区域生态安全

加强库区的大生态建设，维护区域生态安全。实施以三峡库区为重点的“青山绿水”工程和以主城区为重点的“山水园林城市”工程，提高生态环境质量，注意发挥生态的自我修复能力。重点建设重要公路、铁路、江河沿线绿色通道，形成大面积的林带。建设主城生态绿化圈、都市圈生态防护带。提高中小城市绿化率，建成若干山水园林城市。加快推进封山育林、天然林保护和自然保护区建设。对重点资源开发地区实行强制性保护，对自然保护区和风景旅游名胜区实行积极性保护。

第六篇　长江三峡库区(重庆段)消落带景观生态研究

第一章　消落带景观生态结构分析

1. 消落带的时空分布

水库消落带又称涨落带或涨落区，指的是水库水位涨落而使周边被淹没土地周期性地出露于水面的一段特殊区域，是水生生态系统和陆生生态系统交替控制的过渡地带，是一类特殊的湿地生态系统。

三峡库区（重庆段）消落带涉及巫山、巫溪、奉节、云阳、开县、万州、忠县、丰都、石柱、涪陵、武隆、长寿、渝北、巴南、江北、南岸、渝中、沙坪坝、北碚、九龙坡、大渡口和江津等22个区、县和市，总面积291.1km^2。

1.1　水平分布

1.1.1　干流消落带呈东少西多特点

长江干流消落带，受到河谷地貌和岸坡地形的影响，出露土地具有“东少西多”的特点。消落带较宽的地方主要出现在干流与支流汇合处或有较大的一、二级阶地分布区域。长江干流万州以下，虽然原来的河床有较大的河漫滩和一级阶地，但海拔多在145m以下，不能出露地面，因此，消落带面积不大。万州—涪陵段，一级阶地海拔均高出145m，所以消落带较宽，如万州武陵大浪口—中坝一带的浅丘平坝、丰都旧县城所在的一级堆积阶地平坝，形成宽度600~700m消落带。涪陵以上河段原河漫滩海拔高度均在145m以上，在这一河段出现大量宽度在500m以上的消落带，如涪陵区蔺市清溪口外的大中坝（1 027m），长寿扇沱—巴南麻柳嘴江边的灯盘（460m）、苟坝（680m），巴南区木洞河口中坝

(1 300m)、老鸦滩（1 130m），渝北区的洛碛（550m），江北区的金沙滩(450m）等。万州以东的库区，长江干流以峡谷地貌为主，河道两岸多为中山山地，岸坡较陡，成陆期间消落带土地多分布于峡谷之间的较宽河段上，面积不大，分布零散。万州以西的库区，长江河谷较为宽敞，两岸丘陵起伏，岸坡较缓，沿江两岸沟谷稠密，阶地发育，故成为消落带主要分布地段，相对集中出现在万州—涪陵段。

从各地区具体分布看，消落带面积最大的前四个地区是开县、涪陵、云阳和忠县，分别占三峡库区（重庆段）消落带总面积的14.95%、13.55%、11.46%和10.21%，总计共占50.16%。其他依次是巫山、奉节、万州、丰都、巴南和长寿等（见表6-1-1和图6-1-1）。

三峡库区（重庆段）消落带分布（km^2） 表6-1-1

区县名称	面积	区县名称	面积	区县名称	面积
开县	43.53	巴南	16.85	武隆	3.06
涪陵	39.43	长寿	7.9	沙坪坝	1.33
云阳	33.36	渝北	5.62	九龙坡	0.94
忠县	29.71	北碚	5.6	渝中	0.67
巫山	23.95	石柱	5.12	巫溪	0.39
奉节	23.15	南岸	4.44	江津	0.05
万州	21.12	江北	3.79	全市合计	291.10
丰都	17.99	大渡口	3.46		

注：表中数据由重庆市科委提供。

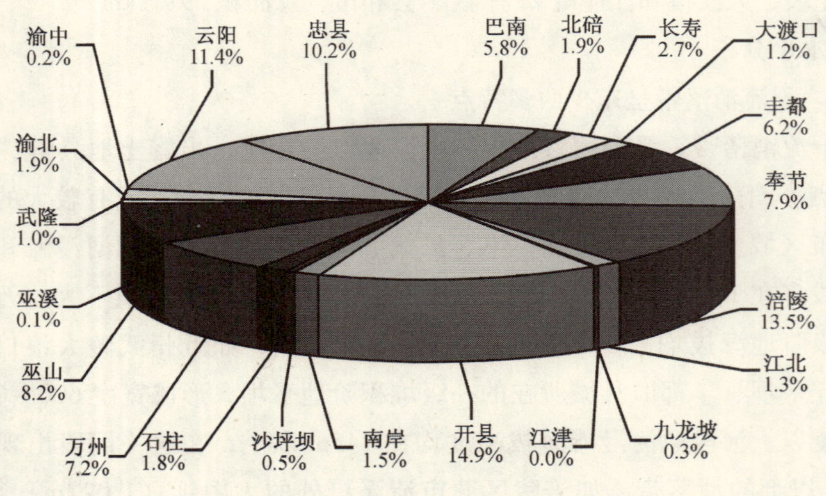

图6-1-1 各地区消落带面积所占比例

1.1.2　支流消落带面积较大，超过长江干流

蜿蜒于丘陵之中的长江支流，河床纵比降小，岸坡平缓，有利于形成面积较大的消落带。支流的消落带宽度变化较大，平均宽度在70～280m之间，多大于长江干流和嘉陵江消落带宽度。较宽消落带分布于巫山大宁河大昌、云阳汤溪河南溪、小江高阳、养鹿湖盆地周边，宽度一般在300～500m，最宽在800～1000m。

地处小江上游的开县、南河、中河支流均为顺地层走向，分布有大面积的冲积平原，因此，消落带大约宽度（两岸）在500～1500m之间，最宽处在县城附近（16 700m）和厚坝（1 400m）。另外，忠县河流段弯曲，多滩地、阶地和支流形成的消落带，奉节和云阳有较大的支流消落带，所以其消落带的面积也较大。

有关研究数据表明，长江干流消落带面积占总量的47.8%，支流总计占52.2%。支流中拥有消落带较多的依次是小江、大宁河、汤溪河、乌江、磨刀溪、梅溪河、嘉陵江、大溪河、长滩河以及抱龙河等10条河流。其中小江、大宁河和汤溪河分别有消落带38.7、15.3和10.8km^2，分别占总量的13.3%、5.3%和3.7%（见表6-1-2和图6-1-2）。

长江干流和各支流消落带面积　　表6-1-2

河流名称	消落带长度（km）	两岸消落带平均宽度（km）	消落带面积（km^2）
长江干流	579.20	0.24	139.1
小江	68.08	0.57	38.68
大宁河	49.64	0.31	15.29
汤溪河	34.28	0.32	10.81
乌江	54.26	0.17	9.44
磨刀溪	26.83	0.35	9.40
梅溪河	35.78	0.26	9.28
嘉陵江	65.87	0.12	8.01
大溪河	14.52	0.30	4.37
长滩河	19.11	0.20	3.78
抱龙河	8.98	0.14	1.27
其他支流	—	—	41.67
合计	956.55	—	291.10

注：表中数据由重庆市科委提供。

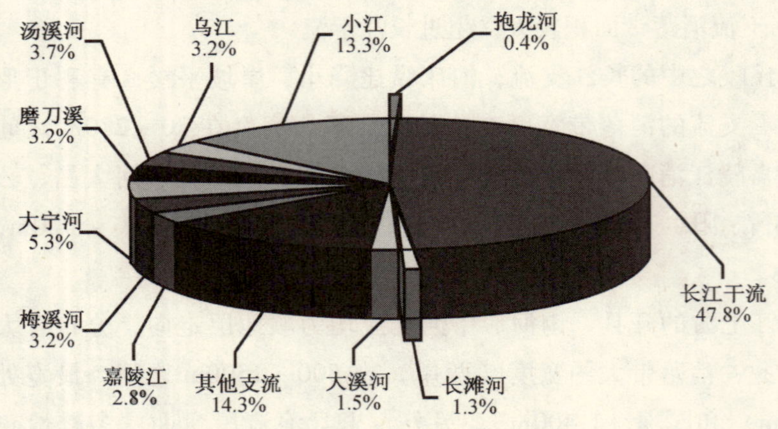

图 6-1-2　长江干流和各支流消落带面积所占比例

1.2　消落带垂直分布

1.2.1　总体上面积随高程增加而增加

在不同的高程段内，各地区消落带的面积分布不同。从总体上看，随着水位线增加，消落带面积有增加的趋势。如在 145～150m 和 150～155m 线内消落带面积分别为 36.16 和 35.75km²，而在 155～160m 和 160～165m 线内则分别为 47.4 和 46.74km²。在 165～170m 和 170～175m 线内则分别达到 59.58 和 65.47km²。这主要是因为上游地势变得更为平坦之故。

1.2.2　不同高程范围内消落带分布不同

在同样的高程段内，消落带在不同地区间的分布不同。在 170～175m 和 165～170m范围内，开县、涪陵和忠县最多；在 160～165m 范围内，开县、巴南和涪陵最多；在 155～160m 范围内，开县、涪陵和云阳最多；在 150～155m 范围内，涪陵、云阳和奉节最多；在 145～150m 范围内，涪陵、云阳和忠县最多（见表 6-1-3）。

不同高程范围内各地区消落带面积（km²）　　表 6-1-3

区　县	170～175m	165～170m	160～165m	155～160m	150～155m	145～150m	总　计
巫山	4.22	3.96	3.78	3.78	3.78	4.43	23.95
巫溪	0.17	0.22	0.00	0.00	0.00	0.00	0.39
奉节	4.24	4.13	3.63	3.86	3.54	3.75	23.15
云阳	5.56	5.36	5.45	5.68	5.57	5.74	33.36
开县	12.49	14.15	5.97	6.15	2.98	1.79	43.53
万州	4.35	4.52	2.96	3.34	3.07	2.88	21.12
忠县	6.70	5.64	4.57	4.92	3.51	4.37	29.71
石柱	1.29	1.01	0.71	0.81	0.71	0.59	5.12

续表

区　县	170～175m	165～170m	160～165m	155～160m	150～155m	145～150m	总　计
丰都	3.36	2.85	2.59	2.86	2.72	3.61	17.99
武隆	2.10	0.48	0.23	0.21	0.04	0.00	3.06
涪陵	7.70	6.60	5.63	5.84	6.11	7.55	39.43
长寿	1.52	1.29	1.26	1.25	1.65	0.93	7.90
渝北	0.76	0.92	1.39	2.06	0.49	0.00	5.62
巴南	3.58	2.60	5.82	4.15	0.58	0.12	16.85
主城七区	7.38	5.85	2.75	2.49	1.00	0.4	19.87
江津	0.05	0.00	0.00	0.00	0.00	0.00	0.05
总计	65.47	59.58	46.74	47.40	35.75	36.16	291.10
比例（%）	22.49	20.47	16.06	16.28	12.28	12.42	100

1.3 不同时段消落带的出露面积

在不同的月份，水库水位不同，因而出露的消落带面积也不一样。消落带出露的时段和空间范围随着水库的调度运行而呈现有规律的变化。

1.3.1 水库水位随时间的变化

三峡水利枢纽工程的运行调度方案为“蓄清排浊”，即在保证发电、航运的条件下，在长江高输沙量的汛期开闸放水、拉沙，在输沙量和径流量小的枯水期蓄水，以尽量减少泥沙在库内的淤积。整个运行调度过程在正常情况下是：在汛期（6～9月）开闸，水位控制在145m，这不仅保持库区末端呈自然河道，减少大量泥沙在库尾的堆积，而且也能使大多数泥沙顺利通过库区向下游排放。汛期之后，入库河流径流量和输移质锐减，10月初，停止泄洪，开始蓄水，10～12月为蓄水期，水位迅速上升。10月中旬水位上升到155m，10月下旬到165m，11月下旬到175m，回水至江津花红堡（长江），北碚夏坝（嘉陵江）。1～5月为洪水期，在入库径流锐减和发电用水的大量消耗下，水位幅度缓慢下降，2月中旬下降至165m，3月下旬到155m，5月底到145m，水位退回到涪陵黄草峡出口处。具体变化情况（见表6-1-4和图6-1-3）。

长江三峡库区（重庆段）水位随时间的变化（时间单位：d）　　**表6-1-4**

时间段	1～30	30～60	60～80	80～150	150～270	270～290	290～305	305～330	330～365
水位（m）	175→170	170→165	165→155	155→145	145	145→155	155→165	165→175	175
持续时间	30	30	20	70	120	20	15	25	35

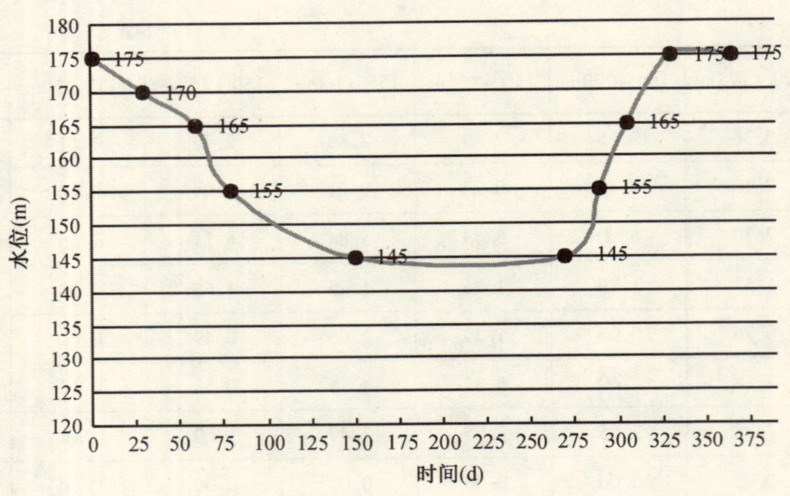

图6-1-3　三峡水库水位变化图

1.3.2　不同时段消落带出露面积

根据消落带不同水位线时的出露面积和水位线随时间的变化，可以得到不同水位线时消落带的出露时段。结果表明，在175m水位线时，没有消落带出现。在170m水位线时，消落带可出露65.47km²，出露时段为从第30天到第315天，共285天。水位线保持在145m时，出露面积最大，从第150天到第270天，共计120天，其他水位线的情况见表6-1-5。

不同水位线时消落带出露面积和时间　　表6-1-5

水位线下（m）	175	170	165	160	155	150	145
出露面积（km^2）	0	65.47	125.05	171.79	219.19	254.94	291.1
出露面积所占比例（%）	0	22.49	42.96	59.01	75.30	87.58	100
出露时间段（d）	0	30～315	60～305	70～297	80～290	115～280	150～270
出露时间（d）	0	285	245	227	210	165	120

2. 消落带地质、地貌

2.1　基岩类型及分布

根据《三峡工程与生态环境》和《长江三峡库区水土流失对生态与环境的影响》，按母岩特性划分水土流失类型的方法，可将重庆库区消落带划分为紫色岩、碳酸盐岩和其他岩石消落带三类（见表6-1-6）。

消落带基岩类型、分布及稳定性　　表6-1-6

基岩类型	组　成	分　布	稳定性
紫色岩	侏罗系的沙溪庙组、蓬莱镇组、自流井组、遂宁组；白垩系的夹关组；三叠系的须家河组、巴东组和嘉陵江组等地层的紫色页岩和紫色砂泥岩	分布广泛，白帝城以西较多	岩性松软，岩石透水性强，易风化。在湖水的侵蚀、冲蚀下，坡岸易形成崩塌和滑坡。而缓坡或沟谷则形成过湿地或沼泽
碳酸盐岩	三叠系嘉陵江组和大冶组的石灰岩	奉节以东（除巫山的大溪至巫山的大宁河）	对侵蚀的承载力很低，在坡度稍大的消落带，具有崩塌和滑坡隐患；原来生成的土壤流失后，常导致消落带石质化和砾石化
其它岩石	泥盆—石碳系、志留系、奥陶系等地层的母岩类	多出露在背斜轴部岸坡较陡地区，分布极少	—

2.2　消落带岩层产状类型

消落带按岩层产状可划分为顺倾坡消落带、逆倾坡消落带和水平岩层消落带3类，具体情况见表6-1-7。

消落带岩层产状类型、分布及稳定性　　表6-1-7

岩层产状类型	特　征	分　布	稳定性
顺倾坡消落带	消落带坡向与消落带岩层的倾向基本相同	原顺构造发育的河道两侧的淹没区	消落带地下水对湖水影响较大。消落带的岩层倾角较大，不但水土流失严重，而且容易形成滑坡，特别是软硬岩层相间的消落带
逆倾坡消落带	消落带坡向与消落带岩层的倾向相反	原逆构造发育的河道两侧的淹没区	地表水下渗强，湖水倒渗入岩层中，对地下水影响较大。消落带较陡的地方容易产生崩塌，有堆积体的地方容易产生小面积滑坡
水平岩层消落带	岩层平缓	原褶皱构造的核部河道的岸坡	消落带多呈台（阶）状出露，比较稳定

2.3　消落带的坡度类型及分布

消落带在不同的地段，坡度变化较大。以奉节为界，上下游消落带坡度有较大差异。根据课题组实地考察，可将三峡库区消落带按坡度分为以下四类，即峭壁、陡坡、滩坡、和平坝或台（阶）地（见表6-1-8）。

消落带的坡度类型及分布　　表 6-1-8

坡度类型	坡度	分　布	消落带宽度
峭壁类	>75°	淹没前本身是陡崖地段	水位线水平移动小于 8.0m，基本不形成消落带
陡坡类	25~75°	淹没前本身是陡坡地段	水位线水平移动距离为 8.0~64.3m，可形成一定面积的消落带
滩坡类	15~25°	淹没前为缓坡地或石坡地段	水位线水平移动距离可达到 64.3~112.0m，可形成较大面积的消落带
平坝或台（阶）类	<15°	淹没前的水田、旱田、平缓的旱地、台地	水位线水平移动距离大于 112m，坡度小时甚至可以达到数公里。比如坡度为 1° 时，可达到 1 718.7m

2.4 消落带的坡体结构类型及分布

根据消落带坡体结构，可以划分为松散堆积下卧基岩坡体消落带和基岩坡体消落带两大类。前者根据松散堆积物的成因又可分为冲积、残积、崩积、填土和混合堆积型等 5 个小类。后者又可分为泥岩、砂岩和其他岩 3 个小类（见表 6-1-9）。

消落带的坡体结构类型及分布　　表 6-1-9

大类	小　类	结构组成	分　布	生态特性
松散堆积下卧基岩坡体消落带	冲积下卧基岩坡体消落带	上部主要为冲积物，下部为基岩	原河道两侧的堆积阶地或基座阶地	在经济利用中，普遍存在水土流失问题。在基岩坡度较陡的地区，松散堆积物与基岩之间容易形成滑面，有产生滑坡的可能
	残积下卧基岩坡体消落带	上部主要为坡积、残积物堆积，下部为基岩	原河道两侧的较高的侵蚀阶地或坡地	
	崩积下卧基岩坡体消落带	上部主要为崩塌或崩落的堆积物，下部为基岩	原陡坎、陡坡部位	
	填土下卧基岩坡体消落带	上部堆积主要是人工填土，下部为基岩	沿消落带边的城镇居民点建筑或工矿企业附近，公路边	
	混合堆积下卧基岩坡体消落带	上部是填土与残积或崩积等混合堆积物，下部为基岩	—	
基岩坡体消落带	泥岩消落带	一般比较稳定。但是如果和砂岩互层组合，在一定条件下可风化形成滑坡的滑面		
	砂岩消落带	由于砂岩节理发育，这种消落带地下水与湖水之间的交换较密切，特别是逆倾坡消落带。与泥岩的组合，在一定条件下可形成滑坡		
	其他岩消落带	包括碳酸盐岩消落带、花岗岩消落带、其他岩石消落带。除碳酸盐岩消落带外，其他消落带分布不广		

3. 消落带土壤类型与分布

在河流阶地、盆地、台地，由于侏罗系紫色沙页泥岩和第三系灰岩广泛分布，又受第四系冲积物和堆积物所覆盖，故现在主要土壤类型为冲积土、紫色土和水稻土。

各类土地在消落带的分布相对集中。在向斜低丘谷地、台盆地，土壤以冲积土、紫色土和水稻土为主，是原属耕地、园地的主要分布区，也是消落带所属各县市区传统的农业的精华所在。在背斜山地，主要土壤是三叠系黄色石灰土、棕色石灰土和以侏罗系巴东组砂泥岩为母质的沙砾石土等，此外在原属河滩的部分地区，为难利用的砾石、砂质裸地面。

大面积紫色土、水稻土耕作区主要集中在长江干流的万州—涪陵段及支流，包括巫山大宁河的大昌镇、奉节的梅溪河与完花溪部分地段、开县的普里河与南河两岸如赵家坝、渠口的浦溪、厚坝等。

4. 消落带景观生态结构类型与分布

消落带景观生态结构类型可根据不同的特征进行分类。如按原土地利用类型可分为城市废弃土地型、农业用地型和荒地滩涂型；按地表物质类型可分为基岩型、松散堆积物质型和人工建筑弃土型；按地貌形态可分为河漫滩型、平坝阶地型、浅丘坡型、峡谷陡崖型；按消落带涨落深度可分为微淹型（<5m）、浅水型（5～10m）、中度水深型（10～20m）以及深水型（20～30m）。这里根据消落带坡度和土壤条件，并结合实际调查共分为7种类型（见表6-1-10和图6-1-4）。

消落带景观生态结构类型与分布　　表6-1-10

类　型	生　态　结　构	分　布	生态经济评价
类型一：峡谷陡坡裸岩型消落带	岩坡陡峻，大于30°甚至更高，消落带狭窄，大部分地段基岩裸露仅局部有瘠薄的土层，植被无或稀疏	分布在河流切穿背斜核部区段，如巫峡、瞿塘峡等	缺乏开发利用价值。崩塌可能性较大
类型二：峡谷陡坡薄层土型消落带	谷坡陡峻，一般大于30°，消落带狭窄，大部分地段覆盖有贫薄的土层，植被稀疏	分布在岩性为砂岩与泥岩互层构成的背斜山、巴东组地层等地区	缺乏开发利用价值。滑坡可能性大
类型三：中缓坡坡积土型消落带	地表坡度一般小于30°，消落带宽度在60～120m之间，土层厚薄不均，成土母质主要是侏罗系沙溪庙组紫色沙泥岩和巴东组粉沙岩等。土壤类型以紫色土为主	分布较广，但主要集中出现在向斜低山、丘陵地段，如万州至云阳两岸的大部分地段	部分地段淹没前已开垦为梯田，土壤熟化程度高，在成库前是重要的旱作区和以柑橘为主的沿江经济果林基地。土壤侵蚀严重，滑坡、泥石流等地质环境灾害比较突出

续表

类 型	生态结构	分 布	生态经济评价
类型四：开阔河段冲积土型（河流阶地、平坝型）消落带	坡度小于25°，消落带较宽，土层一般较厚，为冲积土、紫色土和水稻土	主要分布在向斜谷地、盆地，如开县的三里河流域等	淹没前是所在地区一、二等耕地的集中分布区和粮食稳产高产区。具有较好的开发利用潜力
类型五：城镇河段废弃土地型消落带	坡度大小不一，地表多为人工硬质结构，无植被	分布于被淹城镇段消落带，如万州、云阳、巫山等老县城	沿岸污染严重，边坡坍塌严重，无开发利用价值
类型六：城镇河段堤坝型消落带	由一些旧的或新建的混凝土防洪堤坝组成。无土壤和植被	主要分布在沿江各城镇周围	景观单一，生物多样性低
类型七：支流尾闸型消落带	坡度小，消落带极宽，土层厚，淹没前多农业用地，植被较好	分布在各支流受三峡水库回水影响的尾部区段	污染物和泥沙容易淤积。受水位涨落影响大

5. 消落带存在的景观生态问题

5.1 景观多样性降低

消落带在形成之前，有草地、旱地、果园、有林地、疏林地、水田、城镇用地、农村居民点等多种类型的景观，尤其是其中的自然景观，为人类提供了巨大的生态服务功能。利用各地区消落带原有土地利用数据，计算得到的整个重庆段景观多样性指数高达2.13 nat。各地区间尽管有一定差异，但除北碚、沙坪坝、渝中和巫溪之外，其他地区的景观多样性指数都在1.0以上（见表6-1-11）。

消落带形成前原各地区景观多样性指数　　表6-1-11

区县名称	景观多样性指数（nat）	区县名称	景观多样性指数（nat）
奉节	2.30	南岸	1.57
涪陵	1.86	武隆	1.49
长寿	1.80	渝北	1.35
江北	1.80	江津	1.33
忠县	1.78	石柱	1.31
万州	1.76	巴南	1.22
巫山	1.74	大渡口	1.12
云阳	1.74	巫溪	0.68
开县	1.70	渝中	0.37
九龙坡	1.58	沙坪坝	0.35
丰都	1.57	北碚	0.27
整个消落带地区2.13			

类型一：峡谷陡坡裸岩型

类型二：峡谷陡坡薄层土型

类型三：中缓坡坡积土型

类型四：开阔河段冲积土型

类型五：城镇河段废弃土地型

类型六：城镇河段堤坝型

类型七：支流尾闸型

图6-1-4　消落带景观生态结构类型示意

三峡工程完全建成蓄水后，175m 线以下用地每年至少淹没一次，而且至少淹没 30 天以上。由于水淹和库岸的再造作用，原来的用地类型除裸露岩石外几乎将全部消失，由统一的水陆交错带替代；植物群落也将基本由一年生草本植物替代。景观多样性将严重下降。

5.2　植物物种多样性减少，群落结构趋于简单化

消落带形成前，这一区域的物种是非常丰富的。据有关研究表明，三峡库区消落带原共有维管束植物 88 科 215 属 392 种，其中蕨类植物 13 科 15 属 28 种，裸子植物 2 科 4 属 5 种，被子植物 73 科 196 属 359 种。土地仅占库区面积 2% 的消落带，其植物科、属、种分别占库区植物科、属、种总数的 45.3%、15.1% 和 6.4%（见表 6-1-12）。

长江三峡库区（重庆段）消落带维管束植物统计　　表 6-1-12

项　目	蕨类植物	裸子植物	被子植物	合计
消落带科数	13	2	73	88
三峡库区科数	38	9	161	208
消落带占库区比例（%）	34.2	22.2	41.0	45.3
消落带属数	15	4	196	215
三峡库区属数	100	30	1 298	1 428
消落带占库区比例（%）	15.0	13.3	13.6	15.1
消落带种数	28	5	359	392
三峡库区种数	400	88	5 600	6 088
消落带占库区比例（%）	7.0	5.7	5.5	6.4

植被类型也多种多样，其中尤以多年生和一年生草本及灌木为优势植被类型。在 145 ~ 155m 区域，草本植物主要有细柄草、青蒿、斑茅、狗牙根、金花草等；在155 ~ 165m 区段，草本植物有糯米条、细柄草、扭黄茅、商陆、小白酒草、鬼针草等，灌木优势种有黄栌、马桑、黄荆等；在 165 ~ 175m 区段，草本植物主要有狗尾草、鬼针草、青蒿、小白酒草、商陆、野棉花等，灌木为黄栌、小果蔷薇等；在整个消落带还有羽叶山黄麻、栾树、刺槐、接骨木、柏木、广柑等乔木，群落结构非常完整。

水库蓄水运行后，消落带由原来的陆生生态系统变为季节性湿地生态系统，一方面会出现一些新的物种；另一方面，由于消落带不同高程（蓄水位）地带每年至少要被水淹 1 个月以上，会使许多原来在未成库前适合消落带生长的陆生植物难以存活，如栾树、刺槐、黄栌等乔灌树种和大多数多年生草本将不再适合消落区生长，而适应水生环境生长的物种又因消落带的季节性出露水面而难以成活，典型的水生生态系统也难以忍受长达 4 个月以上的成陆期（每年 6 ~ 9 月消落带全部消落成陆），导致消落带适生的植物物种总数减少。生态系统结构和功能简单化，生态系统稳定性降低，脆弱性增加。

5.3　污染物容易滞留聚集

一方面，库区消落带自身和库区中的一些污染物由于风浪和库水的横向运动，将向两岸消落带移动，水中的部分垃圾将进入消落带；同时水中的一些 N、P、K 等营养物质也将进入消落带的下部土壤中使土壤富营养化。在两岸坡度较陡，土质为沙土的库段，水位下降时，垃圾、杂草等污染物及水分、泥沙都易随水流走，消

落带危害不大；而两岸坡度很小，土质为泥土的库段，夏季水位下降后，河道内沉淀的各种污染物将留滞在消落带上，加上经过半年左右浸泡的泥土，不易排水，污染伴着垃圾、杂草，不仅造成景观破坏，而且在高温下极有可能产生异味，滋生病菌、寄生虫和蚊蝇，导致流行病发生。消落带的局部低洼地方因排水不净，还可能形成零星小面积死水塘，严重污染环境。更重要的是，三峡水库冬、夏两季年年蓄退水位，头一年沉淀在消落带内的污染物，又将成为第二年水质污染源，年复一年，周而复始，对环境的影响较大。

另一方面，库区两岸人类活动产生的大量废物和垃圾、工业废水及生活污水都将经过消落带进入水库。由于库区水位提高，流速减小，水深加大，污染扩散减缓，这样污染物一部分就地沉积在消落带的土壤及土壤孔隙，从而使消落带土壤受到污染。一旦消落带上再发展种养殖，肥料、作物根系、动物粪便又成为人为增加的垃圾，消落带的污染危害将更为严重。

5.4 地质灾害增加严重

在整个三峡水库消落带中，除开县等局部地区比较平缓外，大部分消落带河段地形陡峻，河岸地层稳定性差，加上库区沿岸人多地少，人类活动频繁，是我国环境地质灾害的多发区。

据最新资料统计，三峡库区（重庆段）消落带内和前缘高程虽在175m标高以上，但可能受消落带水位涨落影响的地质灾害共1 121处，总体积33.91亿m^3，破坏密度高达2.52处/km^2，破坏模数达761.15万m^3/km^2。地质灾害类型有滑坡、崩塌、泥石流和地面塌陷，其中滑坡最多，共1 078处，占地质灾害总数的96.3%，体积33.16m^3，占总体积的97.8%，崩塌（危岩）37处，占总数3.3%，体积0.73亿m^3，占总体积的2.15%。泥石流4处，地面塌陷2处。

从分布上看，在长江干流738处，体积21.77亿m^3，在支流383处，体积12.14亿m^3。前缘分布在175m水位以下，接受消落带水位涨落影响的854处，前缘在175m以上，可能受消落带牵引影响和地质灾害的267处。

三峡水库蓄水后的浸泡软化作用和浮力作用，将使岸坡稳定性减弱，从而某些滑坡复活。同时由于库水的反复横向冲刷，坡地下部极易被掏空，从而导致新的滑坡产生。灾害类型因各段地质状况不同而不同，在奉节以西，地层由软硬相间的岩石组成，以滑坡为主，奉节以东，地层由硬岩组成，地形陡峭，将以崩塌为主。

图6-1-5 水土流失严重

5.5 水土容易流失

三峡水库属于河道型水库，两岸沟壑纵横、地势陡峻（坡度15°以上面积占土地总面积的

74%），相对高差大，水土流失会相当严重。据有关资料，消落带地表坡度15°以上的区域面积占整个消落带总面积的54.2%。库区蓄水后，在降水和库水位周期性地涨落的水动力作用下，消落带坡面上的植被和土壤结构将被进一步破坏，除了局部为“平川坝地型”的消落带河段外，大部分“山地型”的消落带河段的土壤重力侵蚀和冲刷作用将加剧，水土流失也将逐年加重（见图6-1-5）。消落带水生环境时间长，坡面植被生长受到限制，也会加重消落带的水土流失。

5.6　流行性病情、疫情可能被诱发

消落带受水陆交叉污染，低水位时污染物直接淤积沉淀在表层；高水位时，水流速度慢，污染物不易扩散。这两种环境都易滋生各种相关的病原体、致病菌，特别是消落带的重庆都市段区，在重庆夏季高温高湿的环境条件下，污染严重的消落带将成为各种相关病菌、寄生虫的滋生原以及异味和恶臭的散发地，并很可能诱发大规模疫情（尤其是疟疾、钩端螺旋体病、乙型脑炎、流行性出血热等库区自然疫源性疾病）的发生和流行。

5.7　对沿江城镇和景区（点）景观风貌造成危害

库区两岸有众多城镇和著名的风景名胜区或景点（如白帝城、石宝寨、张飞庙、鬼城等）都坐落在消落带的边缘，每年周期性的消落成陆，都会出现大面积的裸地或者堆着淤泥、污染物的裸地，与周边城镇和景区（点）极不协调，必将造成严重的视觉污染，危害城镇人居环境和旅游区的可持续发展。

第二章　消落带景观生态建设与优化对策

消落带面临的景观生态问题很多，其中有的是外源性的，如污水和固体废物的排放；有的是消落带自身存在的问题，如地质灾害、生物多样性和景观多样性的降低等。有关外源污染控制和生态建设，已有不少规划正在实施之中，如《三峡库区及其上游水污染防治规划》计划投资393亿元用于三峡库区及长江上游水污染防治工作；《三峡水库重庆库区周边绿化带建设工程实施方案》（国务院批）要求在三峡库区175m库岸线（包括长江干流、嘉陵江、乌江、小江和大宁河的库岸线）至第一层山脊及视线可及处（平均水平距离600m）实施退耕还林49万亩，其中经济林19.6万亩，生态林29.4万亩，荒山绿化8.8万亩，封山育林12.3万亩。《三峡库区三期地质灾害防治规划（崩塌、滑坡、塌岸）》（国土资源部批）将重点对重庆境内的255处崩塌滑坡泥石流进行治理，治理总体积5.85亿m^3，其中受蓄水淹没的139处，不涉水（前缘高于175m）的116处。

上述项目的实施，对改善整个库区的生态环境质量是非常有益的。但还不能从根本上解决消落带自身的景观生态问题。这里重点研究的是消落带自身的生态建设和优化对策。

1. 消落带景观生态功能区划

综合考虑生态建设、防洪安全以及资源利用等因素，将三峡库区消落带分为3个大的景观生态功能区和22个景观生态功能亚区。具体划分类型、区域范围、主要功能和建设要求见表6-2-1。

长江三峡库区（重庆段）消落带景观生态功能区划　　**表6-2-1**

功能区	功能亚区	区域范围	主要功能	建设要求
Ⅰ 城区消落带景观生态建设区	$Ⅰ_1$重庆都市区段消落带景观生态建设区（原市区加巴南和渝北区）	长江干流木洞—生基塘断面，全长27.8km；嘉陵江河口—麻柳坪断面，全长70.7km	防洪、护岸、亲水和美化	采取工程和生物措施相结合，建设城市防洪大堤。在保证防洪要求和岸堤稳固的基础上，兼顾亲水性设计，供市民靠近岸边赏景。在海拔170～175m范围内，可沿等高线种植3～5排水杉、池杉或落羽杉等耐水淹植物
	$Ⅰ_2$重庆长寿城区段消落带景观生态建设区	长江干流长寿涪陵界—杨家湾断面，距离坝址514.4～544.7km，全长30.7km		
	$Ⅰ_3$重庆涪陵城区段消落带景观生态建设区	长江干流清溪—李渡断面，距离坝址472.5～493.9km，全长21.4km；乌江河口—磨池口断面，长10.2km		
	$Ⅰ_4$重庆武隆城区段消落带景观生态建设区	乌江土坎—中咀断面，距离河口61.6～79.9km，全长18.3km		
	$Ⅰ_5$重庆丰都县城区段消落带景观生态建设区	长江干流朗溪—黄桶碑断面，距离坝址424.5～437.2km，全长12.7km		
	$Ⅰ_6$重庆忠县城区段消落带景观生态建设区	长江干流复兴场—曹溪河断面,距离坝址358.3～374.4km,全长16.1km		
	$Ⅰ_7$重庆万州城区段消落带景观生态建设区	长江干流哂网坝—沱口水尺断面，距离坝址276.3～288.3km，全长12km		
	$Ⅰ_8$重庆云阳县城区段消落带景观生态建设区	长江干流盘石—白水滩断面,距离坝址243.8～254.1km,全长10.3km;汤溪河河口—云安镇,全长15.4km		
	$Ⅰ_9$重庆奉节县城区段消落带景观生态建设区	长江干流关庙沱—口前断面,距离坝址158.3～168.3km,全长10km;梅溪河河口—灯盏窝,全长5.4km		
	$Ⅰ_{10}$重庆巫山县城区段消落带景观生态建设区	长江干流大青溪—上安坪断面,距离坝址119.7～127.9km,全长8.2km		
	$Ⅰ_{11}$重庆巫溪县城区段消落带景观生态建设区	大宁河大昌镇—高家坪断面，全长10.8km		
	$Ⅰ_{12}$重庆开县城区段消落带景观生态建设区	小江夹口坝—教场坝断面,距离河口68.4～77.8km,全长9.4km		

续表

功能区	功能亚区	区域范围	主要功能	建设要求
Ⅱ重要旅游景点（区）生态建设区	$Ⅱ_1$重庆丰都鬼城消落带景观生态建设区	长江干流北岸丰都县断面上下各2km，距离坝址427~431km，全长4km	美化、净化、科普和旅游	严禁任何形式的农业和工业开发利用。地质灾害防治要与景观建设结合起来。145~150m水位线内建成自然湿地。150~165m水位线内可人工种植色彩和形体等观赏效果较好的草本植物，如香根草。165~175m水位线内人工种植水杉、池杉、落羽杉、疏花水柏枝、文母和芦苇等耐水淹植物。确保消落带内无白色垃圾和其他影响视觉效果的污染物。建设生态型梯子，保证游客有一定的亲水、亲岸机会
	$Ⅱ_2$重庆忠县石宝寨消落带景观生态建设区	长江干流北岸石宝寨断面上下各1km，距离坝址337.3~339.3km，全长2km		
	$Ⅱ_3$重庆云阳张飞庙消落带景观生态建设区	长江干流盘石断面上下各2km，距离坝址241.8~245.8km，全长4km		
	$Ⅱ_4$重庆奉节白帝城消落带景观生态建设区	长江干流风箱峡—关庙沱断面，距离坝址153.2~158.3km，全长5.1km		
	$Ⅱ_5$瞿塘峡消落带景观生态建设区	长江干流大溪镇—关庙沱断面，距离坝址149.1~158.3km，全长9.2km		
	$Ⅱ_6$巫峡消落带景观生态建设区	长江干流培石—巫山县断面，距离坝址100.1`~124.3km，全长24.2km		
	$Ⅱ_7$大宁河小三峡消落带景观生态建设区	大宁河河口—石板滩断面，全长51.8km		
Ⅲ生态与农业综合建设区	$Ⅲ_1$生态渔业综合开发区	除上述各段之外的各支流库湾段	生产	可采取筑堤、网栏或二者结合的方式进行生态型水产养殖，严禁投喂外来鱼饲料
	$Ⅲ_2$生态种植业综合开发区	除上述区段之外的所有坡度低于25°宜农消落带	生产	145~150m水位线内，全部建成自然湿地。150~175m范围内可根据立地条件有选择性的种植旱地作物。但应采用免耕法，禁止施用化肥和农药
	$Ⅲ_3$自然湿地建设区	除上述区段之外其他所有坡度大于25°的消落带	净化、涵养水土、生物多样性保育	利用自然或人工手段建成自然湿地

2. 建设和优化模式探讨

2.1　基于生态服务功能价值的理论模式构建

消落带景观生态建设的根本目标是实现其生态服务功能的最大化。功能强大的消落带生态系统不但可以调节气候、涵养水土、净化水质、生产食物，还可以保育生物多样性、美化景观等，可以为人类提供多种多样的生态服务。所以，未来消落带生态建设模式的选择和优化，应以生态服务功能的最大化作为依据之一，并结合其他条件进行综合考虑。

2.1.1 消落带形成前原有生态系统服务功能价值

根据有关资料计算得到消落带形成前该范围内具有生态服务功能的林地、草地、旱地、水田和湿地的面积分别为4 458hm^2、4 444hm^2、9 705hm^2、4 854hm^2 和3 058hm^2。

结合重庆库区消落带实际和国内外研究成果，得到上述生态系统每公顷每年提供的生态服务功能价值分别为15 800元、2 758元、7 281.6元、12 051.2元和14 415元。其中直接价值（可通过市场交易）和间接价值（生态价值）的贡献情况如图6-2-1所示。

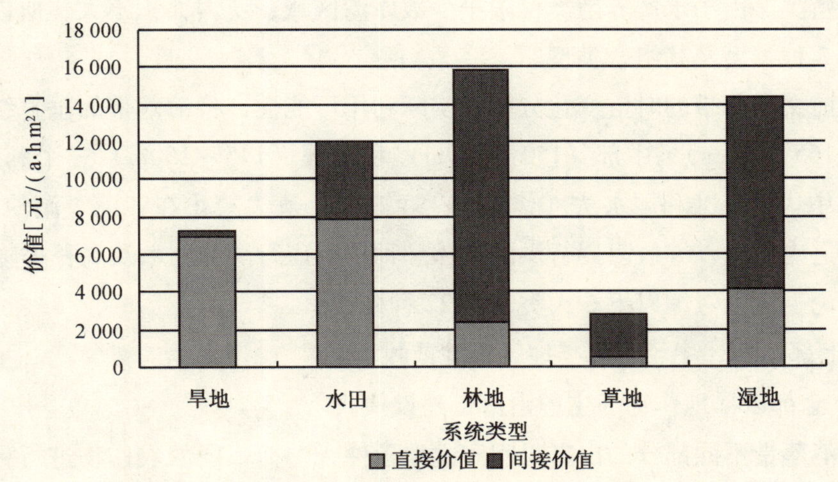

图6-2-1　长江三峡库区（重庆段）消落带原各生态系统类型单位面积生态服务价值

重庆库区消落带各种生态类型的面积不同，利用各生态系统类型的面积乘以单位面积的价值得到每年提供的总服务功能价值为2.559亿元（直接1.313亿元，间接1.246亿元），即平均每公顷为0.965万元/a，是全国平均水平的1.78倍，是比较高的。其中旱地因为面积大，总生态服务价值最高，为7 066.8万元/a，占总量的27.6%；其次是林地和水田，分别占26.5%和22.9%；湿地和草地最少，分别占17.2%和4.8%（见图6-2-2）。

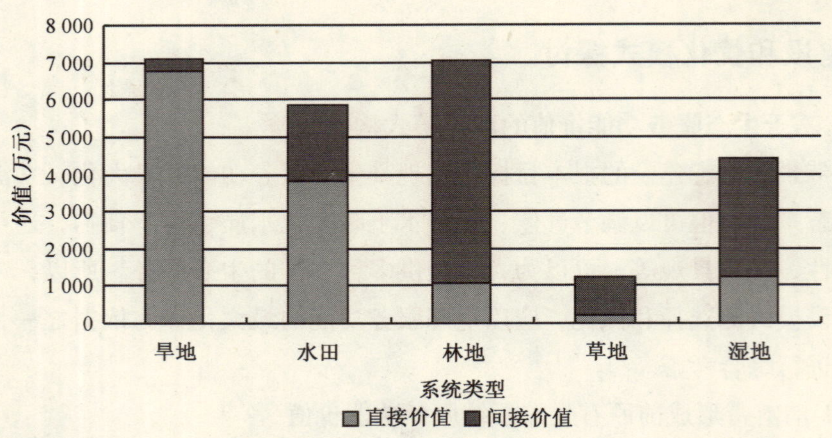

图6-2-2 长江三峡库区（重庆段）消落带原各生态系统类型每年提供的生态服务总价值

2.1.2 消落带潜在土地利用模式及其生态服务功能价值评估

（1）潜在利用模式

从理论上讲，消落带出露后，其土地利用类型除用于建设防洪大堤和港口码头之外，大体上可以分为以下几种：旱地类，草地类，林地类，自然湿地类，水田类和水产养殖类。由于水产养殖类仅限于少数库湾区域，所占面积不大，所以这里仅考虑前面5种类型及其组合类型。

根据前文消落带的时空变化分析和实际利用可能性，将消落带的垂直结构划分为上部（165～175m）、中部（150～160m）和下部（145～150m）三个利用层次。考虑到《中华人民共和国水法（修正）》第三十七条“禁止在江河、湖泊、水库、运河、渠道内弃置、堆放阻碍行洪的物体和种植阻碍行洪的林木及高秆作物”的规定，在理论上可以考虑以下6大类，共22种模式。

Ⅰ. 上部旱地，中、下部旱地、湿地或牧草类

$Ⅰ_1$：全部以旱地作物为主的消落带建设模式

根据消落带不同部分的出露时间和立地条件，选择不同的农作物进行种植，如在成陆期较短的消落带下部种植各种蔬菜，在成陆期较长的中部种植豆类、薯类，在成陆期最长的上部种植玉米、高粱、小麦等。

从理论上讲，最大用地面积除原用地类型为城镇用地、公交建设用地、裸岩石砾地以及农村居民点用地（共计25.7km^2）之外，其余265.4km^{2}均可种植旱地作物。

这种模式可以充分发挥消落带的生产功能，解决库区移民一部分粮食和蔬菜等问题。但必须加强管理，采取免耕法和有机农业模式，不能施加任何肥料和农药，充分利用作物带走消落带表面和土壤中的N、P、K等营养物质，可净化水质。

I_2：中、上部旱地+下部湿地为主的消落带建设模式

中、上部消落带种植旱地农作物。农作物种植要求与模式 I_1 相同。在消落带下部（145~150m），出露时间相对较短（最长165天），而且距离145m常设水位线较近，为减少人类干扰，可考虑使这部分消落带经过长期发育而形成自然湿地。湿地部分出露面积为32.97km^2，耕地地面积为232.43km^2。

I_3：上部旱地+中部牧草地+下部湿地为主的消落带建设模式

考虑到出露时间的长短和利用的方便性，设计在出露消落带下部（145~150m）建自然湿地。中部（150~165m）种植牧草，上部（165~175m）种植农作物。这样可供利用的各部分消落带面积为：下部湿地32.97km^2，中部牧草地118.4km^2，上部旱地114.0km^2。

I_4：中、上部旱地+下部牧草地为主的消落带建设模式

在消落带下部（145~150m），种植牧草，在中、上部种植旱地农作物，形成下部牧草地+中上部耕地为主的消落带建设模式。同样，按比例扣除不能利用的消落带（共25.7km^2）外，牧草地部分出露面积为32.97km^2，旱地作物面积为232.43km^2。

I_5：上部旱地+中、下部湿地为主的消落带建设模式

在出露消落带中、下部（145~165m）建自然湿地，上部（165~175m）种植旱地农作物。这样可供利用的各部分消落带面积为：中、下部湿地151.4km^2，上部旱地114km^2。

I_6：上部旱地+中、下部牧草为主的消落带建设模式

在出露消落带中、下部（145~165m）种植牧草，上部（165~175m）种植旱地农作物。这样可供利用的各部分消落带面积为：中、下部牧草地151.4km^2，上部水田114km^2。

Ⅱ. 上部林地，中、下部旱地、湿地或牧草类

$Ⅱ_1$：上部林地+中、下部湿地为主的消落带建设模式

在出露消落带中、下部（145~165m）建自然湿地，上部（165~175m）种植乔灌木。这样可供利用的各部分消落带面积为：中、下部自然湿地151.4km^2，上部林地114km^2。

$Ⅱ_2$：上部林地+下部湿地+中部牧草地为主的消落带建设模式

在出露消落带下部（145~150m）建自然湿地，中部（150~165m）种植牧草，上部种植乔灌木（165~175m）。这样可供利用的各部分消落带面积为：下部自然湿地32.97km^2，中部牧草地118.4km^2，上部林地114.0km^2。

$Ⅱ_3$：上部林地+中、下部牧草地为主的消落带建设模式

在出露消落带中、下部（145~165m）种牧草，上部（165~175m）种植乔灌木。这样可供利用的各部分消落带面积为：中、下部牧草地151.4km^2，上部林

地 114km^2。

Ⅱ$_4$：上部林地 + 下部湿地 + 中部旱地为主的消落带建设模式

在出露消落带下部（145～150m）建自然湿地，中部（150～165m）种植旱地作物，上部种植乔灌木（165～175m）。这样可供利用的各部分消落带面积为：下部自然湿地 32.97km^2，中部旱地 118.4km^2，上部林地 114.0km^2。

Ⅱ$_5$：上部林地 + 中、下部旱地为主的消落带建设模式

在出露消落带中、下部（145～165m）种旱地作物，上部（165～175m）种植乔灌木。这样可供利用的各部分消落带面积为：中、下部旱地 151.4km^2，上部林地 114km^2。

Ⅱ$_6$：上部林地 + 下部牧草地 + 中部旱地为主的消落带建设模式

在出露消落带下部（145～150m）种植牧草，中部（150～165m）种植旱地作物，上部种植乔灌木（165～175m）。这样可供利用的各部分消落带面积为：下部牧草地 32.97km^2，中部旱地 118.4km^2，上部林地 114.0km^2。

Ⅱ$_7$：上部林地 + 中、下部旱地为主的消落带建设模式

在出露消落带中、下部（145～165m）种旱地作物，上部（165～175m）种植乔灌木和旱地作物。这样可供利用的各部分消落带面积为：中、下部旱地 151.4km^2，上部旱地 55.5km^2，林地 58.5km^2。

Ⅲ. 上部牧草，中、下部湿地或牧草类

Ⅲ$_1$：全部以牧草为主的消落带建设模式

以牧草地为主的模式意味着在消落带上整体种植牧草，形成整齐划一的草丛景观。三峡库区水热资源充足，消落带土壤因淤泥的堆积会变得非常肥沃，出露最短时间都超过 120 天，完全能适应牧草生长。收割牧草养牛、羊或兔子，既可解决移民经济收入问题，又可通过牧草的收割带走大量的 N、P 等营养物质，防止水体的富营养化。另外，牲畜粪便还田，还可减少库区化肥的施用量和农民负担。嫩绿的牧草群落，还可以形成比较好的自然景观，提升三峡库区的旅游价值。

从理论上讲，除原用地类型为城镇用地、公交建设用地、裸岩石砾地以及农村居民点用地（共计 25.7km^2）之外，其余 265.4km^2 均可种植牧草。牧草种植尽可能采用人工播种的方式进行，一些立地条件较差的地方，可让其自然生长草本植物。

Ⅲ$_2$：中、上部牧草地 + 下部湿地为主的消落带建设模式

在消落带下部（145～150m），出露时间相对较短（最长 165 天），而且距离 145m 常设水位线较近，为减少人类干扰，可考虑使这部分消落带经过长期发育而形成自然湿地。而消落带中、上部（150～175m）种植牧草，形成下部湿地 + 中上部牧草地为主的消落带建设模式。这样，按比例扣除不能利用的消落带（共 25.7km^2）外，湿地

部分出露面积为32.97km²，牧草地面积为232.43km²。

Ⅳ. 上部湿地，中、下部湿地类

$Ⅳ_1$：全部以自然湿地为主的消落带建设模式

全部消落带均不作任何形式的生产性开发，将整个消落带建设成为沿湖湿地系统。这样，除原用地类型为城镇用地、公交建设用地、裸岩石砾地以及农村居民点用地（共计25.7km²）之外，其余265.4km² 均为湿地系统。湿地系统的形成可利用自然演替和人工建设的方式进行。

Ⅴ. 上部旱地与水田，中、下部旱地、湿地或牧草类

$Ⅴ_1$：上部旱地、水田 + 中部牧草地 + 下部湿地为主的消落带建设模式

在出露消落带下部（145～150m）建自然湿地，中部（150～165m）种植牧草，上部（165～175m）种植旱地农作物和水田。假设上部水田面积为消落带形成之前原水田部分，这样可供利用的各部分消落带面积为：下部湿地32.97km²，中部牧草地118.4km²，上部水田19km²、旱地95km²。

$Ⅴ_2$：上部旱地、水田 + 中、下部湿地为主的消落带建设模式

在出露消落带中、下部（145～165m）建自然湿地，上部（165～175m）种植旱地农作物和水田。假设上部水田面积为消落带形成之前原水田部分，这样可供利用的各部分消落带面积为：中、下部湿地151.4km²，上部水田19km²，旱地95km²。

$Ⅴ_3$：上部旱地、水田 + 中、下部牧草为主的消落带建设模式

在出露消落带中、下部（145～165m）种植牧草，上部（165～175m）种植旱地农作物和水田。假设上部水田面积为消落带形成之前原水田部分，这样可供利用的各部分消落带面积为：中、下部牧草地151.4km²，上部水田19km²，旱地95km²。

$Ⅴ_4$：上部旱地、水田 + 中、下部旱地为主的消落带建设模式

在出露消落带中、下部（145～165m）种植旱地作物，上部（165～175m）种植旱地农作物和水田。假设上部水田面积为消落带形成之前原水田部分，这样可供利用的各部分消落带面积为：中、下部旱地151.4km²，上部水田19km²，旱地95km²。

Ⅵ. 上部旱地与林地，中部旱地，下部湿地或牧草类

$Ⅵ_1$：上部林地、旱地 + 中部旱地 + 下部牧草地为主的消落带建设模式

在出露消落带下部（145～150m）种植牧草，中部（150～165m）种植旱地作物，上部（165～175m）种植乔灌木和旱地作物。假设上部原为旱地和水田的部分均作为旱地，其余作为林地，则可供利用的各部分消落带面积为：下部牧草地32.97km²，中部旱地118.4km²，上部旱地55.5km²、林地58.5km²。

$Ⅵ_2$：上部林地、旱地 + 中部旱地 + 下部湿地为主的消落带建设模式

在出露消落带下部（145～150m）建自然湿地，中部（150～165m）种植旱地作物，上部（165～175m）种植乔灌木和旱地作物。这样可供利用的各部分消落带面积为：下部自然湿地 32.97km²，中部旱地 118.4km²，上部旱地 55.5km²、林地 58.5km²。

（2）不同模式生态服务功能价值计算

利用以下公式计算各潜在利用模式的生态服务功能价值。

$$V_p = \sum_{i=1}^{4} v_i s_{ip} k_{ip}$$

式中 V_p——p 种模式下消落带生态服务价值（单位：元/a）；

v_i——i种生态系统的单位生态服务价值（单位：元/（a·hm²））；

s_{ip}——p种模式下 i 种生态系统的面积（单位：hm²）；

k_{ip}——p种模式下 i 种生态系统有效系数，有效系数 $k_{ip}=\frac{t_{ip}}{365}$，$t_{ip}$为 p 种模式下 i 种生态系统有效作用时间（单位：天）。

具体计算参数和计算结果见表 6-2-2 和图 6-2-3。

计算结果表明，不同的潜在利用（建设）模式具有不同的生态服务价值，其中生态服务总价值最高的前 6 位分别是第$Ⅳ_1$、$Ⅱ_1$、$Ⅴ_2$、$Ⅰ_5$、$Ⅱ_4$和$Ⅱ_2$种模式。这 6 种模式中，前 4 种模式的生态服务价值比原有生态系统类型的要高出许多，可为未来生态建设的备选模式。最低的后 6 位分别是第$Ⅲ_1$、$Ⅰ_6$、$Ⅲ_2$、$Ⅴ_3$、$Ⅰ_4$和$Ⅴ_4$种模式。生态服务价值最低的模式仅占最高模式的 12.2%，这些模式应为未来生态建设的淘汰模式。

从提供的直接价值看，最高的前 6 位分别是第$Ⅴ_2$、$Ⅰ_5$、$Ⅰ_2$、$Ⅰ_1$、$Ⅴ_4$和$Ⅰ_4$种模式。这 6 种模式中，前 3 种模式的生态服务价值比原有生态系统类型的要高，说明如果仅考虑直接生态服务价值的话，这 3 种模式可为未来生态建设的备选模式。最低的后 6 位分别是第$Ⅲ_1$、$Ⅲ_2$、$Ⅱ_3$、$Ⅱ_2$、$Ⅰ_6$和$Ⅴ_3$等模式。直接生态服务价值最低的模式仅占最高模式的 6.8%，非常低，所以如果从直接服务价值考虑的话，这些模式应为未来生态建设的淘汰模式。

从提供的间接价值看，最高的前 6 位分别是第$Ⅱ_1$、$Ⅳ_1$、$Ⅱ_2$、$Ⅴ_2$、$Ⅰ_5$和$Ⅱ_4$种模式。他们提供的间接价值均高于现状水平。最低的后 6 位分别是第$Ⅰ_1$、$Ⅰ_4$、$Ⅴ_4$、$Ⅰ_6$、$Ⅴ_3$和$Ⅲ_1$等模式。间接生态服务价值最低的模式仅占最高模式的 1.9%，相差悬殊，说明不同建设模式在提供的间接生态服务方面具有非常显著的差异。

消落带潜在土地利用模式生态系统服务功能价值　　**表 6-2-2**

模式	上部	利用时间（d）	利用面积（hm^2）	中部	利用时间（d）	利用面积（hm^2）	下部	利用时间（d）	利用面积（hm^2）	直接价值（万元）	间接价值（万元）	总价值（万元）
I_1	旱地	285	11 400	旱地	210	11 840	旱地	140	3 297	11 829.3	533.4	12 362.7
I_2	旱地	285	11 400	旱地	210	11 840	湿地	365	3 297	12 299.9	3 894.6	16 194.5
I_3	旱地	285	11 400	牧草	210	11 840	湿地	365	3 297	7 894.9	5 218.2	13 113.1
I_4	旱地	285	11 400	旱地	210	11 840	牧草	140	3 297	11 011.5	779.2	11 790.7
I_5	旱地	285	11 400	湿地	365	11 840	湿地	365	3 297	12 408.1	15 893.5	28 301.6
I_6	旱地	285	11 400	牧草	210	11 840	牧草	140	3 297	6 606.4	2 102.7	8 709.1
II_1	林地	285	11 400	湿地	365	11 840	湿地	365	3 297	8 342.5	27 541.7	35 884.2
II_2	林地	285	11 400	草地	210	11 840	湿地	365	3 297	3 829.3	16 866.3	20 695.6
II_3	林地	285	11 400	牧草	210	11 840	牧草	140	3 297	2 540.8	13 750.9	16 291.7
II_4	林地	285	11 400	旱地	210	11 840	湿地	365	3 297	8 234.4	15 542.7	23 777.1
II_5	林地	285	11 400	旱地	210	11 840	旱地	140	3 297	7 763.7	12 181.6	19 945.3
II_6	林地	285	11 400	旱地	210	11 840	牧草	140	3 297	6 945.9	12 427.3	19 373.2
II_7	林地	285	11 400	旱地	210	11 840	旱地	140	3 297	7 763.7	12 181.6	19 945.3
III_1	牧草	285	11 400	牧草	210	11 840	牧草	140	3 297	850.3	3 832.3	4 682.6
III_2	牧草	285	11 400	牧草	210	11 840	湿地	365	3 297	2 138.7	6 947.7	9 086.4
IV_1	湿地	365	11 400	湿地	365	11 840	湿地	365	3 297	10 880.2	27 372.9	38 253.1
V_1	旱地	285	9 500	牧草	210	11 840	湿地	365	3 297	8 030.8	5 789.8	13 820.6
	水田	285	1 900									
V_2	旱地	285	9 500	湿地	365	11 840	湿地	365	3 297	12 544.1	16 465.1	29 009.2
	水田	285	1 900									
V_3	旱地	285	9 500	牧草	210	11 840	牧草	140	3 297	6 742.4	2 674.4	9 416.8
	水田	285	1 900									
V_4	旱地	285	9 500	旱地	210	11 840	旱地	140	3 297	11 091.1	1 065.7	12 156.8
	水田	285	1 900									
VI_1	旱地	285	5 550	旱地	210	11 840	牧草	140	3 297	8 925.2	6 756.5	15 681.7
	林地	285	5 850									
VI_2	旱地	285	5 550	旱地	210	11 840	湿地	365	3 297	10 213.7	9 871.9	20 085.6
	林地	285	5 850									
淹没前生态系统										12 243.4	12 458.9	24 702.3

注：上部：165～175m；中部：150～165m；下部：145～150m。

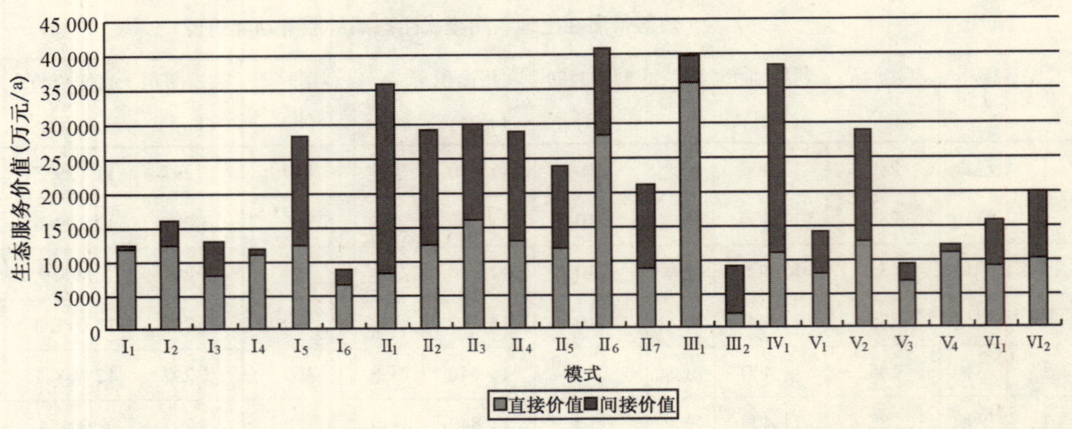

图 6-2-3　不同消落带构建模式所能提供的生态服务价值及构成

消落带未来景观生态建设，对不同的地理区段可能因为追求不同的价值目标而采用不同的模式。有的可能更强调直接受益的生产价值，有的可能更强调生态保护方面的间接效益，或者是二者总量的最大化。根据前文的研究结果，并结合未来消落带生态建设的实际情况，提出了未来消落带生态建设的备选模式和淘汰模式，供规划设计参考（见表 6-2-3）。

基于生态服务价值评估的消落带景观生态建设推荐和淘汰模式　　表 6-2-3

价值排名	理论备选模式			理论淘汰模式		
	总生态服价值最大型	直接生态服务价值最大型	间接生态服务最大型	总生态服务价值最小型	直接生态服务价值最小型	间接生态服务价值最小型
第一名	IV_1	V_2	II_1	III_1	III_1	I_1
第二名	II_1	I_5	IV_1	I_6	III_2	I_4
第三名	V_2	I_2	II_2	III_2	II_3	V_4
第四名	I_5	I_1	V_2	V_3	II_2	I_6
第五名	II_4	V_4	I_5	I_4	I_6	V_3
第六名	II_2	I_4	II_4	V_4	V_3	III_1

注：理论备选模式的价值排名是按从大到小顺序，而理论淘汰模式的价值排名是按从小到大顺序排名。

2.2　消落带典型景观生态建设技术方法设计

2.2.1　方法一：构建人工植被，强化景观生态结构和功能

根据消落带不同高程的成陆期长短，以及上、中、下三部分的环境特点，人为选择与之相适应的植物，进行人工生态重建。当然在适当的地方，也可有意识地选择一些经济类林草进行重建组合，兼顾消落带的经济功能。

在具体方法上，首先以草本先行。选择一些适合本地区气候及环境的草本植物，如芦苇、荻、香蒲、灯心草、百合草、香根草及一些牧草等形成草本群落。然后在草本类植物生长的同时，在上部进行灌木及乔木的栽种。可选用蚊母、柽柳、

杞柳、意杨、马桑、水杉、池杉、落羽杉、垂柳等植物，一般这些林木带的宽度为10～20m，并连成一片，形成一个由乔木、灌木、草本构成的植被，将很好地起到保持水土、拦截污物、洁净水质等作用。

这类方法多适用于城镇周边上部的消落带。由于行洪期间是三峡水库水位调节到最低的时期，也是消落带出露面积最多的时段，因此，在上部种植一些能适应环境的乔木并不会影响行洪要求。另外，国家已明确将库区消落带纳入退耕还林范围，在175m水位线内2m开展生态防护林带的栽植和培育，计划在2009年以前成林。

2.2.2 方法二：利用自然演替规律塑造功能强大的天然湿地生态系统

无需人为介入，利用生物群落自然演替规律使其在消落带自然形成湿地生态系统。这种自然演替过程一般可经历三个阶段。初期主要是一些适合于水陆两栖生活的草本植物在此落户，成为先锋物种，如节节草、菖蒲、蓑草、芭茅、三峡芦苇等，这些草本植物经过长期发育将形成湿地草本植物群落。中期一些湿生、中生的灌木类如文母、黄棘、杜鹃等在此落户，形成较高级的湿地群落。最后是一些湿生、中生的乔木类如水麻柳等扎根于此，完成自然湿地生态系统的建立。这种方法的优点是建成的生态系统十分稳定，涵养水土、净化水质能力强。但由于其自然成长周期较长，因此这种方法适合于受人类干扰较少或人类难以接近的部分消落带，如交通不便或坡度较陡的一些区域。由于对水淹的适应，这种生态系统多在消落带中上部发育。

2.2.3 方法三：发展无污染的有机农业，增加生产功能

在地势平缓，光照和热量充足的土质消落带（海拔在160m以上），成陆期较长，可发展无污染的有机农业，增加消落带生产功能的同时又不污染水体。

作物品种以优质速生牧草或绿叶菜为主。可秋播一茬速生高产优质牧草，如杂交黑麦草、鹅灌草等，既可用于养鱼、畜（如兔、羊和牛等），又可防淤。也可撒播一些速生绿叶菜，如空心菜、鸡毛菜、小青菜等。

这种方法可适用于支流地势平坦、土壤较厚的消落带。

2.2.4 方法四：利用库湾水体资源，发展生态渔业

对于腹地宽，底质平，海拔在165～170m间的库湾或库汊的消落带，可利用泥土、条石材料等筑坝形成“库中塘”。根据筑坝高度的不同，可形成两种“库中塘”类型，一类是坝顶高程在175m以上，这样鱼塘水与水库水是完全隔离的，鱼塘水体可常年保持一定水位。另一类是坝顶高程低于175m，采取坝拦与网拦相结合，涨水时可形成一个内外相通、有一定面积的水体，并能有效防止水库中凶猛鱼类对放养鱼类的危害。水库水位下降后，在鱼塘四周形成一定的消落带，可人工种草养鱼。前一种模式鱼类放养品种可按一般鱼塘要求进行。后一种模式则应以放养浮游植物食性和草食性鱼类为主，如白鲢、草鱼等。两种类型都要严禁投喂颗粒鱼

饲料或外来草料，以减少污染的排放。

前一类型可增加鱼塘有效使用时间和空间，但消耗的库容较多；后一类可减少对库容的占用，减少筑坝的成本。各地区可根据实际情况加以采用。

2.2.5　方法五：建设消落带景观生态工程，提供生态旅游服务

三峡水库形成后，在长江三峡黄金旅游线上将会形成高峡平湖、江心岛、半岛、港汊和新峡湾景色。进入夏季，这些旅游地将出现落差达30m的消落带，而这一季节又是三峡旅游的黄金季节。因此，在旅游景区的消落带建设旅游休闲娱乐景观工程十分重要。

该方法是将消落带景观生态建设与旅游观光结合起来。其主要做法是在旅游景区或景点集中的地方，在消落带外附近陆地上修建一些旅游景观工程，一方面，结合壮丽的三峡风光，消落区通过合理规划，中上部种植一些具有观赏价值的草木；下部由于成陆期短，可修建移动性旅游设施，如帐篷等。也可种植一些夏季生长的草本植物。另一方面，在消落带内坡度平缓的库汊地段可种植水杉、池杉、落羽杉、垂柳等挺水植物。既可增加库岸抗浪蚀的能力，又可形成“水上森林”、“水中树”的奇观，创造优美的景观。

另外，也可在溪河峡湾，修筑堤坝，形成人工湖等，开发水上游乐项目。在江心岛、半岛，如白帝岛、石宝寨岛、广阳岛等，修建主题公园。开辟平湖、岛屿、港湾观光，山地、峡谷、森林、草原观光等新形式，峡、湖、岛、林、草、泉、洞、瀑组合旅游新方式。

2.2.6　方法六：利用工程措施，增强消落带稳定性和可利用性

常见的工程措施主要有护坡、护岸及堤坝工程。

护坡可采用砌石、混凝土或土工物膜袋等。下部护坡和河床护底可采用抛石、石笼、沉排、土工织物枕、土工膜袋、混凝土或钢筋混凝土块体等形式或者采用混合式护坡。在适当地段可种植植被，构筑生态型护坡。护坡结构有利于减弱纵向水流和横向环流对库岸的侵蚀，也有利于减小波浪的作用。

当库岸有重要设施，水库坍岸直接影响其安全时，可采用挡土墙加固。减滑工程主要有排除地表水工程（水沟、防渗工程），排除地下水工程，截断地下水工程等工程措施。对于较陡峻的库岸，可以刷方减载。

也可采用坝式护岸或其它控导工程，类型有丁坝、顺坝等，当仅仅利用丁顺坝就足以防止库岸侧蚀时，不必再做护坡。利用丁顺坝可以达到降低近岸流速、控导主流、归顺河槽，达到护滩保岸的目的。

在人口密度较大的市区、县城或较大的乡镇，由于人类活动十分频繁，其他消落带建设模式都会因人类活动而遭到破坏，而修筑堤坝不仅可以避免这种情况，而且还可以增加城市用地，同时也可以成为市民休闲旅游的好去处，可采用类似重庆市区的南滨路、北滨路、沙滨路、江津和涪陵江边等的工程整治方法。

2.2.7　方法七：建设消落带水位调节坝，防止消落带的产生

这种方法主要是在城镇附近，地势平坦，消落带面积较大，影响人口较多的地方，修建水位调节坝，调节水位，使三峡水库水位下降时仍然能形成围绕城镇的水库，不形成水位涨落的消落带。这样既可防止消落带出露后带来的生态环境问题，由可利用调节水库发展旅游经济等。

目前这种方法已准备在开县小江实施。打算在开县县城下游4.5km处建设重庆市最长的乌杨桥调节坝，形成三峡水库的前置库。2005年5月26日，国务院三峡工程建设委员会以国三峡委发办字［2005］18号文件批复同意了该工程的建设方案。

第三章　典型消落带景观生态建设对策①

1. 巫山段消落带

巫山县城上距重庆486km，下距长江三峡大坝124km。长江将县境一分为二，并流经县境57km。大宁河全长约31.9km。

1.1　区域地质地貌概况

该段消落带跨巫山向斜和巫山背斜，巫山县城至巫峡入口段地处巫山向斜，北岸以大宁河为界，以西基岩为三叠系巴东组红色泥岩，薄、中、厚层泥质灰岩，以东基岩为三叠系嘉陵江组碳酸盐岩及上覆冲洪积物。该河段南岸为倾向西北的三叠系嘉陵江组碳酸盐岩物及上覆的残坡积物构成，河谷形态为宽谷，两岸不对称，南岸为近于直线的陡坡，坡度为20~30°左右，北岸及大宁河口段在110~120、140~150、200~225m数级阶地构造阶梯坡地形。

东段河道斜穿巫山背斜，出露地层自西向东分别为三叠系嘉陵江组、大冶组和二叠系灰岩、泥质灰岩、碳质灰岩，以局部覆盖的崩积滑坡堆积物构成。河谷形态为下缓上陡的深切峡谷，除在牌楼—庙梁子分布有小块一级阶地外，阶地不发育。

1.2　消落带特征

海拔145~175m，岸坡普遍陡峻，除局部小块地地形坡度在20°左右外，绝大多数岸坡大于30°，部分大于45°以上。因此，消落带水平宽度除个别重力坡堆积物处在70~80m外，多在20~30m之间。城区宽谷段，除巫山中学所在的三级阶地外，较宽的一、二级阶地均淹没在145m以下。因此，消落带多在三级阶地后沿的斜坡地带，坡度20~45°，水平宽一般30~60m，仅在原巫山中学小范围内宽度达200m。

① 部分资料由重庆市科委提供。

1.3 消落带存在的问题及对策

1.3.1 问题

由于坡度陡，宽度窄，视觉污染不会太严重，不易淤积泥沙，也无开垦种植之利。长江北岸由于消落带组成物质为岩体破碎的巴东组地层和上覆的类黄土堆积，因此，该段库岸再造将以塌岸和崩岸的形式使岸线后退，堆积物将改变消落带的地形，并危及巫山新县城的安全。

1.3.2 对策

在北岸，消落带中、下部利用工程措施，加强护岸防冲和抗滑，以保护巫山新县城的安全（已有工程图）；在上部，进行灌木及乔木的栽种。可选用蚊母、柽柳、杞柳、意杨、马桑、水杉、池杉、落羽杉、垂柳等植物。要求这些林木带的宽度为10～20m，并连成一片。南岸消落带要严禁人类开发利用，并加强环湖生态林带建设。另外，奉节县城段也可采用上述类似方法。

2. 云阳双江镇段消落带

云阳处于长江干流两岸，长江顺故陵向斜谷地在县境内自西向东横穿云阳全境，境内流程68.1km。4条次级河流（长江南岸为磨刀溪、长滩河，北岸为汤溪河、澎溪河）则横穿构造，形成互生网状注入长江。4条支流境内长度分别为90、70、51和49km。

消落带云阳长江干流西起槽房院子，东至拖板，全长65km。主要支流磨刀溪回水末端在响水，长约33.1 km，汤溪河回水末端在江口，长约37.6km。小江在云阳境内长约51km。云阳消落带库岸长约707.8km，其中长江干流左岸约103km，支流约466km；长江干流右岸约84km，支流约164km。云阳是地质灾害最严重的地区之一。

2.1 区域地质地貌概况

该段消落带位于由北东走向转向近东西走向的川东褶带与川鄂湘黔隆起褶带结合部，区域内山势走向为北东，由北而南依次分布铁峰山背斜中山、云阳向斜低山和方斗山背斜中山。此段长江发育由侏罗系中、上统紫色沙泥页互层岩石构成的向斜侵蚀剥蚀低山高丘之中，河流深切，阶地不甚发育，两岸谷坡较陡，仅在小江汇入长江处发育数级阶地，二级以上阶地被沟冲切割，已丘陵化。

2.2 消落带特征

河漫滩不发育，阶地呈狭窄条状断续分布，消落带由20～45°边坡的山体斜坡、二级阶地和三级阶地前缘斜坡构成。前者消落带宽度20～60m，后者100～160m。

消落带面积2.31km^2，地表组成物质中，基岩及上覆薄层残坡积物占70.0%，松散堆积面积占30.0%，其中残坡堆积物占消落带面积的18.8%，冲洪积物占8.6%。

2.3 消落带存在的问题及对策

2.3.1 问题

坡面陡，宽度狭窄，无大规模开发利用价值。云阳新城边岸存在潜在和不稳定滑坡，水库运行后，将会引起滑坡，不仅改变消落带地形，还会影响城市建筑安全。

2.3.2　对策

首先结合云阳新城防洪大堤建设，治理滑坡。其次，大力开展以绿化、美化为主的治理性生态林建设，以国家级文物保护单位张飞庙和移民新城为中心，结合长江南岸的长滩河生态旅游区和北岸的高阳平湖、南溪平湖等景点构成“一心两翼”的旅游景区，以保证张飞庙和云阳新城的生态环境。

3. 开县南河、普里河典型消落带

3.1　区域地质地貌概况

该段消落带包括彭溪河（即小江）窄口坝至小河口段和南河、普里河中下游段。位于川东褶皱带东北末端，由东北走向的陡背斜和两条宽缓向斜构成。背斜发育成条形中低山脉，向斜轴部倒置发育为坪状低山和丘陵，其地貌属盆东平行岭谷中低山丘陵区。

背斜山轴部出露三叠系嘉陵江组、雷口坡组碳酸盐岩层，山体两翼由三叠系须家河组长石石英砂岩造煤系地层及侏罗系下统砂泥岩构成，向斜轴部坪状低山由侏罗系遂宁组、蓬莱镇组紫色砂泥岩构成。侏罗系砂溪庙组紫色砂泥岩构成单斜丘陵，紧靠北斜山麓分布。

3.2　消落带特征

南河和普里河发育在假角山两侧抗侵蚀力弱的沙溪庙组紫色泥岩之中，河谷宽广，河流弯曲，阶地发育，一级堆积阶地和二级基座阶地保持完整，形成广阔的冲积平原，广布于河流两岸。由于该区域地表高程均大于145m，水库低水位运行时，两河的消落带宽度除局部小于100m外，一般在220～800m之间，最宽的1 000m以上，如水东坝、西津坝、李家坝、赵家坝和厚坝等。这些消落带普遍比较平坦，组成物质绝大部分是冲洪积物。

彭溪河横切假角山倾没端，由于岩性及产状的差异，谷底形态南北有别，北段窄口坝至沙湾，岩性以泥岩、砂岩为主，抗蚀力弱，河谷宽缓，阶地、心滩发育，消落带宽度400～500m。南段沙湾至小河口段，岩性为砂岩与泥岩互层，河谷形态为峡谷，谷坡一般30～50°，消落带宽度20～40m，由于西岸为顺向坡，边坡稳定性差，渠口滑坡群处于活动期。

该区域消落带面积27.96km^2，其中基岩及上覆薄层残坡堆积物质出露面积仅占8.8%，而松散堆积物占全部消落带面积的91.2%。在松散堆积物中，又以冲积、洪积物最广，占总面积的79.8%，残坡积物占13.3%，崩滑体物质占0.3%。

3.3　消落带存在的问题及对策

3.3.1　问题

该区域是整个库区连片面积最大、移民最多的消落带，多为良田沃土，今后能否合理开发利用，解决移民安居生计，是一亟待解决的问题。

大面积消落带的分布，大量污染物淤积，不仅视觉污染严重，还易影响环境卫生，引发疾病。西周基岩破碎，易风化侵蚀，又多开垦为耕地，暴雨期水土流失严重，加之地处水库末端，泥砂将在消落带内大量淤积，抬高河床，加重洪灾。

3.3.2　对策

规划建设前置坝，在南河凤凰梁筑坝，蓄水至160m，形成一中型水库，并通过系列生态环境建设工程，合理利用，美化环境，使开县城区环境得到改善。

另外，由于消落带所在流域水土流失严重，应大力加强以小流域为基本治理单元的水土保持综合治理工程，减少水库泥砂淤积。

彭溪河峡谷是泄洪水的壶颈，该段消落带不得开展阻挡泄洪的任何措施。开展渠口滑坡整治，预防滑坡堵江的风险。

4. 忠县段消落带

全县紫色土占88%，黄壤土占9%，冲积土占3%，水稻土较零散，所占比重小。消落带主要为紫色土和冲积土。地貌为丘陵低山。坡度多在25°以上。境内有大小溪河28条。全县沿三峡水库库岸线总长为496.81km，长江干流南岸76.3km，北岸长88km。从北岸流入长江的次级河流有10条，从南岸注入长江的有7条。流域面积大于50km^{2}的次级河流有8条，分别是甘井河、汝溪河、渠溪河、大沙河、香水溪、大山溪、乌杨溪和东溪河。

4.1　区域地质地貌概况

该区包括忠县县城至长坪段长江和甘井河、汝溪河、东溪河沿岸支流中下游地区。地处川东褶带，川鄂湘黔隆起褶带结合区域，以东北—西南走向的深大断裂为界，西北为川东褶带的挖断山背斜。两背斜形成条形背斜中山，忠县向斜组成岩层为紫色砂泥岩，长江顺构造走向发育，两侧支流直角入长江形成格状水系。长江两岸一、二台阶地或江心洲土壤为灰棕色冲积物。基岩主要为页岩和砂岩。

4.2　消落带特征

此段长江蜿蜒迂回在向斜丘陵之中，为增幅深切河曲，河心滩、洲发育，两岸有5条较大支流，14条小溪流汇入。因谷坡坡度变缓及阶地平坝断续分布，因此，水库运行期间，除西部岸坡陡峻，消落带宽度在30~50m之间外，长江两岸将形成100~500m宽的消落带。

甘井河、汝溪河是北岸支流横切构造，因此其支流顺软弱地层发育，形成格网状水系。三峡落水后，这些支流充水，将坐落在其中的忠县县城变成水中岛、浅半岛。由于岸坡坡度一般都小于25°，支流两岸消落带单宽多在50~100m之间。甘井河为忠县第一大溪，有多级瀑布，有3km在甘井沟风景区内。三峡水库水位提高后，甘井河逐渐形成湖泊，与三峡水库形成一个整体。三峡水库建成之后，忠县将是一个山水相依，桥岛相连的美丽岛城。石宝寨是长江沿线的八大名胜之一，忠县旅游将以石宝寨为龙头，开发建设皇华城（江心岛）、白公祠、天池森林公园、甘井河风景区等景观。

该段消落带面积22km^2，其中侏罗系紫色砂岩泥岩及上伏薄层残坡积物面积占总面积的60.0%，各类松散堆积物占40.0%，其中，冲洪积物质占37.6%，崩滑体物质占2.4%，是库区生态环境敏感脆弱之地。

4.3 消落带存在的问题及对策

4.3.1 问题

因库区水域分割，忠县县城各组团被消落带包围，水位下降期不仅造成视觉污染，其污染物质的淤积，还可能引发各类疾病，严重影响城市人群健康。

石宝寨四周消落带宽度较大，一般在150～400m之间，若消落带不能得到有效治理和合理开发，因视觉污染和环境卫生，将大大影响旅游的开发。

4.3.2 对策

石宝寨是世界八大奇特建筑景观之一，四周消落带按技术方法五的原理进行景观生态建设。即在消落带中、上部，种植一些具有观赏价值的草木和灌木；在其下部，由于成陆期短，可修建移动性旅游设施，如帐篷等。另外，在消落带内坡度平缓的库汊地段种植水杉、池杉、落雨杉、垂柳等挺水植物，既可增加库岸抗浪蚀的能力，又可形成“水上森林”、“水中树”的奇观。

忠县县城周围消落带可采用与开县类似的“库中库”方案，在160m水位修筑堤坝，形成一中小型水库，干流水位下降时四周仍保持一定水体，尽量缩小消落带宽度。

5. 丰都名山镇段消落带

5.1 区域地质地貌概况

该段消落带地跨川东褶带挖断山背斜，丰都向斜和川鄂湘黔隆起褶带的方斗山背斜，地质构造走向为北东向。背斜成山，方斗山背斜主要由三叠系须家河组、嘉陵江组地层构成，挖断山由三叠系雷口坡组、须家河组及侏罗系上统地层构造。长江发育为向斜丘陵之中，丰都以南岩性为侏罗系沙溪庙组砂、泥岩互层，丰都城以上为侏罗系遂宁组紫色泥岩、砂岩。长江此段河漫滩、河心洲阶地发育，一级阶地海拔为145～160m，二级阶地海拔为180～200m，两级阶地面保存基本完整，三、四级阶地已丘陵化，仅台面残留薄层冲积物质。

5.2 消落带地理特征

此段长江顺北北东丰都向斜紫色沙页岩丘陵中发育，为微弯型宽谷河道，三峡水库成库后，河漫滩地将沉没在正常低水位（145m）下，正常高水位（175m）刚好到达二级阶地前缘斜坡地带，一级阶地构成消落带的主体。该区消落带宽度在50～260m之间，名山镇最宽处612m，丰收坝最宽达475m。消落带表面组成物质基岩占43.2%，松散堆积物占56.8%，其中，冲洪积物质占消落带面积的37.6%，崩滑体物质占6.0%，坡积物占1.0%。

5.3　消落带存在的问题及对策

5.3.1　问题

丰都名山将成为湖滨半岛，三方被大面积消落带包围，造成严重的视觉污染。丰都新城区前缘为二级基座阶地，上覆厚层黄棕色亚粘土层，松散堆积物刚好在175m上下范围内，在湖水的浸泡和波浪的打击下，岸线将有可能坍塌和后退。

5.3.2　对策

丰都新城边消落带，结合防洪大堤建设，防治库岸坍塌。大堤上种植生态防护林。对名山坡脚下不稳定边坡进行工程防护，同时利用技术方法五的原理开展景观生态工程建设，发展旅游业。

6. 万州段消落带

长江自西南石柱、忠县交界的长坪乡石槽溪（海拔118m）入境，向东北横穿腹地，经黄柏乡白水滩（海拔106m）流入云阳，流程80.4km。境内流域面积在100km^{2}以上的河流有江北的苎溪河、渡河、石桥河、汝溪河、浦里河和江南的泥溪河、五桥河、新田河共8条，溪沟93条。总水域面积1.1万hm^2。

6.1　区域地质地貌概况

库岸斜坡有岩质岸坡与土质岸坡。出露地层以沙溪庙组砂岩为主，局部地段为泥岩或砂岩互层岸坡。砂岩岸坡一般坡度较陡，稳定性普遍较好，但在裂缝发育地段，岩石块体受切割形成危岩，易发生跨塌、崩塌等事故。泥岩或砂岩互层岸坡，易发生崩塌等地质灾害。岩质岸坡稳定性较好。土质岸坡易发生失稳变形，形成水库滑坡，产生库岸再造现象。

6.2　消落带特征

万州城区消落带岸线从长江一桥出发，经过岩上村、红溪沟码头、沱口水陆联运区及龙宝河口，经过长江二桥，过西山公园及苎溪河口，再经长江三桥到青草背结束，全长10km。消落带坡度较小，宽度较大。

6.3　消落带存在问题与对策

6.3.1　问题

三峡工程建成后，万州城区内长江段将形成一个宽约2km的巨大人工湖和大小不一的半岛与湖湾，形成浩瀚的湖光山色景观，具有极强的吸引力。但消落带的视觉污染会非常严重，影响旅游开发。另外，在湖水的浸泡和波浪的打击下，城区岸线将有可能坍塌和后退。

6.3.2 对策

首先结合万州区已开工建设的南北滨江路工程，加强防洪大堤建设，治理滑坡。同时利用技术方法五的原理开展景观生态工程建设，发展旅游业。

7. 重庆市区消落带

7.1 区域地质地貌概况

本区域位于中梁山和铜锣山之间丘陵地带，又在长江和嘉陵江的交汇处。地质上大部分以中生代的灰岩、泥质灰岩为主。境内大部分为条形低山与宽缓的丘陵谷地相间排列。

7.2 消落带特征

目前该区域库岸主要以防护堤岸为主要特征。未来消落带特征将以上部防护堤岸、下部自然库岸与防护堤岸相间分布为主。消落带坡度较大，再加上该区域自然高程较高，所以消落带面积不大。

7.3 消落带存在的问题及对策

7.3.1 问题

该区段消落带未来可能存在的问题主要是容易受重庆市区人为活动的不良影响，尤其是岸边游船上的餐饮行业。这些影响包括设置排污口和乱扔垃圾等。如果管理不善，将使消落带集聚大量垃圾和其他污染物，严重影响视觉景观和其他生态功能。

7.3.2 对策

要求所有排污口设置在水库枯水期水位线以下，防止排污口直接暴露在消落带中。加强消落带集聚垃圾的清理工作。加强监督管理，防止乱扔垃圾的现象发生。消落带内严禁一切土地开发活动。沿江硬质护岸的建设要采取工程措施和生物措施相结合的方式，规划建设高质量的沿江防护林带。

8. 长寿段消落带

8.1 区域地质地貌概况

长寿县城位于重庆市东北，南临长江，距重庆水路76km，陆路101km，距三峡坝址约527km。县城前临长江，后倚凤山，高程范围170~380m。长寿城区地处重庆市中部平行岭谷低山丘陵区，地跨长江两岸。境内三条背斜低山由东北向西南分布，构成全区地形骨架。地质结构稳定，地形较平缓。

8.2 消落带特征

长寿区淹没陆域面积为9km^2，其中消落带面积7.9km^2，库岸总长度129km。城区段从长江干流石沱—杨家湾断面，距离坝址514.4~544.7km，全长30.7km。消落带区域原来主要为一些煤码头、工矿区和部分老城区，总体坡度较缓，但起伏较大。因此，将来形成的消落带将主要以硬质地面为主，自然用地相对较少，但库岸比较稳定。

8.3　消落带存在的问题及对策

8.3.1　问题

由于原来人工构筑物较多，拆迁后留有大量残垣断壁，且硬质地面较多，不利于植物群落生存。另外，由于地表起伏较大，容易集聚垃圾和污水，因此未来消落带的景观生态问题将较为突出。

8.3.2　对策

淹没前对残垣断壁进行彻底清理整治。对凹陷的区域尽可能填平，减少未来集聚垃圾和污水的可能性。所有排污口设置在水库枯水期水位线以下，防止排污口直接暴露在消落带中。沿高程170～175m线范围内种植生态防护林。

9. 涪陵段消落带

9.1　区域地质地貌概况

涪陵位于长江南岸，乌江与长江汇合处，上距重庆120km，下距三峡大坝483km。涪陵地处四川盆地和盆边山地过渡地带，境内地势以低山丘陵为主，横跨长江南北，纵贯乌江东西。地势大致东南高，西北低，西北—东南断面呈向中部长江河谷倾斜的对称马鞍状。地貌格局形成条岭状背斜低山与宽缓的向斜面谷地相间有序排列，而长江、乌江河谷横断为江东、江西和江北三大片。

境内长江流程86km，乌江流程35km。属山区沟谷、河谷地貌，斜坡地形。地层上部多由第四系冲洪积层、残坡积层组成，陆相沉积。下伏层有三叠系上统须家河组长石石英砂岩，侏罗系下统珍珠冲组泥岩夹薄—中厚层石英砂岩，侏罗系中下统自流井泥岩、粉砂岩，侏罗系中统新田沟组泥岩与细粒长石砂岩等。

9.2　消落带特征

城区段消落带长江干流清溪—李渡断面，距离坝址472.5～493.9km，长约21.4km，乌江河口—磨池口断面，长约10.2km。该段消落带坡度较长寿略为陡峭，且有部分滑坡现象发生。消落带所在区域原有一些采石场、煤码头、油库码头以及一些工业企业，搬迁后留有残渣和硬质地面较多，可利用土地少。另外主要是防护堤坝。

9.3　消落带存在的问题及对策

9.3.1　问题

消落带形成后，原来采石场、煤码头、油库码头以及工业企业搬迁后留下的残垣断壁和硬质地面将会严重影响视觉景观，另外，一些凹陷区域，同样容易集聚垃圾和污水，因此，未来消落带的景观生态问题将较为突出。

9.3.2　对策

淹没前对拆迁后的残垣断壁进行彻底清理整治。对凹陷的区域尽可能填平，减少未来集聚垃圾和污水的可能性。禁止任何单位和个人在沿江滩岸堆放和向水域倾倒垃圾。所有排污口设置在水库枯水期水位线以下，防止排污口直接暴露在消落带中。结合滨江路景观生态建设，沿高程170～175m线范围内种植生态防护林。

10. 奉节草堂及瞿塘峡典型消落带

长江自西向东横贯县境中部，切割七曜山，形成举世闻名的瞿塘峡。三峡工程将淹没奉节陆域面积44km^2，库岸长度将达到316km。除长江干流外，主要河流还有梅溪河、大溪、石笋河、草堂河、朱衣河。梅溪河发源于巫溪，以县城东部注入长江。草堂河从白帝城东注入长江瞿塘峡。奉节县域内将形成消落带面积23.15km^2。山地经河流侵蚀切割，沟谷广泛分布，地势崎岖。山地石灰岩受水流溶蚀，形成山岭中相对低洼的槽地、盆地和丘陵。第四系全新统黄色冲积母质和现代河流新冲积母质在河谷低坝和台地形成少量土壤。土壤主要有水稻土、冲积土、紫色土、黄壤和石灰岩土5大类。

10.1 区域地质地貌概况

地层为沉积岩，从志留系至第四系（除白垩系和第三系外）基本上均有出露。大部分为中生代的灰岩、泥质灰岩、紫色泥（页）岩、砂岩，少部分为古生代的灰岩和硅质灰岩。长江北岸为大巴山麓的一部分，由东而西有龙华山、狮子山、凤仙观、九龙观、轿顶山等。长江南岸由南向北有大块山、金凤山等。

10.2 消落带特征

草堂河岸线坡度较缓，消落带宽度大，库岸较为松软，滑坡泥石流较发育。瞿塘峡两岸陡峭，消落带宽度小，库岸较为稳定。

10.3 问题及生态建设对策

10.3.1　问题

草堂河消落带容易集聚污染物质，影响视觉景观。另外，库岸发生滑坡泥石流的可能性较大。瞿塘峡由于是非常重要的旅游景点之一，所以对消落带的景观生态状况较为敏感。

10.3.2　对策

白帝城加强护岸工程建设和绿化美化建设工程；草堂河消落带可采用技术方法五的原理开展景观生态工程建设，发展休闲旅游业。瞿塘峡消落带可顺其自然，防止人为不恰当的干扰，但要及时清除集聚其上的可见污染物。

第四章　消落带景观生态建设规划控引

1. 加强消落带管理与立法工作

第一，要求根据有关法律法规，制定“三峡库区消落带管理办法”。其中应明确规定对消落带土地资源的划分、规划、使用的管理。第二，要明确划分管理职责。明确由政府某一级部门把消落带管理起来，不能出现三不管或多头管理的情况。第三，要强化对消落带土地利用的管理。任何人和单位对消落带土地的利用都必须规划、报批审查。第四，职能部门要加强检查。第五，建立举报和水政监督检查制度。

2. 建立消落带生态管理信息系统

首先，建立消落带信息管理决策支持系统。提取消落带湿地环境信息，模拟和预测湖泊水文情势和水资源时空演变规律。对其生态系统的结构与功能进行评价，为制定该区生态资源可持续发展能力建设方案与对策提供理论依据。消落带信息的提取，主要可以通过遥感技术、水文地质监测资料及通过野外考察提取生态系统时空演化信息。

第二，建立消落带行政信息管理系统。根据行政和立法管理的要求，沿三峡水库湖岸的各级行政管理机构有责任对管区的湖岸加强管理，对湖岸信息予以收集和反馈，处理保护消落带和水体环境卫生的有关问题。

第三，就库区消落带可能出现的重大环境污染、主要地质灾害、重点（关键）流行性疫病、病害物种的入侵等生态环境问题建立预测预警与调控管理系统，如消落带地质灾害的监测、预警系统，重点流行性病疫的监测、预报和应急系统，消落带生态系统评价、监测、预警及调控系统。

3. 加强三峡水库消落带土地资源开发利用的科学引导和指导

一方面，由于库区蓄水水位落差大，每年5月底至9月底可季节性利用的土地面积达300km^{2}左右，利用期长达120天以上，加上水库消落带的成陆期与库区5月底至9月底的光热雨资源集中期基本同步，使三峡水库消落带的土地资源具有较高的生产潜力和多种利用功能。另一方面，消落带又是水库重要的生态区域。这里产生着积极的物质与能量的交换，是湖泊地理演化过程的重要地带，是维系湖泊与陆地生态系统联系的重要地带，是环湖泊走廊生态系统的重要组成部分。

加强三峡水库消落带土地资源开发利用的科学引导和指导，重要的是引导湖岸人民认识建设稳定的消落带生态系统的重要性，自觉保护消落带的生态环境，自觉确定消落带土地利用方式。

消落带土地资源的开发利用应以不危害库区生态安全为前提，一是限制土地利用地域范围，除较平坦开阔的消落带（如开县、巫山的大宁河坝区等）地段及部分河湾段尤其是有支流汇入处之外，其他地段的消落带原则上应禁止使用；二是对于季节性利用的消落带，要尽量使用免耕法，避免或减少因土层扰动而加剧土壤冲刷、淘挖；三是分带利用，在消落带上边依次布局生态防护林带（水位 175 ~ 185m 处），起防护、拦挡地表泥沙和污染物入库的作用，在 185m 以上地段，因地制宜地布局生态经济果林或生态景观林，在保障增加农民收入的情况下，美化库区景观，为库区旅游业的持续发展创造条件。

第七篇 主要研究结论与对策建议

1. 国内外大江大河流域景观生态建设的启示

从规划建设世界一流景观生态廊道和滨水风光带的高度，对比研究了长江三峡库区与莱茵河、密西西比河、泰晤士河以及湘江之间在景观生态方面的共性和差异，提出了可供参考和借鉴的主要经验。

1.1 长江三峡与莱茵河比较中的借鉴

（1）加强环境整治和建设，营造两岸良好的生态环境（加强环境立法，提升改造传统污染产业，创造优美的生态环境）；

（2）延续当地文脉，建立生态性区域，强化城市形象特征（市区段）；

（3）严格保护历史文化遗产及优美的自然风景区（景观条例—立法）；

（4）培育高质量的滨江区域（万州、涪陵、都市区）；

（5）利用文化和传统特色产业发展旅游业（基础文化设施）。

1.2 长江三峡与密西西比河比较中的借鉴

（1）建立综合的运输管理体制，提倡绿色航运；

（2）遵循景观生态学原理，构建景观蓝脉。

1.3 长江三峡与泰晤士河比较中的借鉴

长江三峡在景观生态建设中，应借鉴泰晤士河的经验，发挥河流在城市生态系统结构优化和功能发挥中的作用，注重河流在城市景观生态系统中的骨架作用。

（1）功能定位思想的借鉴——将长江三峡的功能定位作为重庆市城市总体规划的有机组成部分，体现与整个城市规划的和谐性。

（2）功能定位方法的借鉴——泰晤士河的功能定位以考察河流的自然特征为起点，结合河流所在地的各种功能及功能之间的关系，以及这些功能与城市功能的关系，然后落实到具体的管理之中。长江三峡（重庆段）应借鉴泰晤士河的功能定位，从河流的自然、社会和经济特征分析着手，综合协调各类功能，提高定位的科学性。

（3）功能保证方法的借鉴——将河流进行整体、协调、统一、科学合理的规划与管理，严格控制污染源的排放，对恶意污染环境者处以重罚；建议成立专门的河流污染治理与生态建设管理部门，并通过区域之间的合作，严格执行有关法律与条例，排除干扰因素；借助现代科学技术方法与设施实现污染治理过程的最优化，保证达到全流域水质的整体改善，保证河流功能特别是生态功能的正常发挥。

1.4 长江三峡与湘江比较中的借鉴

（1）构筑区域的自然生态网络构架，最大限度地发挥生态环境功能，保护、改善长江三峡沿江区域的生态环境；

（2）维护自然生态格局，保护长江及支流水体、湖泊、山体、丘岗、林地和农田；

（3）尊重历史文化，保护有特色的历史文化遗存及特色地域文化；

（4）充分应用景观生态思想进行生态经济带和城市建设。

1.5 小结

（1）加强环境立法，提升改造和治理传统污染产业，创造优美的生态环境；

（2）延续当地文脉，培育高质量滨江区域，建立生态控制性区域，强化城市形象特征；

（3）严格保护历史文化遗产及优美的自然风景区；

（4）利用文化和传统特色产业发展旅游业；

（5）建立综合的运输管理体制，提倡绿色航运；

（6）制定权威性的建设规划和指南；

（7）强化水资源的综合开发利用；

（8）顺应河流自然形成过程，积极保护并借鉴利用河流自然形成的各种地貌结构进行生态修复和重建等。

2. 景观生态基础特征分析

2.1 自然生态和社会经济特征

从地理位置、地质地貌、气象、水文、土壤、植物资源和动物资源等7个方面对长江三峡库区的自然生态特征进行了系统描述和分析。

从行政区划与人口概况、城镇体系概况、经济概况、移民工程概况等4个方面对研究区域的社会经济特征进行了分析。

主要结论：三峡库区是长江上游经济带的重要组成部分，是长江中下游地区的生态环境屏障和西部生态环境建设的重点，是我国重要的电力供应基地和内河航运干线地区，在促进长江地区经济发展、东西部地区经济交流和西部大开发中具有十分重要的战略地位。

2.2　土地资源及其利用特征

从土地利用及存在问题、土地人口承载力以及土地利用优化对策等 3 个方面进行了研究。主要结论如下：

• 土地利用结构：林地比重最大，耕地次之，农林用地面积大；居民点用地多而且分散，工业、交通用地少；未利用地相对多，各区未利用地面积都在 20%左右。

• 土地利用问题：人均耕地数量少，人地关系紧张；土地生产率、利用率较低，乱占滥用耕地的现象依然存在；农用地后备资源少，开发难度大；森林破坏，水土流失，土地环境恶化。

• 土地人口承载力：2010 年的土地人口承载力约为 1100 万人，难以满足届时 1560 万人口的粮食需要，粮食、土地、人口之间的矛盾在今后相当长的时期还将存在，必须在规划、调控管理上予以重视。

2.3　生态环境状况

从水环境、空气环境、酸沉降、固体废物、水土流失、地质灾害、生物多样性等 7 个方面对研究区域内的生态环境状况进行了系统分析。主要结论如下：

• 水质总体状况：长江干流水质表现良好，各断面均达到或优于Ⅲ类标准，干流水质无明显变化，仍以Ⅲ类水质为主，但Ⅱ类水质断面比例下降了 13.7 个百分点。

• 库区支流水质较差，粪大肠菌群、总磷和石油类等项目都不同程度地超Ⅲ类水质指标。

• 城区江段岸边水质出现较为严重的污染带。

• 干流水体富营养化污染负荷主要来自沿江城市生活污水的直排和农业耕地施用的化肥，主要污染物质是总磷和总氮。淡水水生生态毒性污染负荷主要来自沿江城市生活污水的直排和重点工业企业，主要污染物质是挥发酚和汞。

• 自 1995 年以来，全市的 SO_2、烟尘、工业粉尘三种污染物的排放量均有不同程度的降低。

• 主城区国控点的酸雨频率呈明显的逐年下降趋势，降水 pH 均值和酸雨 pH 均值呈逐年上升趋势，酸雨污染得到有效控制，但酸雨对生态系统的危害仍处于较高水平。

• 工业固体废物产生量 1999 年后有一定程度回落，综合利用率呈上升趋势。固体废物污染潜在威胁仍然较大。

• 水土流失面积占幅员面积的 55.8%，其中强度流失面积占 20.5%，极强度流失面积占 6.6%，剧烈流失占流失面积的 0.5%。直接进入江河的泥沙约为 5 340.75 万 t/a，占土壤侵蚀总量的 55%。

• 地质灾害点多，发生频繁。

• 生物多样性：三峡库区保存有许多著名的孑遗植物，具有物种多样性和生态系统多样性优势。分析表明，三峡库区的高等植物有208科、1 428属、6 088种（其中，蕨类植物400种，裸子植物88种，被子植物5 600种），约为全国高等植物总数的21%，其中列入《中国珍稀濒危保护植物名称》的有47种，属国家一级保护的4种，二级保护的21种，三级保护的22种，特产于库区的36种，共83种。三峡库区拥有丰富的陆生动物资源，其中不少为濒危保护动物物种。库区森林覆盖率约为23.1%，森林植被分布不均，沿江两岸不足5%，在很大程度上降低了生物多样性水平。

3. 沿江生态功能区划与景观生态格局构建

3.1 生态功能区划

从生态功能分区原则、区域生态敏感度评价、区域发展与景观建设综合生态适宜度评价以及库区沿江生态功能分区方案等4个方面进行了系统分析。

（1）生态敏感度分析

整个区域的生态敏感度较高。其中属于较高敏感度的区域占总面积的38.84%，中度敏感的占27.34%，高度敏感的占23.80%，较低敏感和低敏感区分别占8.53%和1.48%。

（2）区域发展与景观建设综合生态适宜度

属于较低生态适宜度的区域占总面积的33.15%，中适宜度的占23.414%，较高适宜度的占18.57%，高适宜度的占15.65%，低适宜度的占9.01%。

（3）区域分异及建议

• 重庆都市圈和涪陵至万州市区沿江丘陵低山区的生态敏感度较低。

• 库区下游万州部分至云阳、奉节和巫山区段生态敏感度相对较高，更易受城镇开发、自然灾害的影响。

• 库区上游因部分地区垦殖过高易发生水土流失，因而区域总体景观建设宜着重于城镇发展与三峡旅游风光带开发的协调，在尊重三峡库区自然环境演变过程的基础上尽可能维持沿江山系、水系的原有景观风貌，合理布局沿江城镇及产业带体系，尽可能限制和改变库区中下游沿江就地移民设置城镇、开山修路、采矿建厂等破坏山体及沿岸工程地质结构的不合理活动。

• 重点加强忠县至奉节段沿江岸线煤码头、水泥厂等与三峡总体景观不协调的人工景观的改造与治理。

• 对于奉节以下至巫山最关键的沿江景观风貌带，宜适度发展小城镇，并重点加强移民迁建城镇的总体规划与城镇建设，切实完善市政及环保基础设施建设，重点加强沿江陡坡耕地和荒草地的生态复绿工程建设。

（4）功能分区：将研究区域划分为3个一级类型生态亚区，分别为库区西部平行岭谷低山丘陵生态区、库区中部平行岭谷丘陵低山生态区和库区东部中山峡谷生态区，并针对各亚区的景观结构特征、城镇社会经济发展现状及发展趋势，进一步将一级区划分成11个二级生态亚区和34个三级生态小区。

3.2 景观生态格局构建

从三峡库区沿江区域景观结构分析、三峡库区沿江现状景观格局以及总体景观安全格局构建等3个方面进行了系统分析，提出了景观格局构建方案。

（1）沿江区域景观结构

• 沿江区域景观结构主要由自然景观和人工景观两大类组成。自然景观有湖泊、滩地、森林、草地以及农田等景观，人工景观包括城镇、工矿、水利设施以及农居等。

• 以自然景观为主。森林和耕地面积较大，因而系统的生产力较高，生物多样性较好，生态流较为活跃，自维持能力强，具有较强的抗干扰能力。

• 农田景观和森林景观显著占优势，构成了沿江区域景观生态系统的基质。

• 其他类型景观除森林、草地、城镇和长江干流特大水体构成河流景观外，面积均在研究区域的1%以下，与优势景观的差距十分明显。

• 在景观格局指数上，区域多样性、均匀度指数均较低，而景观优势度指数偏高。

• 从景观多样性角度考虑，沿江区域景观结构尚不够合理，农田景观类型所占面积过大，森林景观面积仅为其1/2。

• 从生态系统服务功能角度而言，沿江地区仍需进一步开展生态林的营建工作，改善目前现存的人工林地中林种单一、部分生长欠佳的状况，提高森林景观的多样性和系统稳定性，达到为整个流域提供更为有效的生态服务功能的目的。

（2）沿江现状景观格局

库区沿江区县整体景观现状表现为以大片林地（包括有林地和疏林地）和农田为基质，以长江干流和支流以及主要交通干道为廊道，以城市和市镇为典型斑块，其总体景观格局以“一带、三区、三核、七点、多廊”为骨架，呈现出“山水相映、田林相嵌、城缀其间”的总体景观特征。

（3）沿江总体景观安全格局构建

构建了以“一带、三区、三核为骨架，生物多样性保护源与生态廊道、生态屏障带相嵌”为特色的库区沿江总体景观安全格局框架，即“1条沿江景观生态带、3个景观生态功能区、3个都市发展核、7个中小节点城市、10个城市（镇）影响控制区、13个生物多样性保护源（斑块）、16条流域生态廊道、多条生态屏障带”构成的区域景观安全结构体系，引导区域形成“山水相映、田林相嵌、城缀其间，传统人文底蕴与自然山水景观相融”的沿江总体景观安全格局。

4. 沿江景观要素评析

4.1 沿江山系景观评价

首先，从山系概况、沿江山系景观类型、特色空间展现、景观游赏、景观生态特征、景观环境视觉质量等方面进行了分析与评价。其次，基于视觉环境质量评价，对沿江山系景观保护分级进行了区划，并提出了规划建设控引措施。最后，以瞿塘峡、巫峡为例进行了山系景观典型区段的分析与评价，并提出了规划建设控引措施。主要结论如下：

4.1.1 三峡库区地貌特征与山系景观区划

三峡库区主要地貌类型有中山、低山、丘陵、缓丘平坝及台地。其中以山地为主，其次为丘陵。将三峡库区山系景观划分为4个区段。分别是：

（1）江津—重庆都市区（中梁山猫儿峡）：川东褶皱带低山缓丘区；

（2）重庆都市区—涪陵（黄草山黄草峡）：川东褶皱带低山缓丘峡谷区；

（3）万州：川江平行岭谷低山丘陵区；

（4）万州以下：中山峡谷陡岩区。

4.1.2 沿江山系景观类型分析

（1）峡谷；

（2）坡、垅、阜；

（3）岩、崖；

（4）峰、峦。

重点对瞿塘峡、巫峡等10个峡景，江津等3个城市段的坡、垅、阜景，涪陵等4个城镇区段的岩、崖景，巫山等12座山的峰、峦等景观类型进行了分析。

4.1.3 沿江山系特色空间展现

根据江面的宽度 D 与两岸山体高度 H 的比例关系，可以将山水组成的空间划分为以下两种类型：当 $D:H<1$ 时即为夹景空间，当 $D:H>1$ 时即为敞景空间。根据沿江水系分布走向以及沿江山体在江面上的凹凸变化，可以分为框景空间和对景空间。

（1）夹景空间

• 重点分析了瞿塘峡、巫峡等7个夹景空间在145m、175m水位的高宽比，得出水库蓄水至175m对沿江峡景效果影响不大，依旧具有较强的夹景效果。

• 同时分析了夹景空间的地质灾害问题，并提出了保护措施。特别是巫峡的局部地段有滑坡现象，必须加强保护地质稳定区域的岩壁、植被、古迹，并采取措施预防岩体滑坡。

（2）敞景空间

• 重点分析了江津、忠县和万州三个区段的敞景空间145m、175m水位的景观效果。沿江观赏主要以远视或中远视为主，空间开敞。

（3）框景空间

• 重点分析了丰都北、忠县北、万州北、云阳北、云阳南、奉节南、巫山南、巫山北等8个区段第一重山体、岩壁所形成的框景的观赏效果和特征。在峰回路转处，以沿江的第一重山体、岩壁作取景框，摄取层峦叠嶂的延绵群峰，形成一系列风景画廊。

（4）对景空间

• 重点分析了长江—綦江交汇口等8个长江与次级河流的交汇口所形成的对景空间的位置、景观特征，并提出了建设与保护措施。

4.1.4 沿江山系景观游赏分析

• 以江心为主视点，以观景的最佳视域、视点、视距原理为指导，通过沿江观赏山系景观的视距与视角的分析，得出夹景空间沿江两岸的视距在沿江山系高度的0.15～2.67倍之间，以观赏两侧山体的局部为主，夹景效果强烈，同时观赏岩壁的石刻等有较好的效果。敞景空间沿江两岸的视距在沿江山系高度的3.5～34.93倍之间，沿江可观赏到两侧延绵起伏的群峰，全景效果较佳。

• 分别以江心与江边为视域中心，分析145m水位与175m水位时，沿江夹景空间中山系的观赏视角。沿江夹景空间中山系景观以仰视为主，江心的仰角在11～54°之间，产生高达感；江边的仰角在14～73°之间，产生宏伟感与崇高感。

• 沿江敞景空间中山系景观以平视为主，江心的视角在2～11°之间，江边的视角在4～39°之间，产生广阔宁静感。

4.1.5 沿江山系景观环境视觉质量评价

从景观环境的视觉敏感度与景观环境的阈值两个方面对沿江山系的景观环境视觉质量进行了评估。以此为依据划分出保护等级，控制沿江建设的强度。

（1）山系景观视觉敏感度分析

• 综合相对坡度、视距、视频、景观的醒目程度等三要素之后，得出沿江山系景观的视觉敏感度分布是：四级的占38.51%，三级的占31.60%，二级的占27.23%，一级的占2.66%。

• 针对每一个视觉敏感度等级提出了景观保护与规划建设措施。

（2）山系景观视觉阈值分析

• 根据地质地貌和植被绿量等级，对沿江区域的景观视觉阈值进行分级。

（3）基于视觉环境质量评价的沿江山系景观保护分级区划

• 根据景观视觉敏感度和视觉阈值制定的景观保护分级分布图叠置，得到了景观保护的综合分级分布图。其中一级保护区占7.54%，二级占20.42%，三级占26.07%，四级占45.97%。一级保护区域的面积达到83 330.11hm^2。

4.1.6 沿江山系景观总体生态特征分析

• 山系景观的独特性——长江三峡是目前世界上大江大河中能够通过行船观看大峡谷的最长峡谷，也是“峡感”最好的河段，是世界上同类景观之最。

• 山系景观的多样性——包括山型种类的多样性、山系结构的多样性、山系空间类型的多样性。

• 山系景观的视觉美感——“山峻峰秀、峡幽壁峭、青山不断、群峰如屏”高度概括了山系景观的视觉美感。

• 山系景观环境的视觉质量——沿江山系景观的视觉敏感度较高，沿江可视区域内一级敏感区域占 2.66%、二级敏感区域占 27.23%；沿江山系的视觉阈值较低。

4.1.7　沿江山系景观的规划建设控引

针对长江三峡（重庆段）沿江山系的总体景观特征，为实现沿江山系景观生态建设的总体控制，针对不同的景观保护等级，分别从用地性质、“三线”（绿线、蓝线、红线）、基础设施等 3 个方面提出了规划与建设控引措施。

4.1.8　沿江山系景观典型区段分析——瞿塘峡

瞿塘峡是长江三峡中最短、最狭，而景色、气势最为雄奇壮观的峡。

（1）空间特征与游赏分析

• 大坝蓄水到 175m 时，瞿塘峡的峡感变化不大，仍是世界上同类景观之最。

• 瞿塘峡沿江的观赏效果以观赏山体的局部为主，能使人产生高大感、宏伟感、崇高感。

（2）景观视觉敏感度分析

基于相对坡度、视距、视频、景观醒目度等因素，瞿塘峡的景观视觉敏感度的综合分级共分为四个级别。针对不同视觉敏感等级提出了规划建设控引措施。

• 一级敏感区：1）沿江可见的，离江边 400m 的区域；2）沿江 400 ~ 800m 距离带，除二级敏感区以外的区域；3）沿江可见的，离江边 800 ~ 5 000m 的区域内、坡度在 75 ~ 90°之间的区域；4）包括瞿塘峡峭壁、夔门、夔门古象馆、白帝城、风箱峡、风箱峡悬棺、盔甲洞、犀牛望月、二叠瀑布、长江与大溪交叉口、长江与草堂溪交叉口等。

• 二级敏感区：1）沿江 400 ~ 800m 距离带，除一级敏感区以外的区域；2）沿江 800 ~ 1 600m 距离带，除一级、三级敏感区以外的区域；3）沿江 800 ~ 5 000m 之间、坡度在 30 ~ 75°的区域。

• 三级敏感区：1）沿江 800 ~ 1 600m 距离带，除一级、二级敏感区以外的区域；2）沿江 1 600 ~ 5 000m 之间、坡度在 15 ~ 30°之间的区域。

• 四级敏感区：沿江 1 600m 之外的不可视区域。

（3）景观保护等级分析

基于景观视觉敏感度与景观阈值等因素，瞿塘峡景观保护等级共分为四个级别。针对不同景观保护等级提出了规划建设控引措施。

• 一级景观保护：1）沿江可见的，离江边小于 400m 的区域；2）沿江可见的 5 000m 距离带的峭壁区；3）包括瞿塘峡峭壁、夔门、风箱峡、风箱峡悬棺、盔甲洞、犀牛望月、二叠瀑布、长江与大溪交叉口、长江与梅溪交叉口等。

• 二级景观保护：1）沿江 400 ~ 800m 距离带，除一级保护区以外的区域；2）沿江 800 ~ 1 600m 距离带，除一级、三级保护区以外的区域；3）沿江 800 ~ 5 000m 之间的陡坡区。

• 三级景观保护：1）沿江 800 ~ 1 600m 距离带，除一级、二级保护区以外的区域；2）沿江 1 600m 之外的不可视区域的缓坡区。

• 四级景观保护：沿江 1 600m 之外的不可视区域。

4.1.9　沿江山系景观典型区段分析——巫峡

（1）空间特征与游赏分析

• 巫峡是峡感效果较强的夹景空间。大坝蓄水到 175m 时，巫峡的峡感变化不大，依旧是世界上同类景观之最。

• 巫峡沿江的观赏效果以观赏山体的局部为主，能使人产生高大感、宏伟感、崇高感。

（2）景观视觉敏感度分析

基于相对坡度、视距、视频、景观醒目度等因素，巫峡的景观视觉敏感度的综合分级共分为四个级别。针对不同视觉敏感等级提出了规划建设控引措施。

• 一级视觉敏感区：1）沿江可见的、离江边 400m 的区域；2）大宁河至神女溪区段沿江可见的 1 600m 区域；3）神女溪以下区段，北岸 800m 距离带内的可见区域，南岸 400 ~ 800m 距离带内的可见峭壁区；4）包括巫峡峭壁、神女庙、文峰观、陆游洞、登龙峰、圣泉峰、朝云峰、金盔铁甲峡、神女峰、松峦峰、集仙峰、聚鹤峰、翠屏峰、骏马峰、飞凤峰、起云峰、长江与大宁河交汇口、长江与神女溪交汇口等。

• 二级景观敏感区：1）沿江 800 ~ 1 600m 距离带内（除一级保护区之外）；2）离江边 1 600 ~ 5 000m 的陡坡区。

• 三级、四级景观敏感区：沿江 1 600m 之外的不可视区域。

（3）景观保护等级分析

基于景观视觉敏感度与景观阈值等因素，巫峡景观保护等级共分为四个级别。针对不同景观保护等级提出了规划建设控引措施。

• 一级景观保护：1）沿江可见的、离江边 800m 的区域；2）沿江可见的、离江边 800 ~ 1 600m 距离带内的峭壁区；3）1 600 ~ 5 000m 距离带的可见区域；4）包括巫峡峭壁、神女庙、文峰观、陆游洞、登龙峰、圣泉峰、朝云峰、金盔铁甲峡、神女峰、松峦峰、集仙峰、聚鹤峰、翠屏峰、骏马峰、飞凤峰、起云峰、长江与大宁河交汇口、长江与神女溪交汇口等。

• 二级景观保护：1）沿江 800 ~ 1 600m 距离带内（除一级保护区之外）；2）离江边 1 600 ~ 5 000m 的陡坡区。

• 三级、四级景观保护：沿江 1 600m 之外的不可视区域。

4.2　沿江水系景观评价

从水系概况、沿江水系景观总体特征、水系景观规划与建设控引等 3 个方面对沿江水系景观生态现状和建设对策进行了系统研究。

4.2.1　水系概况

• 三峡库区水系发达，水资源丰富。

• 区位优势突出，水系景观特色鲜明。

• 三峡水库蓄水后，库水沿溪伸展，为山高水险、交通不变的支流风光的开发提供舟楫之便，使游人有可能进入幽谷深涧，饱览新的自然风光。

• 水资源空间分布不均，面临污染威胁。

4.2.2　沿江水系景观的总体特征

• 水系景观具有高峡平湖、峡岛相连、山水相依的总体视觉美感。

• 水系景观类型多样。主要有江河、溪涧、湖泊、岛屿、泉井、瀑布等景观类型。

• 水系廊道结构复杂，形成了“一主四副十五支”的网络状水系廊道格局。

4.2.3　水系景观的规划与建设指导思想

• 加强环境整治和建设，营造两岸良好的生态环境。

• 延续当地的文脉，建立生态性区域，强化城市形象特征。

• 严格保护历史文化遗产及优美的自然风景区。

• 培育高质量的滨江区域。

• 利用自然、传统文化及特色产业发展。

• 加强滨水绿带的建设。

4.2.4　水系廊道的分级规划与建设控引

主要从用地控制与建设时序两个方面对主干廊道与支干廊道的规划建设进行控引。

（1）主干水系廊道

• 沿主干水系两岸，因地制宜地进行绿带的控制，规划两岸平均各 100 ~ 150m 的绿化带。在水源保护地段两侧建设宽约 500 ~ 1 000m 的永久性水源涵养林带，重要地段建设滨水景观节点（生态景观节点、公共活动景观节点），控制绿化带宽度两侧平均各 200 ~ 500m。主干水系廊道的重点建设地段是指风景地段和各区县的城区段。

• 针对长江干流的典型区段（沿江城镇、沿江工矿企业、航运码头、煤码头、风景区、林地、草地、耕地、荒山）的水系廊道的规划建设提出了控引措施。

• 在建设时序上，近期建设水源保护地段、工业区段、生活区段；中期发展功能置换的工业区段（商业综合用地、商业金融用地）；远期发展城郊自然区段。

（2）支干水系廊道

• 沿支干水系，因地制宜地进行水系两岸的绿带控制，规划两岸平均各 50 ~ 80m 的绿化带。滨水城区或风景地带等重要地段建设滨水景观节点（生态景观节点、公共活动景观节点），控制宽度两侧平均各 100 ~ 300m。支干水系廊道的重点建设地段是指风景地段和各区县的城区段。

• 在建设时序上，近期建设水源保护地段、工业区段、生活区段；中期发展功能置换的工业区段（商业综合用地、商业金融用地）；远期发展城郊自然区段。

4.2.5 水系廊道的景观规划与建设控引

• 提出了景观带的规划与建设、景观节点的规划与建设、景观桥梁的规划与建设对策。

• 特别对长江与其支流交叉口的景观特征进行了分析，对交叉口的景观保护进行了分级，并提出了规划与建设控引的措施。

4.3 沿江绿色景观评析

从植被资源概况、森林植被类型、植被资源特征、绿色景观生态特征、三峡工程对库区植被的影响以及沿江绿色景观可持续发展对策等 6 个方面对研究区域内的沿江绿色景观生态现状和建设对策进行了系统研究。研究结果或结论如下：

（1）三峡库区天然植被尤其是森林植被的分布面积已十分狭小，且多处于次生状态。

（2）库区人类开发活动对植被类型及组成影响强烈，在 600m 以下的低海拔地区大多已开垦为农田、果园。森林极少，且多分布在海拔 1 000m 以上的陡峭山区。600 ~ 1 000m 的中海拔地区，由低至高森林植被逐渐增多而农田逐渐减少。

（3）灌草丛多为退化的次生类型，黄荆灌丛、黄栌灌丛、马桑灌丛最为常见，分布的海拔范围也较广，占库区灌丛的绝大部分。草丛类型中最常见的是黄茅草丛、白茅草丛、荩草草丛等，绝大多数为退化荒坡上演替的先锋群落。

（4）森林植被类型可划分为 2 个植被型组、6 个植被型、11 个植被亚型和 76 个群系。森林植被分为 23 个群系组，76 个群系；灌丛植被分为 5 个群系组，16 个群系。

（5）库区森林植被基本特征

• 森林资源总量不足，灌草丛多。

• 森林资源在各区县分布不均，难以有效发挥区域内森林整体生态环境效益。

• 林分龄组结构不合理，稳定性差，林分质量差，林地生产力低。

• 林分林相简单，树种组成单一，森林防护效益低，生态效益差。

（6）沿江绿色景观生态特征

• 库区西部平行岭谷低山丘陵偏湿性常绿阔叶林绿色景观区：整体处于川东平行岭谷区域内，地貌类型以浅中丘陵低山为主。森林植被以常绿阔叶林为主体，林相结构简单，林分树种单一，以针叶纯林居多；幼、中龄林多，近、成、过熟林少，龄组结构不合理。

• 库区中部平行岭谷低山丘陵常绿针阔混交林绿色景观区：整体处于川东平行岭谷与盆周山地的过渡地带，地形地貌以丘陵低山为主。森林植被属亚热带常绿阔叶林带，林分树种单一，林相结构简单，林种结构不合理，以针叶纯林居多；幼、中龄林多，近、成、过熟林少，龄组结构不合理。

• 库区东部低山中山峡谷暖湿常绿针阔叶林绿色景观区：整体处于川东平行岭谷区域内，地形地貌以浅中丘陵低、中山为主。森林植被以常绿针阔叶林为主体，林相结构简单，林分树种单一，以针叶纯林居多；幼、中龄林多，近、成、过熟林少，龄组结构不合理。

（7）绿色景观可持续发展对策

• 江津—九龙坡丘陵水土保持及水源涵养林：600m 水平距离范围内严格控制平行岭谷地区改变山体的各种经济活动，重点加强林分改造，并重点加强綦江和笋溪河流域整治。

• 巴南—长寿水土保持林与农林复合经营林：可适度进行农业开发，对于沿江坡度 >25°以上的坡耕地和荒草地，结合退耕还草和退耕还林，适度实施坡改梯改造工程，发展以经济林建设、无公害蔬菜基地建设和优质果品基地建设为主的农林复合经营模式，有效遏止水土流失。

• 长寿—涪陵水土保持林：重点改善农业开发条件，对于沿江坡度 >25°以上的坡耕地和荒草地，结合退耕还草和退耕还林，适度实施坡改梯改造工程，发展以经济林建设、无公害蔬菜基地建设和优质果品基地建设为主的农林复合经营模式，并重点对城镇基础建设对水土流失的不利影响进行预防和控制，有效遏止水土流失。

• 丰都—忠县水土保持及水源涵养林：宜依托长江上游沿岸历史名镇，积极发展旅游农业和生态果林业，控制农业面源污染。

• 忠县—万州农林复合经营林与水土保持：对于沿江坡度 >25°以上的坡耕地和荒草地，结合退耕还草和退耕还林，适度实施坡改梯改造工程，发展以经济林建设、无公害蔬菜基地建设和优质果品基地建设为主的农林复合经营模式，有效遏止水土流失。

• 云阳—奉节水土保持水源涵养林与森林生态恢复区：宜根据区域自然条件适度发展城镇，重点加强长滩河流域、磨刀溪流域和汤溪河流域的保护，尽可能减轻人为导致的生态破坏，因地制宜，积极发展以商贸、种植、文化旅游、农副产品加工为主的山水园林城镇。

●奉节—巫山水土保持水源涵养林与森林生态恢复区：宜尽可能保持自然原貌，合理开发旅游资源，并重点加强林分改造，增加森林覆盖率。

（8）绿色景观空间格局规划

将库区沿江绿色景观规划为“一廊、三片、十团、多核、多带”的空间格局，使得沿江绿色景观整体呈现沿江带状发展的态势，形成具有强大生态效益兼具经济、社会效益的绿地景观生态系统。

一廊：指沿长江干流两岸生态公益林；三片：前述3个绿色景观片区；十团：江津等10个城市绿地组团；多核：12个以国家或市级风景名胜区为主的大型绿核；多带：沿江绿色走廊、3大绿色景观片区间、10大沿江城镇间以及12个大型绿色斑块间的生态隔离带。

（9）绿色景观生态建设规划控引

●在长江沿岸175m至第一层山脊线内，严禁新修公路，严禁新建房屋，严禁新修坟墓、取土、采矿，严禁乱占林地和乱砍滥伐林木，严格控制人口迁入，保护植被。

●第一轮山脊25°以上的坡耕地全部退耕。

●对水库周边的基本农田要采取生物和工程措施，改变耕作模式，并对15～25°之间的坡耕地尽快实施坡改梯，以防止新的水土流失。

●应将三峡水库周边第一轮山脊的所有林地确定为国家或省级生态公益林，或者将三峡水库周边，划定一条平均宽500m的永久性生态绿化带。不准在长江沿线水源保护区内兴修机耕道，不准滥砍盗伐，不准私搭乱建。

（10）农业景观评析

从农业景观概况、农业景观功能分区、农业景观建设对策等3个方面进行了研究，并提出了规划控引建议。

●农业景观特点

1）具有明显的农林景观过渡特征；

2）耕地、林地、果园等斑块或大或小，相互分散或镶嵌，在景观中发挥多种生态功能；

3）主要农业景观类型有阔叶林地、针叶林地、果园、灌丛草坡、缓坡耕地、梯田耕地、道路、农村居民点及洼地鱼塘等；

4）从东西方向看，由重庆到奉节相继分布着低丘—中丘—中山，表现为台耕地—梯田耕地—缓坡耕地—果园—针叶林地—阔叶林地；

5）以长江为轴南北向看，向两岸纵深相继分布着水面—山地—中丘—低丘平坝—中山，表现为鱼塘—林地—果园—耕地—林地等景观类型，构成整个库区农业景观的空间结构。

• 农业景观问题

1）山高坡陡，自然植被率低，水土流失严重；

2）人多地少，人地矛盾突出；

3）农用化学品投入量大，农业面源污染严重；

4）自然灾害频繁发生。

• 农业景观建设格局

1）城郊观光农业景观区；

2）西南丘陵农业耕作景观区；

3）中西部岭谷经济园林景观区；

4）东北部山地生态环境保护区。

• 农业景观建设对策

1）建立国家级山地生态农业示范区和观光农业开发区；

2）采取灵活的融资手段，增强资金注入力度，为三峡库区山地生态农业的发展创造一个“造血”系统；

3）提高三峡库区农业从业人员的文化素质和职业技能，加大生态农业科普推广力度，增强生态经济意识；

4）因地制宜，统一规划，建立联动机制，强化监督体系。

4.4 沿江城镇景观评析

4.4.1 沿江城镇景观类型组成与分析

长江三峡库区的沿江城镇景观类型主要包括重点城镇、小城镇（包括中心镇和一般镇）、农村居民点、工矿企业、基础设施（码头、桥梁、滨江路、堤坝护岸）等类型。

4.4.2 沿江城镇景观特征

长江三峡库区是世界著名的风景区，地貌奇特，风光旖旎，人文名胜驰名古今；同时也是生态敏感性强、生态环境脆弱、水土流失较为严重的区域。近年来沿江两岸景观尤其是人工景观发生了很大的变化，充分体现出三峡库区欣欣向荣的新面貌。但由于三峡库区人类大强度的开发建设，库区沿江两岸原有的自然景观遭受到了较大的破坏。沿江两岸分布的不少工矿企业和基础设施带来了较大的生态破坏、环境和视觉景观污染等问题。此外，三峡库区城镇缺乏在总体城市风貌和建筑层次上的规划调控，忽视了库区优越的山水资源景观特色，形成的城镇建筑景观单一拥挤，缺乏对三峡库区传统文化的继承，正面临特色丧失的危险。

4.4.3 沿江城镇景观生态建设

（1）沿江城镇景观生态建设目标

将长江三峡库区世界一流的自然景观资源与历史人文景观资源有机结合，充分利用其优越自然、历史和人文条件，根据区域景观特点将库区沿江城镇景观分别建设成为体现出现代都市、人文生态或山水人文景观特征的滨江都市景观群和世界著名的景观风光带，提高其在国际上的知名度和影响力，促进旅游业的发展。同时，不断改善自然生态和美化生活环境，努力建设人与自然和谐共处的优美人居环境。

（2）沿江城镇景观生态建设对策

• 明确景观功能定位，构筑三大景观生态建设区

长江三峡库区沿江城镇景观生态建设总体布局：以长江为轴线，加快发展库区城镇景观生态建设，重点建设库区西部（包括都市区、江津和长寿）以现代都市景观为特征的库西景观生态建设区、库区中部（包括涪陵、丰都、忠县和万州）以人文生态景观为特征的库中景观生态建设区和库区东部（包括云阳、奉节和巫山）以山水人文景观为特征的库东景观生态建设区，逐步形成三峡库区沿江城镇景观生态建设体系。

库西景观生态建设区——本区以现代都市景观为典型特征，涉及江津、都市区和长寿3个地区，发展工业的用地条件比较充足，且有沿江连接成片的趋向。城市人工景观整体上也多表现为高楼林立的现代建筑，充分体现出库区日新月异的发展气息、现代化和国际化的都市景观特征。但由于本区的土地利用率高，水土流失严重，生态系统相当脆弱，景观破坏严重，因此生态环境保护和景观生态建设成为当地的主要任务。

规划控引措施

1）构建大景区的景观理念，以丰富的自然景观资源结合人文设计，建设融“山、水、城”于一体的生态型山水园林景观，充分体现出山水城市的特点和历史文化的内涵，营造出现代都市的特点。

2）研究与继承山地城市的传统空间形态特征和地域建筑文化特色；避免建筑形式缺乏地域整体形象格调，建筑色彩单调，过分强调单体，缺乏地域特色。

3）强调建筑特色和城市整体景观形象，体现现代都市的气息，以人为本，提供全面感知城市的空间，从河面接近城市时序列为河面、城市天际线、滨江景观轮廓线，直至进入城市，景观层次丰富。

4）在规划中保护文物古迹，发掘和延续历史文化，对于体现区内文化的历史人文建筑，应予以重点保护。

5）严禁城市的发展破坏山体轮廓线，控制山体与建筑高度的比例关系及长江两岸景观的完整性，控制有损整体景观的开发建设。设置联系山体与长江的视线走廊，协调好视线走廊两侧建筑与山体的空间关系，保证视廊的通畅。

6）河道中轴线由内到外形成由低到高的层次结构，沿江不布置大面积的建筑物，应该设置一定宽度的开阔地带，提高廊道两侧视觉的开敞性。

7）控制好城市入口处的景观，在各大景区的城市入口和中心地段设置标志性建筑物，反映城市特色。

库中景观生态建设区——本区以人文生态景观为典型特征，位于三峡库区的腹心地区，包括丰都、忠县、涪陵、万州4个地区。本区除万州外城市化水平较低，但传统文化、民俗风情等历史人文资源相当丰富，是长江干流上具有特色的人文景观资源地区，其中万州是最具有移民文化的城市。本区的发展要依托本区的特征和资源条件，重点发展旅游度假和生态观光农业，注重生态环境和景观保护。

规划控引措施

1）本区规划要树立“生态优先”的思想，注重对本区的特征和资源条件的解读，保持城市组团与农田、水体、山林等生态绿地间隔镶嵌的空间肌理，保留城市组团内的溪流、水库、植被良好的山体，严格控制城市用地无序蔓延。

2）规划中把握区内的总体景观层次，控制好天际轮廓线的起伏变化、制高点、江岸滨水景观以及城市人工景观与自然景观的比例，确保长江两岸景观的完整性，严格控制有损整体景观的开发建设。

3）在库区的城市景观规划建设中要立足自身的文化特色，避免建筑形式缺乏地域整体形象格调，建筑色彩单调，过分强调单体，缺乏地域特色。

4）景观规划应该反映区内的历史文化底蕴与历史文化遗产的保护，传统风貌的修复与建设结合起来。

5）在规划中保护文物古迹，发掘和延续历史文化，创造人与自然相协调的物质环境和文化氛围。对区内具有代表性的民居、梯道、古树、水井进行保护，周围建设工程应与历史环境相协调，不宜大拆大建，对原有建筑做到“整旧如故，留存其真”，维护街巷的传统格局和建筑风貌。

6）规划建议在当地设立传统特色民居保护区，充分挖掘区内历史文化内涵，保护当地历史文化资源，传承地域建筑文化，在保护的前提下进行旅游开发。

7）完善和加强以“鬼文化”、“水文文化”、“巴文化”和“榨菜文化”为特色的人文资源的开发利用，发展特色旅游业；对于万州要完善和加强以“移民文化”为特色的人文资源的开发利用，发展旅游业。

8）控制好城市入口处的景观，重点控制丰都长江大桥、旅游码头等城市入口的形象。设置城市入口和中心地段标志性建筑物，反映城市特色。

库东景观生态建设区——本区以山水人文景观为典型特征，涉及云阳、奉节和巫山3个地区，为库区生态环境最好的区段，也是自然风景和旅游文化最为优美和丰富的区段。城镇缺乏发展用地，库区农业生产和旅游业占了很大的比重。发展过程中要注意控制城镇的数目和规模，强调保护资源和城镇风貌，建筑物的风格、体量需要与自然环境保持高度协调，同时强调旅游环境的保护和旅游容量的控制，形成高质量的生态旅游和休闲度假基地。

规划控引措施

1）本区历史悠久，自然景观秀美，规划中可将历史人文景观与自然景观结合起来，发挥山地自然景观和地方人文景观特色，规划建设成以风景旅游为主，兼发展娱乐、度假功能的山水园林景区。

2）规划设计要依山就势，合理布局，避免大挖大填，避免产生人为的不良地质和生态环境破坏问题；宜利用地理地形环境、山体和水库岸线，以适应地形变化，展示城市景观。

3）区内城镇应建设得小巧、精美，结合自然，挖掘传统的建筑文化，通过迁建，建设出新而美丽的小城镇体系。

4）在城市与建筑风格选择上，可采用地方传统的街道形式和建筑空间设计，这也是旅游小城市最受欢迎的风格和式样。

5）在城市风貌规划中保护文物古迹，发掘和延续历史文化，创造人与自然相协调的物质环境和文化氛围。

6）规划应强调控制建筑密度，将绿地融入建筑之中，绿色融入城市，建立贯通性绿色网络，构筑整个地区的“大园林”景观。

7）将山水景观融入城市开放空间系统，使水系、绿地渗透到城市肌理之中，创建城中有水、水陆相嵌、山城相间、山水一体、水绿交融的和谐的城市生态景观，以满足人们久居城市中亲山、亲水、亲绿的渴望。

- 发挥本地资源优势，建设特色库区小城镇

景观生态建设目标

通过合理调控城镇体系的建设，加强小城镇景观生态建设，充分利用重庆山水特色，将小城镇建设为布局合理、设施配套、交通方便、环境优美、经济繁荣、各具特色的生态健康的小城镇。

生态建设要点

1）对于小城镇的建筑景观来说，应当控制用地规模，城市布局宜紧凑集中，严格控制用地向长江两侧发展，重视城镇新修建筑的造型与色彩，建筑设计应充分发挥小城镇各自的特点，体现地域传统风貌，延续历史文脉。

2）以建立自然生态体系为目标，重点建设城镇公共绿地系统，构建点、线、面相结合的绿地系统。同时，加强对城镇周围山丘、河流的绿化，使山坡绿地、林地、果园、沿江护岸林、沿河防护绿化带与各种农田林网和各种经济林成为城镇外围生态绿化圈，形成城乡一体化的大生态网络体系。

3）积极开展产业结构调整，严禁污染性的企业进入，控制已有企业的污染排放，严惩超标污染排放企业。

4）在维护区域生态环境安全的前提下加速城镇化建设进程，即通过合理调控城镇体系的空间布局、规模等级结构、城镇产业类型结构等，并充分发挥本地资源环境的特色优势，积极发展生态产业，实现生态环境建设与社会经济发展的同步推进，保障区域可持续发展。

• 综合整治农村环境，建设田园乡村景观

景观生态建设目标

通过对农村居民点的合理规划建设，在保护农村居民基本权益的前提下，解决当前存在的生态问题，优化环境，结合重庆独具特色的山水民居，营造出秀美的田园乡村景观。

生态建设要点

1）加强农村居民点规划与管理，积极推动“城乡一体化、区域生态化”进程。加快推进农村居民点归并，促进农村居民点向中心村相对集中，促进农村城镇化。

2）农村居民点的改造要从实际出发，因地制宜，科学规划，分步实施，通过长期坚持不懈的努力，逐步建成有库区特色的新农村景观。

3）加强对山体、河流的绿化，结合山坡绿地、林地、果园、沿江护岸林、沿河防护绿化带、农田林网和各种经济林等建成城乡一体化的大生态网络体系，建成独具特色的库区乡村景观。

4）对于沿江居民点的建筑，应采用民族传统风格，突出三峡建筑风格及传统风貌，色彩应与环境相协调，避免建筑沿江线状发展并无序蔓延。

5）推进25°以上的坡耕地退耕还林还草和荒山绿化，全面实施封山育林，对现有宜林荒地和疏林地实施林草植被重建，对25°以下坡耕地实施综合治理，加快治理水土流失和库区淤积。

6）要根据库区充沛的自然资源优势，合理利用农业资源，调整农业生产结构，重点发展生态产业，积极引导农民从传统农业向现代农业转移，实现生态环境建设与社会经济发展的同步推进。

7）按照布局合理、设计科学的要求，全面规划农村居民点的建设，整治环境卫生，改善村容村貌，以良好的居住环境、完备的基础设施、优质的社区服务实现农村城镇化。

• 调整工矿企业结构，重建矿区生态环境

景观生态建设目标

通过对工矿企业的综合整治以及对厂区搬迁问题的合理解决，控制矿区环境污染问题，加强企业景观生态建设，实施矿区生态恢复与重建，营造健康安全的生产环境，并使江面的可视范围内呈现出优美的自然风貌。

生态建设要点

1）在对沿江工矿企业的综合整顿过程中，避免“先污染，后治理”的模式，应结合三峡水库的建设，加强环境保护和景观建设，实行可持续发展战略。

2）加强对库区沿江两岸高污企业的整顿和改造。对污染严重效益低下的小型工矿企业（包括煤矿、五金、玻璃、水泥等）应予以严格控制；对于有一定规模和市场基础的企业，要加强整顿，建立和完善污染物处理设施，实行严格的达标排放。

3）对于沿江工矿企业，建议逐步搬迁；对于搬迁有困难的企业，污水不经处理禁止直接排入长江，可在短期内设防护林，对建筑、设备等工业设备进行色彩、立面处理，在将来条件成熟时再进行搬迁。

4）沿江两岸应严格禁止新的污染企业进驻，尽可能避免工业用地离岸线过近，并对现有沿江城镇工业区环境加以整治。

5）对于非沿江但污染严重的工矿企业，必须严格整改直至达到国家相关排放标准。

6）对于沿江采石场，禁止在沿江两岸挖山开石活动，采取措施关闭采石场，对已造成的破坏采取技术措施或生态修复手段进行生态恢复。

7）对矿区进行生态恢复和重建工程。对排弃的表土、尾矿、废渣等必须按照水土保持和污染防治要求进行利用和处置；开矿产生的废水、废气按污染防治要求加强治理；已退役或关闭的矿山、坑口，必须及时搞好矿区土地复垦和生态恢复。

• 合理规划布局，完善基础设施景观建设

景观生态建设目标

通过对沿江基础设施建设的规划和管理，解决生态环境问题，整治码头岸线，美化滨江环境，使有基础设施的人为环境和优美的自然山水环境协调一致，营造独具特色的山城临江风貌。

生态建设要点

1）基础设施建设统一规划，合理布局，防止沿江基础设施对库区两岸生态环境和景观的破坏，并做好相应防护工程和生态补偿、生态修复工作。

2）重视桥梁建设过程中对山体的破坏，将可能造成的生态退化减至最低。

3）对航运码头，要加强临江航运码头和风景名胜区码头的岸线整治，清理环境，适当修整陈旧设施，明亮暗淡的码头色彩，以改善滨水地区城市形象。

4）对沿江煤码头、油库码头和大型企业的集装箱码头等，应进行清理整治，规范秩序，加强对环境尤其是水体的保护，避免大量煤渣流入水体；并在码头周围采用绿色植物等进行遮掩，对设备进行色彩、立面处理，提升景观功能。

5）对滨江路，应严格限制其建设，特别是在深挖高切地段应严格禁止公路建设，以保护山体安全及生态环境。属于国家重点项目的工程应坚持以第一排山脊后选线或以隧洞为主的原则，避免出现在江面视线范围之内。

6）对于滨江堤坝，由于沿江各区县防洪堤的大量人工高护坡破坏了堤岸原有的绿色植被，为避免光秃裸露，建议对长江护堤进行绿化、美化，以提升景观功能。

• 建设库区大生态环境，维护区域生态安全

加强库区的大生态建设，维护区域生态安全。实施以三峡库区为重点的“青山

绿水”工程和以主城区为重点的“山水园林城市”工程，提高生态环境质量，注意发挥生态的自我修复能力。重点建设重要公路、铁路、江河沿线绿色通道，形成大面积的林带。建设主城生态绿化圈、都市圈生态防护带。提高中小城市绿化率，建成若干山水园林城市。加快推进封山育林、天然林保护和自然保护区建设。对重点资源开发地区实行强制性保护，对自然保护区和风景旅游名胜区实行积极保护。

5. 消落带景观生态研究

5.1 消落带景观生态结构

从消落带形成的时空分布、地质、地貌、土壤类型与分布、景观生态结构类型与分布以及存在的景观生态问题等6个方面进行了系统分析。

（1）时空分布

- 干流消落带东少西多；
- 支流消落带面积超过长江干流；
- 面积随高程增加而增加；
- 不同高程范围内消落带分布面积不同；
- 不同时段消落带出露面积各不相同。

（2）地质地貌

- 消落带基岩类型：紫色岩、碳酸盐岩和其他岩石；
- 岩层产状：顺倾坡、逆倾坡和水平型；
- 坡形：峭壁、陡坡、滩坡和平坝或台（阶）等；
- 坡体结构：散堆积下卧基岩坡体和基岩坡体两大类；
- 土壤类型：冲积土、紫色土和水稻土。

（3）景观生态结构类型

- 峡谷陡坡裸岩型
- 峡谷陡坡薄层土型
- 中缓坡坡积土型
- 开阔河段冲积土型（河流阶地、平坝型）
- 城镇河段废弃土地型
- 城镇河段堤坝型
- 支流尾闸型

（4）存在的景观生态问题

- 景观多样性降低；
- 植物物种多样性减少，群落结构趋于简单化；
- 污染物容易滞留聚集；

• 地质灾害增加；

• 水土容易流失；

• 流行性病情、疫情可能被诱发；

• 对沿江城镇和景区（点）景观风貌造成危害。

5.2　消落带景观生态建设与优化对策

从消落带景观生态功能区划、建设和优化模式、典型消落带景观生态建设对策以及消落带景观生态建设规划控引等4个方面进行了系统分析。

（1）综合考虑生态建设、防洪安全以及资源利用等因素，将三峡库区消落带分为3个Ⅰ级景观生态功能区和22个景观生态功能亚区。

（2）利用生态服务功能价值理论，分析比较了6大类共22种消落带生态建设理论模式的生态服务功能价值。从生态服务总价值、直接价值和间接价值3个角度各筛选出6种可供参考的生态建设模式。

（3）设计了7种典型的可供借鉴的消落带景观生态建设技术方法。它们分别是：

• 构建人工植被，强化景观生态结构和功能；

• 利用自然演替规律塑造功能强大的天然湿地生态系统；

• 发展无污染的有机农业，增加生产功能；

• 利用库湾水体资源，发展生态渔业；

• 建设消落带景观生态工程，提供生态旅游服务；

• 利用工程措施，增强消落带稳定性和可利用性；

• 建设消落带水位调节坝，防止消落带的产生。

（4）典型消落带景观生态建设对策

对巫山县城段、云阳双江镇段、开县南河、普里河、忠县城区段、丰都名山镇段以及万州城区段消落带可能存在的问题及应采取的建设对策进行了分析。

（5）消落带景观生态建设规划控引

• 根据有关法律法规，制定“三峡库区消落带管理办法”；

• 明确划分管理职责；

• 强化对消落带土地利用的管理；

• 建立举报和水政监督检查制度；

• 建立消落带信息管理决策支持系统；

• 建立消落带行政信息管理系统；

• 就库区消落带可能出现的重大环境污染、主要地质灾害、重点（关键）流行性疫病、病害物种的入侵等生态环境问题建立预测预警与调控管理系统；

• 限制土地利用地域范围，除较平坦开阔的消落带（如开县、巫山的大宁河坝区等）地段及部分河湾段尤其是有支流汇入处之外，其他地段的消落带原则上应禁止使用；

• 对于季节性利用的消落带，要尽量使用免耕法，避免或减少因土层扰动而加剧土壤冲刷、淘挖；

• 分带利用，在消落带上边依次布局生态防护林带（水位 175～185m 处），起防护、拦挡地表泥沙和污染物入库的作用；在 185m 以上地段，因地制宜地布局生态经济果林或生态景观林，在保障增加农民收入的情况下，美化库区景观，为库区旅游业的可持续发展创造条件。

参 考 文 献

[1] Clay G R, Daniel T C. Scenic landscape assessment, the effects of land management jurisdiction on public perception of scenic beauty. Landscape and Planning, 2000, 49: 1 ~ 13.

[2] Costanza R, Arge R, Groot R, et al. The value of the world's ecosystem services and natural capital. Nature, 1997, 387: 253 ~ 280.

[3] 摆万奇，张镱锂，包维楷．大渡河上游地区景观格局与动态．自然资源学报，2003，18（1）：75 ~ 80.

[4] 蔡书良．三峡库区湖岸带经济开发与保护对策研究．经济地理，2002（3）：301 ~ 305.

[5] 曹小琳，李大华，洪红．重庆城市化发展模式研究．重庆建筑大学学报，2005，27（1）：106 ~ 110.

[6] 中国科学院三峡工程生态与环境科研项目领导小组．长江三峡工程对生态与环境影响及其对策研究．北京：科学出版社，1988.

[7] 长江水利委员会．三峡工程生态环境影响研究．武汉：湖北科学技术出版社，1997.

[8] 长江水利委员会．三峡工程移民研究．武汉：湖北科学技术出版社，1997.

[9] 长江水利委员会库区处．葛洲坝工程文物考古成果汇编．武汉：武汉大学出版社，1990.

[10] 陈伟烈．长江三峡与生物多样性．生物学通报，2003，38（6）：13 ~ 15.

[11] 陈玉成，郑永华，肖广全，陈宏，杨志敏，李静，严素定．三峡库区重庆段小城镇污水处理对策．中国给水排水，2004，20（5）：28 ~ 31.

[12] 程瑞梅，肖文发，李建文，马娟，韩景军，任明波．三峡库区森林植被分类系统初探．环境与开发，1999，14（2）：4 ~ 7.

[13] 邓林玲．优化空间结构创建绿色新城——重庆西部新城概念规划．规划师，2004，20（9）：40 ~ 42.

[14] 邓宁，谭爱华．三峡库区生态环境保护的关键是发展生态农业．生态学杂志，1997，16（3）：76 ~ 78.

[15] 刁承泰，陈敏，周志跃，李敏．小城镇发展与城镇用地预测研究——以重庆市大足县为例．重庆建筑大学学报，2004，26（1）：10 ~ 15.

[16] 刁承泰，黄京鸿．三峡水库水位涨落带土地资源的初步研究．长江流域资源与环境，1999（1）：75 ~ 80.

[17] 董卫，王建国．可持续发展的城市与建筑设计．南京：东南大学出版社，1999.

[18] 杜榕桓．长江三峡库区水土流失对生态与环境的影响．北京：科学出版社，1994.

[19] 段进，季松，王海宁．城镇空间解析——太湖流域古镇空间结构与形态．北京：中国建筑工业出版社，2002.

[20] 段炼．重庆江津新村点建设研究．规划师，2003，19（6）：72 ~ 75.

[21] 方创琳，冯仁国，黄金川．三峡库区不同类型地区高效生态农业发展模式与效益分析．2003，18（2）：228 ~ 234.

[22] 傅伯杰．景观生态学原理及应用．北京：科学出版社，2001.

[23] 郭振杰．三峡库区城镇运营模式选择分析．重庆大学学报，2004，27（9）：160～164.

[24] 郭震远（译）．美国环境影响分析手册．北京：北京大学出版社，1987.

[25] 国家六部委．长江三峡区域旅游发展规划．北京：中国旅游出版社，2004.

[26] 国务院西部地区开发领导小组办公室，国家环境保护总局．生态功能区划技术暂行规程，2002.

[27] 何京蓉．三峡库区山地生态资源特征与生态经济开发．重庆商学院学报，2004（4）：18～20.

[28] 何再超，郑钦玉，马杰，齐红．三峡库区消落区可持续发展途径探讨．西南农业大学学报：社会科学版，2003（4）：5～8.

[29] 胡明辰，李峰，樊丹，李秋洪．论生态农业与三峡库区农业可持续发展．农业环境与发展，2001（2）：23～26.

[30] 黄川，谢红勇，龙良碧．三峡湖岸消落带生态系统重建模式的研究．重庆教育学院学报，2003（3）：63～67.

[31] 黄金川，方创琳，冯仁国．三峡库区城市化与生态环境耦合关系定量辨识．长江流域资源与环境，2004，13（2）：153～158.

[32] 姜达炳，李峰，彭明秀．三峡库区高效农业技术体系研究．中国生态农业学报，2003，11（2）：96～98.

[33] 角媛梅，陈国栋，肖笃宁．亚热带山地梯田农业景观稳定性探析——以元阳哈尼梯田农业景观为例．云南师范大学学报：自然科学版，2003，23（2）：55～60.

[34] 况琪军，毕永红，周广杰，蔡庆华，胡征宇．三峡水库蓄水前后浮游植物调查及水环境初步分析．水生生物学报，2005，29（4）：353～358.

[35] 雷亨顺．重庆库区最大淹没县——开县的隐患．中国三峡建设，1999（6）：10～11.

[36] 李翠兰，刁承泰，甘昭昭，王锐．重庆城市化水平差异分析．重庆大学学报：社会科学版，2004，10（5）：8～11.

[37] 李登峰，张放，邱玲玲．三峡库区果园生态系统效益探析——以重庆市“黄新”移民高效生态农业产业带为例．中国生态农业学报，2004，12（3）：178～180.

[38] 李同升，马庆斌．观光农业景观结构与功能研究——以西安现代农业综合开发区为例．生态学杂志，2002，21（2）：77～80.

[39] 李团胜，肖笃宁．沈阳市城市景观结构分析．地理科学，2002，22（6）：717～723.

[40] 李孝坤．重庆三峡库区可持续农业发展中的生态环境约束与对策．中国水土保持，2004（7）：9～12.

[41] 李孝坤．重庆三峡库区水环境问题与保护对策探讨．水土保持研究，2005，12（4）：220～222.

[42] 李新通，朱鹤健．UCCO 镶嵌农林复合系统的可持续性研究．福建师范大学学报，1999，15（2）：101～108.

[43] 李新通．可持续农业景观生态规划与设计．地域研究与开发，2000，19（3）：5～9.

[44] 梁福庆，郑根保，张平．简论三峡库区移民开发的资源及环境可持续开发利用．水利经济，

2004，22（2）：54～58.

[45] 刘滨谊．风景景观工程体系化．北京：中国建筑工业出版社，1990.

[46] 刘峻德．三峡工程论．北京：中国环境科学出版社，1990.

[47] 刘荣波．三峡工程环境报告．北京：中国三峡出版社，1997.

[48] 刘天齐．环境保护．北京：化学工业出版社，1996.

[49] 刘信安，柳志祥．三峡库区消落带流域的生态重建技术分析．重庆师范大学学报：自然科学版，2004（2）：60～63.

[50] 鲁奇，曾磊，王国霞，任国柱．重庆城乡关联发展的空间演变分析及综合评价．中国人口·资源与环境，2004，14（2）：81～87.

[51] 陆雍森．环境评价．上海：同济大学出版社，1999.

[52] 毛文永．景观资源的评价与保护．环境科学研究，14（6）：54～56.

[53] 蒙吉军，申文明，吴秀芹．基于 RS/GIS 的三峡库区景观生态综合评价．北京大学学报：自然科学版，2005，41（2）：295～302.

[54] 缪吉伦，肖盛燮，彭凯．库岸再造机理及坍岸防治研究．重庆交通学院学报，2003，22（2）：124～126.

[55] 钮新强．三峡工程与可持续发展．北京：中国水利水电出版社，2003.

[56] 欧阳志云，王效科，苗鸿．中国生态环境敏感性及其区域差异规律研究．生态学报，2000，20（1）：9～12.

[57] 潘家铮．崛起在新世纪中国三峡工程．杭州：浙江科学技术出版社，1999.

[58] 潘开文，吴宁，潘开忠，陈庆恒．关于建设长江上游生态屏障的若干问题的讨论．生态学报，2004，24（3）：617～629.

[59] 齐实，莫建玲．流域景观的类型及其规划与设计．中国水土保持，2001（12）：15～18.

[60] 钱易．论三峡水库水污染的防治．科技导报，2004（3）：3～5.

[61] 任朝霞，何太蓉，葛兆帅．入世后三峡库区的可持续发展研究．长江流域资源与环境，2002，11（4）：314～316.

[62] 水利部，国家环境保护局，长江流域水资源保护局．长江三峡工程生态与环境问题．北京：科学出版社，1997.

[63] 苏维词．三峡库区消落带的生态环境问题及其调控．长江科学院院报，2004（2）：32～35.

[64] 孙凡，胡际权，冯沈萍．重庆三峡库区生态安全研究．中国生态农业学报，2003，11（4）：173～174.

[65] 唐璞．山地住宅建筑．北京：科学出版社，1994

[66] 王冰，朱农．21 世纪长江三峡库区的协调与可持续发展．武汉：武汉大学出版社，2002.

[67] 王川平．重庆·2001 三峡文物保护学术研讨会论文集．北京：科学出版社，2001.

[68] 王如松，周启星．城市生态调控方法．北京：气象出版社，2000.

[69] 王儒述．三峡工程的环境影响及其对策．长江流域资源与环境，2002，11（4）：317～322.

[70] 王锐，王仰麟，景娟．农业景观生态规划原则及其应用研究——中国生态农业景观分析．中国生态农业学报，2004，12（2）：1～4.

[71] 王顺克．三峡库区高效生态农业发展战略思路．2002（4）：13～17.

[72] 王顺克．三峡库区山地高效生态农业复合产业群的研究．西南农业大学学报，2001，23（2）：189～192.

[73] 王顺克．在三峡库区腹地设立“白帝城”市的战略思考．长江流域资源与环境，2002，11（5）：409～413.

[74] 王祥荣．生态与环境——城市可持续发展与生态环境调控新论．南京：东南大学出版社，2000.

[75] 王祥荣．生态建设论——中外城市生态建设比较分析．南京：东南大学出版社，2004.

[76] 王祥荣．国外城市绿地景观评析．南京：东南大学出版社，2003.

[77] 王晓俊．论风景旅游资源开发中的视觉影响问题．地理学与国土研究，1995（4）：50～55.

[78] 王仰麟，陈传康．论景观生态学在观光农业规划设计中的应用．地理学报，1998，53（12）：21～27.

[79] 王仰麟，韩荡．农业景观的生态规划与设计．应用生态学报，2000，11（2）：265～269.

[80] 王一鸣，蒋勇．重庆市城镇发展战略研究．北京：中国建筑工业出版社，2004.

[81] 吴刚，苏瑞平．三峡库区移民安置区生态农业发展模式的研究．应用生态学报，1998，9（6）：665～668.

[82] 吴良镛．关于人居环境科学，山水城市与建筑科学．北京：中国建筑工业出版社，1999.

[83] 吴玲玲，陆健健等．长江口湿地生态系统服务功能价值的评估．长江流域资源与环境，2003，12（5）：411～416.

[84] 吴佩林，鲁奇，张军岩．重庆市农村城镇化发展的实证分析．重庆建筑大学学报，2004，26（6）：6～12.

[85] 香港环境保护署．环境影响评估程序的技术备忘录．香港：香港环境保护署，1997.

[86] 肖笃宁，钟林生．景观分类与评价的生态原则．应用生态学报，1998，9（2）：217～221.

[87] 肖文发，雷静品．三峡库区森林植被恢复与可持续经营研究．长江流域资源与环境，2004，13（2）：138～144.

[88] 肖文发．长江三峡库区陆生动植物生态．重庆：西南师范大学出版社，2000.

[89] 肖玉，谢高地等．稻田生态系统气体调节功能及其价值．自然资源学报，2004，19（5）：617～623.

[90] 谢红勇，扈志洪．三峡库区消落带生态重建原则及模式研究．开发研究，2004（3）：36～39.

[91] 谢怀建，彭安玺．长江三峡两岸地质灾害治理应与景观建设有机结合．重庆建筑，2003（1）：14～16.

[92] 杨朝现，谢德体，陈荣蓉，陈晓燕．重庆市不同经济区耕地动态变化及其驱动力差异性分析．水土保持学报，2005，19（2）：171～174.

[93] 杨英宝，江南，苏伟忠，郑国强．RS 与 GIS 支持下的南京市景观格局动态变化研究．长江流域资源与环境，2005，14（1）：34～39.

[94] 余颖，陈炜．移民、迁建与“三农”问题——重庆三峡库区生态经济区城镇化调研报告．规划师，2003，19（12）：5～8.

[95] 俞孔坚．景观：文化、生态与感知．北京：科学出版社，1998.

[96] 曾辉，韶楠，郭庆华．珠江三角洲东部常平地区景观异质性研究．地理学报，1999，54（3）：255～262.

[97] 张慧，缪旭波，孙勤芳．景观生态学在农业景观生态规划中的应用．农村生态环境，2001，17（1）：29～32.

[98] 张舰，李浩．重庆三大经济区城镇化发展趋势及模式思考．重庆师范大学学报：自然科学版，2005，22（1）：66～69.

[99] 张金屯，邱扬，郑凤英．景观格局的数量研究方法．山地学报，2000，18（4）：346～352.

[100] 张莉，何丙辉，郑钦玉．三峡库区生态农业模式探讨．农业环境与发展，2003（3）：19～20.

[101] 张晟，刘景红，张全宁，黎莉莉，彭枫，高吉喜．三峡水库成库初期丰水期水环境化学特征．水土保持学报，2005，19（3）：118～121.

[102] 张智，兰凯，白占伟．蓄水后三峡库区重庆段污染负荷与时空分布研究．生态环境，2005，14（2）：185～189.

[103] 赵和生．城市规划与城市发展．南京：东南大学出版社，1999.

[104] 赵同谦，欧阳志云．中国草地生态系统服务功能间接价值评价．生态学报，2004，24（6）：1101～1110.

[105] 赵万民．三峡工程与人居环境建设．北京：中国建筑工业出版社，1999.

[106] 赵苑达．初始化与区域经济协调发展．北京：中国社会科学出版社，2003.

[107] 郑建国，李天斌，沈军辉，张志龙．李家大沟泥石流与三峡库区奉节县新城建设．水土保持通报，2005，25（3）：84～88.

[108] 重庆市旅游发展总体规划项目组．重庆市旅游发展总体规划．北京：海洋出版社，2001.

[109] 重庆市统计局．重庆统计年鉴，2005. 北京：中国统计出版社，2005.

[110] 周宝同，高明，谢德体，魏朝富．三峡库区移民安置区土地资源可持续利用限制因子分析．水土保持学报，2004，18（2）：133～136.

[111] 周建华．三峡库区城镇设计的生态学方法初探．规划师，2004，20（2）：32～33.

[112] 朱坦，闫玉虎，单春艳等．景观影响评价技术．中国环境科学，2000，20（1）：86～90.

[113] 左伟，周慧珍，王桥，李硕，张桂兰．区域生态安全综合评价与制图——以重庆市忠县为例．土壤学报，2004，41（2）：203－209.

附　　图

长江三峡库区（重庆段）沿江景观生态研究

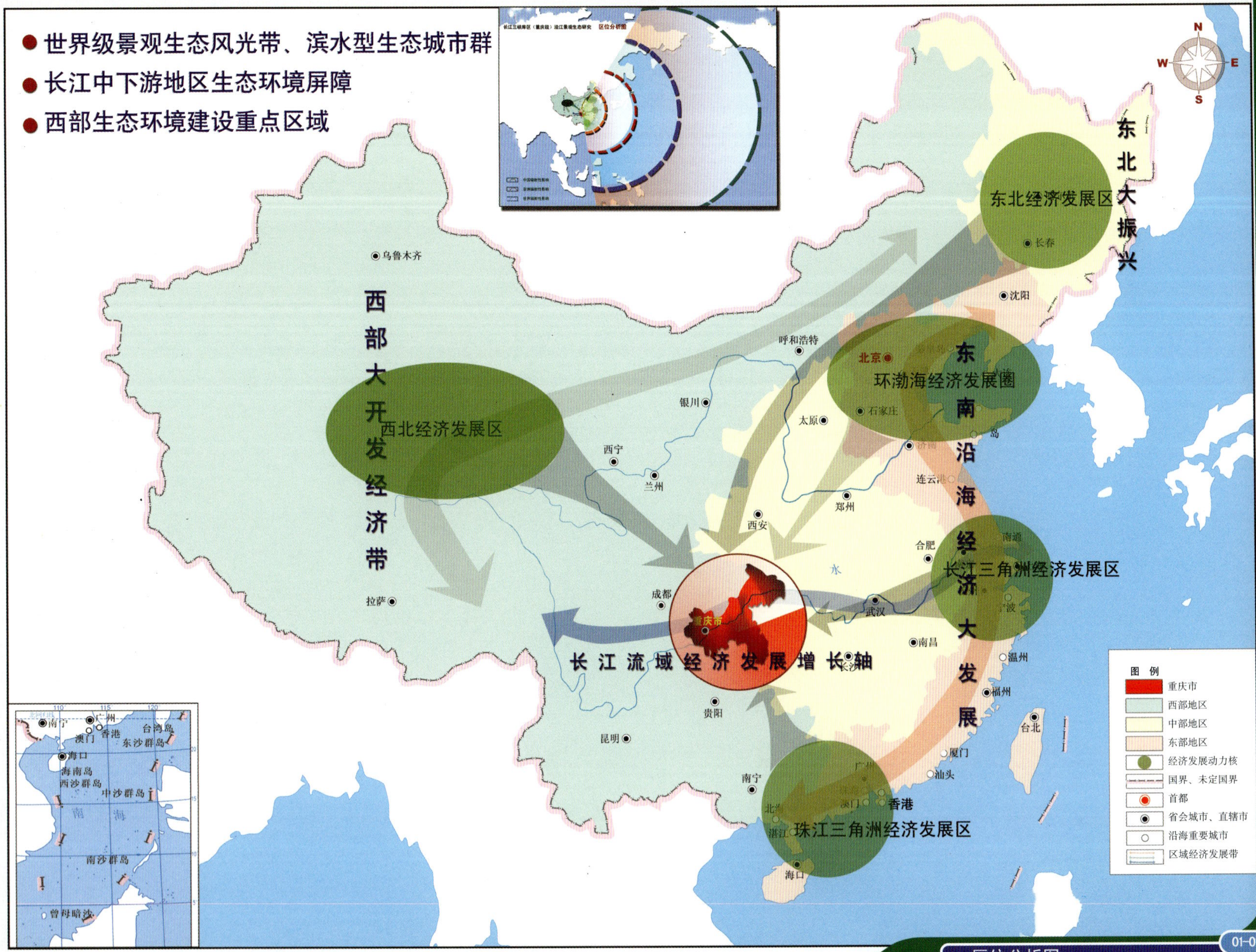

- 世界级景观生态风光带、滨水型生态城市群
- 长江中下游地区生态环境屏障
- 西部生态环境建设重点区域

长江三峡库区（重庆段）沿江景观生态研究
● 串珠状经济发展增长轴线
● 带状生态走廊两岸辐射式趋向
N
W
E
S
城口县
巫溪县
开县
梁平县
垫江县
潼南县
合川市
铜梁县
大足县
双桥区
荣昌县
沙坪
永川市
南川市
綦江县
万盛区
武隆县
黔江区
彭水苗族
土家族自治区
酉阳土家族
苗族自治区
秀山土家族
苗族自治区
城市中心市区
城市次中心
主要经济发展核
区域发展轴线
发展趋向
研究区域区位分析
01-01-02
复旦大学城市生态规划与设计研究中心
2005.11

沿江重点研究范围与研究区域行政区划

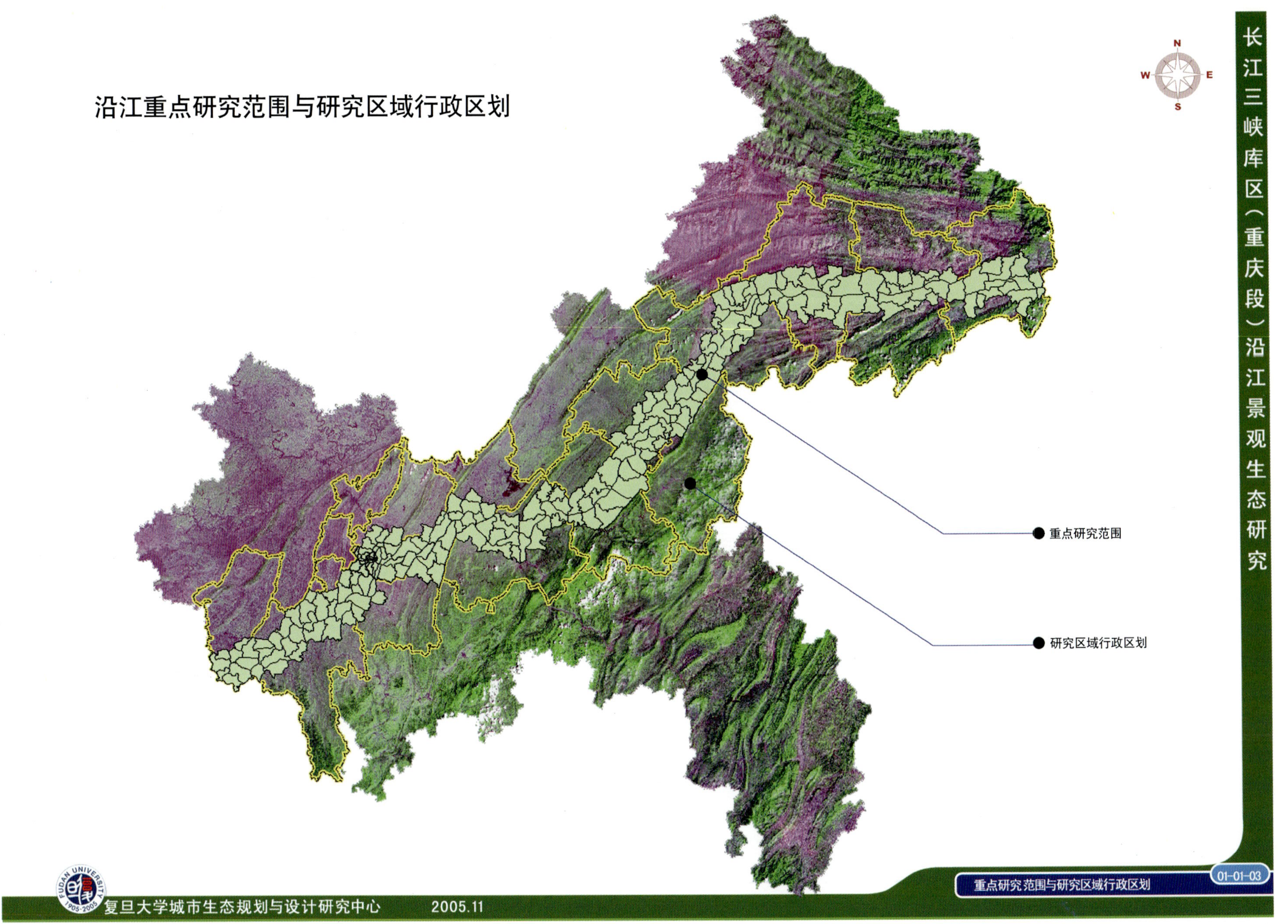

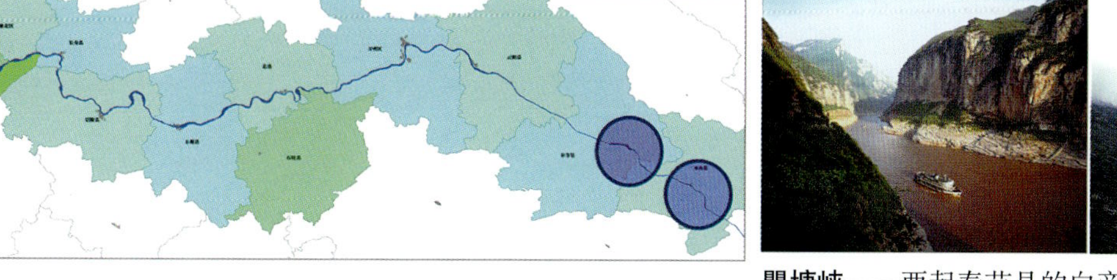

瞿塘峡——西起奉节县的白帝城，东至巫山县的大（黛）溪镇，全长8km，是长江三峡中最短、最狭，而景色、气势最为雄奇壮观的峡。

巫峡——整个峡谷以幽深秀丽著称，两岸青山不断，群峰如屏，时而大山当前，石塞疑无路，忽而峰回路转，云开别有天。

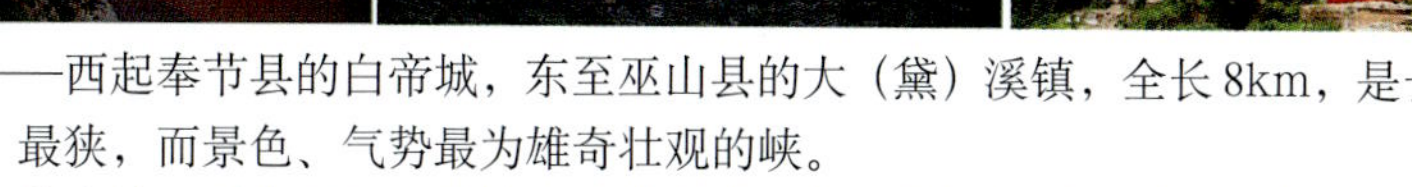

中游的莱茵河谷段，从德国的美因兹（Mainz）到科布伦茨（Koblenz）之间，两岸悬崖耸立，山谷陡峭，沿途有壮观的葡萄园、高耸入云的岩峰，点缀着无数罗马时代的古堡，其人文景观独具特色，与众不同，文物保护专家们认为它应该在联合国教科文组织的特殊保护之下得到维护和发展。

莱茵河与长江三峡（重庆段）的比较——类似的峡谷景观及文化古迹

长江三峡两岸陡崖对峙，具有深切的河谷，雄伟的峡姿，是世界上大江大河中行船观看大峡谷的最长峡谷，也是“峡感”最好的河段，山峻峰秀、峡幽壁峭。

长江三峡水利枢纽，是当今世界上最大的水利枢纽工程，已被列为全球超级工程之一。它是一个具有防洪、发电、航运等多开发目标的大型水利水电工程。

密西西比河上一些水电工程为控制密西西比河的泛滥发挥了巨大的作用，同时改善了当地的经济状况。以防洪与航运为主要目的的治理工作对生态环境造成巨大的影响。

密西西比河是美国南北航运的大动脉。

在明尼阿波利斯附近，河流流经1.2km长的峡谷急流带，落差19.5m，形成著名的圣安东尼瀑布。

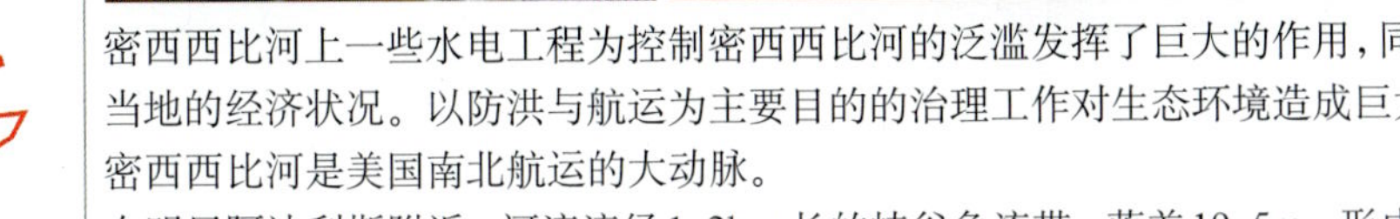

密西西比河与长江三峡（重庆段）的比较——类似的水利工程

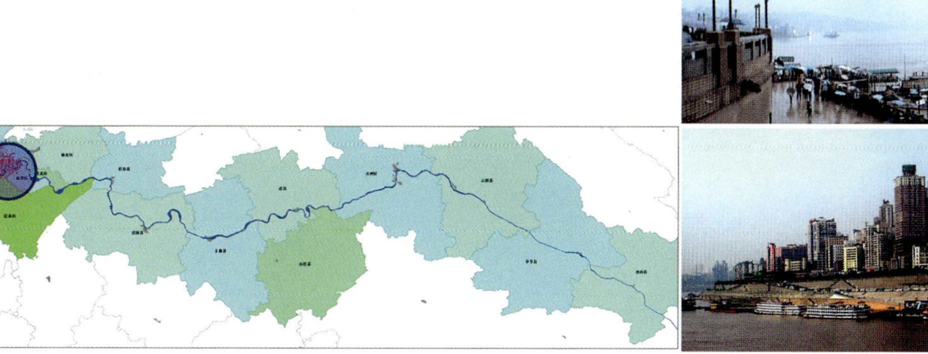

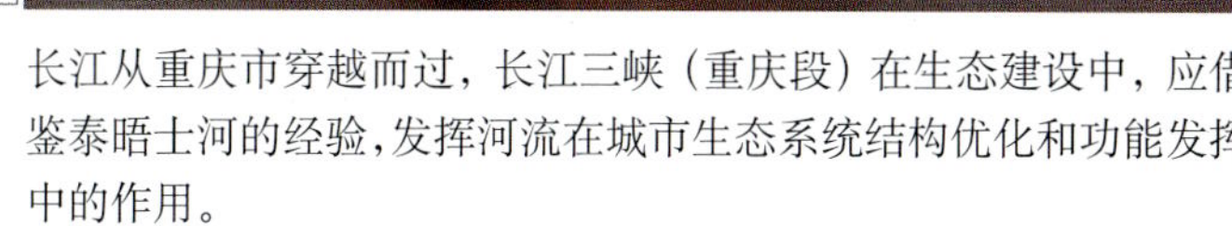

长江从重庆市穿越而过，长江三峡（重庆段）在生态建设中，应借鉴泰晤士河的经验，发挥河流在城市生态系统结构优化和功能发挥中的作用。

泰晤士河是伦敦市及其西部郊区和牛津等地的主要水源，是繁忙而兼具多种功能的城市河流，是英国境内最长也是最重要的水路。泰晤士河的入海口充满了英国的繁忙商船，然而其上游的河道则以其静态之美而著称于世。

泰晤士河与长江三峡（重庆段）的比较——类似的区位条件

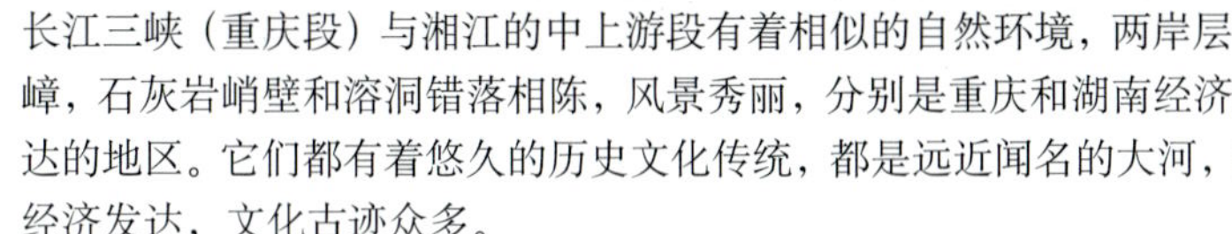

长江三峡（重庆段）与湘江的中上游段有着相似的自然环境，两岸层峦叠嶂，石灰岩峭壁和溶洞错落相陈，风景秀丽，分别是重庆和湖南经济最发达的地区。它们都有着悠久的历史文化传统，都是远近闻名的大河，沿岸经济发达，文化古迹众多。

湘江与长江三峡（重庆段）的比较——类似的区位条件与自然景观

沿江景观建设生态敏感度评价

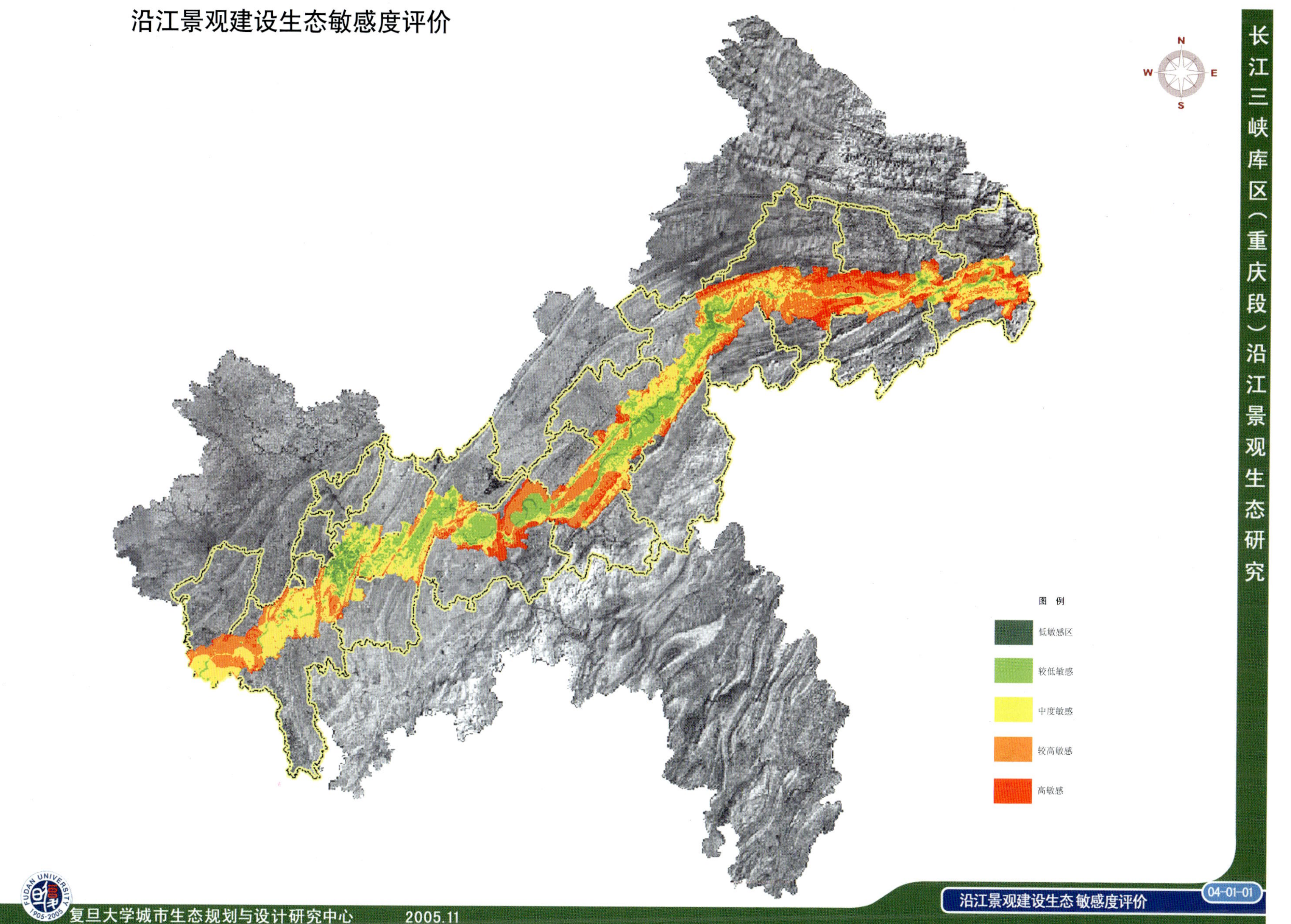

沿江景观生态建设综合适宜度评价

沿江生态功能区划

Ⅰ 库区西部平行岭谷丘陵低山生态区	
Ⅰ1 农业生态亚区	Ⅰ1-1 江津西部中度水土流失治理区
	Ⅰ1-2 朱沱—石镇—滩盘低丘陵生态农业区
	Ⅰ1-3 江津中部低丘陵生态农业区
Ⅰ2 森林与农业生态亚区	Ⅰ2-1 长冲—享堂水土保持涵养区
	Ⅰ2-2 江津—九龙坡水土保持涵养区
	Ⅰ2-3 巴南—长寿水土保持与农业复合经营区
	Ⅰ2-4 涪陵水土保持与农业复合经营区
	Ⅰ2-5 涪陵水土保持涵养区
Ⅰ3 城镇发展亚区	Ⅰ3-1 江津城市生态建设区
	Ⅰ3-2 重庆主城生态建设区
	Ⅰ3-3 长寿城市生态建设区
	Ⅰ3-4 涪陵城市生态协调区
Ⅰ4 生态退化与重建区	Ⅰ4-1 石沱—但渡中度水土流失治理区
	Ⅰ4-2 珍溪—百胜中度水土流失治理区

Ⅱ 库区中部平行岭谷丘陵低山生态区	
Ⅱ1 生态退化及重建区	Ⅱ1-1 丰都—忠县沿江重度水土流失治理区
	Ⅱ1-2 万州—云阳农林复合经营与重度水土流失控制区
	Ⅱ1-3 双路镇—高家镇农业中度水土流失治理区
Ⅱ2 农业生态亚区	Ⅱ2-1 丰都—忠县低丘陵生态农业区
	Ⅱ2-2 忠县—万州中度水土流失控制区
Ⅱ3 森林生态亚区	Ⅱ3-1 双路镇—高家镇水土涵养区
	Ⅱ3-2 忠县—万州农林复合经营与中度水土流失治理区
	Ⅱ3-3 丰都水土涵养区
Ⅱ4 移民城镇发展亚区	Ⅱ4-1 丰都移民城镇生态建设区
	Ⅱ4-2 忠县移民城镇生态建设区
	Ⅱ4-3 万州移民城市生态建设区
	Ⅱ4-4 云阳移民城镇生态建设区

Ⅲ 库区东部低山中山峡谷生态区	
Ⅲ1 生态退化及重建区	Ⅲ1-1 云阳沿江南岸森林生态恢复与重度水土流失治理区
	Ⅲ1-2 云阳沿江北岸森林生态恢复与重度水土流失治理区
Ⅲ2 森林生态亚区	Ⅲ2-1 云阳—奉节水土涵养与森林生态恢复区
	Ⅲ2-2 巫山巫峡水土涵养生态区
	Ⅲ2-3 巫山巫峡中度及重度水土流失治理区
	Ⅲ2-4 奉节—巫山水土涵养与森林生态恢复区
Ⅲ3 农业与移民城镇发展亚区	Ⅲ3-1 奉节移民城镇生态建设区
	Ⅲ3-2 巫山移民城镇生态建设区

沿江景观生态格局构建

城市
多样性保护源
市镇
沿江景观生态带
市镇缓冲区
流域生态走廊
辐射区域

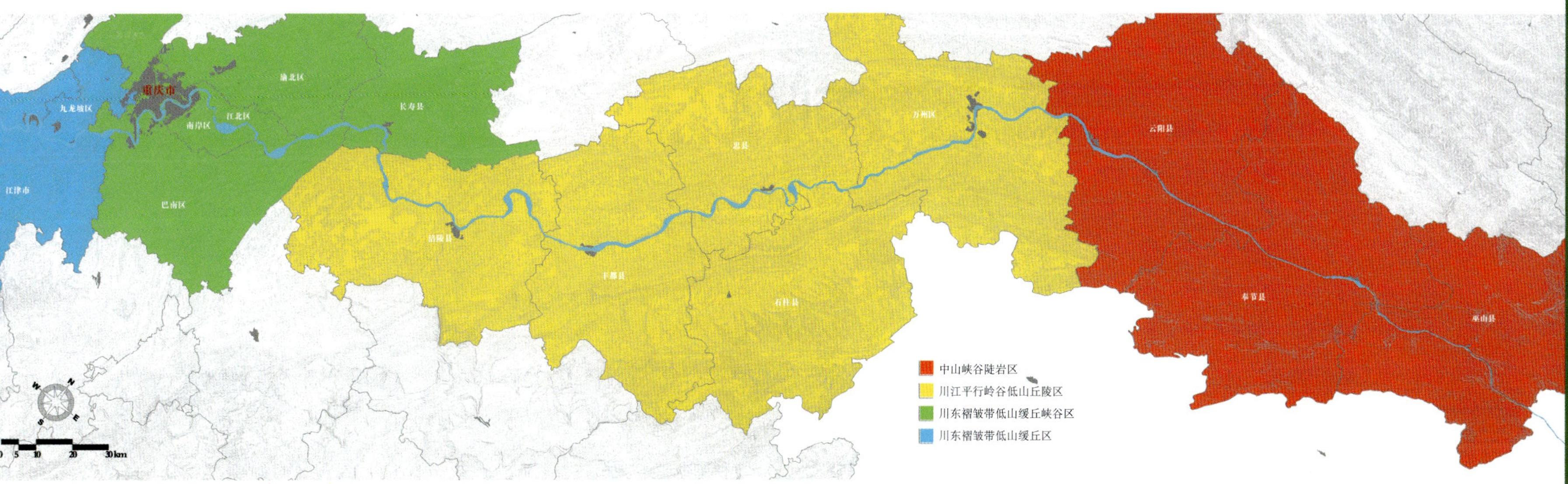

江津——重庆都市区（中梁山猫儿峡）：川东褶皱带低山缓丘区
重庆都市区——涪陵（黄草山黄草峡）：川东褶皱带低山缓丘峡谷区
涪陵——万州：川江平行岭谷低山丘陵区
万州以下：中山峡谷陡岩区

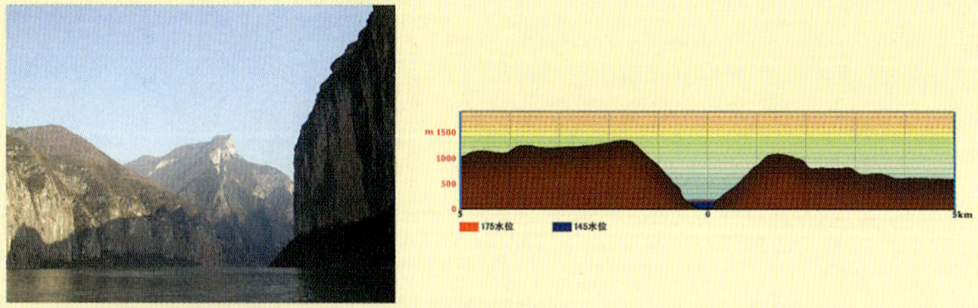

夹景—瞿塘峡 3

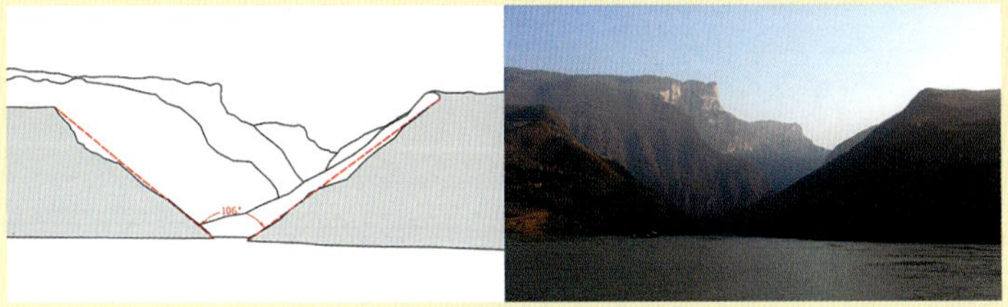

框景

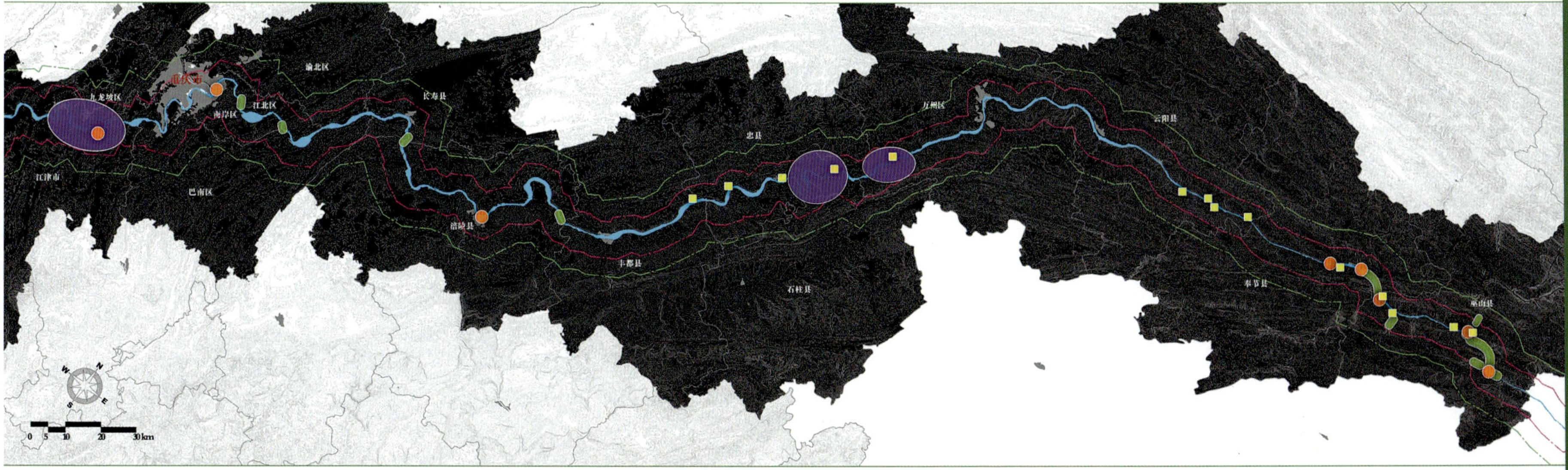

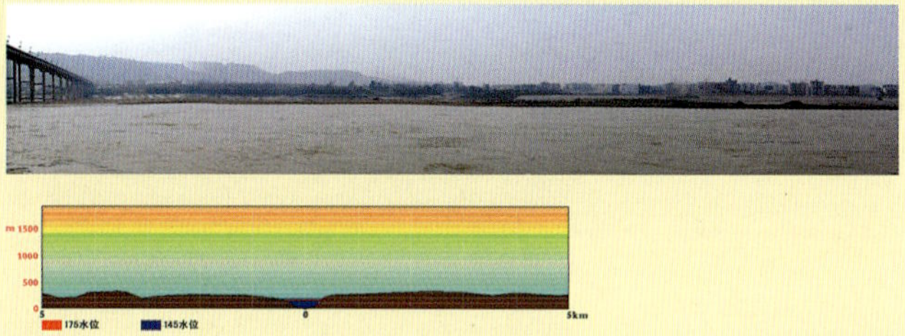

敞景—江津市

对景—长江、神女溪

图例：
- 长江
- 10km 范围线
- 5km 范围线
- 夹景
- 敞景
- 对景
- 框景

特色空间序列分析图

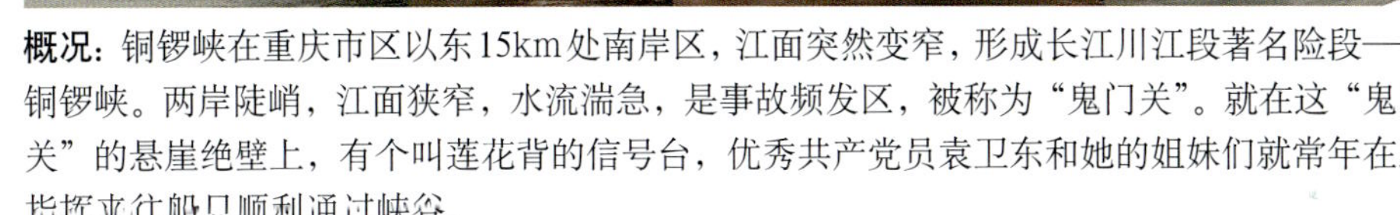

概况：铜锣峡在重庆市区以东15km处南岸区，江面突然变窄，形成长江川江段著名险段——铜锣峡。两岸陡峭，江面狭窄，水流湍急，是事故频发区，被称为“鬼门关”。就在这“鬼门关”的悬崖绝壁上，有个叫莲花背的信号台，优秀共产党员袁卫东和她的姐妹们就常年在此指挥来往船只顺利通过峡谷。

145m水位的景观效果：$D:H=1:2.0$，右岸坡度72%，左岸坡度96%，峡感一般；江面右侧视角29～39°，产生高远感，左侧视角34～48°，产生高大感。

175m水位的景观效果：$D:H=1:1.37$，右岸坡度69%，左岸坡度90%，峡感一般；江面右侧视角26～33°，产生高远感，左侧视角30～39°，产生高远感。

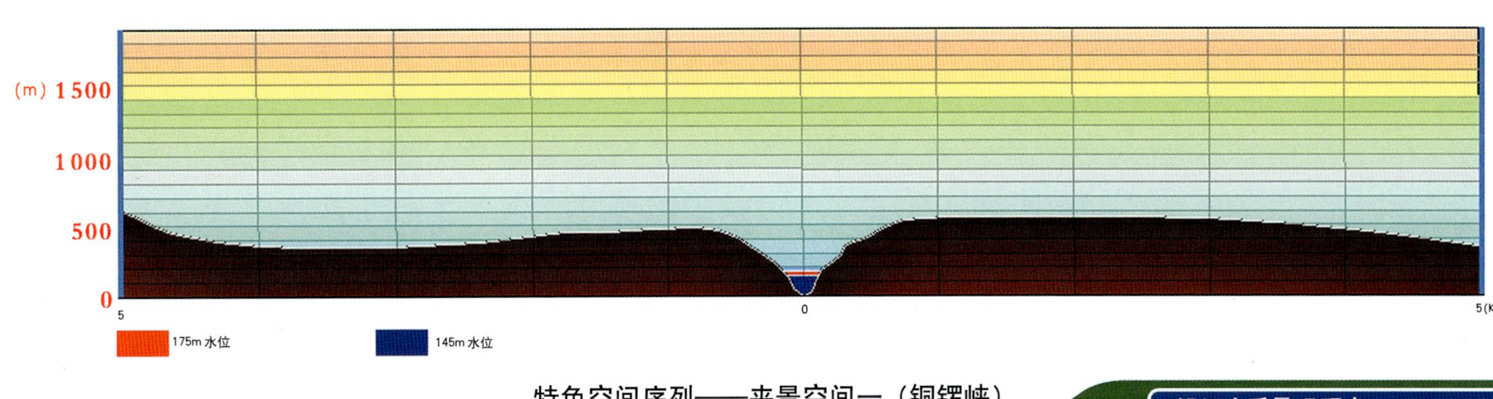

特色空间序列——夹景空间一（铜锣峡）

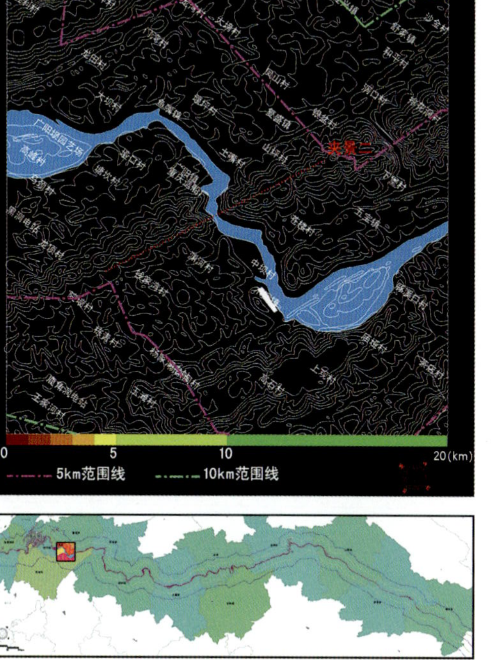

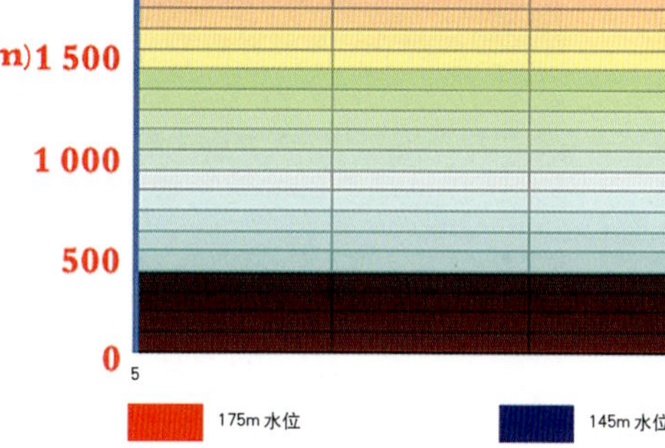

概况：夹景二位于重庆市南岸区，隶属于长江北岸的土嘴村、仓楼村和长江南岸的广阳镇、渊河村。

145m水位的景观效果：$D:H$=1∶1.2，右岸坡度75%，左岸坡度34%，峡感弱；江面右侧视角26～39°，产生高远感，左侧视角14～24°，产生平远感。

175m水位的景观效果：$D:H$=1∶0.4，右岸坡度73%，左岸坡度32%，峡感弱；江面右侧视角23～32°，产生高远感，左侧视角12～16°，产生平远感。

特色空间序列——夹景空间二

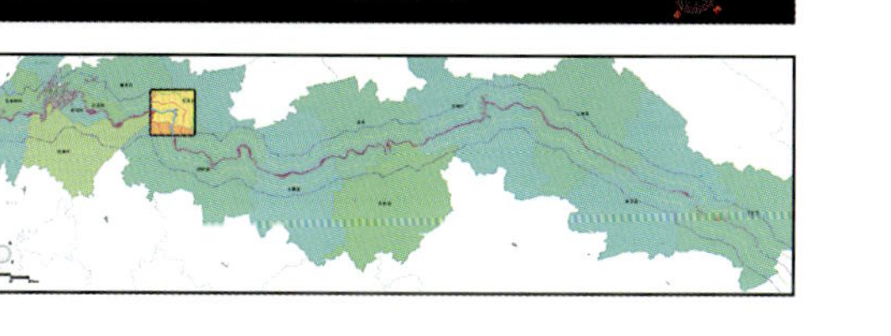

概况：黄草峡位于长寿区，隶属于长江北岸铁厂村、深宅村和长江南岸的锯梁村，其南口江面只有250m宽，江心礁石横生，江流奔腾澎湃，可谓三峡之前奏。

145m水位的景观效果：$D:H=1:1.5$，右岸坡度41%，左岸坡度53%，峡感弱；江面右侧视角18～22°，产生平远感，左侧视角23～28°，产生平远感。

175m水位的景观效果：$D:H=1:1.2$，右岸坡度40%，左岸坡度52%，峡感弱；江面右侧视角17～20°，产生平远感，左侧视角21～26°，产生平远感。

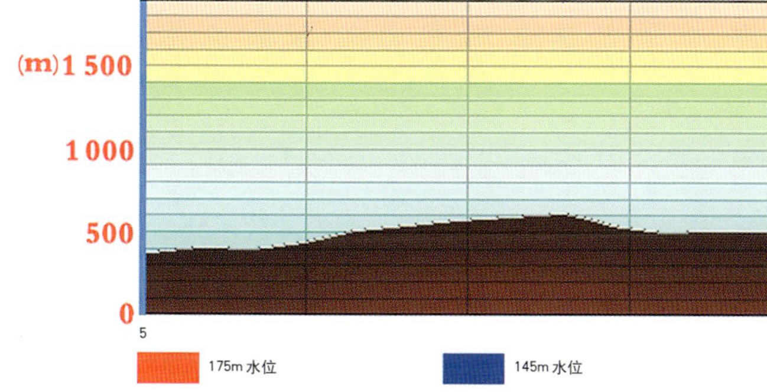

特色空间序列——夹景空间三（黄草峡）

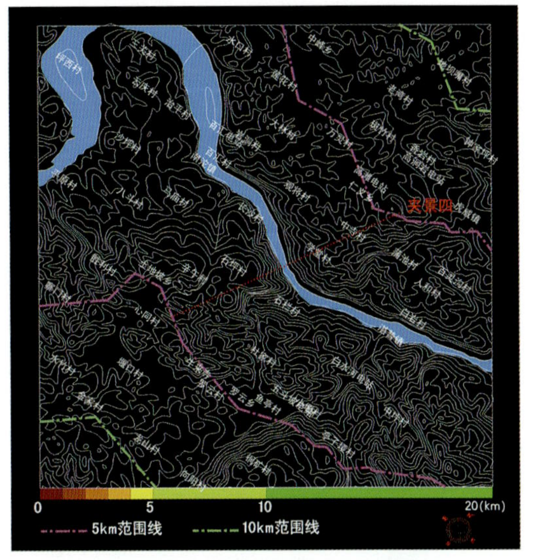

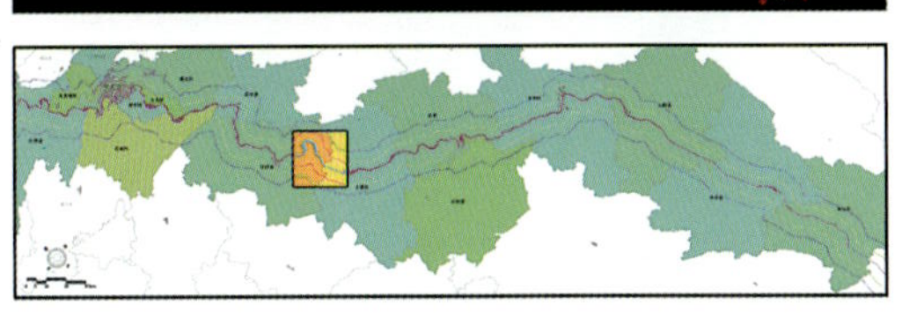

概况：夹景四位于涪陵区，隶属于长江北岸学堂村、石坪村和长江南岸的石栏村。

145m水位的景观效果：D:H=1∶1.3，右岸坡度53%，左岸坡度31%，峡感弱；江面右侧视角21～41°，产生高远感，左侧视角13～18°，产生平远感。

175m水位的景观效果：D:H=1∶1.0，右岸坡度50%，左岸坡度30%，峡感弱；江面右侧视角19～30°，产生高远感，左侧视角11～14°，产生平远感。

特色空间序列——夹景空间四

概况：瞿塘峡为长江三峡之首，西起奉节县的白帝城，东至巫山县的大(黛)溪镇，全长8km，是长江三峡中最短、最狭，而景色、气势最为雄奇壮观的峡。两岸山峰与江面的相对高差达1 000～1 500m，陡峭如壁，拔地而起，形成一幅"瞿塘雄伟天下状"的画卷，"白盐赤甲俱刺天，闾阎缭绕接山巅"。

第一段

145m水位的景观效果：$D:H$=1:3.23，右岸坡度46%，左岸坡度81%，峡感强；江面右侧视角23～32°，产生高远感，左侧视角17～47°，产生高人感。

175m水位的景观效果：$D:H$=1:2.7，右岸坡度45%，左岸坡度60%，峡感强；江面右侧视角23～28°，产生高远感，左侧视角11～29°，产生高远感。

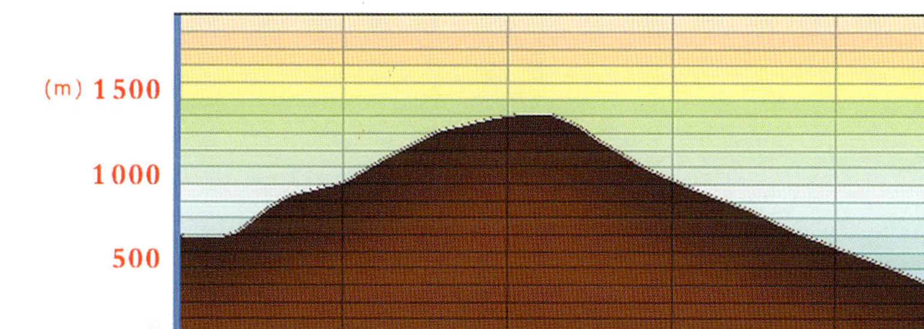

特色空间序列——夹景空间五（瞿塘峡1）

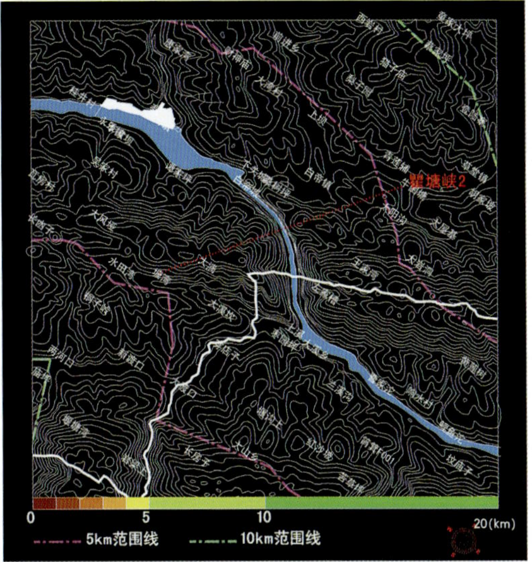

瞿塘峡

第二段

145m水位的景观效果：D:H=1:4.9，右岸坡度112%，左岸坡度133%，峡感强；江面右侧视角37～55°，产生宏伟感，左侧视角38～56°，产生宏伟感。

175m水位的景观效果：D:H=1:4.3，右岸坡度105%，左岸坡度126%，峡感强；江面右侧视角33～47°，产生高大感，左侧视角35～49°，产生高大感。

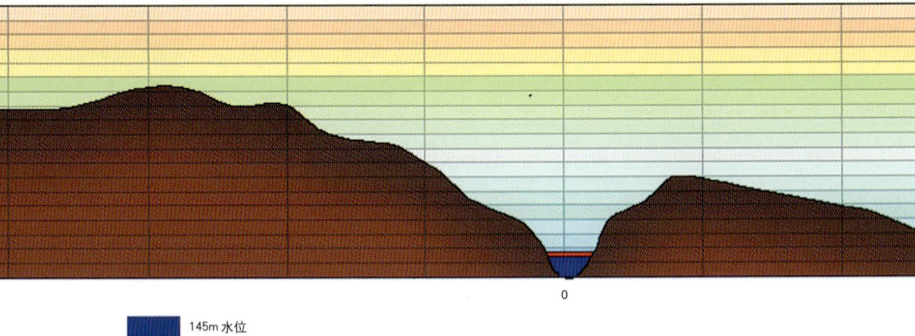

特色空间序列——夹景空间五（瞿塘峡2）

瞿塘峡

第三段

145m水位的景观效果：$D:H$=1:2.4，右岸坡度101%，左岸坡度84%，峡感强；江面右侧视角36～48°，产生高大感，左侧视角36～39°，产生感高远。

175m水位的景观效果：$D:H$=1:2.1，右岸坡度102%，左岸坡度84%，峡感强；江面右侧视角37～44°，产生高大感，左侧视角35～39°，产生高远感。

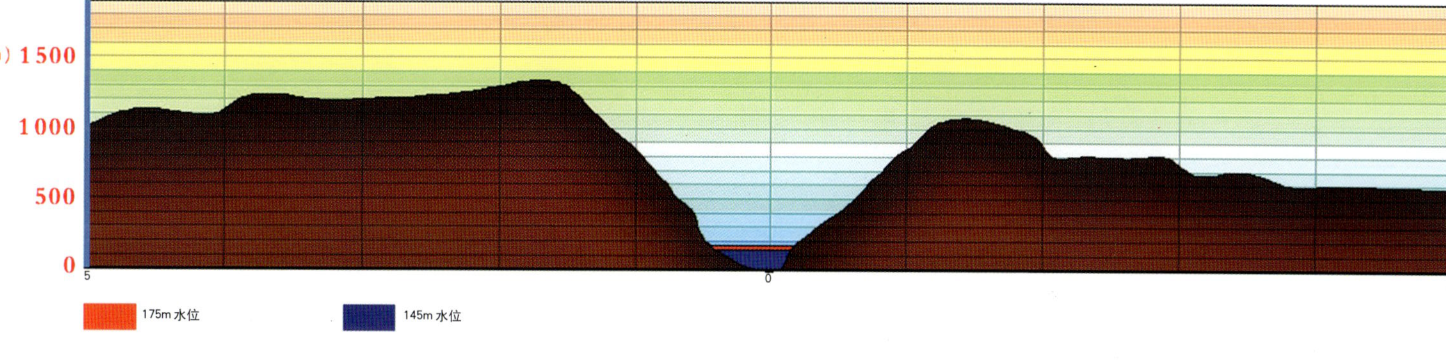

特色空间序列——夹景空间五（瞿塘峡3）

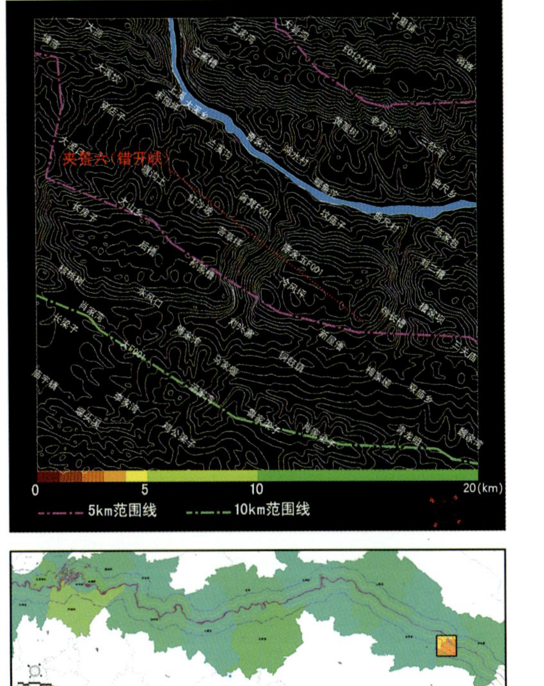

概况：出了巫峡，进入瞿塘峡不远处，在大溪镇下游不远的长江南岸，有几座山岩对错着，山的峰顶是尖尖的，颜色是黑沉沉的，名曰对错山高入云端的峰峦，这就是神话传说中的错开峡。

145m水位的景观效果：D∶H=1∶5.5，右岸坡度116%，左岸坡度114%，峡感特强；江面右侧视角46～61°，产生宏伟感，左侧视角46～60°，产生宏伟感。

175m水位的景观效果：D∶H=1∶5.0，右岸坡度113%，左岸坡度113%，峡感特强；江面右侧视角45～56°，产生高大感，左侧视角45～54°，产生高大感。

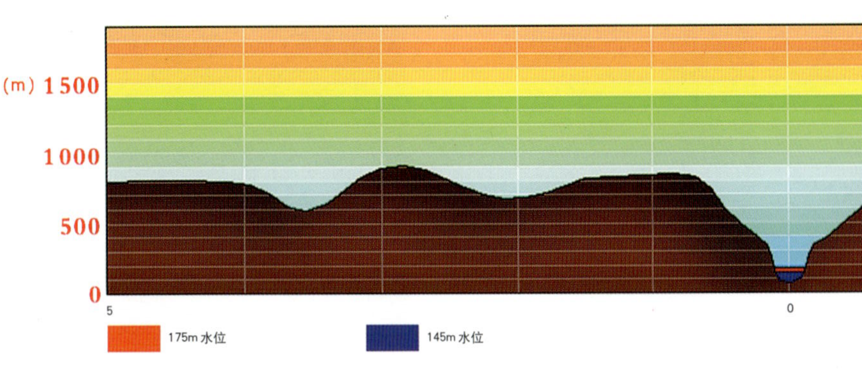

特色空间序列——夹景空间六（错开峡）

概况 长江干流，巫山县城东，西起巫山县大宁河口，东至湖北省巴东县官渡口，绵延40km。整个峡谷以幽深秀丽著称。两岸青山不断，群峰如屏，时而大山当前，石塞疑无路，忽而峰回路转，云开别有天。北魏郦道元在《水经注》里描绘到："两岸连山，略无阙处，重岩叠嶂，隐天蔽日，自非亭午夜分，不见曦月"，宛如迂回曲折的画廊。

第一段

145m水位的景观效果：$D:H$=1:2.64，右岸坡度72%，左岸坡度130%，峡感强；江面右侧视角33～45°，产生高大感，左侧视角38～60°，产生宏伟感。

175m水位的景观效果：$D:H$=1:2.4，右岸坡度71%，左岸坡度126%，峡感强；江面右侧视角32～38°，产生高远感，左侧视角36～57°，产生宏伟感。

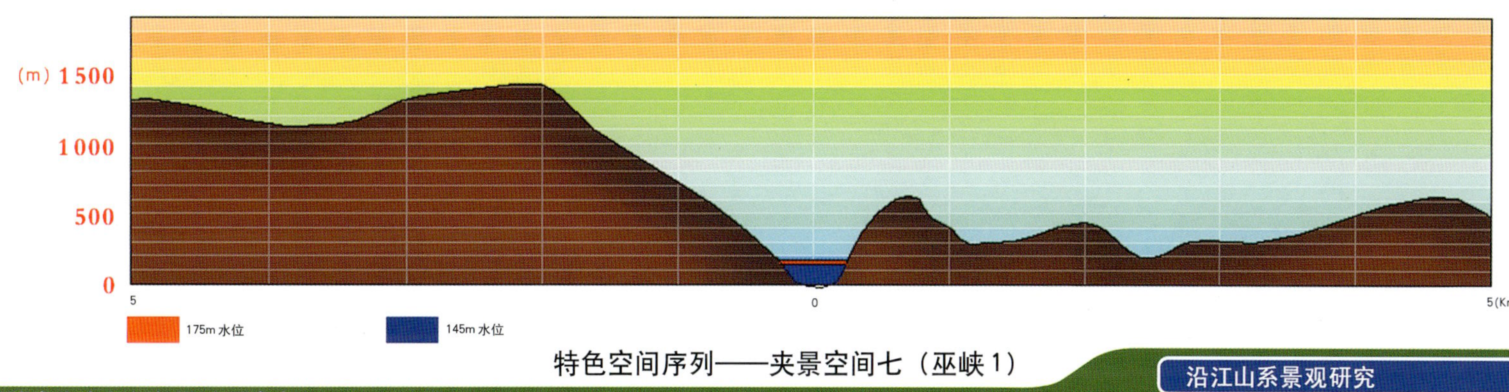

特色空间序列——夹景空间七（巫峡1）

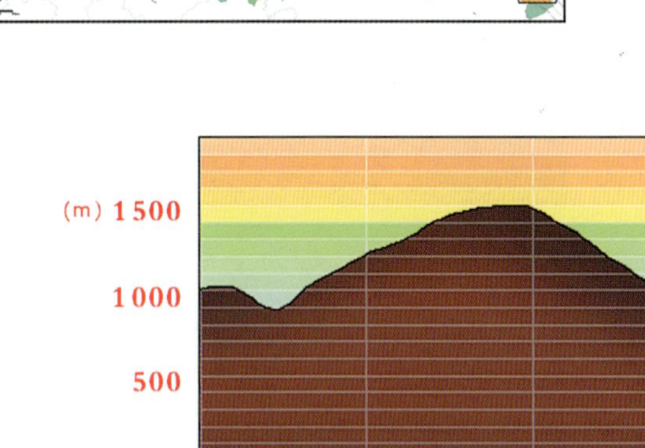

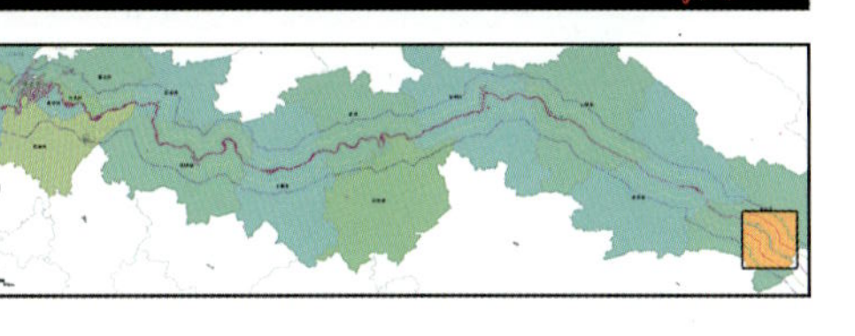

巫峡

第二段

145m水位的景观效果：$D:H=1:2.2$，右岸坡度85%，左岸坡度147%，峡感强；江面右侧视角31～73°，产生崇高感，左侧视角45～72°，产生崇高感。

175m水位的景观效果：$D:H=1:2.0$，右岸坡度84%，左岸坡度149%，峡感强；江面右侧视角30～33°，产生高远感，左侧视角44～70°，产生崇高感。

(m) 1 500
1 000
500
0
5
0
5(Km)
175m 水位
145m 水位

特色空间序列——夹景空间七（巫峡 2）

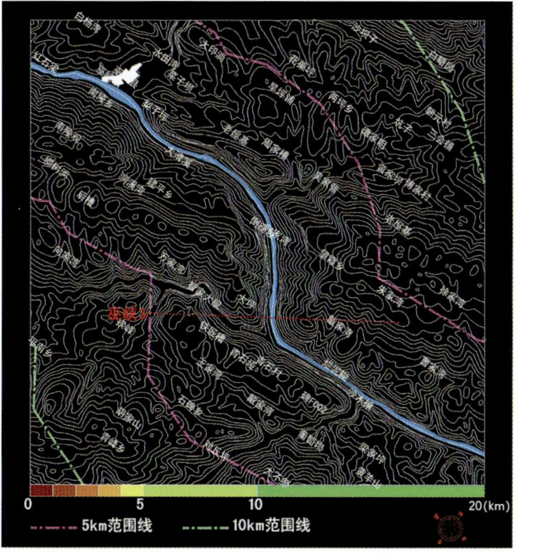

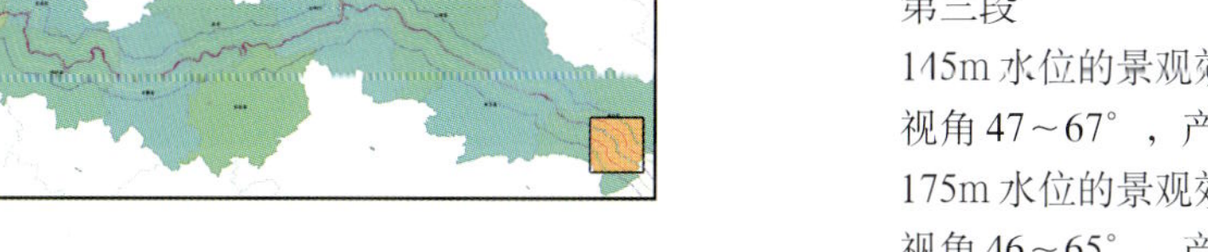

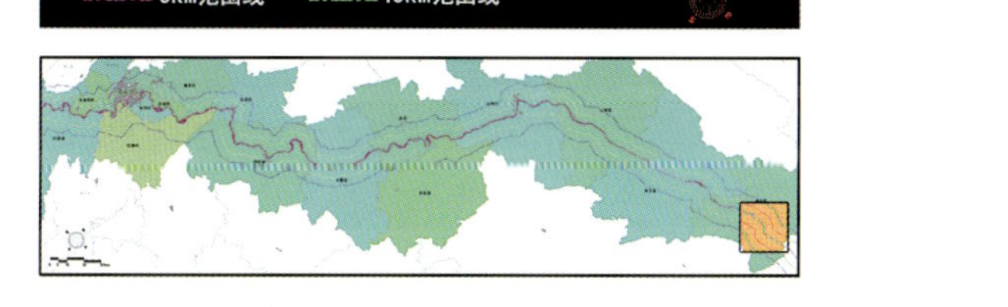

巫峡

第三段

145m水位的景观效果．$D:H$=1∶3.2，右岸坡度94%，左岸坡度141%，峡感强；江面右侧视角47～67°，产生宏伟感，左侧视角36～44°，产生高大感。

175m水位的景观效果：$D:H$=1∶2.6，右岸坡度96%，左岸坡度142%，峡感强；江面右侧视角46～65°，产生宏伟感，左侧视角35～43°，产生高大感。

(m) 1500
1000
500
0
5　0　5(Km)
175m水位　145m水位

特色空间序列——夹景空间七（巫峡3）

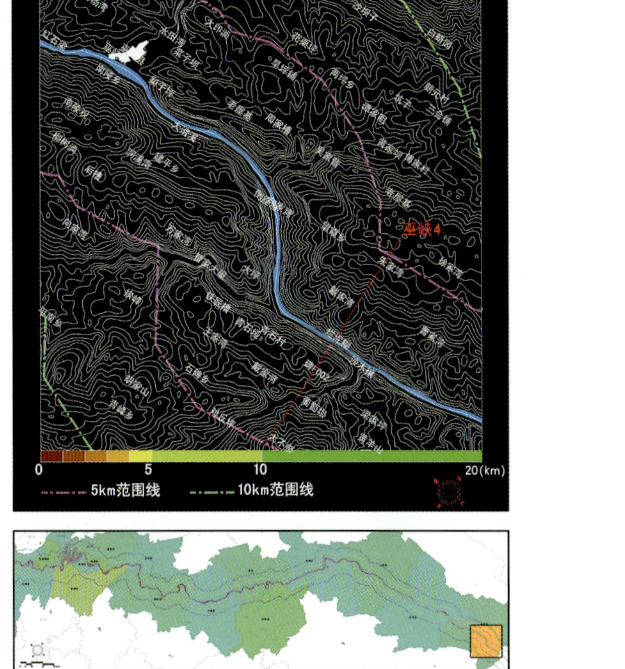

巫峡

第四段

145m水位的景观效果：$D:H=1:3.8$，右岸坡度103%，左岸坡度139%，峡感强；江面右侧视角37～64°，产生宏伟感，左侧视角41～59°，产生宏伟感。

175m水位的景观效果：$D:H=1:3.4$，右岸坡度98%，左岸坡度142%，峡感强；江面右侧视角35～47°，产生高大感，左侧视角39～57°，产生宏伟感。

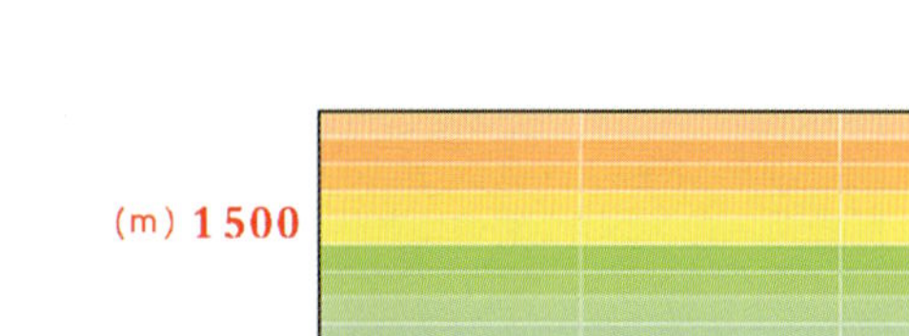

特色空间序列——夹景空间七（巫峡4）

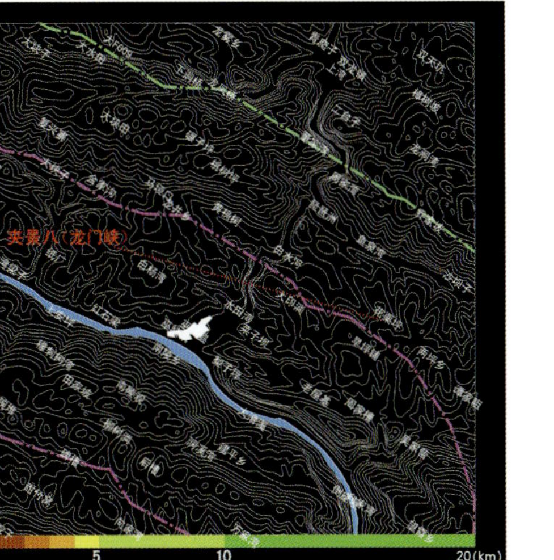

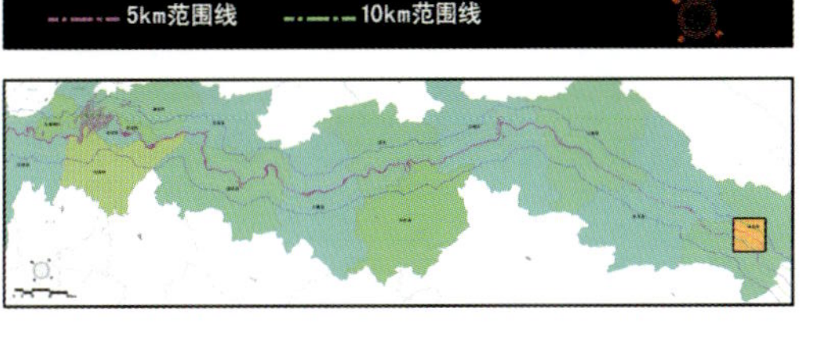

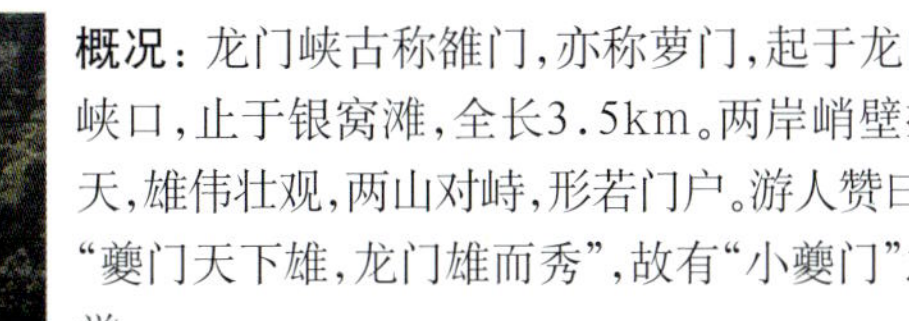

概况：龙门峡古称雒门，亦称萝门，起于龙门峡口，止于银窝滩，全长3.5km。两岸峭壁插天，雄伟壮观，两山对峙，形若门户。游人赞曰："夔门天下雄，龙门雄而秀"，故有"小夔门"之誉。

145m水位的景观效果：D:H=1:2.4，右岸坡度191%，左岸坡度148%，峡感强；江面右侧视角43～64°，产生宏伟感，左侧视角45～66°，产生宏伟感。

175m水位的景观效果：D:H=1:2.0，右岸坡度196%，左岸坡度140%，峡感强；江面右侧视角38～59°，产生宏伟感，左侧视角42～54°，产生高大感。

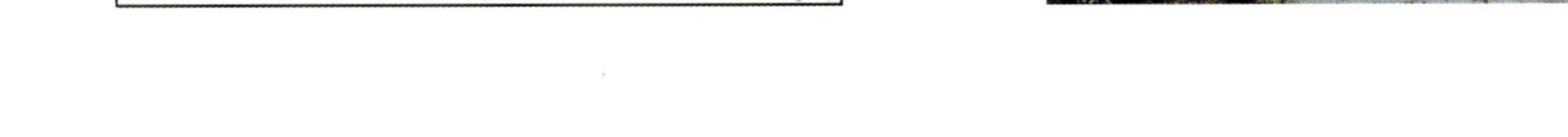

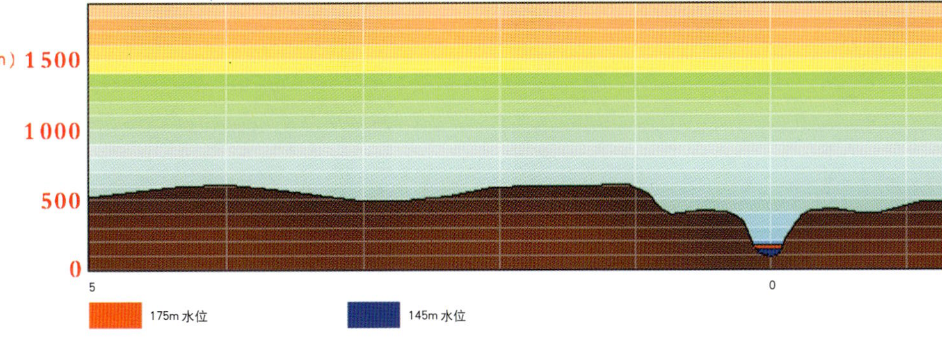

特色空间序列——夹景空间八（龙门峡）

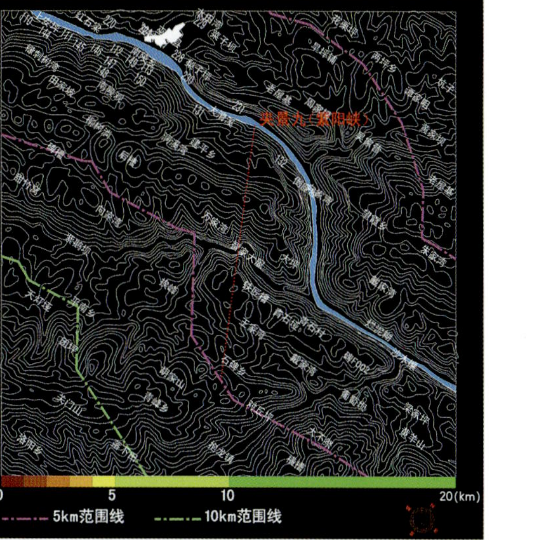

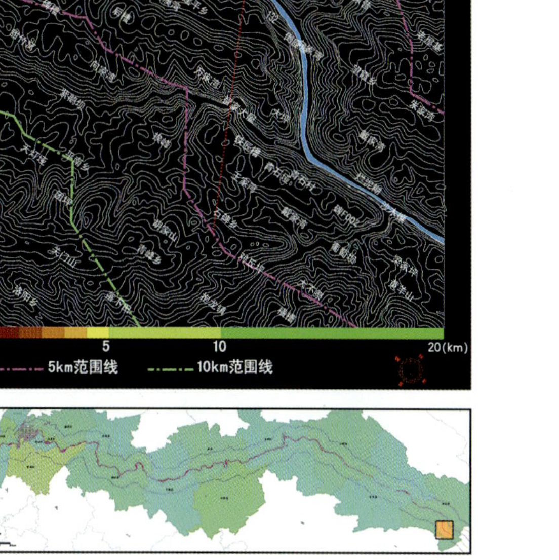

概况：紫阳河峡谷的自然景观资源丰富多彩，景点相对集中，其中神女峰早已闻名天下，溪内峡谷不仅有巫山十二峰中羞于向世人露面的飞凤、起云、上升三峰，而且山水相间，巴山云雨，恰似“世外桃源”。而两岸的景点神奇怪异，精致玲珑，峻峰戟列，石柱林立，瀑布帛悬，渊潭棋布，若人若物，如禽如兽，千姿百态，各施其巧。

145m水位的景观效果：$D:H=1:6.8$，右岸坡度194%，左岸坡度202%，峡感特强；江面右侧视角52～64°，产生宏伟感，左侧视角54～65°，产生宏伟感。

175m水位的景观效果：$D:H=1:5.7$，右岸坡度212%，左岸坡度207%，峡感特强；江面右侧视角49～61°，产生宏伟感，左侧视角51～62°，产生宏伟感。

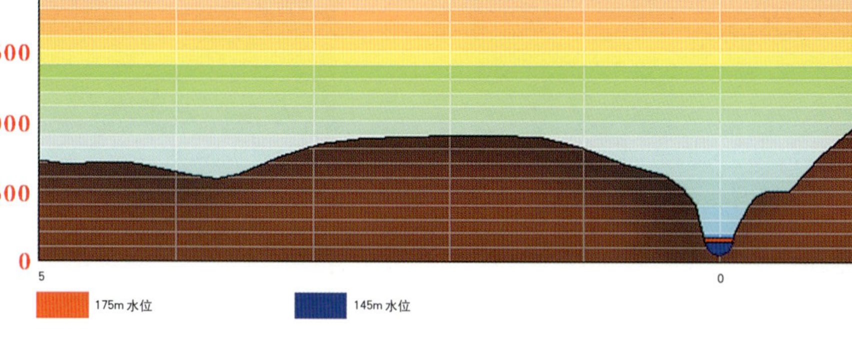

特色空间序列——夹景空间九（紫阳峡）

江津段

145m水位的景观效果：D:H=3.8:1，空间开阔，具有较好的视景关系；江面右侧视角5～17°，产生广阔宁静感，左侧视角12～39°，产生广阔宁静感。

175m水位的景观效果：D:H=6.0:1，空间开阔，具有较好的视景关系；江面右侧视角3～5°，产生广阔宁静感，左侧视角8～21°，产生广阔宁静感。

特色空间序列——敞景空间一（江津段）

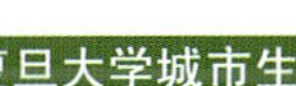

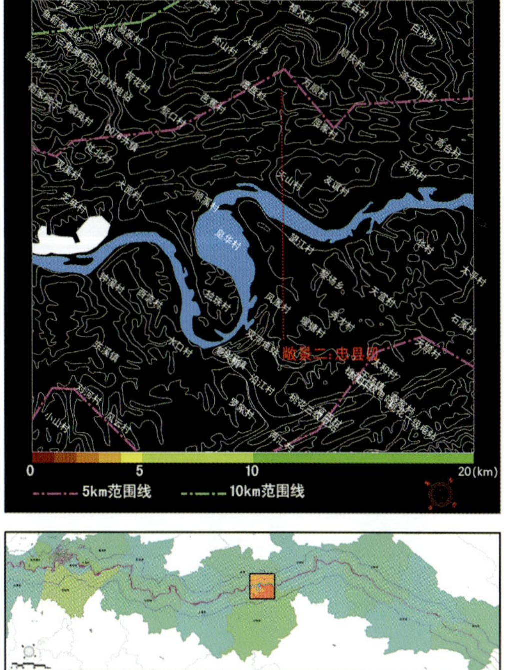

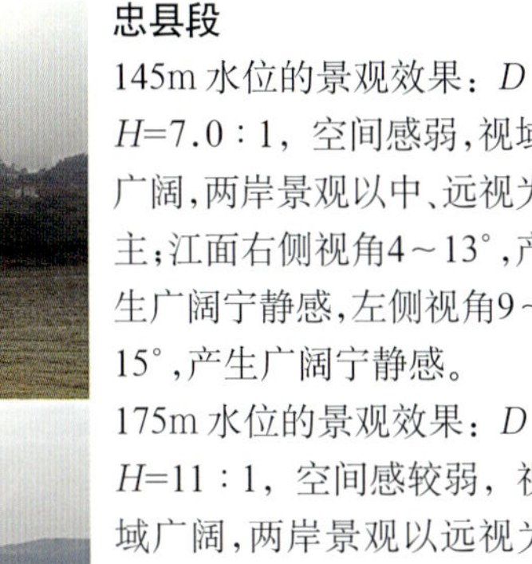

忠县段

145m水位的景观效果：$D:H$=7.0∶1，空间感弱，视域广阔，两岸景观以中、远视为主；江面右侧视角4～13°，产生广阔宁静感，左侧视角9～15°，产生广阔宁静感。

175m水位的景观效果：$D:H$=11∶1，空间感较弱，视域广阔，两岸景观以远视为主；江面右侧视角2～4°，产生广阔宁静感，左侧视角8～13°，产生广阔宁静感。

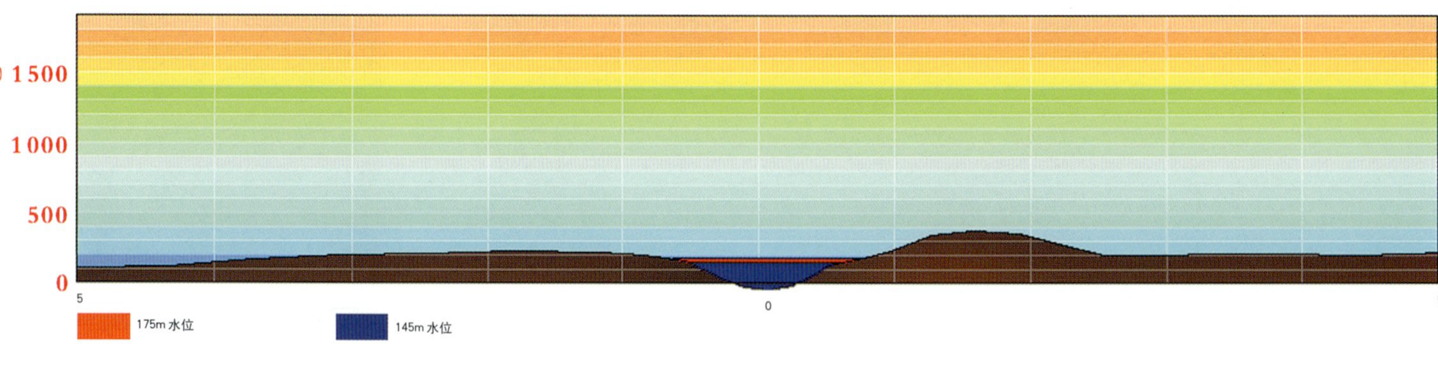

特色空间序列——敞景空间二（忠县段）

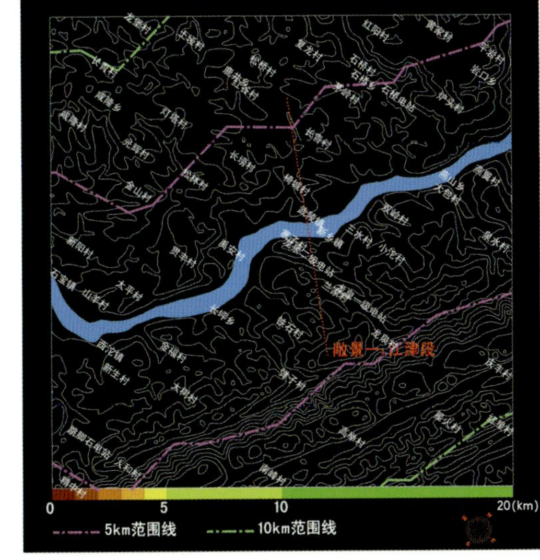

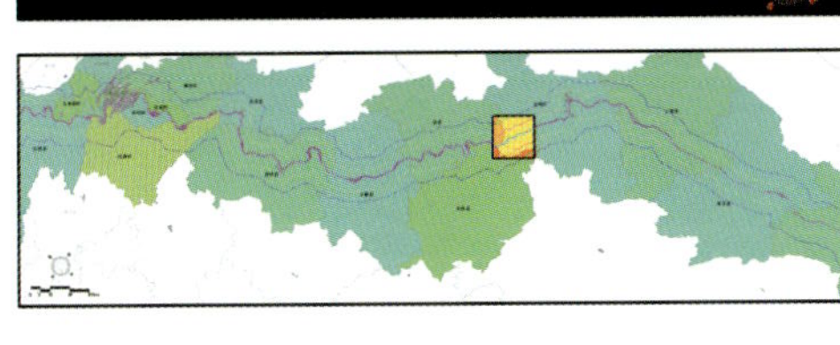

万州段

145m水位的景观效果：$D:H$=4.5∶1，空间开阔，具有较好的视景关系；江面右侧视角11～21°，产生广阔宁静感，左侧视角7～17°，产生广阔宁静感。

175m水位的景观效果：$D:H$=7.0∶1，空间感弱，视域广阔，两岸景观以中、远视为主；江面右侧视角9～17°，产生广阔宁静感，左侧视角6～8°，产生广阔宁静感。

(m) 1500
1000
500
0
5　0　5(Km)
175m水位　145m水位

特色空间序列——敞景空间三（万州段）

特色空间序列——框景空间一

特色空间序列——框景空间二

1 长江——綦江

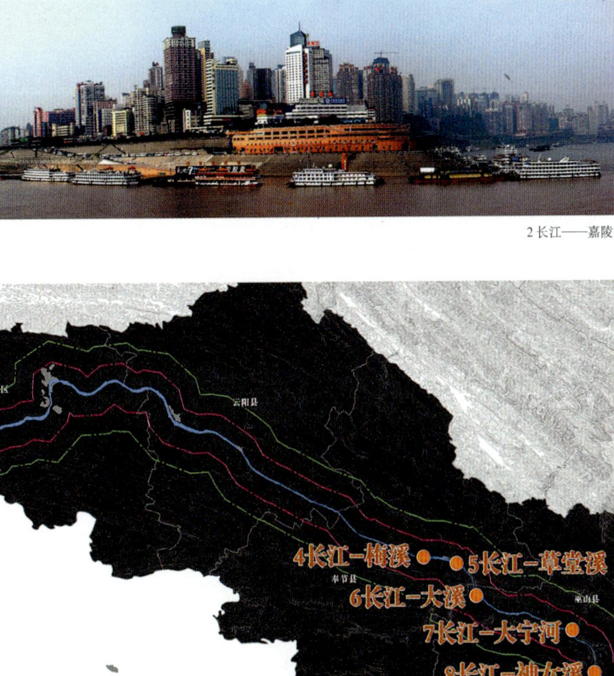

2 长江——嘉陵江

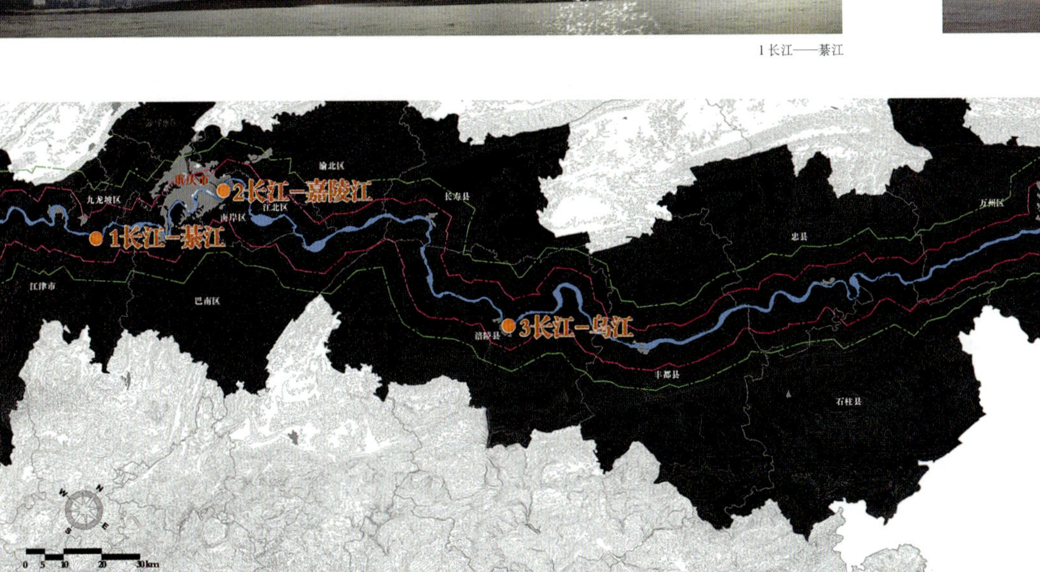

3 长江——乌江

4 长江——梅溪

特色空间序列——对景空间一

5 长江——草堂溪

6 长江——大溪

1长江－綦江
2长江－嘉陵江
3长江－乌江
4长江－梅溪
5长江－草堂溪
6长江－大溪
7长江－大宁河
8长江－神女溪

7 长江——大宁河

8 长江——神女溪

特色空间序列——对景空间二

长江三峡库区（重庆段）沿江景观生态研究
一级敏感区
所占比例：2.66%
面积：29397.63hm²
景观区域特点
1)沿江可见的，离江边400m的区域；
2)沿江400～800m距离带，除二级敏感区以外的区域；
3)沿江可见的，离江边800～5000m的区域内、坡度在75～90°之间的区域；
4)区内可见陡崖，或特殊景观，包括峭壁、峡谷、名胜等，主要分布在瞿塘峡、巫峡等长江三峡核心景区内。
景观保护及规划措施
1)绝对保护区内的各种景源、植物种质资源及峭壁等自然环境，禁止建设任何人工建筑及永久性设施（包括旅游设施、高压走廊、道路工程等）。在一级敏感区的外缘应设置一定宽度的绿色缓冲带。
2)对于该区域内景观完美受到威胁或景观已经受损的部分应加大力度给予培育与恢复。
3)对于该区域内已经存在的影响景观的建筑物、构筑物、如沿江石驳岸、码头、污水厂、取水口等应进行搬迁或整治，没有搬移条件的应予以景观化处理。
二级敏感区
所占比例：27.23%
面积：300938.88hm²
景观区域特点
1)沿江400～800m距离带，除一级敏感区以外的区域；
2)沿江800～1600m距离带，除一级、三级敏感区以外的区域；
3)沿江800～5000m之间、坡度在30～75°的区域。
景观保护及规划措施
1)禁止建设影响景观视觉效果的大体量构筑物，除根据需要可设置于观景的简易石阶山道与栈道，不进行建筑活动，现有植被必须绝对保护。并于一级保护区之间规划一定宽度的绿化缓冲带。
2)对该区域内已经受损的景观应予以整治和培育，对于该区域内已经存在的影响景观的建筑物、构筑物，如沿江石驳岸、码头、污水厂、取水口等应予以景观化处理，有条件的情况下建议搬迁。
三级敏感区
所占比例：31.60%
面积：349234.98hm²
景观区域特点
1)沿江800～1600m距离带，除一级、二级敏感区以外的区域；
2)沿江1600～5000m之间、坡度在15～30°之间区域。
景观保护及规划措施
1)在可见区域内要保护山体、植被或建筑群的整体轮廓，禁止破坏景观完整性的人工设施的建设。
2)适当开设游览道，可建造小规模的建筑，但建筑风格宜简朴，使其与环境相协调，强调自然植被的保护。
四级敏感区
所占比例：38.51%
面积：425602.50hm²
景观区域特点
沿江1600m之外的不可视区域。
景观保护及规划措施
建设活动可在适当规模内展开，使景观保护与旅游建设及工农业生产之间的矛盾得到满意的协调。
一级视觉敏感区
二级视觉敏感区
三级视觉敏感区
四级视觉敏感区
N
E
S
W
巫山县
奉节县
云阳县
万州区
忠县
石柱县
丰都县
长寿县
涪陵县
渝北区
北碚区
沙坪坝区
九龙坡区
巴南区
永川市
江津市
景观视觉敏感度分级分布
沿江山系景观研究
05-01-24
复旦大学城市生态规划与设计研究中心 2005.11
FUDAN UNIVERSITY 1905-2005

景观保护分级区划

一级敏感区

用地性质

一级景观保护区沿江可视区域内，规划以绿地、林地为主。对已有的其他类用地（特别是有污染的工业用地）进行置换。有污染的工矿企业勒令搬迁，对农田进行退耕还林。绝对保护区内的各种景源、植物种质资源及峭壁等自然环境，禁止建设任何人工建筑及永久性设施（包括旅游设施、高压走廊、道路工程等）。严格保护沿江的峭壁、石刻等名胜古迹的完好性。

三线（绿线、蓝线、红线）

1)沿江可视区域内一级保护区段内都为绿线控制范围。
2)在一级景观保护区域内的沿江重要区段及支流汇入口划定为水域的一级保护控制线。
3)一级景观保护区域内严禁新建建筑。对已经存在的建筑物作景观化处理，有条件的情况下，建议拆除。

基础设施

1)一级景观保护区内严禁新建高压线、架空道路。两岸取水口、污水厂、垃圾厂的选址以不影响沿江的景观为基本原则，并且做好绿化缓冲带的建议。已建的取水口、污水厂、垃圾厂建议作景观化处理或搬迁。
2)一级景观保护区内的客运码头加强景观的整治，结合滨江绿带建设，设置观景平台和观景塔，开辟滨水公共活动空间。
3)对规划的货运码头尽量选择城区边缘，控制缓冲绿化带，已建成的货运码头应限制其向外扩张，周边地段规划防护林带建设，有条件时向外搬迁，置换出土地建设公共活动空间和风景林带。

二级敏感区

用地性质

二级景观保护区沿江可视区域内，尽量减少工业，交通、仓储类用地比例，规划以绿地、林地、农田为主，对已有的工业、交通、仓储类用地进行绿化、美化，有污染的工矿用地应尽早搬迁。

三线（绿线、蓝线、红线）

1)二级保护区段沿江 800m 的范围内为绿线控制范围；
2)在二级景观保护区域内的沿江重要区段及支流汇入口划定为水域的二级保护控制线；
3)二级景观保护区域内严格控制滨江建筑退后江面的宽度，结合绿线实现对滨水绿带及两岸生态廊道的控制。

基础设施

1)沿江可视区域内严禁新建高压线、架空道路。取水口、污水厂、垃圾厂的选址以不影响沿江的景观为基本原则，并且做好绿化缓冲带的建设。已建的取水口、污水厂、垃圾厂建议作景观化处理。
2)加强沿江客运码头与货运码头的景观化处理，规划的货运码头选址要远离城镇区。
3)加强沿江公路的景观建设。

三级景观保护

用地性质

三级景观保护区沿江可视区域内严禁污染的工矿用地和仓储用地。沿江 5 000m 的范围内的非居民用地规划为林地，发挥生态屏障功能。

三线（绿线、蓝线、红线）

1)三级保护区段至少划定沿江 400m 的范围内为绿线控制范围；
2)在三级景观保护区域内的沿江重要区段及支流汇入口划定为水域的二级保护控制线
3)三级景观保护区域内适当控制滨江建筑退后江面的宽度，结合绿线实现对滨水绿带及两岸生态廊道的控制。

基础设施

1)沿江可视区域内严禁新建高压线、架空道路。
2)沿江客运码头与货运码头、公路的建设要结合景观带进行。

四级景观保护

用地性质

四级景观保护区域基本都在可视范围之外，可根据需要进行科学合理的用地利用规划。

三线（绿线、蓝线、红线）

1)四级保护区段至少划定沿江 300m 的范围内为绿线控制范围；
2)在四级景观保护区域内的沿江重要区段及支流汇入口划定为水域的四级保护控制线；
3)四级景观保护区域内可根据需要控制红线范围。

基础设施

四级景观保护区在沿江的可视区域范围之外，可根据需要科学、合理的规划基础设施。

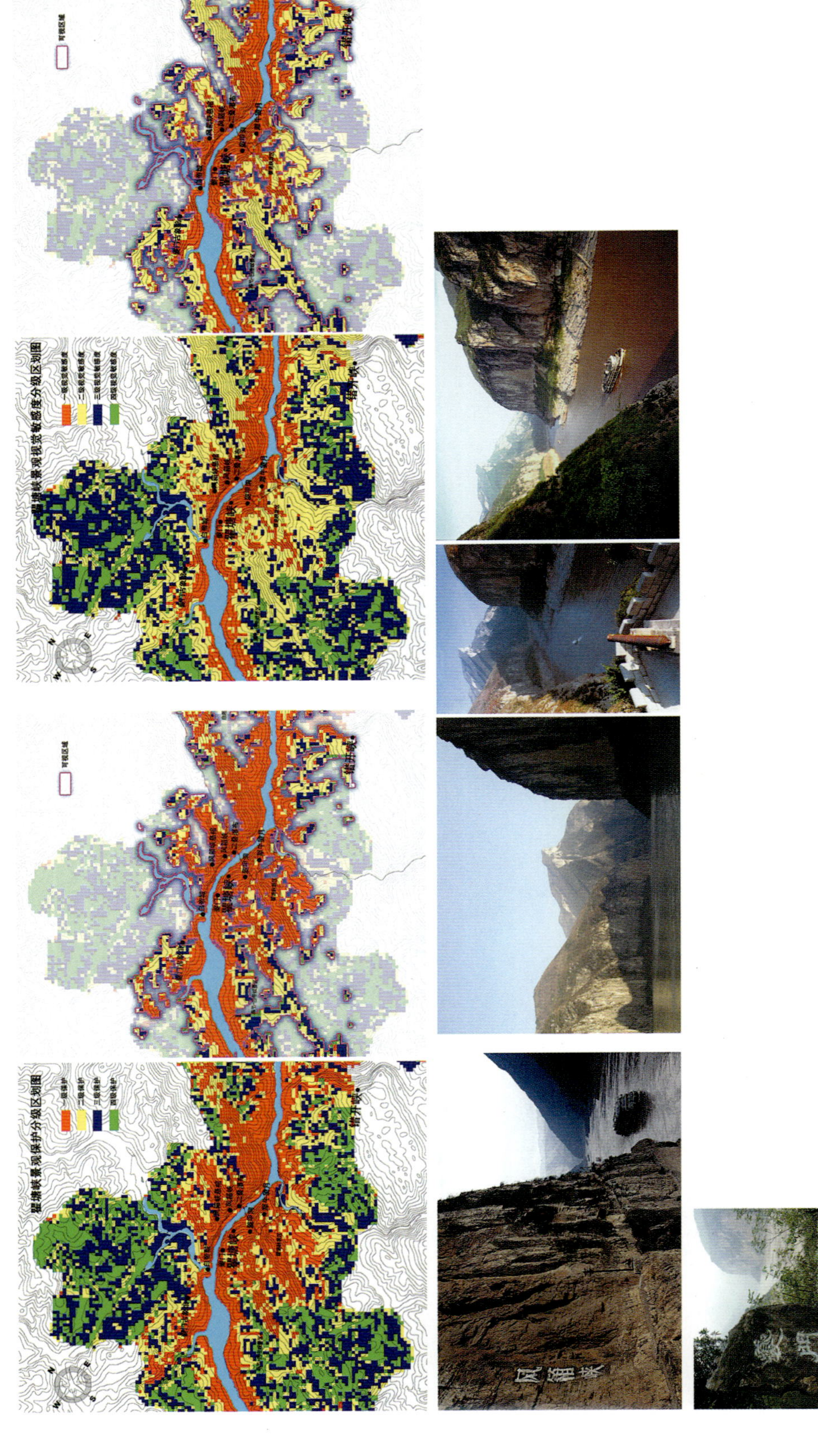

瞿塘峡景观视觉敏感度分级分布及景观保护分级区划

2005.11

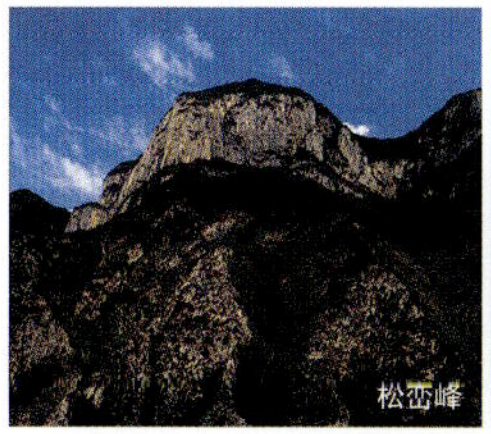
松峦峰

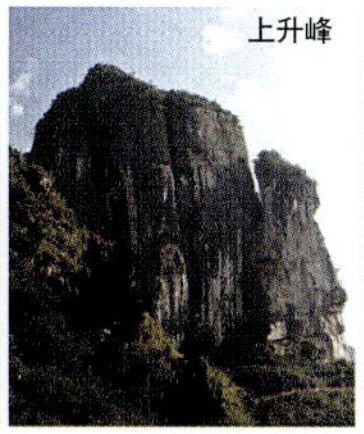
上升峰

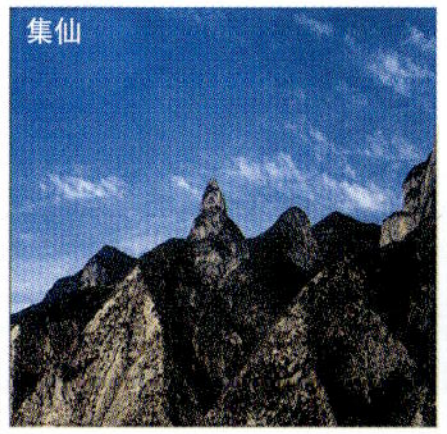
集仙

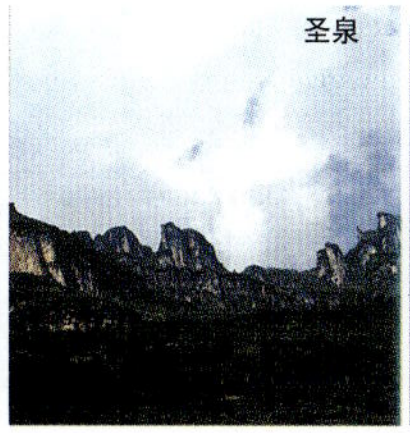
圣泉

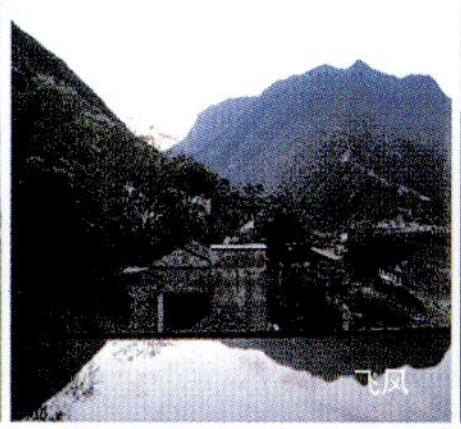
飞凤

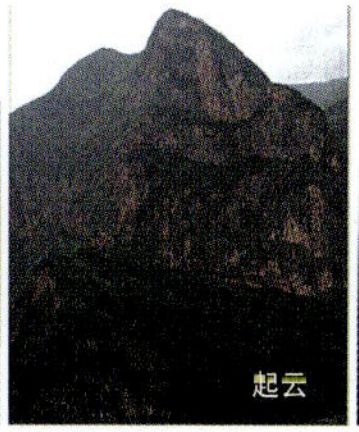
起云

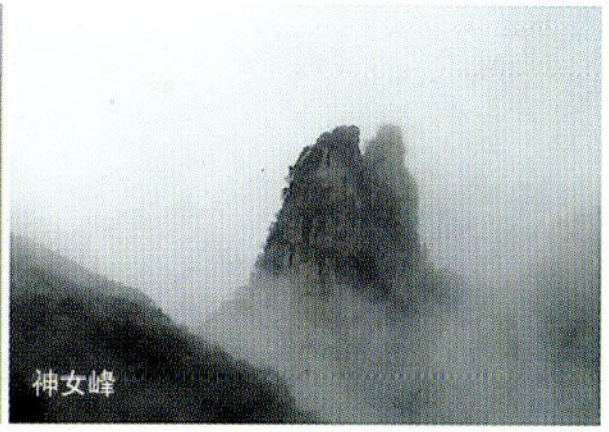
神女峰

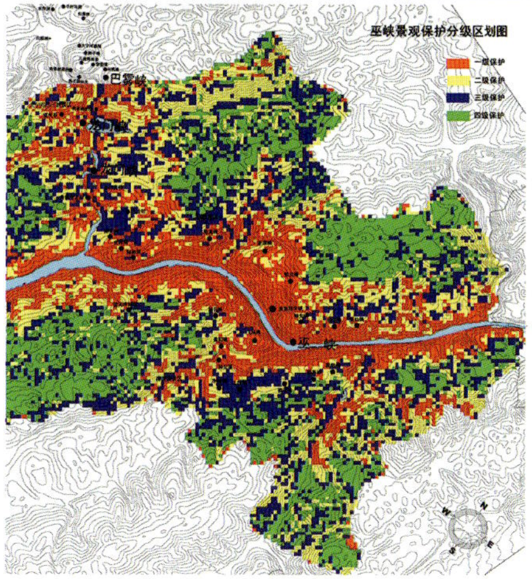
巫峡景观保护分级区划图
一级保护
二级保护
三级保护
四级保护
巴雾峡
龙门峡

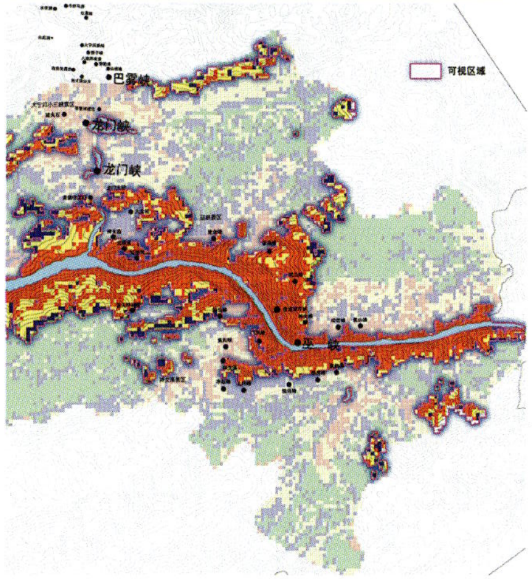
可视区域
巴雾峡
龙门峡

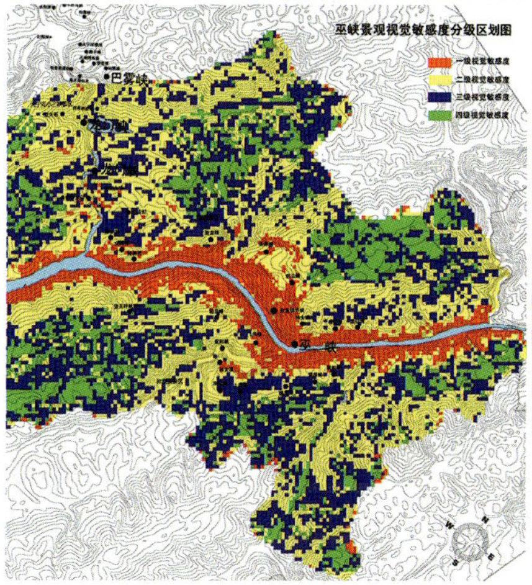
巫峡景观视觉敏感度分级区划图
一级视觉敏感度
二级视觉敏感度
三级视觉敏感度
四级视觉敏感度
巴雾峡
龙门峡

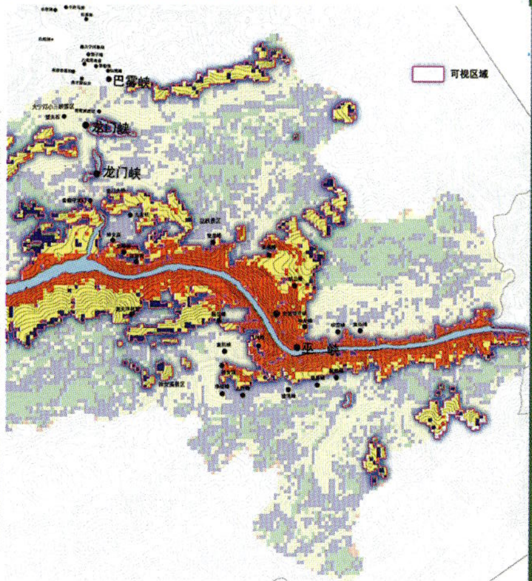
可视区域
巴雾峡
龙门峡

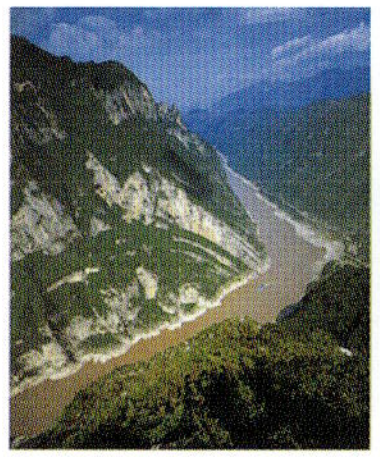

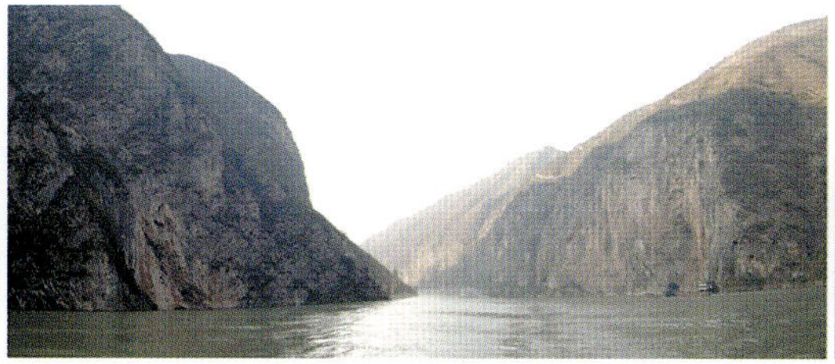

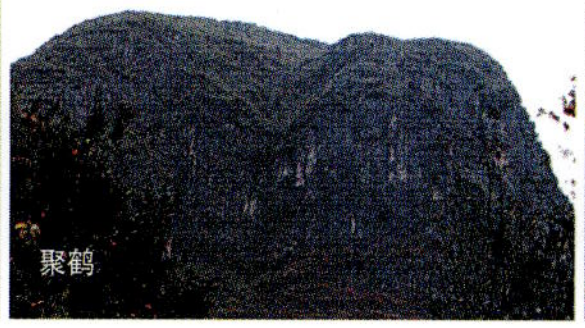
聚鹤

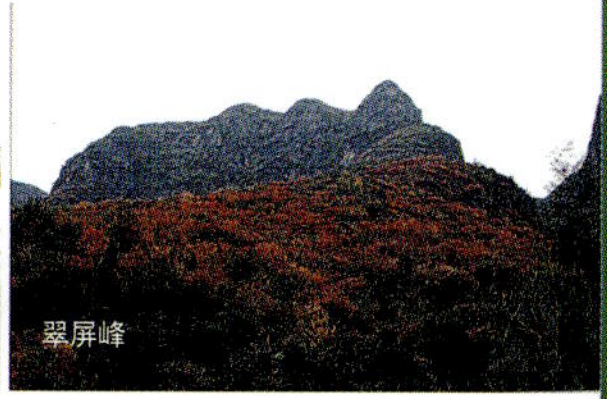
翠屏峰

巫峡景观视觉敏感度分级分布及景观保护分级区划

主干廊道——长江、嘉陵江、乌江、綦江、大宁河。
次干廊道——御临河、龙溪河、小江、磨刀溪、龙河、汤溪河、梅溪河、大溪河、塘河、壁河、木洞河、渠溪河、黄金河、汝溪河、神女溪。

19个景观节点

主要节点——长江－嘉陵江交叉口，长江－乌江交叉口，长江－綦江交叉口，长江－大宁河交叉口，长江－御临河交叉口，长江－龙溪河交叉口，长江－小江交叉口，长江－磨刀溪交叉口；
次要节点——长江汤溪河交叉口，长江－龙河交叉口，长江－梅溪河交叉口，长江－大溪河交叉口，长江－塘河交叉口，长江－壁河交叉口，长江－木洞河交叉口，长江－渠溪河交叉口，长江－黄金河交叉口，长江－汝溪河交叉口，长江－神女溪交叉口。

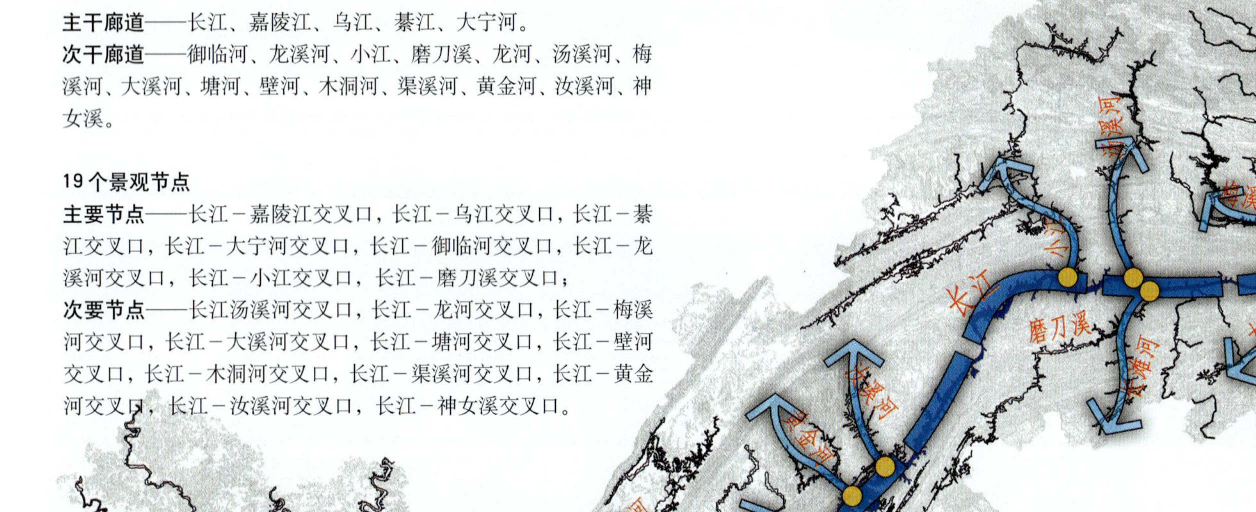

沿江水系廊道结构分析——一主四副十五支十九节点

景观保护分级区划图

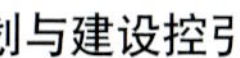

位置

江津市顺江镇，长江南岸九龙坡区铜罐驿镇对岸。

景观特征及保护等级

1)交叉口的西侧主要为耕地，沿江400m区域内为一级景观保护。

2)交叉口的东侧主要为耕地和林地，沿江200m的区域内为一级景观保护区，沿江200～400m的区域内50%为一级景观保护，50%为二级景观保护。

规划与建设控引

1)加强江岸蔬菜地膜的整治，采用具有经济价值的风景林进行退耕还林。

2)加强对景空间范围内的沿江岸线的梳理，加强绿化处理，美化沿江立面，增加亲水性与艺术性。

交叉口现状

长江与其支流交叉口景观保护分级区划01（长江－綦江）

景观保护分级区划图

嘉 陵 江 长 江

一级保护 二级保护 三级保护 四级保护

位置

渝中区朝天门处，合川市古楼镇，长江北。

景观特征及保护等级

1)视线所及是城市建筑景观，形象破旧，卫生状况较差，沿江绿量严重缺乏。

2)交叉口北侧为一级景观保护区，交叉口南侧江主立面皆为一级景观保护区。

规划与建设控引

1)交叉口南侧，加强码头区的环境卫生整治，对沿江硬质堤岸作景观化处理，增设滨水绿带，在硬质场地上加种高大乔木，给游人提供一个林阴活动空间。特别在一级景观保护区域内，通过绿化进一步柔化、美化景观界面。

2)交叉口北侧，进一步梳理岸型，采用生态化设计，结合码头开辟滨水林阴休闲活动区。一级景观保护区内，以滨水绿带建设为主，整治现有脏、乱、差的形象，严禁新建影响景观的建筑物与构筑物。

交叉口现状

长江与其支流交叉口景观保护分级区划02(长江－嘉陵江)

景观保护分级区划图

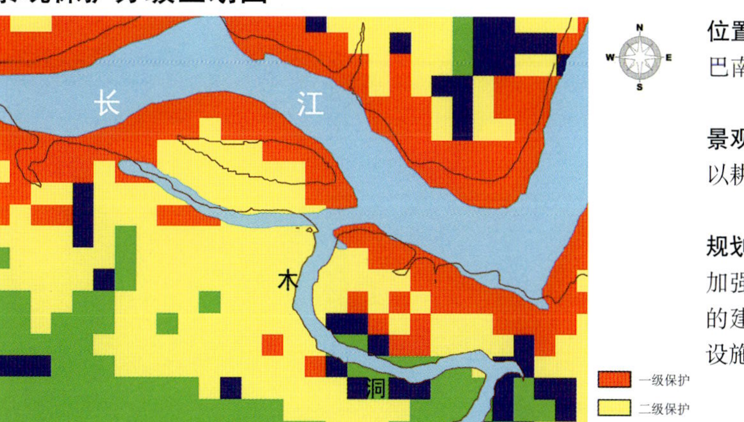

位置

巴南区，长江南。

景观特征及保护等级

以耕地为主，二级景观保护

规划与建设控引

加强沿江岸线的梳理，以生态景观节点的建设为主要目标，适当开辟人工休闲设施，增加滨江带的亲水性。

交叉口现状

长江与其支流交叉口景观保护分级区划03(长江－木洞河)

景观保护分级区划图

长
江
乌
江
一级保护
二级保护
三级保护
四级保护

位置

涪陵县城东，酉阳县万木镇，长江南。

景观特征及保护等级

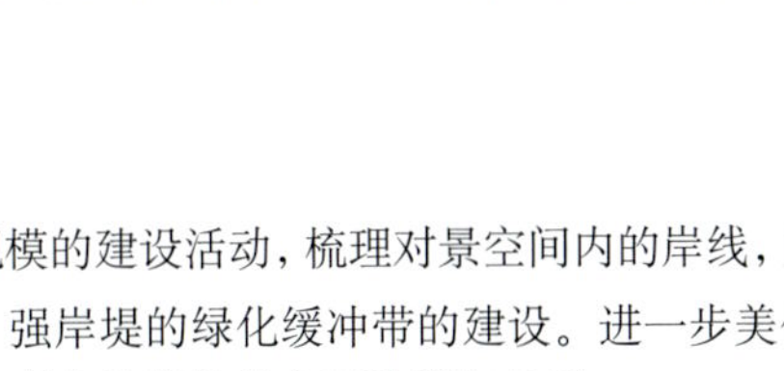

1)交叉口北岸绿化较好，有新建的白岩寺等景观名胜，其余为耕地。沿江400m区域为一级保护区。

2)交叉口的西侧为涪陵区建成区，主要为城镇用地，山地建筑特色鲜明，建筑群落紧凑，层次感分明，但缺乏绿化衬映，水泥大堤形式呆板，色彩单调。沿长江400m的区域为一级保护区域；沿长江400～800m的30%区域为一级保护区，70%区域为二级保护区域。

3)交叉口东侧沿长江400m区域为城镇用地，为一级保护区域。沿乌江400m区域为二级保护区域。

规划与建设控引

1)严禁在视线所及处进行大规模的建设活动，梳理对景空间内的岸线，加强岸堤的绿化缓冲带的建设。进一步美化现有建筑的外立面造型与色彩。

2)沿江400m区域内加强景观绿带的建设，开辟楔形生态绿廊实现沿江景观向城区的渗透。

3)加强沿江岸线的整治，沿江大堤急需整治更新，进行生态化设计，采用多样化的手段美化江堤。

4)加强滨水休闲活动空间的开辟。

交叉口现状

长江与其支流交叉口景观保护分级区划04(长江－乌河)

景观保护分级区划图

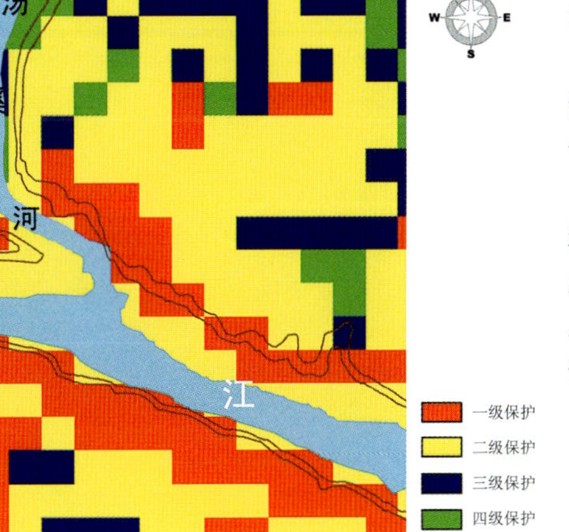

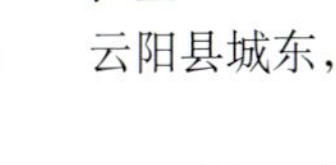

一级保护
二级保护
三级保护
四级保护

交叉口现状

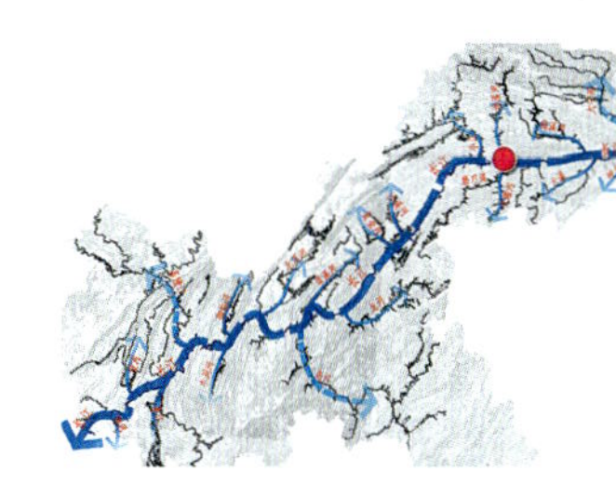

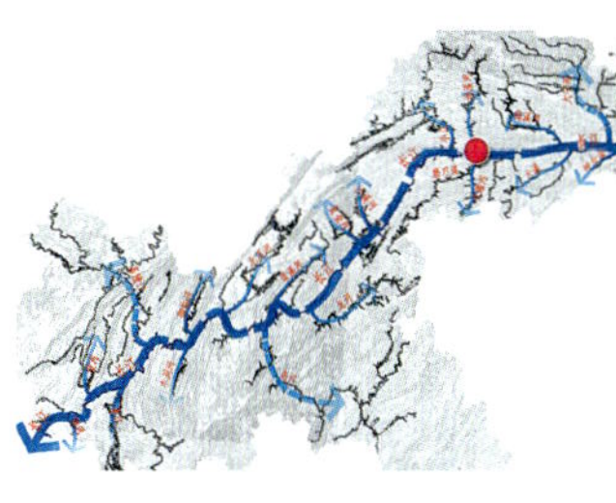

位置

云阳县城东，长江北。

景观特征及保护等级

一级景观保护

规划与建设控引

加强沿江岸线的梳理，以生态景观节点的建设为主要目标，适当开辟人工休闲设施，增加滨江带的亲水性。

长江与其支流交叉口景观保护分级区划05（长江－汤溪河）

景观保护分级区划图

交叉口现状

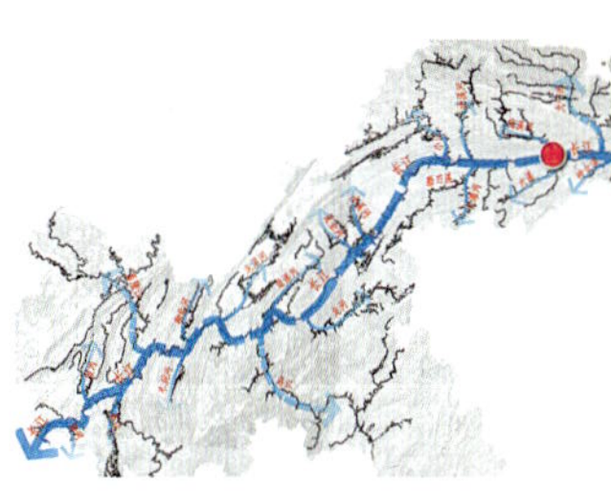

位置

奉节县城东，长江北。

景观特征及保护等级

一级景观保护

规划与建设控引

加强对景空间范围内的绿化建设，严格保护山体的天际轮廓线，严禁在视线所及处建设大型的人工设施。

景观保护分级区划图

大宁河
长江

一级保护
二级保护
三级保护
四级保护

位置

巫山县城东，长江北。

景观特征及保护等级

1)交叉口西侧主要为城镇用地，分布于四级阶地及阶地以上的丘陵地带，该区域视觉敏感度极高，滨水大坝对景观破坏严重。沿江400m的区域为一级保护区(图中红色区域)，800m的区域部分为二级保护区(图中黄色区域)。

2)交叉口的东侧以林地、耕地为主，分布有部分农田，沿江区域皆为一级保护区。

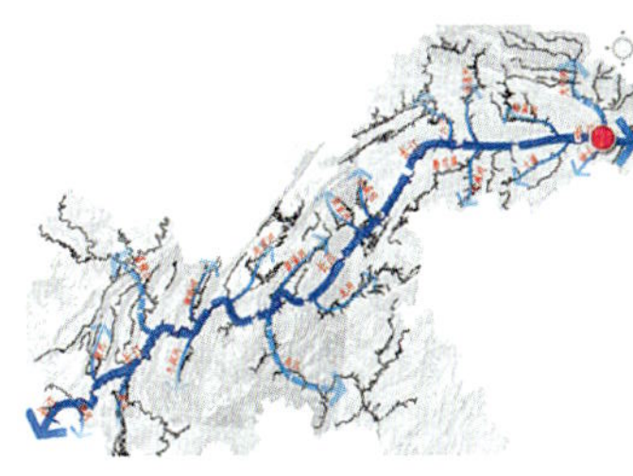

规划与建设控引

1)交叉口的西侧主要为城镇用地，分布于四级阶地及阶地以上的丘陵地带，该区域视觉敏感度极高，滨水大坝对景观破坏严重。在一级保护区域内，加强阶地和滨水大坝的植被恢复、沿江滨水休闲区的建设，增强滨水区的亲水性与艺术性，严格保护优美的山体轮廓线。

2)交叉口的东侧以林地、耕地为主，分布有部分农田，该区域以植被的保育和恢复为主，有条件的情况下，对部分耕地进行退耕还林。

交叉口现状

长江与其支流交叉口景观保护分级区划07(长江－大宁河)

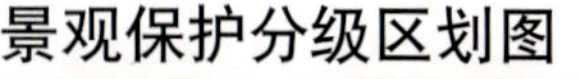

景观保护分级区划图

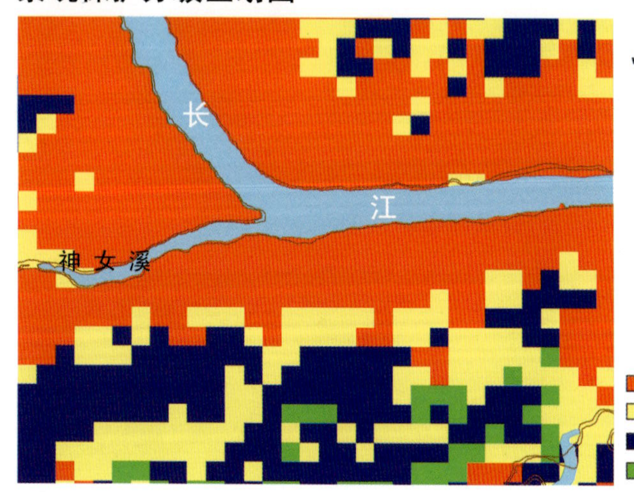

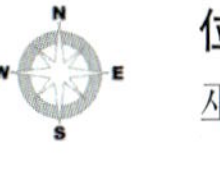

一级保护
二级保护
三级保护
四级保护

位置

巫峡县腹心地带，长江南。

景观特征及保护等级

交叉口以林地为主，对景处有净坛峰、上升峰，有较好的景观效果。为一级景观保护。

规划与建设控引

图中红色区域以林地为主，严禁一切人工的建设活动，加强对景观空间的景观保护，加强植被的保护与培育。

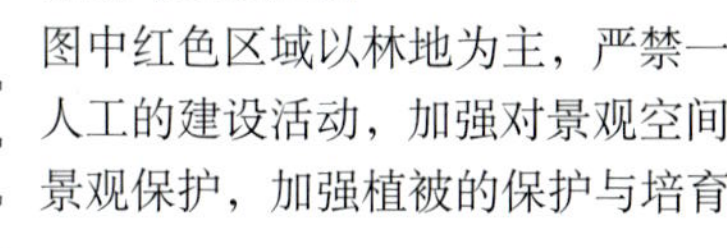

交叉口现状

长江与其支流交叉口景观保护分级区划08(长江－神女溪)

景观保护分级区划图

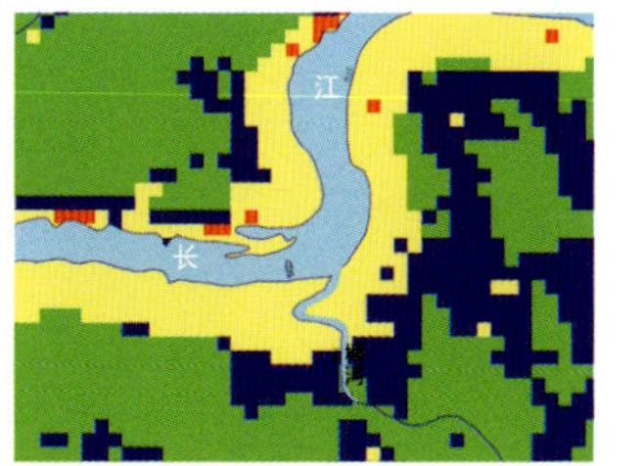

(长江－塘河交叉口)

位置

江津市，长江南。

景观特征及保护等级

二级景观保护。

规划与建设控引

加强沿江岸线的梳理，以生态景观节点的建设为主要目标，适当开辟人工休闲设施，增加滨江带的亲水性。

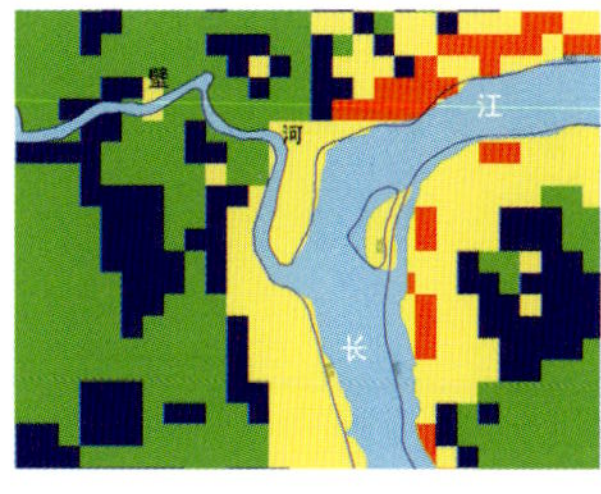

(长江－壁河交叉口)

位置

长江北。

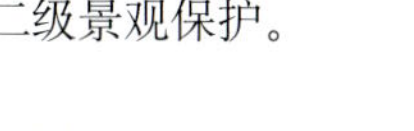

景观特征及保护等级

二级景观保护。

规划与建设控引

加强沿江岸线的梳理，以生态景观节点的建设为主要目标，适当开辟人工休闲设施，增加滨江带的亲水性。

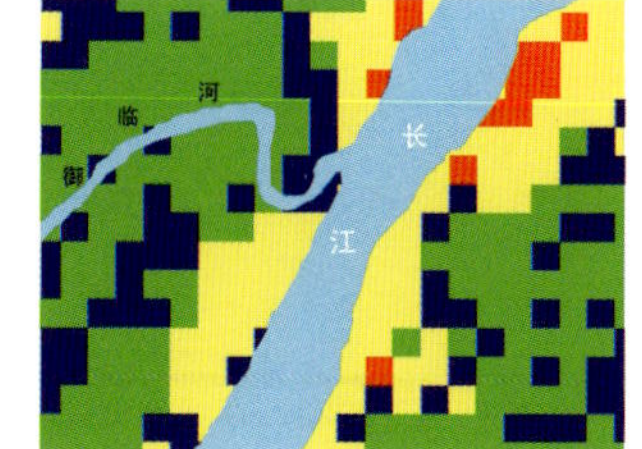

(长江－御临河交叉口)

位置

江北区太洪岗，长江北。

景观特征及保护等级

主要以耕地为主，三级景观保护。

规划与建设控引

加强沿江岸线的梳理，以生态景观节点的建设为主要目标，适当开辟人工休闲设施，增加滨江带的亲水性。

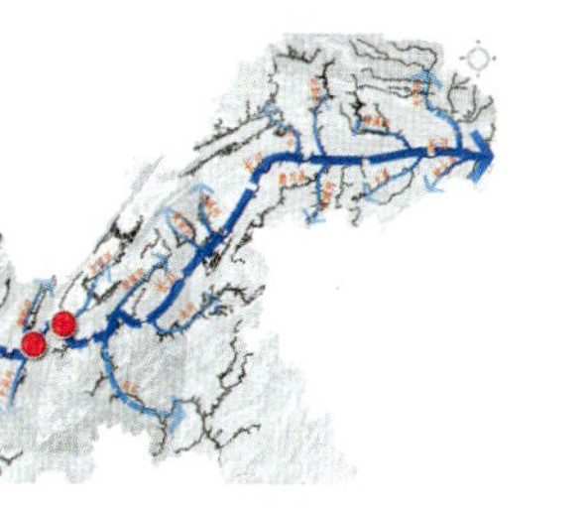

(长江－龙溪河交叉口)

位置

长寿区，长江北。

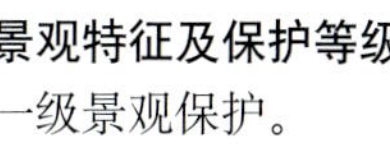

景观特征及保护等级

一级景观保护。

规划与建设控引

加强沿江岸线的梳理，以生态景观节点的建设为主要目标，适当开辟人工休闲设施，增加滨江带的亲水性。

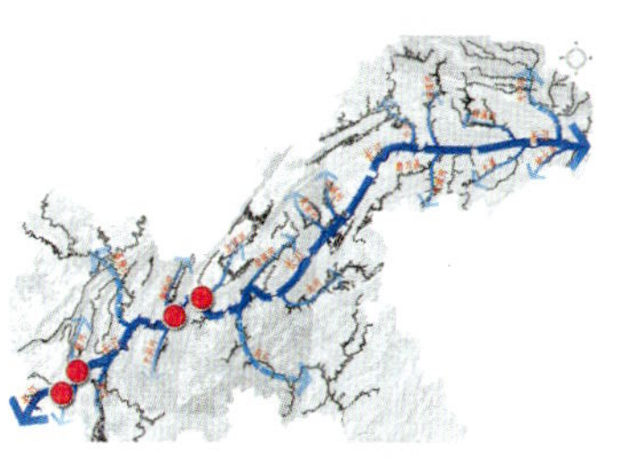

长江与其支流交叉口景观保护分级区划09

景观保护分级区划图

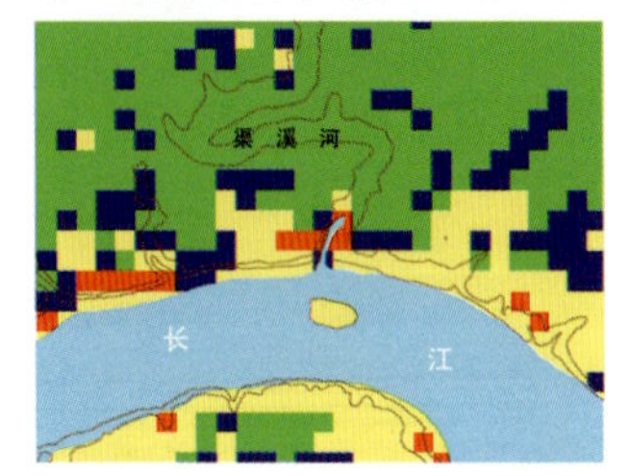

（长江－渠溪河交叉口）

位置

长江北。

景观特征及保护等级

一级景观保护。

规划与建设控引

加强沿江岸线的梳理，以生态景观节点的建设为主要目标，适当开辟人工休闲设施，增加滨江带的亲水性。

（长江－龙河交叉口）

位置

丰都县城（名山镇），长江南

景观特征及保护等级

一级景观保护。

规划与建设控引

加强沿江岸线的梳理，以生态景观节点的建设为主要目标，适当开辟人工休闲设施，增加滨江带的亲水性。

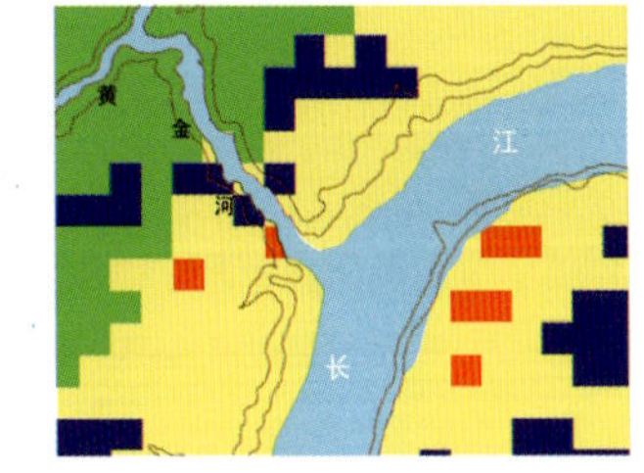

（长江－黄金河交叉口）

位置

长江北。

景观特征及保护等级

二级景观保护。

规划与建设控引

加强沿江岸线的梳理，以生态景观节点的建设为主要目标，适当开辟人工休闲设施，增加滨江带的亲水性。

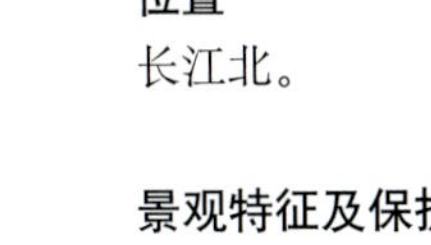

（长江－汝溪河交叉口）

位置

长江北。

景观特征及保护等级

二级、三级景观保护。

规划与建设控引

加强沿江岸线的梳理，以生态景观节点的建设为主要目标，适当开辟人工休闲设施，增加滨江带的亲水性。

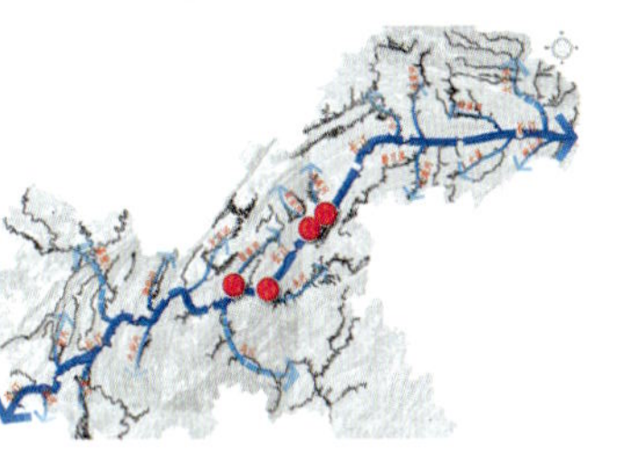

长江与其支流交叉口景观保护分级区划 10

景观保护分级区划图

（长江－小江交叉口）

位置

云阳县双江镇，长江北。

景观特征及保护等级

一级景观保护。

规划与建设控引

加强沿江岸线的梳理，以生态景观节点的建设为主要目标，适当开辟人工休闲设施，增加滨江带的亲水性。

（长江－磨刀河交叉口）

位置

云阳县新津口，长江南。

景观特征及保护等级

一级、二级景观保护。

规划与建设控引

加强沿江岸线的梳理，以生态景观节点的建设为主要目标，适当开辟人工休闲设施，增加滨江带的亲水性。

（长江－大溪河交叉口）

位置

奉节县大溪乡，长江南。

景观特征及保护等级

二级景观保护。

规划与建设控引

加强对景空间范围内的绿化保护与建设，严禁在视线所及处建设大型的人工设施，确保山体天际轮廓线的完美层次，适当营建能体现大溪景区意象的设施。

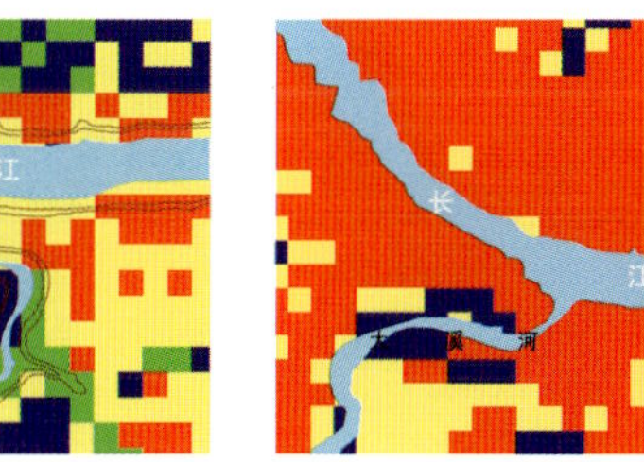

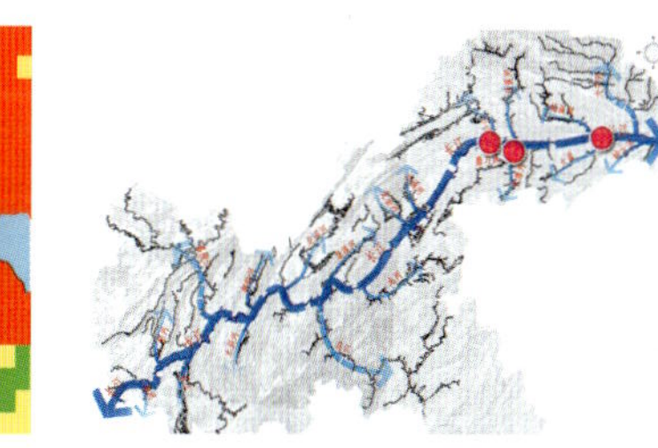

长江与其支流交叉口景观保护分级区划 11

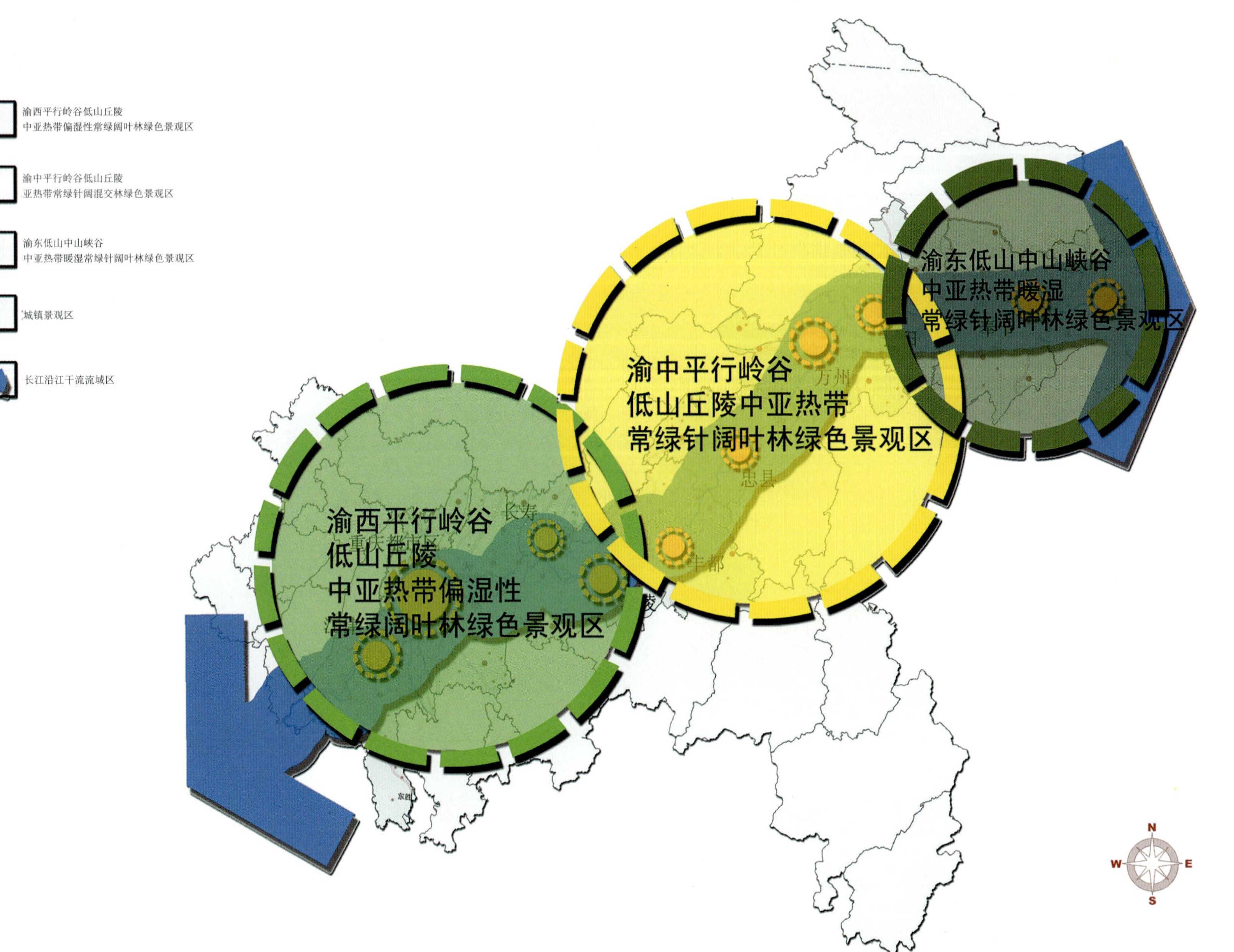

沿江库区绿色景观结构示意图

三峡库区（重庆段）沿江绿色景观现状分析示意图

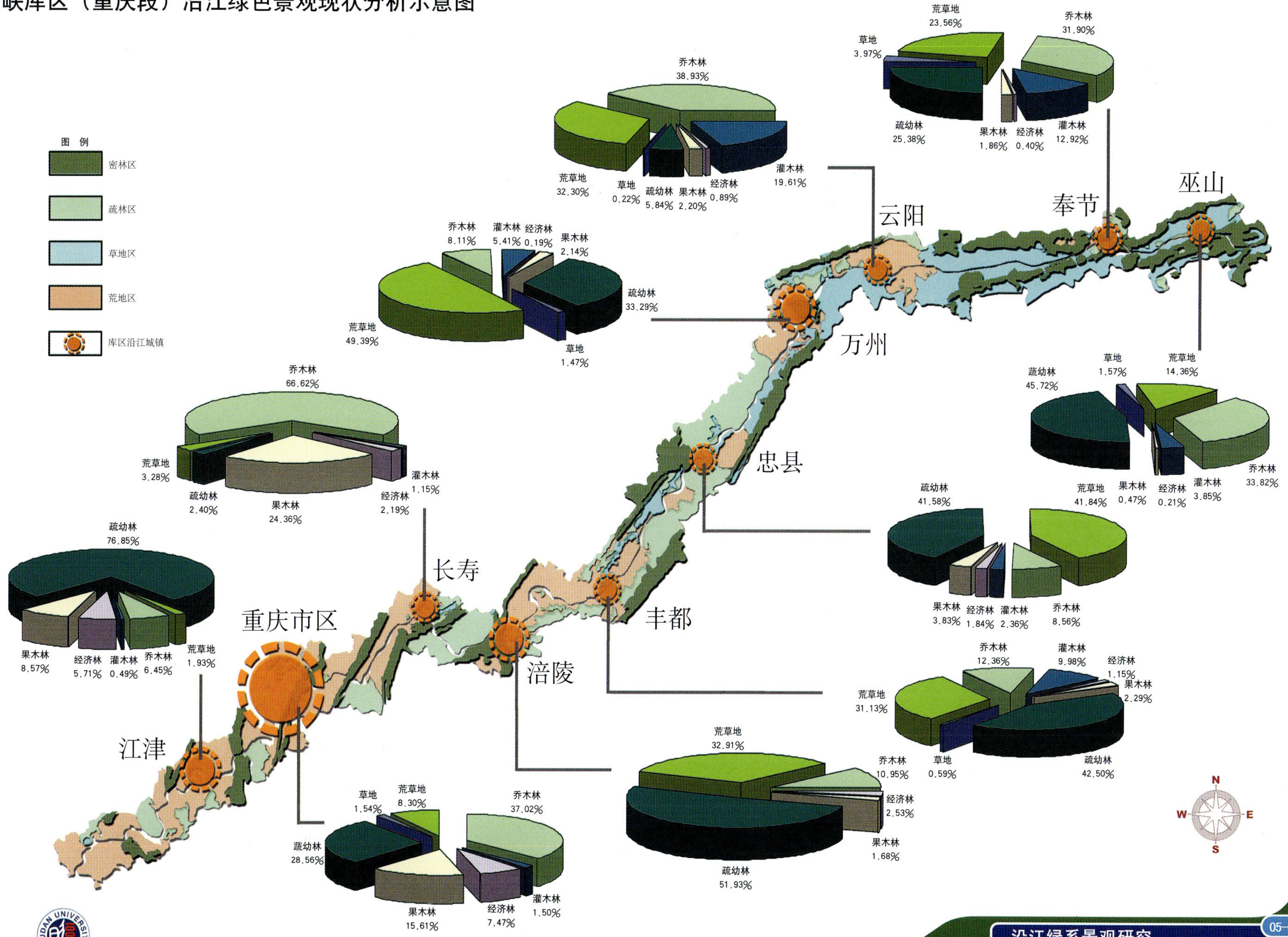

图例
密林区
疏林区
草地区
荒地区
库区沿江城镇

巫山
荒草地 14.36%
草地 1.57%
疏幼林 45.72%
果木林 0.47%
经济林 0.21%
灌木林 3.85%
乔木林 33.82%

奉节
荒草地 23.56%
草地 3.97%
疏幼林 25.38%
果木林 1.86%
经济林 0.40%
灌木林 12.92%
乔木林 31.90%

云阳
乔木林 38.93%
荒草地 32.30%
草地 0.22%
疏幼林 5.84%
果木林 2.20%
经济林 0.89%
灌木林 19.61%

万州
乔木林 8.11%
灌木林 5.41%
经济林 0.19%
果木林 2.14%
疏幼林 33.29%
荒草地 49.39%
草地 1.47%

忠县
疏幼林 41.58%
荒草地 41.84%
果木林 3.83%
经济林 1.84%
灌木林 2.36%
乔木林 8.56%

丰都
乔木林 12.36%
灌木林 9.98%
经济林 1.15%
果木林 2.29%
荒草地 31.13%
草地 0.59%
疏幼林 42.50%

涪陵
荒草地 32.91%
乔木林 10.95%
经济林 2.53%
果木林 1.68%
疏幼林 51.93%

长寿
乔木林 66.62%
荒草地 3.28%
疏幼林 2.40%
果木林 24.36%
经济林 2.19%
灌木林 1.15%

重庆市区
草地 1.54%
荒草地 8.30%
乔木林 37.02%
疏幼林 28.56%
果木林 15.61%
经济林 7.47%
灌木林 1.50%

江津
疏幼林 76.85%
果木林 8.57%
经济林 5.71%
灌木林 0.49%
乔木林 6.45%
荒草地 1.93%

N W E S

三峡库区（重庆段）
沿江绿色景观空间格局规划示意图

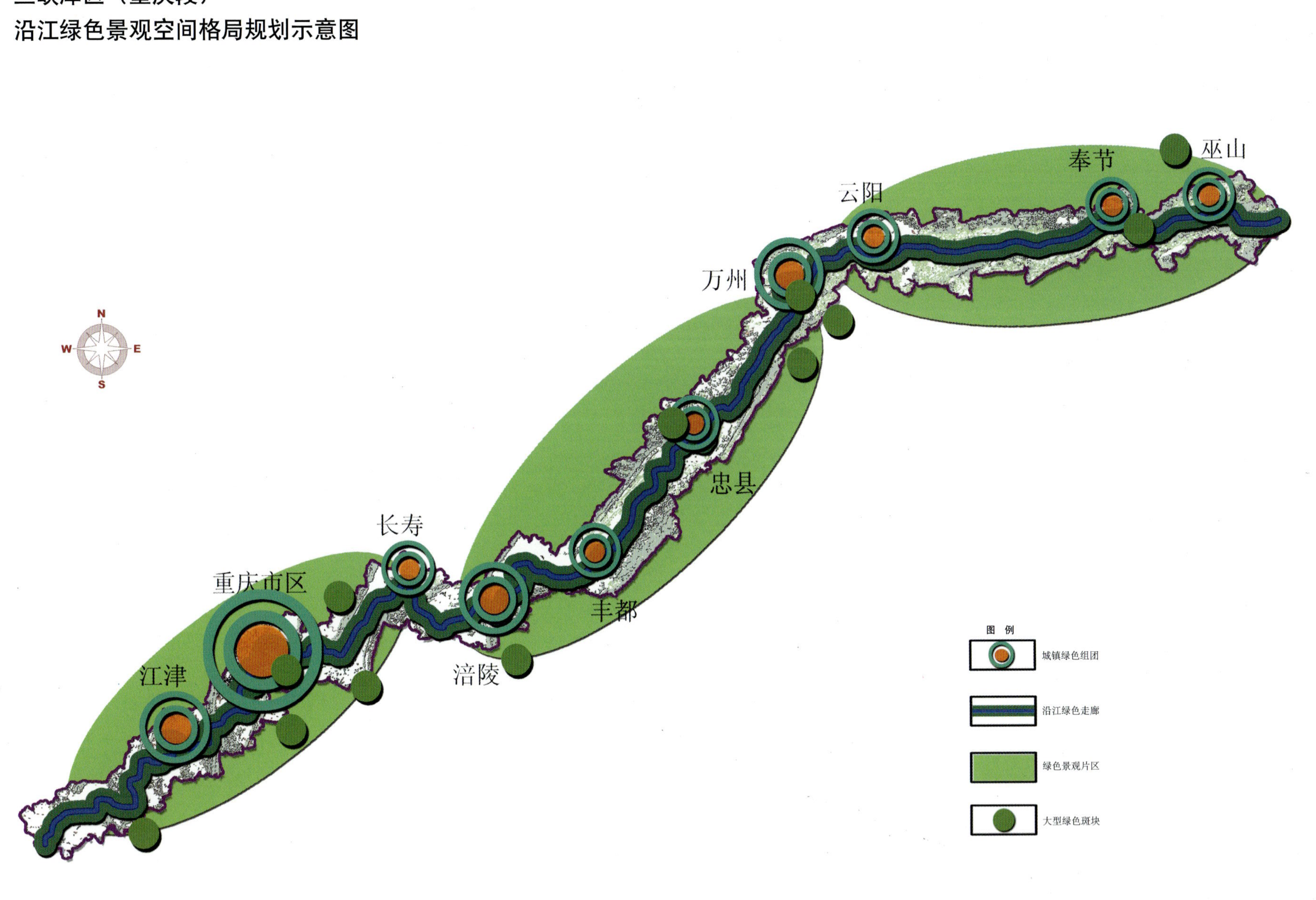

三峡库区（重庆段）沿江绿色
景观密林类整体空间格局分布示意图

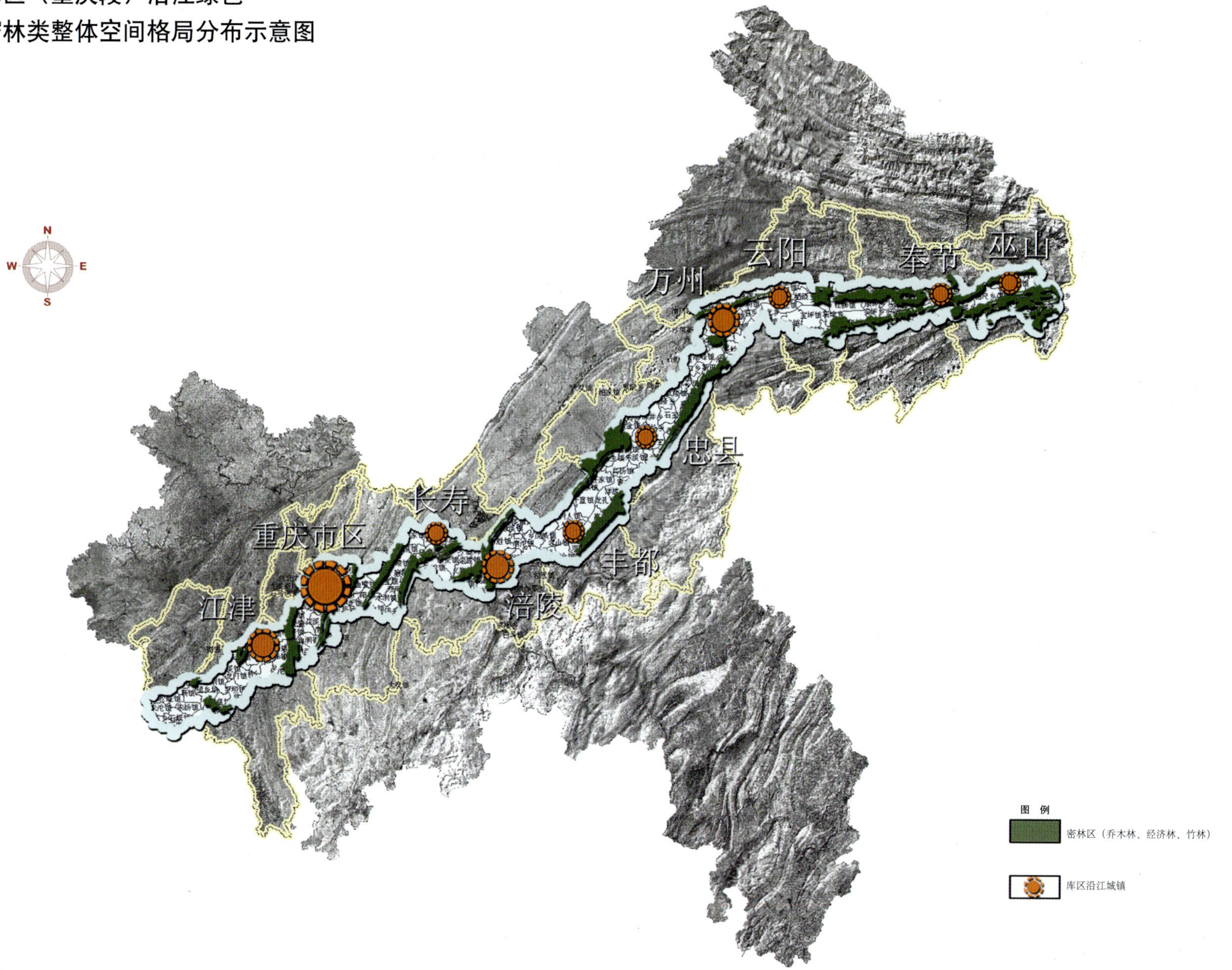

三峡库区（重庆段）沿江绿色
景观疏林地类整体空间格局分布示意图

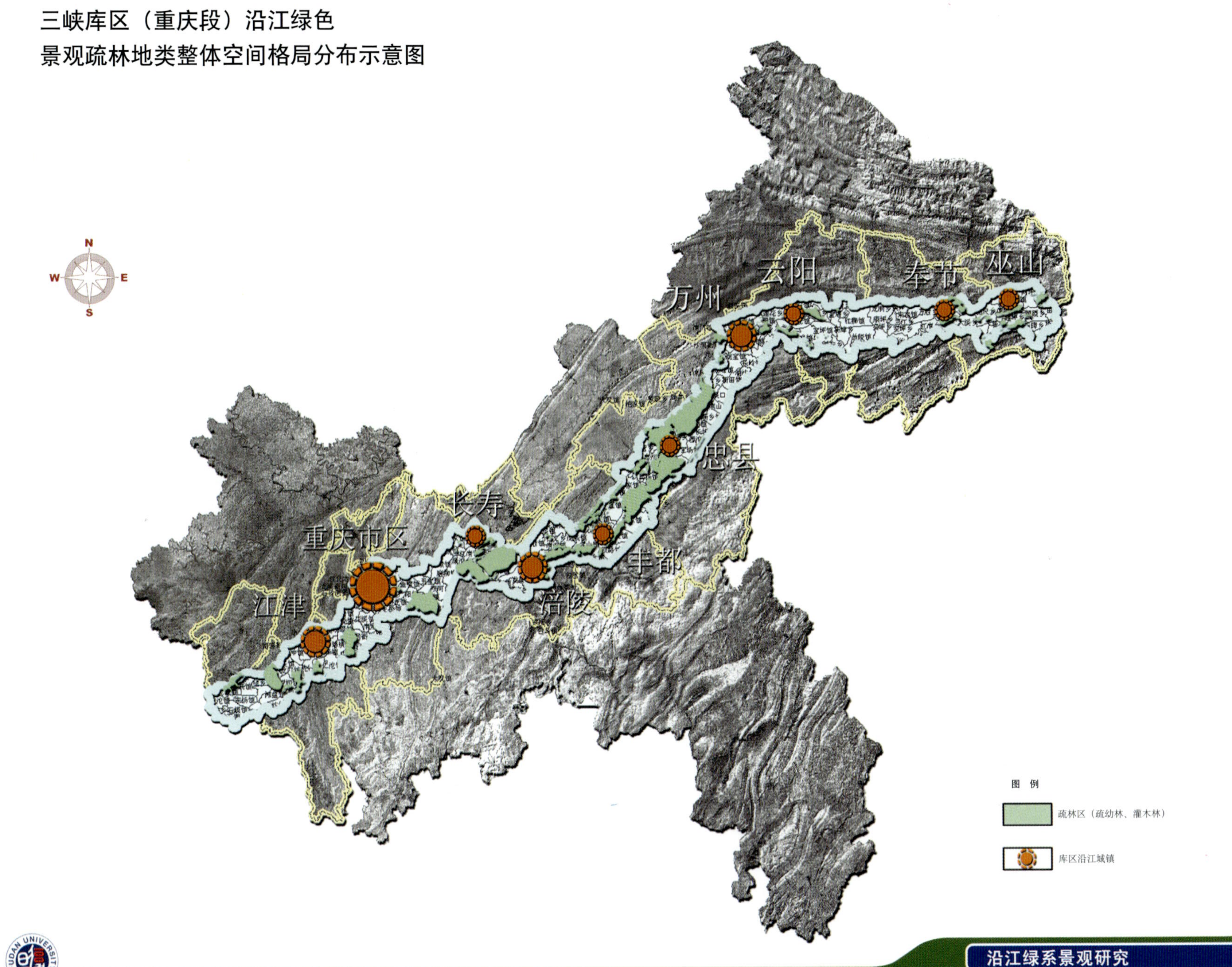

三峡库区（重庆段）沿江绿色
景观草地类整体空间格局分布示意图

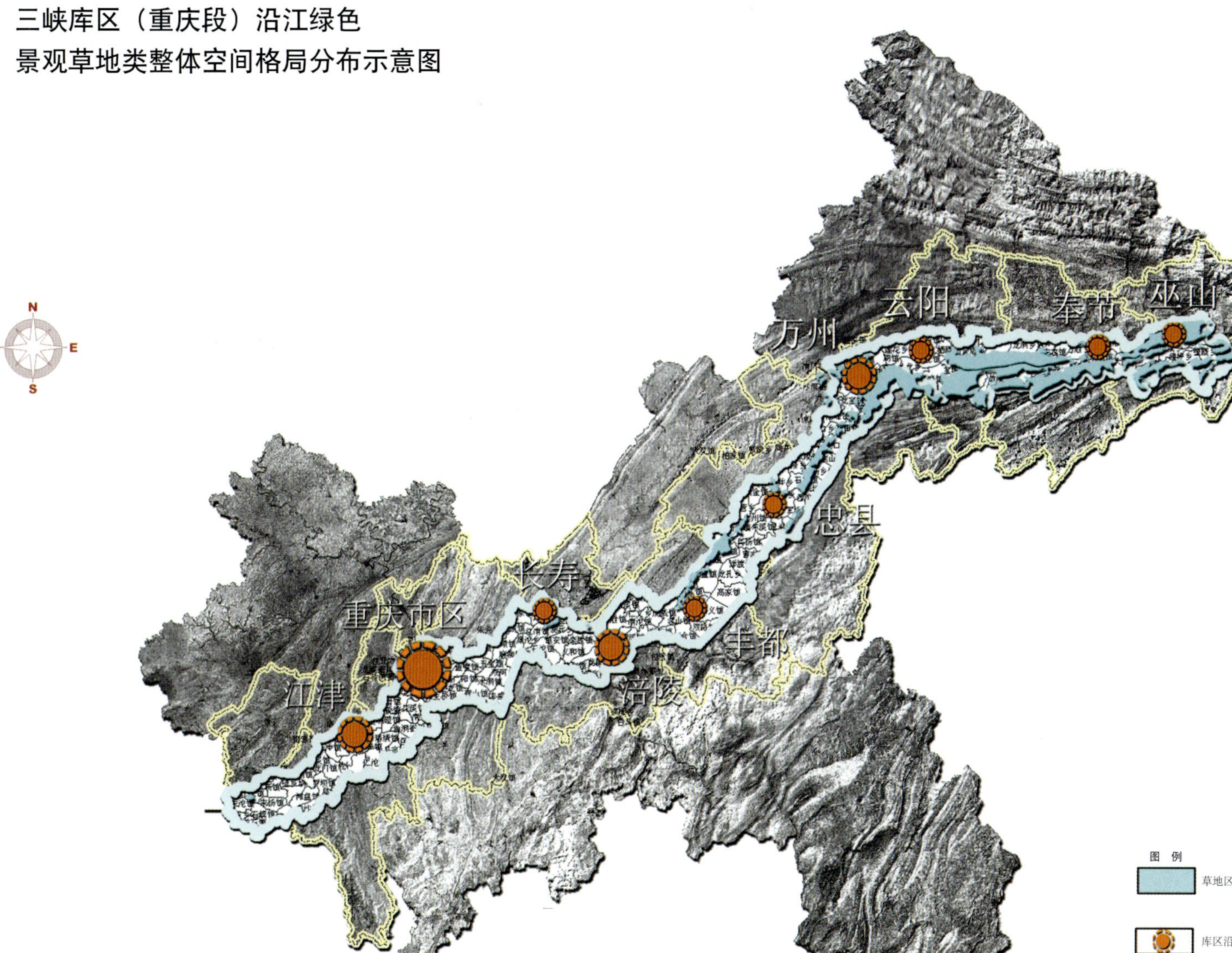

农业景观评析

05-03-07

生态环境保护功能区
水土保持型
高效生态农业发展模式

经济园林功能区
互惠共生型
高效生态农业发展模式

观光农业功能区
发展梯田农业观光／自摘果园
／反季节果菜园类型

农业耕作功能区
农林牧复合经营
生产结构体系

地貌：中、低山
地势：山高坡陡
土壤：黄壤土、石灰土
植被：森林覆盖率高

地貌：丘陵、低山
地势：高低起伏不定
土壤：水稻土、紫色土
植被：森林覆盖率较低

地貌：丘陵、台地
地势：高低起伏缓和
土壤：紫色土、新积土
植被：森林覆盖率低

地貌：丘陵、平原
地势：高低起伏连绵
土壤：紫色土、黄壤土
植被：森林覆盖率较高

万州
忠县
丰都
长寿
涪陵
都市区

西南部丘陵农业景观区
城郊型农业景观区
中西部岭谷农业景观区
东北部山地立体农业景观区

三峡库区（重庆段）重点城镇景观结构分析示意图

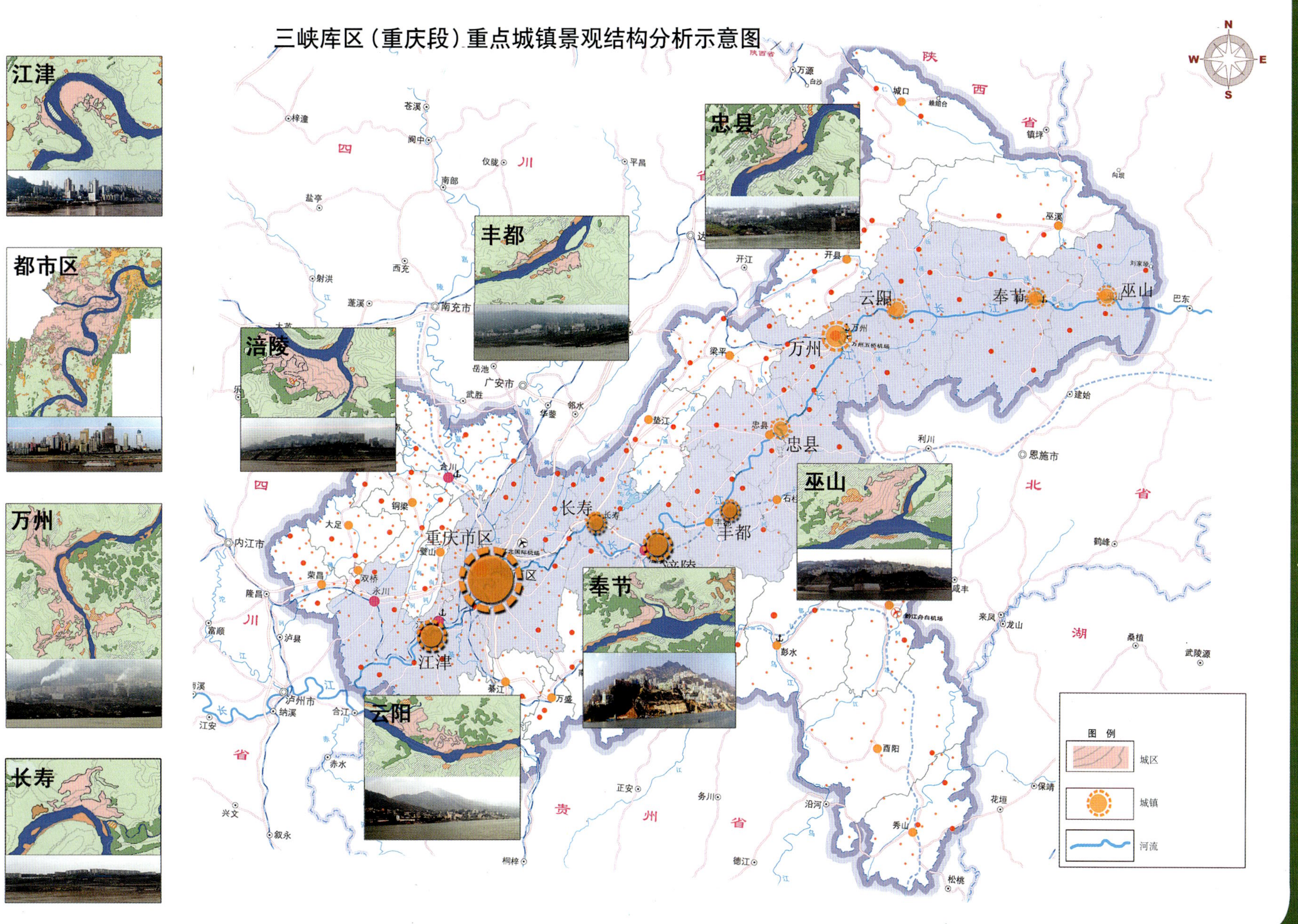

沿江城镇景观资源分布示意图

A

◆人工类——江津城区；

●自然类——四面山风景区、黑石山－滚子坪风景区、艾坪山公园、临峰山森林公园、骆崃山风景区、碑槽山－云雾坪风景区

▲人文类——中山古镇、江公享堂、奎星阁、陈独秀故居、江津中学旧址、聂帅馆。

B

◆人工类——山城风貌；

●自然类——缙云山 — 北温泉 — 钓鱼城景区、渝北统景 — 张关溶洞、北碚金刀峡 — 胜天湖、巴南东温泉 — 圣灯山；

▲人文类——朝天门、解放碑、抗战"陪都"、二战远东战区指挥中心遗址、"巴渝文化"、"抗战文化"、"革命传统文化"、老君洞、涂山寺、罗汉寺、华岩寺。

C

◆人工类——长寿城区

●自然类——长寿湖风景区、西山黄草山风景区、三洞沟；

▲人文类——周恩来题词纪念亭、桓侯宫、东林寺、文峰塔、王爷庙、西岩观。

D

◆人工类——涪陵城区；

●自然类——武陵山国家森林公园、石夹沟、天台峡谷、雨台山、小溪、聚云山、望州关森林公园、大溪河；

▲人文类——白鹤梁、涪陵榨菜、周易园、小田溪巴人墓葬遗址、荔枝园、北山道院、石鼓古镇。

E

◆人工类——丰都移民新城、白江洞水库、弹子台水库、大黑山农业观光园区、佛建生态农业示范区；

●自然类——世坪森林公园、包鸾溶洞群、南天湖景区、飞龙洞；

▲人文类——名山、双桂山、鬼王石刻、鬼国神宫、天堂仙境、延生堂、烟墩堡旧石器遗址、包鸾竹席、雷雨风鬼脸谱、龙床石题刻。

F

◆人工类——忠县移民新城；

●自然类——甘井沟风景名胜区、巴云森林公园、翠屏山；

▲人文类——石宝寨、汉丁房阙、汉无铭阙、皇华城、白公祠、哨棚嘴古文化遗址、中坝遗址、巴王庙、天主教堂、老官庙、太保祠。

G

◆人工类——万州移民新城；

●自然类——青龙瀑布、乌龙池森林、天城贝壳山林区、潭獐峡、大垭口森林、泉活森林、歇凤山森林、王二包自然保护区；

▲人工类——西山钟楼、北山观弥陀禅院、文峰塔、天子城、鲁池流杯、明镜桥、陆安桥、太白岩石刻群。

H

◆人工类——云阳移民新城；

●自然类——龙缸、石笋河峡谷、黄陵峡、火三峡、"四十八槽"森林、老鸦峡；

▲人文类——张桓侯庙、彭氏宗祠、述先桥、夏黄节孝牌坊、陕西箭楼、文昌宫、磐石城、龙脊石题刻、牛尾石岩画。

I

◆人工类——奉节移民新城

●自然类——瞿塘峡、小寨天坑、天井峡地缝、龙桥河、茅草坝、天鹅湖（原名大垭河水库）、长龙山景区；

▲人工类——白帝城、瞿塘石刻、夔州古城、八阵图、清净庵、太极亭、瞿塘峡悬棺、夔门剑齿象化石遗址、兴隆古镇、杜甫故居、文庙大成殿、凤凰碑、竹叶诗碑、竹园古镇。

J

◆人工类——巫山移民新城；

●自然类——巫峡、小三峡风景区、神女峰风景区、小小三峡风景区、神女溪景区、错开峡景区、平湖景区；

▲人工类——大溪文化遗址、龙骨坡古人类化石遗址、大昌古城、"三无"古桥。

图例

◆ 人工类

● 自然类

▲ 人文类

○ 景区

沿江城镇景观生态建设格局
库东景观生态建设区
库中景观生态建设区
库西景观生态建设区
云阳
奉节
巫山
万州
忠县
丰都
涪陵
长寿
重庆市区
江津
陕
西
省
湖
北
湖
贵
巴东
巫溪
开县
梁平
垫江
城口
建始
利川
恩施市
咸丰
来凤
龙山
黔江
彭水
武隆
南川
綦江
万盛
合川
潼南
铜梁
大足
璧山
荣昌
泸州市
合江
赤水
习水
桐梓
德江
秀山
松桃
桑植
武陵源
图例
库中景观生态建设区
库东景观生态建设区
库西景观生态建设区
N
S
W
E

长江干流消落带（145～175m）地形分布及面积比较示意图

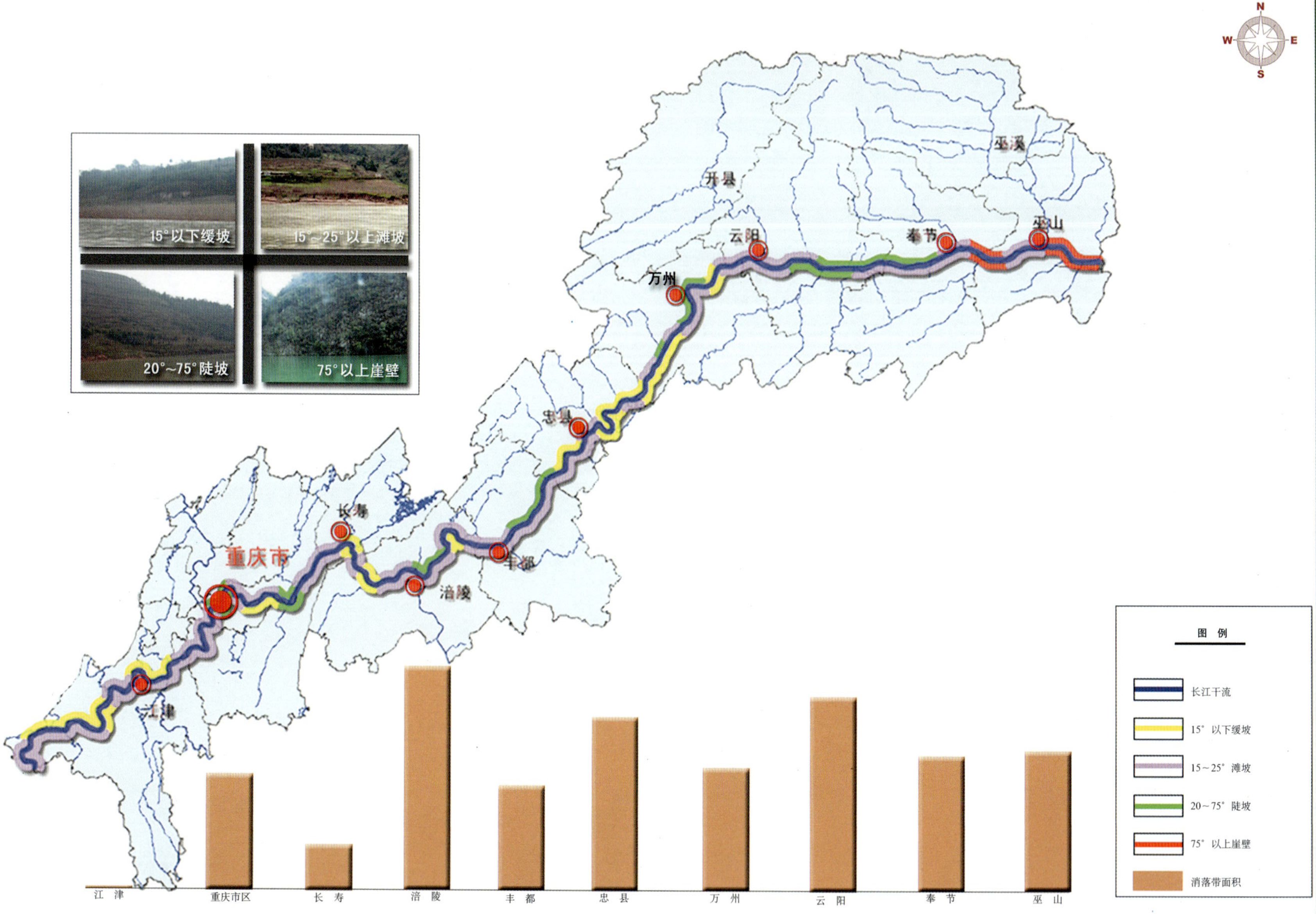

15°以下缓坡

15°~25°以上滩坡

20°~75°陡坡

75°以上崖壁

N W E S

巫溪
开县
云阳
奉节
巫山
万州
忠县
长寿
重庆市
丰都
涪陵
江津

江津 重庆市区 长寿 涪陵 丰都 忠县 万州 云阳 奉节 巫山

图例

长江干流

15° 以下缓坡

15～25° 滩坡

20～75° 陡坡

75° 以上崖壁

消落带面积

长江干流及重要支流消落带（145～175m）景观生态功能区划示意图

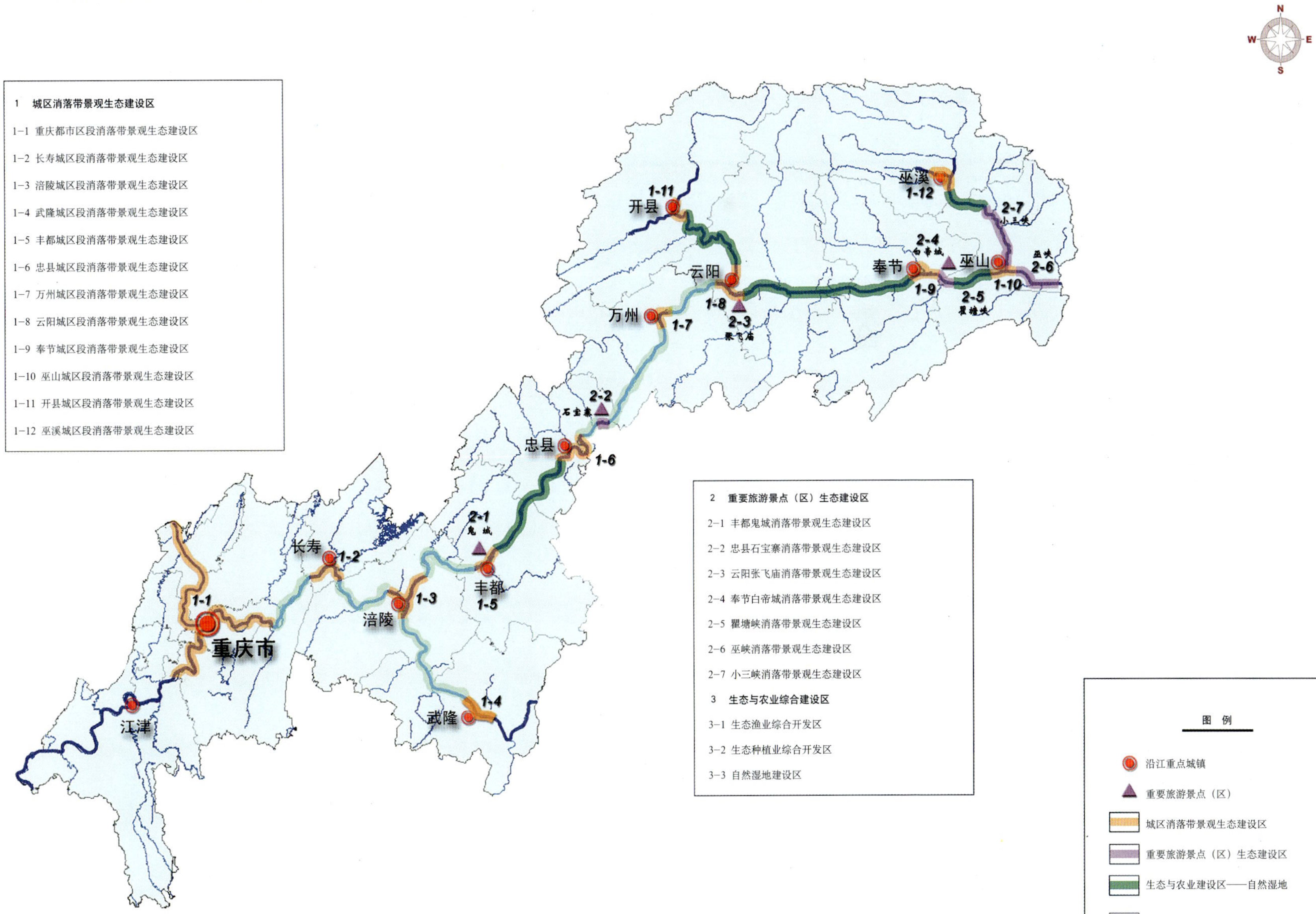

长江三峡库区（重庆段）沿江景观生态研究

1　城区消落带景观生态建设区

1-1　重庆都市区段消落带景观生态建设区
1-2　长寿城区段消落带景观生态建设区
1-3　涪陵城区段消落带景观生态建设区
1-4　武隆城区段消落带景观生态建设区
1-5　丰都城区段消落带景观生态建设区
1-6　忠县城区段消落带景观生态建设区
1-7　万州城区段消落带景观生态建设区
1-8　云阳城区段消落带景观生态建设区
1-9　奉节城区段消落带景观生态建设区
1-10　巫山城区段消落带景观生态建设区
1-11　开县城区段消落带景观生态建设区
1-12　巫溪城区段消落带景观生态建设区

2　重要旅游景点（区）生态建设区

2-1　丰都鬼城消落带景观生态建设区
2-2　忠县石宝寨消落带景观生态建设区
2-3　云阳张飞庙消落带景观生态建设区
2-4　奉节白帝城消落带景观生态建设区
2-5　瞿塘峡消落带景观生态建设区
2-6　巫峡消落带景观生态建设区
2-7　小三峡消落带景观生态建设区

3　生态与农业综合建设区

3-1　生态渔业综合开发区
3-2　生态种植业综合开发区
3-3　自然湿地建设区

图　例

沿江重点城镇
重要旅游景点（区）
城区消落带景观生态建设区
重要旅游景点（区）生态建设区
生态与农业建设区——自然湿地
生态与农业建设区——生态种植业

库区消落带植被景观建设优化模式图

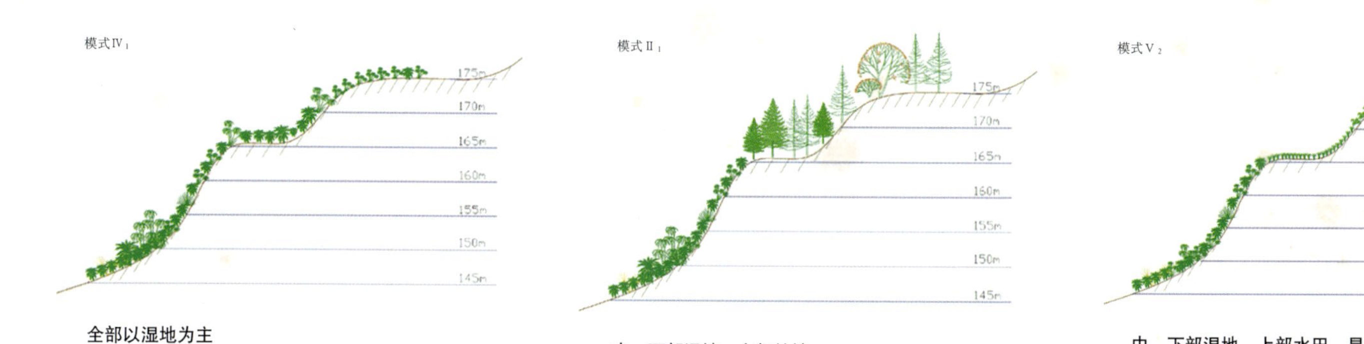

全部以湿地为主

中、下部湿地，上部林地

中、下部湿地，上部水田、旱地

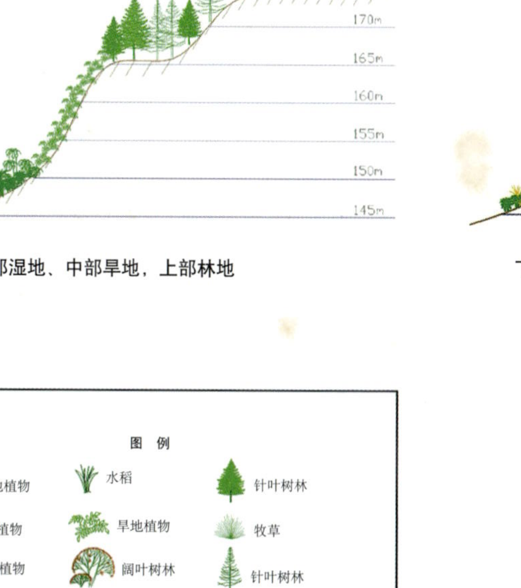

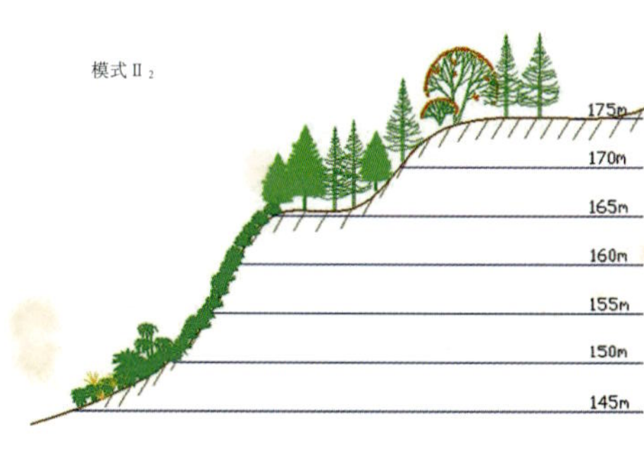

中下、部湿地、上部旱地

下部湿地、中部旱地，上部林地

下部湿地、中部草地、上部林地